新工科·普通高等教育汽车类系列教材

汽车底盘现代设计

主　编　李舜酩　李玉芳
副主编　江星星　陆建涛

机 械 工 业 出 版 社

本书在传统的汽车设计教材编写体系的基础上进行完善补充，安排全书内容，共分 3 篇 14 章。第 1 篇汽车底盘总体设计概论，包括汽车底盘设计的任务、汽车总体形式及参数选择、汽车底盘布局设计；第 2 篇汽车底盘结构设计，包括离合器结构设计、机械式变速器结构设计、传动轴结构设计、驱动桥结构设计、悬架结构设计、转向器结构设计、制动系统设计；第 3 篇汽车底盘现代设计方法，包括汽车结构抗疲劳与可靠性设计、汽车结构的计算机辅助设计、汽车结构轻量化设计、汽车结构动力学设计。

本书是为大学本科车辆工程专业编写的专业教材，可作为该专业及其相关专业的大学生教材或参考书，也可供相关工程技术人员参考。

图书在版编目（CIP）数据

汽车底盘现代设计/李舜酩，李玉芳主编. —北京：机械工业出版社，2020.9（2024.6 重印）

新工科·普通高等教育汽车类系列教材

ISBN 978-7-111-66362-1

Ⅰ.①汽…　Ⅱ.①李…②李…　Ⅲ.①汽车-底盘-设计-高等学校-教材　Ⅳ.①U463.102

中国版本图书馆 CIP 数据核字（2020）第 157699 号

机械工业出版社（北京市百万庄大街 22 号　邮政编码 100037）
策划编辑：尹法欣　责任编辑：尹法欣
责任校对：陈　越　封面设计：张　静
责任印制：单爱军
北京虎彩文化传播有限公司印刷
2024 年 6 月第 1 版第 2 次印刷
184mm×260mm · 18.25 印张 · 449 千字
标准书号：ISBN 978-7-111-66362-1
定价：49.80 元

电话服务	网络服务
客服电话：010-88361066	机　工　官　网：www.cmpbook.com
010-88379833	机　工　官　博：weibo.com/cmp1952
010-68326294	金　　书　　网：www.golden-book.com
封底无防伪标均为盗版	机工教育服务网：www.cmpedu.com

序

汽车工业是制造业中的集大成者，也是社会生产力和国民生活水平的标志性产业，更是新时期经济转型升级与科技创新发展的载体、抓手和龙头。正因如此，汽车产业受到世界各国普遍的高度重视，车辆工程学科的重要性也日益凸显。

经过近几十年的努力，中国汽车产业和车辆工程学科在不断向发达国家学习的基础上迅速发展起来，汽车设计能力显著提高，不仅在传统汽车设计方法上取得了长足进步，而且在汽车设计的新领域和新方法上也取得了许多进展。

目前中国多数工科类高校均开设了车辆工程专业，每年为汽车行业培养输送了大量的研发和工程技术人员。而汽车底盘设计，聚焦于将工科基础课程、车辆基础课程与专业课程所学知识在底盘设计过程中进行综合理解和系统应用，是车辆工程专业中一门非常重要的核心课程。在新一轮科技革命的影响下，汽车设计日新月异，这要求汽车底盘设计的教学内容也必须在充分吸纳传统设计理论和方法的基础上，紧跟时代步伐，补充全新内容，完善知识体系。显然，编写一本满足新时期行业发展和课程教学需要的汽车底盘设计教材，十分必要且紧迫。

因此，李舜酩教授等人主编的《汽车底盘现代设计》可谓非常及时。这本教材体现了现代汽车设计的最新发展，在传统汽车设计教材知识体系的基础上进行了大量补充、调整和完善，在设计方法上增加了很多新内容，分三篇完整地介绍了汽车底盘设计的理论、技术和方法。不难看出，这本教材是李舜酩教授“汽车底盘设计”课程教学多年实践心得的深度总结，也是适应汽车产业发展和设计水平提升进行必要的课程升级的一次重要尝试。相信该教材的出版，必将有助于车辆工程专业教学水平的进一步提高，并为中国汽车产业的发展，特别是底盘设计水平的提升，提供宝贵的助力。

赵福全

清华大学汽车产业与技术战略研究院院长

世界汽车工程师学会联合会（FISITA）主席

前　言

近二十年来，随着科学技术的进步，我国汽车工业飞速发展，在设计方法上充分运用了现代新技术，取得了很大成绩。我国众多高校开设有车辆工程专业，其核心课程“汽车设计”的主要内容便是汽车底盘设计。本书在介绍汽车底盘设计参数选择经验、静强度和静刚度设计的基础上，跟随汽车行业现代的设计水平，在设计技术、设计方法上进行了调整。

本书主要介绍汽车底盘的常规设计方法和现代设计方法。要求学生在了解汽车构造和汽车理论的基础上，明确汽车底盘设计的任务，学会汽车总体形式和参数选择，以及汽车底盘布局设计，学会汽车传动系统的传统设计方法及其转向、悬架、制动的运行工作稳定性设计方法，同时了解机械疲劳与可靠性的概念，学会常规材料和机械结构零件的疲劳可靠性设计方法，学习汽车结构的计算机辅助设计方法，熟悉汽车结构轻量化设计技术和汽车结构动力学设计技术。通过典型例题的分析，能够用传统方法对汽车底盘机构进行分析、计算与设计，并能够对一般的汽车结构零部件的现代设计技术与方法具有初步分析能力和设计能力，为学生从事汽车底盘的分析与设计打下良好的基础。

本书跟随汽车行业的设计趋势，在设计技术、设计方法上进行调整，在传统的汽车设计教材编写体系基础上进行补充完善，增加设计方法的内容，是根据汽车设计水平的发展而做出的新的尝试。

本书的编写分工为：李舜酩负责规划协调及全书统稿，制作了大部分书中用图，并编写了第1章、第2章、第6章，以及第3章、第10章、第11章的部分内容；李玉芳编写了第7章、第8章，以及第3章、第9章、第10章的部分内容；江星星编写了第4章、第5章，以及第11章的部分内容；陆建涛编写了第12章，以及第13章、第14章的大部分内容；周冠、王源隆参与了第9章、第13章和第14章部分内容的编写。南京航空航天大学车辆工程系庾天翼、龚思琪、张凯成、丁瑞等在读博士、硕士研究生在教材编写过程中完成了资料搜集、书稿文字整理、图表完善等方面的工作。

本书参考了王望予先生主编的《汽车设计》（第4版）以及其他众多文献，是集体成果的结晶，在此表示衷心感谢。

本书的编写先后得到清华大学、吉林大学、湖南大学等高校，中国一汽、上汽集团、吉利汽车、中国重汽等汽车生产企业，以及中国汽车研究中心等研究院所的多位专家的支持和指导，在此表示衷心感谢。

在本书编写过程中，得到了南京航空航天大学各级领导和学校教材科有关老师的大力支持和帮助，在此表示感谢。

由于时间仓促，书中难免会存在缺点或错误，敬请读者批评指正。

编　者

目 录

第1篇　汽车底盘总体设计概论

第 1 章

汽车底盘设计的任务

1.1 汽车底盘设计的定位

1.1.1 车辆工程专业课之间的关系

传统的车辆工程专业课包括“汽车构造”“汽车理论”“汽车设计”“汽车试验学”“汽车电器与电子技术”等课程，现代车辆工程专业课根据学科和行业发展的需要，又增加“汽车振动与噪声控制”“汽车安全与控制”等课程。一些偏向于轨道交通的车辆工程专业还有一些特定的专业课。通常车辆工程本科的三门核心专业课是“汽车构造”“汽车理论”和“汽车设计”。

“汽车构造”让学生了解汽车的基本组成。“汽车构造”包括“发动机构造”和“汽车底盘构造”两部分。“汽车底盘构造”主要介绍汽车传动系统（包括离合器、变速器与分动器、万向传动装置、驱动桥）的构造、汽车行驶系统（车架、车桥、车轮、悬架）的构造、汽车转向系统与制动系统的构造，以及汽车车身、仪表、照明及附属装置等。有些教材在“构造”的基础上进行了拓展，介绍了一些汽车原理、汽车设计等方面的知识。

“汽车理论”是在掌握“汽车构造”课程知识的基础上，根据作用于汽车上的外力特性，分析与汽车动力学有关的汽车各主要使用性能（动力性、燃油经济性、制动性、操纵稳定性、行驶平顺性以及通过性等）。有些“汽车理论”教材也进行了一些拓展，介绍了在满足整车性能要求的基础上选择汽车设计参数的一些原则，比如汽车发动机功率的选择、传动系统传动比的确定、制动器制动力的分配、悬架参数、重心位置、轮胎形式、车辆几何参数的确定等。还有些教材进一步拓展到汽车试验学、结构动力学等方面。

“汽车设计”主要包括三大设计内容：“汽车造型设计”“汽车底盘设计”“汽车车身设计”。这三大设计组成了“汽车设计”的整体体系。当然，这里不介绍汽车动力方面的设计。

“汽车底盘设计”是车辆工程专业本科生的一门理论性与实践性都很强的专业课，它建立在大学数学、大学物理、电工电子基础、工程力学、工程图学、机械原理与设计等课程的基础上，具有明确的产品工业背景。本课程在介绍主要系统及零部件有规律性的计算及设计理论，分析和评价汽车总体及各主要总成的结构与性能，介绍合理选择结构方案及其有关参数的基础上，介绍汽车主要零部件的一般及现代设计技术与方法，以及总体设计方案。

“汽车底盘设计”衔接“汽车构造”和“汽车理论”的知识内容，综合培养学生的逻辑思维、判断和归纳能力，使其能够通过具体零部件设计及计算验证学习设计的基本流程，具有责任意识，能够进行团队合作。在本课程学习中要求学生了解国内外汽车底盘设计的发展状况、前沿技术和发展趋势。在“汽车底盘设计”的知识构成介绍中，需要充分考虑“产品系列化、零部件通用化和零件设计标准化”等要求。现代汽车设计工作大量采用CAD/CAE等先进的机械结构分析和设计技术，一些分析和评价汽车及其各总成的结构与性能的计算方法和总体设计的一般方法等，也必然融入其中。这也是对“汽车底盘设计”中基本结构设计的拓展。

汽车设计要在有关标准和法规的指导下进行。除设计图纸的绘制与标注应按有关国家标准进行外，汽车设计还应遵守与汽车有关的一些标准与法规。我国汽车工业标准包括与国际基本通用的汽车标准和宏观控制汽车产品性能和质量的标准，它包括国家标准、行业标准和企业标准。汽车标准又分为强制性标准和推荐性标准。

1.1.2　汽车底盘设计的层次概念

通常来说，汽车主要由动力系统、底盘、车身和电器四大系统组成。底盘用以支承、安装汽车发动机及其各部件或总成，形成汽车的整体结构，并接受发动机的动力，使汽车产生运动，保证汽车正常行驶。

底盘由传动系统、行驶系统、转向系统和制动系统四个子系统组成。

1）传动系统：位于发动机到汽车驱动轮之间的传递动力的装置，由离合器、变速器、传动轴、后桥、半轴等组成。

2）行驶系统：由汽车的车架、车桥、车轮和悬架等组成。

3）转向系统：用来改变或保持汽车行驶或倒退方向的一系列装置。

4）制动系统：使汽车的行驶速度可以强制降低的一系列专门装置。

每个子系统由机械或液压系统和控制系统构成的次级子系统或元件构成。通常的底盘设计内容是针对底盘整体及其子系统的主要机械系统部分，进行基于传统方法和现代方法的结构设计及性能验算，其电控系统及零部件层级的设计在汽车电控系统设计以及机械设计等教材里讲述，可参考《机械设计手册》和《汽车设计手册》。

图1-1所示为汽车的一般底盘结构。货车与轿车、传统燃油汽车与电动汽车等的底盘系统虽然结构形式上可能存在有些不同，但整体上都由上述四个系统组成。

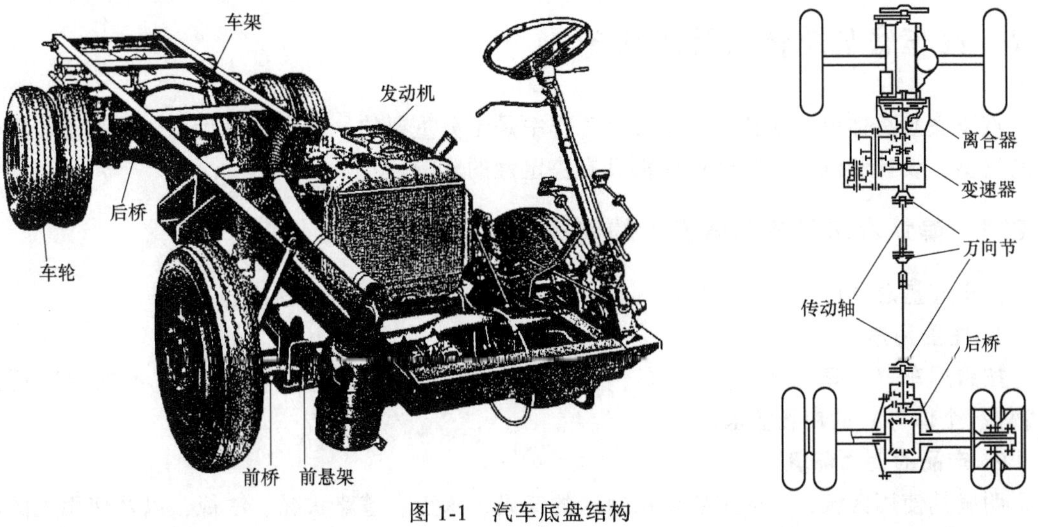

图1-1　汽车底盘结构

汽车设计的特点是，要求零件标准化、部件通用化和产品系列化。同时要重视汽车使用中的安全、可靠、经济与环保，以及减小汽车的自身质量（轻量化）。

随着汽车设计技术的发展，汽车底盘设计由经验设计发展到以科学试验和技术分析为基础的设计阶段，再发展到计算机辅助设计阶段。经验设计往往要经过设计—试制—试验—改进设计—试制—试验等二次或多次循环。反复修改图样，完善设计后才能定型，设计周期长，质量差，消耗大。随着测试技术的发展与完善，在汽车设计过程中引进新的测试技术和各种专用的试验设备，进行科学试验，从各方面对产品的结构、性能和零部件的强度、寿命进行测试。同时广泛采用近代数学物理分析方法，对产品及其总成、零部件进行全面的技术分析、研究，这样就使汽车设计发展到以科学试验和技术分析为基础的阶段。计算机辅助设计使汽车设计技术飞跃发展，汽车结构参数及性能参数等的优化、选择与匹配，零部件的强度核算与寿命预测，产品有关方面的模拟计算或仿真分析，使汽车底盘设计技术发生了本质性的改变。

近年来，计算机集成制造系统（computer integrated manufacturing system，CIMS）的迅速发展向智能设计提出了新的挑战。在 CIMS 环境下，产品设计作为企业生产的关键性环节，其重要性更加突出，为了从根本上强化企业对市场需求的快速反应能力和竞争能力，人们对设计自动化提出了更高的要求，在计算机提供知识处理自动化（这可由设计型专家系统完成）的基础上，实现决策自动化，即帮助人类设计专家在设计活动中进行决策。

汽车底盘的智能设计强调的是智能设计技术，是指应用现代信息技术，采用计算机模拟人类的思维活动，使计算机能够更多、更好地承担设计过程中各种复杂任务，成为设计人员的重要辅助工具。综合国内外关于智能设计的研究现状和发展趋势，智能设计按设计能力可以分为三个层次：常规智能设计、联想智能设计和进化智能设计。常规智能设计是在计算机推理机制的作用下，调用符号模型（如规则、语义网络、框架等）进行设计。联想智能设计可分为两类：一类是利用工程中已有的设计事例，进行比较，获取现有设计的指导信息，这对大多数设计问题是困难的；另一类是利用人工神经网络数值处理能力，从试验数据、计算数据中获得关于设计的隐含知识，以指导设计。进化智能设计是将遗传算法拓展到进化设计，对环境知识依赖很少，而且优良样本的交叉、变异往往是设计创新的源泉。

1.2 汽车底盘总体设计的任务

汽车底盘总体设计在整个汽车设计工作中是十分重要的，对汽车底盘各个分系统、零部件的选型、设计和汽车的整体性能都具有决定性的影响。

1.2.1 确认汽车底盘总体设计的前提条件

汽车底盘总体设计的前提条件（设计依据）主要包括以下一些内容。

1. 主要用途

按乘用车（轿车、客车）、货车、特种车分类。调研、分析不同类型、不同层次用户（群体、个体等）的市场需求。

2. 产品的使用环境

明确其使用区域，了解主要使用地区的气候、水土、道路状况、法规，以及使用人的习惯等。

3. 开发成本和价格区间

估计汽车底盘的开发、制造成本和售价。例如，对高级轿车、中级轿车及普及型轿车加以区别。

4. 生产数量

预定生产的总数及预计月产、日产的数量。

5. 生产方式和设备

采用的生产方式和设备主要取决于预定的产量。产量越大，生产设备的专用化、自动化程度一般就越高，投资就越大，通过大量生产使得分摊在每件产品上的成本较低，获得较大的效益。如果产量达不到预期值，就会造成相当大的损失。此外，还要考虑能利用的现有生产设施的种类、数量、精度、能力等。

6. 零部件和总成的配套供应成熟度

明确或了解现有供货渠道的可靠性、可选择的其他供货渠道及其配套供货企业的技术水平、生产能力等。这样便于降低开发风险和开发成本，缩短开发周期，提高可靠性。

7. 明确法律法规要求

明确有关的各项政府和行业的法律法规要求。

1.2.2 明确汽车底盘总体设计的一般原则

1）要符合使用的需要——货车就要满足运货的要求，乘用车（轿车和各种客车）就要满足乘客的需要。

2）工作要可靠——各总成工作要可靠，发生故障的可能性要小。

3）要有足够的耐久性，寿命要长。

4）行驶性能要高，包括加速性、爬坡能力、制动性能、转向性能、最大车速、燃料消耗等。

5）操纵方便，稳定性好。

6）乘坐舒适，内饰美观。

7）便于检查、保养和修理，使用费用要低。

8）不同类型的车辆的外观和装饰要符合不同群体、个体的审美观点。

9）对环境产生的污染（排放、噪声、电磁干扰等）要小。

以上各项随着用户和汽车类别不同，其要求高、低各不相同，且对各个项目的评价也因人而异，但它们都是评价汽车底盘价值不可缺少的指标。它们的不同组合确定出了不同价位的汽车。

1.2.3 达到汽车底盘总体设计基本要求

主要是指产品系列化、零部件通用化、零件标准化和统一加工标准。

1. 产品系列化

汽车零部件生产企业提供的底盘部件（离合器、变速器、传动轴、驱动桥、转向桥、转向器等）既能供应各种型号汽车所需的部件，又能便于进行大量生产，降低成本，把产品合理分档，组成系列，并考虑各种变型，使这些系列化产品具有比较多的共用零部件。

2. 零部件通用化

在汽车总质量相近或同一系列的一些车型上，尽可能采用同样结构和尺寸的零部件，以减少零部件的种类，达到便于采购、储存、管理、生产，实现降低成本的目的。

3. 零件标准化

零件标准化是指在设计中尽可能依据国家或行业标准，广泛采用标准件。这样可以减少零件种类，降低生产费用，扩大零件通用互换的范围，利于生产和维修；这样也可以减少专用机床和工夹具的数量，沿用成熟工艺，降低不良品率。

许多企业都以国家标准为基础制订出本企业的标准。这样可减少外购材料的种类，增大单品种的数量，以降低外购费用。

4. 统一加工标准

通过制订加工标准使加工的方式尽可能少，从而减少工具、机床和夹具的种类。例如，通过尽可能统一孔的加工规格，使加工孔用的钻头和铰刀的种类减少，降低生产成本。

大多数汽车以大批量生产为主，在设计中尽可能采用专业化生产装备，并实行产品系列化、零部件通用化、零件标准化和统一加工标准，以达到简化生产、提高工效和改进产品质量、降低成本的目的。国内外实践都表明，这样做使汽车工业得到了很大的经济效益。

1.2.4 协调材料、工艺与设计的关系

选用合适的材料和适当的工艺方法，来满足不同车型的设计需求，是至关重要的问题。

1. 选用合适的材料

要根据零件的结构形状、承载条件和使用条件，并考虑材料的价格，确定材料的选用。减小零件质量是减小整车总质量的重要方面。使用高强度钢、特种钢来制造零件，有利于提高其工作可靠性，使用铝、镁合金容易减小质量，但它们都价格偏贵。处理这一矛盾就必须以市场为导向，以企业和产品的社会需求和认可度为目标，合理确定材料的选择。

2. 设计与工艺的关系

工艺要满足设计的要求，设计也要随着工艺技术的进步而提高水平。设计人员要随时了解工艺技术发展的水平，使设计的产品能够容易加工、工艺性好。

1.2.5 完成汽车底盘总体设计的具体工作

1）正确选择性能指标、质量和尺寸参数，提出底盘总体设计方案。

2）对各部件进行合理布置，并进行运动校核。

3）对底盘进行精确控制和计算，保证主要性能指标的实现。

4）协调各种矛盾。

1.3 汽车底盘总体设计的开发程序

车型不同、生产纲领不同，新产品的开发阶段与工作内容也不同。一般新产品开发要经历五个阶段，各阶段的主要工作内容见表 1-1。

表 1-1 汽车新产品开发的一般程序

阶段	新车设计	主要工作内容
设计任务书编制阶段	国家汽车发展规划或市场发展预测	—
	企业工厂产品发展规划	
	概念设计	
	设计任务书的制订	市场预测,使用调查,产品水平分析,形体设计,工艺分析,产品的目标成本,产品的通用化、标准化、系列化,绘制方案图,初步性能计算
		绘制总布置草图,初选主要技术参数
技术设计阶段	技术设计	确定主要参数和结构,总成设计,绘制底盘校对图,运动干涉校核,底盘性能计算,出试制图和技术文件
试制、试验、改进、定型阶段	改进设计	试制总成和样车,总成试验,底盘试验,使用试验,评价试验,改进设计
	鉴定定型	工艺审查,成本核算,价值分析,出生产准备用图,编制鉴定文件
生产准备阶段	小批量生产、用户试验	工艺调试,继续试验,改进设计,完成生产用图,小批试生产
生产销售阶段	批量生产与销售	正式销售,售后服务

1.3.1 设计任务书编制阶段

产品（汽车）设计的前期，从构思产品开始到确定设计技术指标和下达产品设计任务书为止的这一阶段工作称为概念设计。概念设计是对新开发汽车的总体概念进行概括的描述，是确定汽车性能、外形与内饰等主要方面的初步设计。

1. 市场预测

要调查分析市场容量的大小，最经济的生产纲领、生产方式，用户对产品的要求以及有关法规的规定。

2. 使用调查

要调查同类汽车的使用情况，包括使用中反映出来的特点，还应当搜集总成、零件的损坏统计资料和进行寿命分析；汽车的使用条件；用户对车型的要求。产品应尽最大可能满足用户的要求，以求新开发的车型在同类型产品中处于领先地位，在市场上能畅销，进而初定整车及主要总成的形式和主要参数。

3. 产品水平分析

主要是通过搜集资料和进行样车试验与测绘，深入了解国内外企业同类型汽车的发展水平和动向。对搜集到的各种资料经整理、分类、分析，在消化的基础上加以利用，以确定新车型的先进性，初定整车主要性能所要达到的指标，同时满足国内外有关标准与法规的规定，保证市场销售对路。

4. 形体设计

在概念设计阶段，通过整车和车身内部尺寸布置绘制外形构思草图（图 1-2）、美术效果图和制作油泥模型等，为人们提供准备开发的车型形体概念。

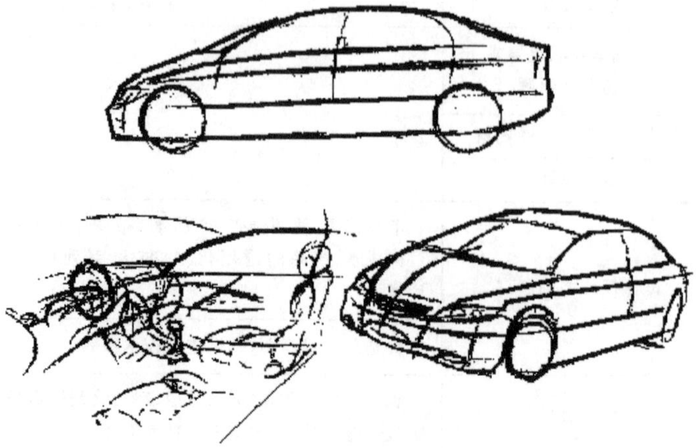

图 1-2　外形构思草图

车身外形应在保证汽车拥有较小空气阻力系数的同时，具有符合审美规律的形体。车身内部设计要符合人体工程学的要求，保证驾驶人操纵方便，乘员乘坐舒适。实车制造出来之前，在图样上表现新开发汽车造型效果的图称为美术效果图，该图应具有真实感。图上应表示出车型前面、侧面、后面的关系。画出汽车的前侧面与后侧面的美术效果图，能概括出车型的整个形状（图 1-3）。

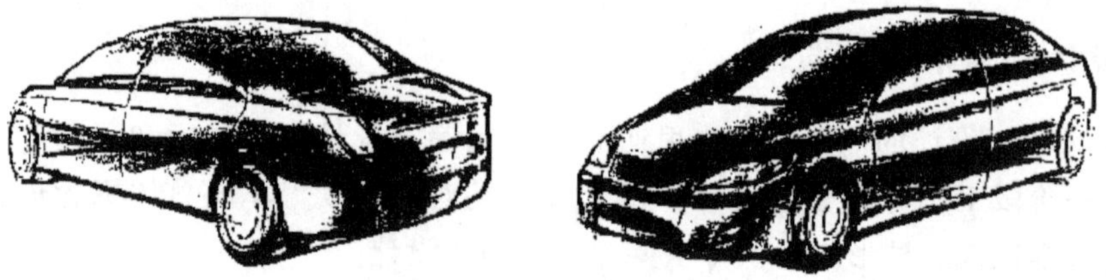

图 1-3　汽车外形美术效果图

表达造型的构思，真实反映车身外形，用来提供作为初步选型的参考。因为在图面上表达车身外形不能代替空间形体，因此还要制作油泥模型。概念设计阶段可以制作比例为 1∶10 或 1∶5 的便于制作和修改的油泥模型。

5. 成本控制

为了使新开发的汽车投放市场后在价格上占有优势，使企业获得效益和发展，在概念设计阶段就要控制成本，对产品进行价值工程分析，并把产品的目标成本列入设计指标考核内容。目标成本=售价-利润，即根据产品在市场上的定位确定售价（与同类产品进行比较），减去希望得到的利润，即可确定目标成本。如果实际成本（决定于材料、工艺、结构复杂程度等）大于目标成本，则利润将减少，因为在市场竞争中某一档次产品的售价是不会因为其实际成本高或低而改变的。

市场需求的变化，会影响产品的变化。为了在更新产品时能减少投资，降低成本，应该尽可能少地更换生产设备和工艺装备等。因此，在开发新车型的时候就要注意总成及零部件的通用化、标准化和系列化。

6. 方案草图绘制

总体设计师根据整车设想，画出多幅总体方案图进行分析比较。方案图对主要总成只画出粗线条的轮廓，重点放在突出各方案之间的差别上，做到对比时一目了然。

总体方案确定后要画总布置草图，此图要对各部件进行较为仔细的布置，应较为准确地确定各部件的形状和尺寸，确定各总成质心位置，然后计算轴荷分配和质心位置高度，必要时还要进行调整。此时应较准确地确定与汽车总体布置有关的各尺寸参数，同时对整车主要性能进行计算，并据此确定各总成的技术参数，确保各总成之间参数匹配合理，保证整车各性能指标达到预定要求。

上述工作完成后，着手编写设计任务书。

7. 设计任务书应包含的内容

1）可行性分析。其内容包括市场预测、企业技术开发和生产能力分析、产品开发的目的、新产品的设计指导思想、预计的生产纲领和产品的目标成本，以及技术经济分析等。

2）产品型号及其主要使用功能、技术规格和性能参数。

3）整车布置方案的描述及各主要总成的结构、特性参数，以及标准化、通用化、系列化水平。

4）国内外同类汽车技术性能分析和对比。

5）本车拟用的新技术、新材料和新工艺。

开发新车的各项性能指标要符合国家有关标准、法规要求，特别要注意贯彻《机动车运行安全技术条件》（GB 7258—2017）的国家标准。

1.3.2 技术设计阶段

设计任务书对汽车形式和汽车的各项技术指标，对各总成的形式、尺寸、质量、性能等均有明确要求。此外，总体设计师对各总成提出的要求和边缘条件等也应以书面形式提出，作为双方共同工作的依据。在上述条件具备后，各总成设计师可以进行工作，而总体设计师在此期间要协调总成与整车和总成与总成之间出现的各种矛盾。各总成完成设计后，总体设计师负责将各总成设计结果反映到整车校对图上进行校对，目的是发现问题、解决问题，以减少试制、装车时出现的技术问题。有关运动校核也是技术设计阶段应该完成的工作。最后要编制包括整车明细表和技术条件在内的整车技术文件。

1.3.3 试制、试验、改进、定型阶段

试制、试验阶段的主要工作是进行样车试制，然后对样车进行试验。其目的是：判断根据设计图样制造出来的零部件组装起来之后是否达到预期目标，找出不足，并取得进行修改的依据；评价汽车的可靠性及强度。仅通过理论计算作为依据是不够的，最终需经过样车试验来判别。试验应根据国家制定的有关标准逐项进行。不同车型有不同的试验标准。试制、试验完成后应对结果进行分析，并针对暴露出来的技术问题进行改进设计，再进行第二轮试制和试验，直至产品定型。

1.3.4 生产准备阶段

生产准备阶段的主要工作是进行生产准备和小批量试生产，并让试生产车进一步经受用

户的考验。

1.3.5 生产销售阶段

生产销售阶段是对产品进行正式批量生产，并对产品进行销售和售后服务工作。在售后服务工作中还要征求用户意见，并将这些意见反映给有关部门，以利改进和不断提高产品质量，扩大市场。上述各阶段工作有些须先行一步，如市场调查和进行概念设计等；有些工作可以同时或交叉进行，如在完成产品设计的同时又进行样车试验，以及完成工厂的扩建、新建工程工作。

第 2 章

汽车总体形式及参数选择

2.1　汽车形式的选择

不同形式的汽车，主要在轴数、驱动形式以及布置形式上有区别。

2.1.1　汽车的轴数和驱动形式

1. 轴数

汽车可以有两轴、三轴、四轴甚至更多的轴数。影响选取轴数的因素主要有汽车的总质量、道路法规对轴荷的限制和轮胎的负荷能力。

国家标准《汽车、挂车及汽车列车外廓尺寸、轴荷及质量限值》（GB 1589—2016）规定了车辆的最大允许轴荷限值（满足高速及1~4级公路等级）：单轴最大允许轴荷限值每侧单轮胎为7000kg，每侧双轮胎最大为11500kg；二轴组最大允许轴荷限值为18000kg；三轴组最大允许轴荷限值为24000kg。根据公路对汽车轴荷的限制、所设计汽车的总质量、轮胎的负荷能力以及使用条件等，可以确定汽车的轴数。因为两轴汽车结构简单，制造成本低，故总质量小于19000kg的公路运输车辆广泛采用这种方案。总质量在19000kg~26000kg的公路运输车采用三轴形式，总质量更大的汽车采用四轴或四轴以上的形式。

因为轿车总质量较小，均采用两轴形式。不在公路上行驶的汽车，轴荷不受道路桥梁限制，如矿用自卸车等多数采用两轴形式。

2. 驱动形式

汽车驱动形式有4×2、4×4、6×2、6×4、6×6、8×4、8×8等，其中前一位数字表示汽车车轮总数，后一位数字表示驱动轮数。采用4×2驱动形式的汽车结构简单，制造成本低，多用于轿车和总质量小些的公路用车辆上。总质量在19000kg~26000kg的公路用汽车，采用6×2或6×4的驱动形式。为了提高越野汽车的通过性，应采用全轮驱动形式。图2-1所示为4×4全轮驱动的乘用车示意图。

2.1.2　汽车的布置形式

汽车的布置形式是指发动机、驱动桥和车身（或驾驶室）的相互关系和布置特点。汽车的使用性能除取决于整车和各总成的有关参数以外，还受到汽车布置形式的影响。

1. 轿车的布置形式

轿车的布置形式主要有发动机前置前轮驱动、发动机前置后轮驱动、发动机后置后轮驱动三种（图2-2），少数轿车采用发动机前置全轮驱动。

（1）发动机前置前轮驱动

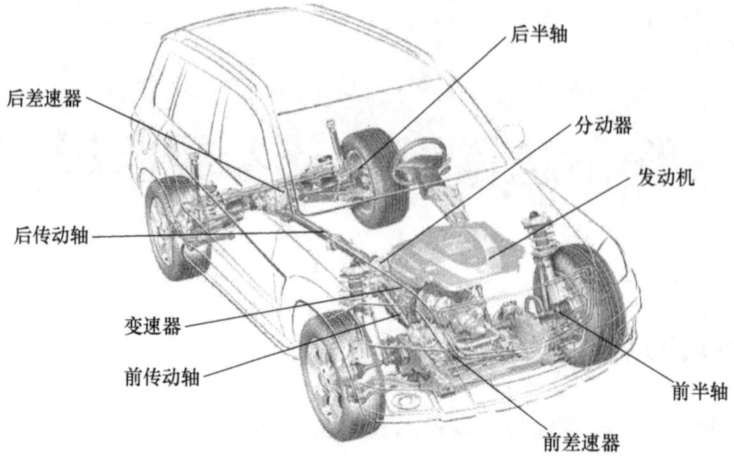

图 2-1　4×4 全轮驱动的乘用车示意图

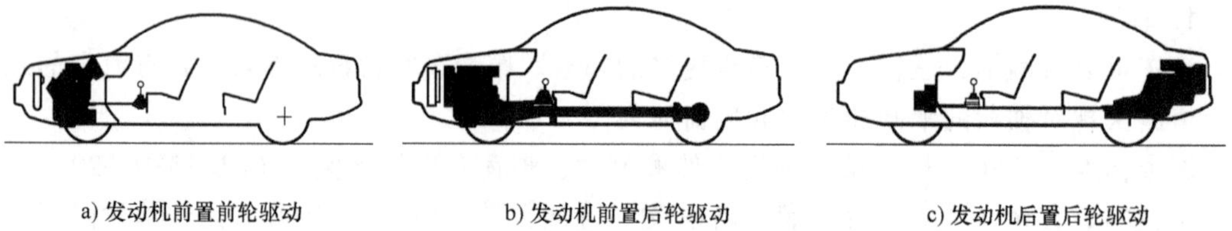

图 2-2　轿车的布置形式

1）主要优点。与后轮驱动汽车相比，前轮驱动汽车的前桥轴荷大，有明显的不足转向性能；因为前轮是驱动轮，所以越过障碍的能力高；主减速器与变速器装在一个壳体内，因而动力总成结构紧凑；因为没有传动轴，车内地板凸起高度可以降低（此时地板凸起仅用来容纳排气管），有利于提高乘坐舒适性；当发动机布置在轴距外时，汽车的轴距可以缩短，因而有利于提高汽车的机动性；汽车散热器布置在汽车前部，散热条件好，发动机得到足够的冷却；行李舱布置在汽车后部，故有足够大的行李舱空间；容易改装为客货两用车或救护车；供暖机构简单，且因管路短所以供暖效率高；因为发动机、离合器、变速器与驾驶人位置近，所以操纵机构简单；发动机可以采用纵置或横置方案，特别是采用横置发动机时，能缩短汽车的总长，加上取消了传动轴等因素的影响，汽车消耗的材料明显减少，使整备质量减轻；发动机横置时，原主减速器的锥齿轮用圆柱齿轮取代，降低了制造难度，同时在装配和使用时也不必进行齿轮调整工作，此时变速器和主减速器可以使用同一种润滑油。发动机还可以布置在轴距外、轴距内或前桥上方。这种布置形式目前在中级及其以下级别轿车上得到广泛应用。

2）主要缺点。前轮驱动并转向需要采用等速万向节，其结构和制造工艺均复杂；前桥负荷较后桥重，并且前轮又是转向轮，故前轮工作条件恶劣，轮胎寿命短；上坡行驶时因驱动轮上附着力减少，汽车爬坡能力降低；一旦发生正面碰撞事故，发动机及其附件损失较大，维修费用高。

（2）发动机前置后轮驱动

1）主要优点。轴荷分配合理，因而有利于提高轮胎的使用寿命；前轮不驱动，因而不需要采用等速万向节，并有利于降低制造成本；操纵机构简单；采暖机构简单，且管路短供暖效率高；发动机冷却条件好；上坡行驶时，因驱动轮上的附着力增大，故爬坡能力强；改装为客货两用车或救护车比较容易；有足够大的行李舱空间；因变速器与主减速器分开，故拆装、维修容易。

发动机前置后轮驱动轿车因客舱较长，乘坐空间宽敞，行驶平稳，故在中高级和高级轿车上得到应用。

2）主要缺点。因车身地板下有传动轴，地板上有凸起的通道，使后排座椅中部座垫的厚度减薄，影响乘坐舒适性；汽车正面发生碰撞时易导致发动机进入客舱，使前排乘员受到严重伤害；汽车的总长较长，整车整备质量增大，同时影响到汽车的燃油经济性和动力性。

（3）发动机后置后轮驱动

1）主要优点。发动机后置后轮驱动轿车，动力总成（包括发动机、离合器、变速器和主减速器）布置成一体，结构紧凑；因为发动机后置，汽车前部高度有条件降低，改善了驾驶人视野；整车整备质量小；没有传动轴，而且排气管不必从前部向后延伸，故客舱内地板比较平整，只需用较低的凸起高度来容纳操纵机构的杆件和加强地板刚度，这就改善了后排座椅中间座位乘员的出入条件；乘客座椅能够布置在舒适区内；在坡道上行驶时，由于驱动轮上附着力增加，爬坡能力提高；发动机布置在轴距外时，汽车轴距短，机动性能好。

2）主要缺点。后桥负荷重，使汽车具有过多转向的倾向；前轮附着力小，高速行驶时转向不稳定，影响操纵稳定性；行李舱在前部，受转向轮转向占据一定空间和改善驾驶人视野影响，行李舱空间不够大；因动力总成在后部，距驾驶人较远，所以操纵机构复杂；受发动机高度影响，改装为客货两用车或救护车困难。因上述缺点，发动机后置后轮驱动形式几乎已不采用。

2. 货车布置形式

按驾驶室与发动机相对位置的不同，货车有长头式、短头式、平头式和偏置式。长头式货车的特点是发动机位于驾驶室前部，当发动机有少部分位于驾驶室内时称为短头式，发动机全部位于驾驶室内时称为平头式，驾驶室偏置在发动机旁的称为偏置式。

（1）平头式货车

1）主要优点。汽车总长和轴距尺寸短，最小转弯直径小，机动性能良好；不需要发动机舱盖和翼子板，加上总长缩短等因素的影响，汽车整备质量减小；驾驶人的视野得到明显改善；采用翻转式驾驶室时能改善发动机及其附件的接近性；驾驶室内面积利用率高。

平头式货车的发动机可以布置在座椅下后部，此时中间座椅处没有很高的凸起，可以布置三人座椅，故平头式货车在各种级别的货车上得到广泛应用。发动机布置在驾驶人和副驾驶座椅中间形成凸起隔断的布置方案仅在早期的平头车上得到应用。

2）主要缺点。前轴负荷大导致汽车通过性能变坏；驾驶室有翻转机构和锁住机构，机构复杂；进出驾驶室不如长头式货车方便；离合器、变速器等操纵机构复杂；驾驶室内受热及振动均比较大；对于微型、轻型平头货车，正面碰撞时，容易使驾驶人和前排乘员受到严重伤害。

（2）长头式货车　长头式货车的主要特点与平头式货车相反，而短头式介于两者之间，与长头式相近。长头式货车的前轮相对车头靠前时轴荷分配不合理，已不采用；前轮靠后时，轮罩凸起会影响驾驶人的操作空间；前轮居中时外形美观，布置匀称，故得到广泛应用。

（3）偏置式驾驶室货车　偏置式驾驶室主要用于重型矿用自卸车上。它具有平头式货车的一些优点，如轴距短、视野良好等，此外还具有驾驶室通风条件好、维修发动机方便等优点。

（4）货车发动机位置形式　可分为发动机前置、中置和后置三种布置形式。

1）发动机前置后桥驱动货车的主要优点：维修发动机方便；离合器、变速器等操纵机构简单；货厢地板高度低；可以采用直列发动机、V 型发动机或卧式发动机；发现发动机故障容易。发动机前置后桥驱动货车应用广泛。

2）发动机前置后桥驱动货车的主要缺点：如果采用平头式驾驶室，而且发动机布置在前轴之上，处于两侧座位之间时，驾驶室内部拥挤，隔热、隔振、密封和降低噪声问题难以解决；如果采用长头式驾驶室，为保证具有良好的视野，驾驶人座椅须布置高些，这又影响整车和质心高度，同时增加了整车长度。

3）发动机后置后轮驱动货车是由发动机后置后轮驱动的轿车变型而来，所以极少采用。后桥易超载，操纵机构复杂，发现发动机故障和维修发动机都困难，以及发动机容易被泥土弄脏等是这种形式货车的主要缺点。

3. 大客车的布置形式

根据发动机的位置不同，大客车有下列布置形式：发动机前置后桥驱动（图 2-3a）、发动机中置后桥驱动（图 2-3b）和发动机后置后桥驱动（图 2-3c）。

发动机前置时，可布置在轴距外或布置在前轴上方。发动机后置时，可以纵置或横置在汽车后部（图 2-3d）。

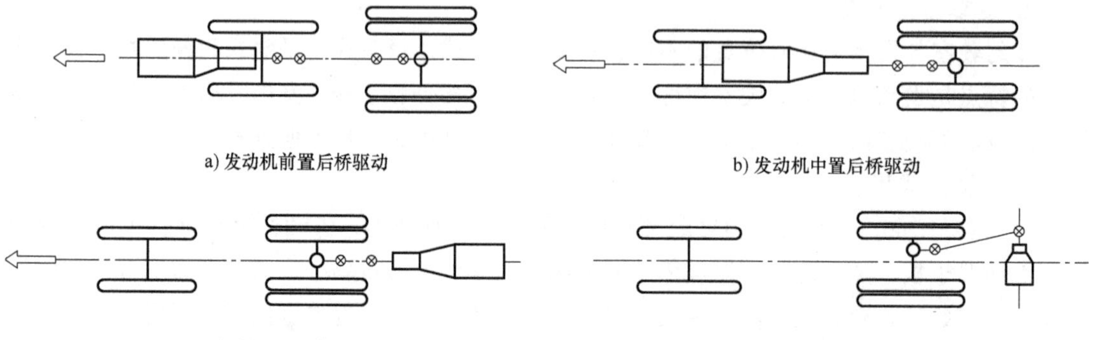

a) 发动机前置后桥驱动　　b) 发动机中置后桥驱动

c) 发动机后置(纵置)后桥驱动　　d) 发动机后置(横置)后桥驱动

图 2-3　大客车的布置形式

（1）发动机前置后桥驱动

1）主要优点。动力总成操纵机构结构简单；散热器位于汽车前部，冷却效果好；冬季在散热器罩前部蒙以保护棉被，能改善发动机的保温条件；发动机出现故障时驾驶人容易发现。

2）主要缺点。发动机凸起在地板表面上部，因而车厢面积利用不好，并且布置座椅时会受到发动机的限制；由于传动轴从地板下面通过，致使地板平面离地面较高，乘客上、下车不方便；传动轴长度长；发动机的噪声、气味和热量易于传入车厢内；隔绝发动机振动困难，影响乘坐舒适性；检查发动机故障必须在驾驶室内进行，降低了检修工作的舒适性；如果乘客门布置在轴距内，使车身刚度削弱；若采用前开门布置，虽然可以改善车身刚度，但会使前悬加长，同时可能使前轴超载。

（2）发动机中置后桥驱动

1）主要优点。轴荷分配合理；传动轴的长度短；车厢内面积利用率较高，并且座椅布置不受发动机的限制；乘客车门能布置在前轴之前等。

2）主要缺点。发动机必须用水平对置式的，且布置在地板下部，给检修发动机带来困难；驾驶人不容易发现发动机故障；发动机在热带的冷却条件和在寒带的保温条件均不好；发动机的噪声、气味、热量和振动均能传入车厢；动力总成操纵机构复杂；受发动机影响，地板平面距地面较高；在土路上行驶发动机极易被泥土弄脏。

（3）发动机后置后桥驱动

1）主要优点。能较好地隔绝发动机的噪声、气味、热量；检修发动机方便；轴荷分配合理；同时由于后桥簧载质量与非簧载质量之比增大，能改善车厢后部的乘坐舒适性；当发动机横置时，车厢面积利用较好，并且布置座椅受发动机影响较少；作为城市间客车使用时，能够在地板下部和客车全宽范围内设立体积很大的行李舱；作为市内用客车不需要行李舱时，则可以降低地板高度；传动轴长度短。

2）主要缺点。发动机的冷却条件不好，必须采用冷却效果强的散热器；动力总成操纵机构复杂；驾驶人不容易发现发动机故障。

发动机前置后桥驱动的大客车，常在货车底盘基础上改装而成；发动机后置后桥驱动大客车优点明显。目前，这两种布置形式的大客车得到广泛应用。

2.2 汽车主要参数的选择

2.2.1 汽车主要尺寸的确定

汽车的主要尺寸有外廓尺寸、轴距、轮距、前悬、后悬、货车车头长度和货箱尺寸等。以轿车为例，其主要尺寸示意图如图 2-4 所示。

1. 外廓尺寸及影响因素

国家标准《汽车、挂车及汽车列车外廓尺寸、轴荷及质量限值》（GB 1589—2016）规定汽车外廓尺寸长：货车、越野车、整体式客车不应超过 12m，单铰接式客车不超过 18m，铰接汽车列车不超过 17.1m，全挂汽车列车不超过 20m；汽车宽不超过 2.55m；空载、顶窗关闭状态下，汽车高不超过 4m；后视镜等单侧外伸量不得超出最大宽度处 250mm；顶窗、换气装置开启时不得超出车高 300mm。

不在公路上行驶的汽车，其外廓尺寸不受上述规定限制。

（1）轿车总长 L_a　是轴距 L、前悬 L_F 和后悬 L_R 的和。它与轴距 L 有下述关系：$L_a=L/C$。其中，C 为比例系数，其值在 0.52～0.66 之间。发动机前置前轮驱动汽车的 C 值为 0.62～0.66，发动机后置后轮驱动汽车的 C 值约为 0.52～0.56。

（2）轿车宽度尺寸　一方面由乘员必需的室内宽度和车门厚度来决定，另一方面应保证能布置下发动机、车架、悬架、转向系统和车轮等。轿车总宽 B_a 与轿车总长 L_a 之间有下

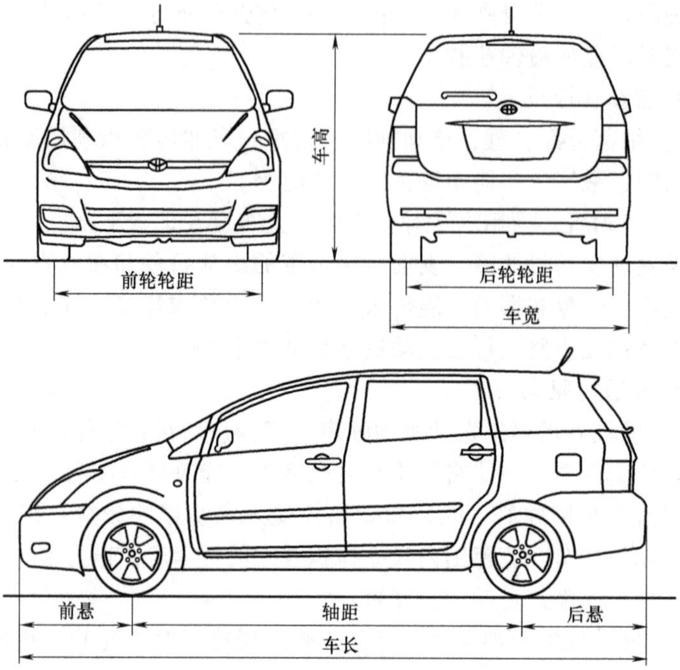

图 2-4　轿车的主要尺寸示意图

述近似关系：$B_a=L_a/3+(195\pm60)$mm。后座乘三人的轿车，B_a 不应小于 1410mm。

（3）影响轿车总高 H_a 的因素　有轴间底部离地高 h_m，地板及下部零件高 h_p，室内高 h_B 和车顶造型高度 h_t 等。

（4）轴间底部离地高 h_m　应大于最小离地间隙 h_{min}。由座位高、乘员上身长和头部及头上部空间构成的室内高 h_B 一般在 1120～1380mm 之间。车顶造型高度大约在 20～40mm 范围内变化。

2. 轴距 L

轴距 L 对整备质量、汽车总长、最小转弯直径、传动轴长度、纵向通过半径有影响。当轴距短时，上述各指标减小。此外，轴距还对轴荷分配有影响。轴距过短会使车厢长度不足或后悬过长；上坡或制动时轴荷转移过大，汽车制动性和操纵稳定性变坏；车身纵向角振动增大，对平顺性不利；万向节传动轴的夹角增大。

原则上轿车的级别越高，装载量或载客量越多的货车或客车轴距取得越长。对机动性要求高的汽车轴距宜取短些。为满足市场需要，工厂在标准轴距货车基础上，生产出短轴距和长铀距的变型车。不同轴距变型车的轴距变化推荐在 0.4～0.6m。

汽车的轴距可参考表 2-1 提供的数据选定。

3. 前轮距 B_1 和后轮距 B_2

增大轮距，随之而来的是车室内宽增大并有利于增加侧倾刚度。但是此时汽车总宽和总质量增加，并影响最小转弯直径变化。

受汽车总宽不得超过 2.5m 限制，轮距不宜过大。但在取定的前轮距 B_1 范围内，应能布置下发动机、车架、前悬架和前轮，并保证前轮有足够的转向空间，同时转向杆系与车架、车轮之间有足够的运动间隙。在确定后轮距 B_2 时应考虑两纵梁之间的宽度、悬架宽度和轮胎宽度及它们之间应留有必要的间隙。

各类汽车的轮距可参考表 2-1 提供的数据确定。

表 2-1　各类汽车的轴距和轮距

<table>
<tr><th>车型</th><th colspan="2">类别</th><th>轴距 L/mm</th><th>轮距 B/mm</th></tr>
<tr><td rowspan="5">轿车</td><td colspan="2">微型级</td><td>2000~2200</td><td>1100~1380</td></tr>
<tr><td colspan="2">普通级</td><td>2100~2540</td><td>1150~1500</td></tr>
<tr><td colspan="2">中级</td><td>2500~2860</td><td>1300~1500</td></tr>
<tr><td colspan="2">中、高级</td><td>2850~3400</td><td>1400~1580</td></tr>
<tr><td colspan="2">高级</td><td>2900~3900</td><td>1560~1620</td></tr>
<tr><td rowspan="4">4×2 货车</td><td colspan="2">微型</td><td>1700~2900</td><td>1150~1350</td></tr>
<tr><td colspan="2">轻型</td><td>2300~3600</td><td>1300~1650</td></tr>
<tr><td colspan="2">中型</td><td>3600~5500</td><td>1700~2000</td></tr>
<tr><td colspan="2">重型</td><td>4500~5600</td><td>1840~2000</td></tr>
<tr><td rowspan="2">矿用自卸车</td><td rowspan="2">总质量 m_a/t</td><td><60</td><td>3200~4200</td><td rowspan="2">2000~4000</td></tr>
<tr><td>≥60</td><td>3900~4800</td></tr>
<tr><td rowspan="2">大客车</td><td colspan="2">城市大客车(单车)</td><td>4500~5000</td><td rowspan="2">1740~2050</td></tr>
<tr><td colspan="2">长途大客车(单车)</td><td>5000~6500</td></tr>
</table>

4. 前悬 L_F 和后悬 L_R

前、后悬较长时，汽车接近角和离去角都小，影响汽车通过性能。对长头式汽车，前悬不能缩短的原因是在这段尺寸内要布置保险杠、散热器、风扇、发动机等部件。从撞车安全性考虑希望前悬长些，从视野角度考虑又要求前悬短些。前悬对平头式汽车上下车的方便性有影响，前钢板弹簧长度也影响前悬尺寸。长头式货车前悬一般在 1100~1300mm 范围内。

货车后悬长度取决于货箱、轴距和轴荷分配的要求。轻型、中型货车的后悬一般在 1200~2200mm 之间，特长货箱汽车的后悬可达 2600mm，但不得超过轴距的 55%。轿车后悬长度影响行李舱尺寸。客车后悬长度不得超过轴距的 65%，绝对值不大于 3500mm。对于三轴汽车，若二、三轴为双后轴，其轴距应按第一轴至双后轴中心线的距离计算；若一、二轴为双转向轴，其轴距按一、三轴的轴距计算。

5. 货车车头长度

货车车头长度是指从汽车的前保险杠到驾驶室后围的距离。车身形式即长头式还是平头式对车头长度有绝对影响。此外，车头长度尺寸对汽车外观效果、驾驶室居住性和发动机的接近性等有影响。

长头式货车车头长度尺寸一般在 2500~3000mm 之间，平头式货车一般在 1400~1500mm 之间。

6. 货车货箱尺寸

要求货箱尺寸在运送散装煤和袋装粮食时能装足额定吨数。货箱边板高度对汽车质心高度和装卸货物的方便性有影响，一般应在 450~650mm 范围内选取。货箱内宽应在汽车外宽符合国家标准的前提下适当取宽些，以利缩短边板高度和货箱长度。行驶速度能达到较高车速的货车，使用过宽的货箱会增加汽车迎风面积，导致空气阻力增加。货箱内长应在能满足运送上述货物额定吨位的条件下尽可能取短些，以利于减小整备质量。

2.2.2 汽车质量参数的确定

1. 整车整备质量 m_0

整车整备质量是指车上带有全部装备（包括随车工具、备胎等），加满燃料、水，但没有装货和载人时的整车质量。

整车整备质量对汽车的成本和使用经济性均有影响。目前，尽可能减少整车整备质量的目的是通过减轻整备质量增加装载量或载客量；抵消因满足安全标准、排气净化标准和噪声标准所带来的整备质量的增加；节约燃料。减少整车整备质量的措施主要有：采用强度足够的轻质材料，新设计的车型应使其结构更合理。减少整车整备质量，是从事汽车设计工作中必须遵守的一项重要原则。

整车整备质量在设计阶段需估算确定。在日常工作中，收集大量同类型汽车各总成、部件和整车的有关质量数据，结合新车设计的结构特点、工艺水平等初步估算出各总成、部件的质量，再累计构成整车整备质量。

轿车和客车的整备质量也可按每人所占整车整备质量的统计平均值估计（表 2-2）。

表 2-2 轿车和客车人均整备质量

车型	人均整备质量/(t/人)	车型	人均整备质量/(t/人)
微型轿车	0.15~0.16	中高级以上轿车	0.29~0.34
普通级轿车	0.17~0.24	中型以下客车	0.096~0.16
中级轿车	0.21~0.29	大型客车	0.065~0.13

2. 汽车的载客量和装载质量（装载量）

（1）汽车的载客量　轿车的载客量用座位数表示。微型和普通级轿车为 2~4 座；中级以上轿车为 4~7 座。城市大客车的载客量，由等于座位数的乘客和站立乘客两部分构成。站立乘客按每平方米 8~10 人计算。长途大客车和专供游览观光用的大客车，其载客量等于座位数。

（2）汽车的装载质量 m_e　汽车的装载质量是指在硬质良好路面上行驶时所允许的额定装载量。汽车在碎石路面上行驶时，装载质量约为好路面的 75%~85%。越野汽车的装载量是指越野行驶时或在土路上行驶时的额定装载量。

货车装载质量 m_e 的确定，首先应与行业产品规划的系列符合，其次要考虑到汽车的用途和使用条件。原则上货流大、运距长或矿用自卸车应采用大吨位货车；货源变化频繁、运距短的市内运输车采用中、小吨位的货车比较经济。

3. 质量系数 η_{m0}

质量系数 η_{m0} 是指汽车装载质量与整车整备质量的比值，即 $\eta_{m0}=m_e/m_0$。该系数反映了汽车的设计水平和工艺水平，η_{m0} 值越大，说明该汽车的结构和制造工艺越先进。

在参考同类型汽车选定 η_{m0} 以后（表 2-3），可根据任务书中给定的 m_e 值计算出整车整备质量。

4. 轴荷分配

汽车的轴荷分配是指汽车在空载或满载静止状态下，各车轴对支承平面的垂直载荷，也可以用占空载或满载总质量的百分比来表示。

表 2-3　不同类型汽车的质量系数 η_{m0}

汽车类型			η_{m0}
货车	轻型		0.80~1.10
	中型		1.20~1.35
	重型		1.30~1.70
矿用自卸车	最大装载质量 m_e/t	<45	1.10~1.50
		≥45	1.30~1.70

轴荷分配对轮胎寿命和汽车的使用性能有影响。从轮胎磨损均匀和寿命相近考虑，各个车轮的载荷应相差不大；为了保证汽车有良好的动力性和通过性，驱动桥应有足够大的载荷，而从动轴载荷可以适当减少；为了保证汽车有良好的操纵稳定性，转向轴的载荷不应过小。

汽车的发动机位置与驱动形式不同，对轴荷分配有显著影响。各类汽车的轴荷分配见表 2-4。

表 2-4　各类汽车的轴荷分配

车型		满载		空载	
		前轴	后轴	前轴	后轴
轿车	发动机前置前轮驱动	47%~60%	40%~53%	56%~66%	34%~44%
	发动机前置后轮驱动	45%~50%	50%~55%	51%~56%	44%~49%
	发动机后置后轮驱动	40%~46%	54%~60%	38%~50%	50%~62%
货车	4×2 后轮单胎	32%~40%	60%~68%	50%~59%	41%~50%
	4×2 后轮双胎，长、短头式	25%~27%	73%~75%	44%~49%	51%~56%
	4×2 后轮双胎，平头式	30%~35%	65%~70%	48%~54%	46%~52%
	6×4 后轮双胎	19%~25%	75%~81%	31%~37%	63%~69%

2.2.3　汽车性能参数的确定

1. 动力性参数

（1）最高车速 v_{max}　随着道路条件的改善，汽车特别是中、高级轿车的最高车速有逐渐提高的趋势。轿车的最高车速 v_{max} 大于货车、客车的最高车速。级别高的轿车的最高车速 v_{max} 要大于级别低些的轿车的最高车速。微型、轻型货车最高车速大于中型、重型货车的最高车速，重型货车最高车速较低。有关客车的车速见交通运输行业标准《营运客车类型划分及等级评定》（JT/T 325—2018）。其他车型的最高车速范围见表 2-5。

表 2-5　汽车动力性参数范围

汽车类别	最高车速 v_{max}/(km/h)	比功率 P_b/(kW/t)	比转矩 T_b/(N·m/t)
微型级	110~150	30~60	50~110
普通级	120~170	35~65	80~110
中级	130~90	40~70	90~130
中、高级	140~230	50~80	120~140
高级	160~280	60~110	100~180

（续）

汽车类别	最高车速 v_{max}/(km/h)	比功率 P_b/(kW/t)	比转矩 T_b/(N·m/t)
微型 轻型	80~135	16~28 15~25	30~44 38~44
中型 重型	75~120	10~20 6~20	33~47 29~50

（2）加速时间 t　汽车在平直的良好路面上，从原地起步开始以最大的加速度加速到一定车速所用去的时间称为加速时间。对于最高车速 v_{max} > 100km/h 的汽车，常用加速到 100km/h 所需的时间来评价，如中、高级轿车此值一般为 8~17s，普通级轿车为 12~25s。对于 v_{max} 低于 100km/h 的汽车，可用 0~60km/h 的加速时间来评价。

（3）上坡能力　用汽车满载时在良好路面上的最大坡度阻力系数 i_{max} 来表示汽车上坡能力。因轿车、货车、越野汽车的使用条件不同，对它们的上坡能力要求也不一样。通常要求货车能克服 30%坡度，越野汽车能克服 60%坡度。

（4）汽车比功率和比转矩　比功率是汽车所装发动机的标定最大功率与汽车最大总质量之比，它可以综合反映汽车的动力性。轿车的比功率大于货车和客车，货车的比功率随总质量的增加而减小。为保证路上行驶车辆的动力性不低于一定的水平，防止某些性能差的车辆阻碍交通，应对车辆的最小比功率做出规定。我国国家标准《机动车运行安全技术条件》（GB 7258—2017）规定：低速汽车比功率不小于 4.0kW/t，其他机动车不小于 5.0kW/t。

比转矩是汽车所装发动机的最大转矩与汽车总质量之比，它能反映汽车的牵引能力。不同车型的比功率和比转矩范围见表 2-5。有关客车的比功率见交通运输行业标准 JT/T 325—2018。

2. 燃油经济性参数

汽车的燃油经济性，用汽车在水平的水泥或沥青路面上，以经济车速或多工况满载行驶百公里的燃油消耗量（L/100km）来评价。该值越小燃油经济性越好。级别低的轿车，百公里燃油消耗量要低于级别高的轿车（见表 2-6）。未来的发展趋势是百公里油耗量继续减少，如正在研制的超经济型轿车的百公里燃油消耗量为 3L/100km。货车有时用单位质量的百公里油耗量来评价（见表 2-7）。

表 2-6　轿车的百公里燃油消耗量

车型	微型轿车	普通级轿车	中级轿车	高级轿车
百公里燃油消耗量/(L/100km)	4.4~7.5	7~12	10~16	18~23.5

表 2-7　货车单位质量百公里燃油消耗量　　[单位：L/(100t·km)]

总质量 m_a/t	汽油机	柴油机	总质量 m_a/t	汽油机	柴油机
<4	3.0~4.0	2.0~2.8	6~12	2.68~2.82	1.55~1.86
4~6	2.8~3.2	1.9~2.1	>12①	2.50~2.60	1.43~1.53

① 包括矿用自卸车。

3. 最小转弯直径 D_{min}

转向盘转至极限位置时，汽车前外转向轮轮辙中心在支承平面上的轨迹圆的直径称为最

小转弯直径 D_{min}。D_{min} 用来描述汽车转向机动性，是汽车转向能力和转向安全性能的一项重要指标。

转向轮最大转角、汽车轴距、轮距等对汽车最小转弯直径均有影响。对机动性要求高的汽车，D_{min} 应取小些。国家标准《汽车、挂车及汽车列车外廓尺寸、轴荷及质量限值》(GB 1589—2016) 中规定：汽车和汽车列车转弯时应在一个通道圆内通过，通道圆的外圆直径为 25m、内圆直径为 10.6m。车辆内、外侧的任何部位不应超出通道圆的内、外侧垂直空间。

各类汽车的最小转弯直径 D_{min} 见表 2-8。

表 2-8　各类汽车的最小转弯直径 D_{min}

车型	级别	D_{min}/m	车型	级别		D_{min}/m
轿车	微型	7~9.5	货车	微型		8~12
	普通级	8.5~11		轻型		10~19
	中级	9~12		中型		12~20
	高级	11~14		重型		13~21
货车	微型	10~13	矿用自卸车	装载质量 m_a/t	<45	15~19
	中型	14~20			≥45	18~24
	大型	17~22				

4. 通过性的几何参数

总体设计要确定的通过性几何参数有最小离地间隙 h_{min}、接近角 γ_1、离去角 γ_2 和纵向通过半径 ρ_1 等。各类汽车的通过性参数视车型和用途而异，其范围见表 2-9。

表 2-9　汽车通过性的几何参数

车型	h_{min}/mm	γ_1/(°)	γ_2/(°)	ρ_1/m
4×2 轿车	150~220	20~30	15~22	3.0~8.3
4×4 轿车	210	45~50	35~40	1.7~3.6
4×2 货车	250~300	40~60	25~45	2.3~6.0
4×4 货车、6×6 货车	260~350	45~60	35~45	1.9~3.6
4×2 客车、6×4 客车	220~370	10~40	6~20	4.0~9.0

5. 操纵稳定性参数

汽车操纵稳定性的评价参数较多，与总体设计有关并能作为设计指标的有：

（1）转向特性参数　为了保证有良好的操纵稳定性，汽车应具有一定程度的不足转向。通常用汽车以 0.4g 的向心加速度沿定圆转向时，前、后轮侧偏角之差 $\delta_1-\delta_2$ 作为评价参数。此参数在 1°~3°为宜。

（2）车身侧倾角　汽车以 0.4g 的向心加速度沿定圆等速行驶时，车身侧倾角控制在 3°以内较好，最大不允许超过 7°。

（3）制动前俯角　为了不影响乘坐舒适性，要求汽车以 0.4g 减速度制动时，车身的前俯角不大于 1.5°。

6. 制动性参数

汽车制动性是指汽车在制动时，能在尽可能短的距离内停车且保持方向稳定，下长坡时能维持较低的安全车速并有在一定坡道上长期驻车的能力。目前常用制动距离 s_t 和平均制动减速度 j 来评价制动效能。

国家标准《机动车运行安全技术条件》（GB 7258—2017）中规定的路试检验行车制动和应急制动性能要求见表 2-10。

表 2-10　路试检验行车制动和应急制动性能要求

车辆类型		行车制动					应急制动			
		制动初车速/(km/h)	制动距离/m	FMDD①/(m/s)	试车道宽度/m	踏板力/N	制动初车速/(km/h)	制动距离/m	FMDD/(m/s)	操纵力/N
座位数≤9的客车	满载	50	≤20	≥5.9	2.5	≤500	50	≤38	≥2.9	手≤400 脚≤500
	空载		≤19	≥6.2		≤400				
其他总质量≤4.5t的汽车	满载	50	≤22	≥5.4	2.5②	≤700	30	≤18	≥2.6	手≤600 脚≤700
	空载		≤21	≥5.8		≤450				
其他汽车、列车	满载	30	≤10	≥5.0	3.0	≤700	30	≤20	≥2.2	手≤600
	空载		≤9	≥5.4		≤450				脚≤700

① FMDD 是指制动减速度。

② 对总质量>3.5t 且≤4.5t 的汽车为 3.0m。

7. 舒适性参数

汽车应为乘员提供舒适的乘坐环境和方便的操作条件，称之为舒适性。舒适性应包括平顺性、空气调节性能（温度、湿度等）、车内噪声、乘坐环境（活动空间、车门及通道宽度、内部设施等）及驾驶人的操作性能。

其中汽车行驶平顺性常用垂直振动参数评价，包括频率和振动加速度等，此外悬架动挠度也用来作为评价参数之一。

2.3　车身形式与轮胎选择

2.3.1　车身形式

汽车车身是驾驶人的工作场所，也是装载乘客和货物的场所。

车身应具有合理的外部形状，以便汽车行驶时能有效地引导周围的气流，提高汽车的动力性、燃料经济性和行驶稳定性，并改善发动机的冷却条件和室内通风。

1. 轿车的车身形式

轿车车身由发动机舱、客舱和行李舱三部分组成。轿车车身的基本形式有折背式、直背式和舱背式三种。三种基本车身形式的主要区别表现在车身顶盖与车身后部形状之间的关系上有差别。折背式车身有明显的发动机舱、客舱和行李舱，且车身顶盖与车身后部呈折线连接（图 2-5a）。直背式车身的特点是后风窗与行李舱连接，接近平直（图 2-5b）。直背式车身流线型好，有利于降低空气阻力系数和增大行李舱容积。舱背式轿车车身的顶盖比折背式长，同时后风窗与后行李舱盖形成一个整体的后部车门（图 2-5c），一般情况下行李舱容积小。将折背式车身顶盖向后延伸到车尾，形成两厢式的变型轿车车身（图 2-5d），目前也受到用户欢迎。除此之外，还有许多其他变型轿车在市场上不断出现，如去除顶盖或带有活动顶篷的敞篷车等。

发动机排量越大的轿车，采用折背式车身的比例越大。发动机排量在 1.0L 以下的轿车，以采用舱背式车身为主；发动机排量在 1.0~4.0L 之间时，三种车身形式都有；发动机排量大于 4.0L 时，基本上都用折背式车身。

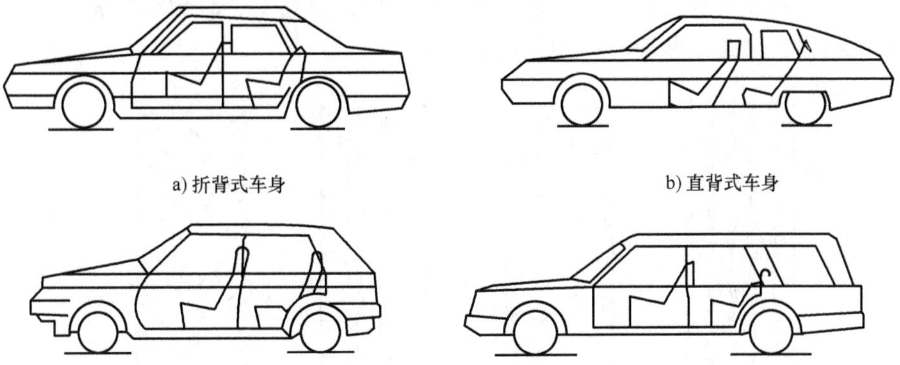

a) 折背式车身　　b) 直背式车身

c) 舱背式车身　　d) 两厢式车身

图 2-5　轿车车身形式

2. 客车的车身形式

客车车身有单层和双层之分。无论是单层客车还是双层客车，其发动机多数布置在车厢内，故为平头车，而长头车已很少见。

2.3.2　轮胎选择

1. 轮胎及车轮部件应满足的基本要求

轮胎及车轮在车桥（轴）与地面之间传力，并使汽车运动。因此，要求其有足够的负荷能力和速度能力，具有较小的滚动阻力和行驶噪声，良好的附着特性和质量平衡，耐磨损、耐刺扎、耐老化和良好的气密性，质量小，价格低，拆装方便，互换性好。

2. 轮胎的分类

轮胎有多种分类方法，其中，按胎体结构不同分为子午线轮胎、斜交轮胎等；按帘线材料不同分钢丝轮胎、半钢丝轮胎、人造纤维轮胎和棉帘线轮胎；按用途不同分为乘用车（指轿车、轻型客车）轮胎、商用车（指货车、大型客车）轮胎、非公路用车轮胎、特种车轮胎；按胎面花纹不同分为公路花纹轮胎、越野花纹轮胎、混合花纹轮胎和特种花纹轮胎；按断面形状不同分为普通断面轮胎和低断面轮胎两种；按气密方式不同分为有内胎轮胎和无内胎轮胎两种。

子午线轮胎的优点是滚动阻力小，温升低，胎体缓冲性能和胎面附着性能都比斜交轮胎好，装车后油耗低，寿命长，高速性能好，因此适应现代汽车对安全、高速、低能耗的发展要求；其缺点是造价高，不易翻修。

目前用钢丝和各种高强度人造材料制作帘线的轮胎得到广泛应用，用天然纤维制作帘线的轮胎已遭淘汰。

乘用车轮胎尺寸小，高速性和舒适性好；商用车轮胎尺寸大，承载能力强；非公路用车轮胎附着性好，胎面耐刺扎，适用于在恶劣条件下工作。

公路花纹轮胎滚动阻力小，噪声小，适用于在铺装路面上使用，其中纵向花纹轮胎适用于良好路面，横向花纹轮胎适用于土石路面；越野花纹轮胎适用于坏路面或无路地带使用；混合花纹轮胎适用于使用路面条件变化不定的场合。图 2-6 所示为几种典型胎面花纹示例。

低断面轮胎高速稳定性好，无内胎轮胎高速安全性好，这两种结构能适应现代汽车运行条件逐步改善、行驶速度日益提高的要求。多数汽车特别是轿车、轻型客车的轮胎，选用既是子午线轮胎结构，又是低断面轮胎和无内胎轮胎。

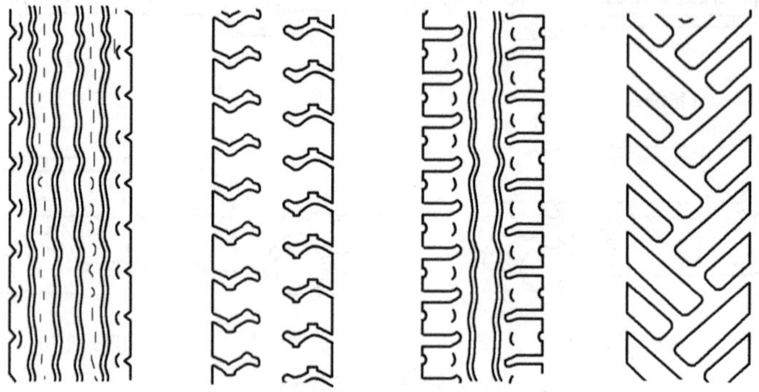

a) 纵向花纹　b) 横向花纹　c) 混合花纹　d) 越野花纹

图 2-6　轮胎胎面花纹示例

3. 轮胎负荷系数

经总体布置计算，汽车轮胎所承受的最大静负荷值，应与轮胎额定负荷值接近。两者之比称为轮胎负荷系数。此系数应控制在 0.9~1.0 之间，以防止超载。超载不仅会降低轮胎寿命，还会降低操纵稳定性和行驶安全性。轿车和轻型货车、轻型客车的车速高、动负荷大，上述系数应取下限。充气压力和使用速度对轮胎负荷能力有影响。随着道路条件的改善和高速公路的发展，汽车车速逐步提高，使轮胎发热量增加，温度升高，并使胎面与轮胎帘线层脱落，轮胎寿命降低。因此，汽车行驶速度也是影响轮胎选择的一个重要因素。

轮胎是在专业化生产厂制造，并具有高度的标准化、系列化特点。轮胎的外直径、断面宽、断面高宽比、配用轮毂名义直径、轮毂轮廓形式及规格、胎面花纹形式及深度、额定负荷下半径等尺寸特性和负荷系数，可查与汽车轮胎相关的国家标准。

第 3 章

汽车底盘布局设计

底盘布局设计是汽车产品设计中的一个重要部分，不但包括底盘子系统的选型设计，同时也包括各个子系统在底盘的布置及安装、位置空间等，在汽车有限底盘空间内进行质量的合理分布，实现设计性能指标，并且不产生运动干涉。不同形式的汽车，底盘的布局设计不但体现在轴数、驱动形式以及布置形式上，同时还有底盘四个子系统与整车性能的匹配以及底盘各系统之间的匹配布局等问题。

3.1　汽车底盘总布置草图及各部件布置

在初步确定汽车的载客量（装载量）、驱动形式、车身形式、发动机形式等之后，还需要深入做更具体的工作，包括绘制总布置草图，并校核初步选定的各部件结构和尺寸是否符合整车尺寸和参数的要求，以寻求合理的总布置方案。绘图前要确定画图的基准线（面）。

3.1.1　整车布置的基准线（面）——零线的确定

确定整车的零线（三维坐标面的交线）、正负方向及标注方式，均应在汽车满载状态下进行，并且绘图时应将汽车前部绘在左侧，如图 3-1 所示。

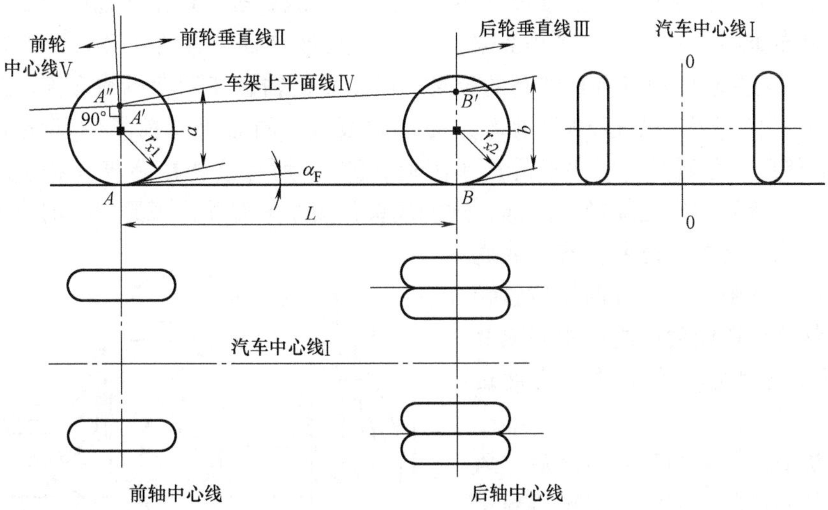

图 3-1　整车布置的基准线

1. 车架上平面线

纵梁上翼面较长的一段平面或承载式车身中部地板或边梁的上缘面在侧（前）视图上的投影线称为车架上平面，它作为垂直方向尺寸的基准线（面），即 z 坐标线，向上为

“+”，向下为“-”，该线标记为 $z/0$。

货车的车架上平面在满载静止位置时，通常与地面倾斜 0.5°~1.5°，使车架呈前低后高状，这样在汽车加速时，货箱可接近水平。为了画图方便，可将车架上平面线画成水平的，将地面线画成斜的。

2. 前轮中心线

通过左、右前轮中心，并垂直于车架上平面线的平面，在侧视图和俯视图上的投影线称为前轮中心线，它作为纵向方向尺寸的基准线（面），即 x 坐标线，向前为“-”，向后为“+”，该线标记为 $x/0$。

3. 汽车中心线

汽车纵向垂直对称平面在俯视图和前视图上的投影线称为汽车中心线，用它作为横向尺寸的基准线（面），即 y 坐标线，向左为“+”、向右为“-”，该线标记为 $y/0$。

4. 地面线

地平面在侧视图和前视图上的投影线称为地面线，此线是标注汽车高度、接近角、离去角、离地间隙和货台高度等尺寸的基准线。

5. 前轮垂直线

通过左、右前轮中心，并垂直于地面的平面，在侧视图和俯视图上的投影线称为前轮垂直线。此线用来作为标注汽车轴距和前悬的基准线。当车架与地面平行时，前轮垂直线与前轮中心线重合（如轿车）。

3.1.2 各部件的布置

1. 发动机的布置

（1）发动机的上下位置　发动机的上下位置对离地间隙和驾驶人视野有影响。轿车前部因没有前轴，发动机油底壳至路面的距离，应保证满载状态下最小离地间隙的要求。货车通常将发动机布置在前轴上方，考虑到悬架缓冲块脱落以后，前轴的最大向上跳动量可达70~100mm，这就要求发动机有足够高的位置，以防止前轴碰坏发动机油底壳。油底壳通常设计成深浅不一的形状，使位于前轴上方的地方最浅，同时再将前梁中部锻成下凹形状（注意前梁下部尺寸必须保证所要求的最小离地间隙）。所有这些措施将有利于降低发动机位置的高度，并使发动机舱盖随之降低，这能改善长头车的驾驶人视野，同时有利于降低汽车质心高度。除此之外，还要检查油底壳与横拉杆之间的间隙。发动机高度位置初定之后，用气缸体前端面与曲轴中心线交点 K 到地面高度尺寸 b 来标明其高度位置，如图 3-2 所示。

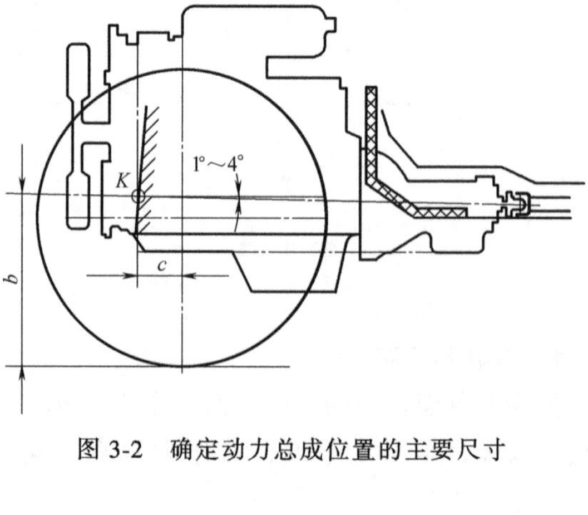

图 3-2　确定动力总成位置的主要尺寸

在发动机高度位置初步确定之后，风扇和散热器的高度随之而定，要求风扇中心与散热器几何中心相重合，以使散热器在整个面积上接受风扇的吹风。护风罩用来增大送风量和减小散热器尺寸。为了保证空气的畅通，散热器中心与风扇之间应有不小于 50mm 的间隙，此间隙在无护风罩时可减小到 30mm。

由于空气滤清器位于发动机进气歧管上，其高度影响发动机舱盖高度，为此将空气滤清器做成扁平状。发动机舱盖与发动机零件之间的间隙不得小于 25mm，以防止关闭发动机舱盖时导致发动机受到损伤。

（2）发动机的前后位置 发动机的前后位置会影响汽车的轴荷分配、轿车前排座位的乘坐舒适性、发动机前置后轮驱动汽车的传动轴长度和夹角，以及货车的面积利用率。

为减小传动轴夹角，发动机前置后轮驱动汽车的发动机常布置成向后倾斜状，使曲轴中心线与水平线之间形成 1°~4°夹角，轿车上多在 3°~4°之间（图 3-2）。

发动机前置后轮驱动的轿车，前纵梁之间的距离必须考虑吊装在发动机上的所有总成（如发电机、空调装置的压缩机等）以及从下面将发动机安装到汽车上的可行性，还应保证在修理和技术维护情况下，从上面安装发动机的可行性。

发动机的前后位置应与上下位置一起进行布置。前后位置确定以后，在侧视图上画下它的外形轮廓，然后用气缸体前端面与曲轴中心线交点到前轮中心线之间的距离来标明其前后位置，如图 3-2 中的尺寸 c 所示。此后可以确定汽车前围的位置：发动机与前围之间必须留有足够的间隙，以防止热量传入客舱和保证零部件的安装；离合器壳与变速器应能同时拆下，而无须拆卸发动机的固定点，此时应特别注意离合器壳上面螺钉的接近性。

（3）发动机的左右位置 发动机曲轴中心线在一般情况下与汽车中心线一致，这对底盘承载系统的受力和发动机悬置支架安装位置的统一有利。少数汽车如 4×4 汽车，考虑到前桥是驱动桥，为了使前驱动桥的主减速器总成上跳时不与发动机发生运动干涉，将发动机和前桥主减速器向相反方向偏移。

2. 传动系统的布置

由于发动机、离合器、变速器装成一体，所以在发动机位置确定以后，包括发动机、离合器、变速器在内的动力总成位置也随之而定。驱动桥的位置取决于驱动轮的位置，同时为了使左右半轴通用，差速器壳体中心线应与汽车中心线重合。为满足万向节传动轴两端夹角相等，在满载静止时不大于 4°且最大不得大于 7°的要求，常将后桥主减速器的轴线向上翘起。而在轿车布置中，在侧视图上常将传动轴布置成 U 形方案，如图 3-3 所示。这样做可降低传动轴轴线的离地高度，有利于减小客舱地板凸包高度和保证后排中间座椅座垫处有足够的厚度。在绘出传动轴最高轮廓线之后，根据凸包与中间传动轴之间的最小间隙一般应在 10~15mm 来确定地板凸包线位置。

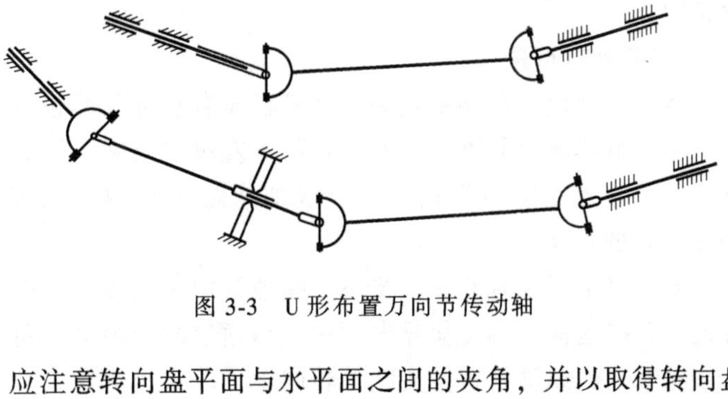

图 3-3 U 形布置万向节传动轴

3. 转向装置的布置

（1）转向盘的位置 转向盘位于驾驶人座椅前方，为保证驾驶人能舒适地进行转向操作，应注意转向盘平面与水平面之间的夹角，并以取得转向盘前部盲区距离最小为佳，同时转向盘又不应当影响驾驶人观察仪表，还要兼顾到转向盘周围（如风窗玻璃等）有足够的空间。

（2）转向器的位置 前悬架采用钢板弹簧时，为了避免悬架运动与转向机构运动出现不协调现象，应该将转向器布置在前钢板弹簧跳动中心附近，即前钢板弹簧前支架偏后少许的位置处。

因转向器固定在车架上，其轴线常与转向盘中心线不在一条直线上，为此用万向节和转向传动轴将它们连接起来，避免在正面撞车时转向盘后移伤及驾驶人。长头车一般用两个万向节，平头车不用或用一个万向节的居多。

当转向盘与转向器之间通过一根刚性轴直接连接时，转向盘相对驾驶人在纵向平面内偏斜一个角度，这不但操作不便，还会因转向传动轴在俯视图上向前斜插而影响踏板的布置和驾驶人腿部的操纵动作。为此，要求转向轴在水平面内与汽车中心线之间的夹角不得大于5°。

转向摇臂与纵拉杆和转向节臂与纵拉杆之间的夹角，在中间位置时应尽可能布置成接近直角，以保证有较高的传动效率。

4. 悬架的布置

货车的前、后悬架和一些轿车的后悬架，多采用纵置半椭圆形钢板弹簧。为了满足转向轮偏转所需要的空间，常将前钢板弹簧布置在纵梁下面。钢板弹簧前端通过弹簧销和支架与车架连接，而后端用吊耳和支架与车架相连。这样布置有利于缓和来自路面的冲击。同时，为了满足主销后倾角的要求，货车的前钢板弹簧应布置成前高后低状。后钢板弹簧布置在车架与车轮之间，应注意钢板弹簧上的U形螺栓和固定弹簧的螺栓与车架之间应当有足够的间隙。

减振器应尽可能布置成直立状，以充分利用其有效行程，空间不允许时才布置成斜置状。

5. 制动系统布置

踩下制动踏板所需要的力，比踩下加速踏板要大得多，因此制动踏板应布置在更靠近驾驶人处，并且还要做到制动踏板和驻车制动器操纵轻便。应检查杆件运动时有无干涉和死角，在车轮跳动时不应有自行制动。

布置制动管路要注意安全可靠、整齐美观。在一条管路上，当两个固定点之间有相对运动时，要采用软管过渡。平行管之间的距离不小于5mm，或者完全束在一起，交叉管之间的距离应不小于20mm，同时注意不要将管子布置在车架纵梁内侧下翼上，以免由于积水使管腐蚀。

6. 踏板的布置

离合器踏板、制动踏板和加速踏板布置在地板凸包与车身内侧壁之间。在离合器踏板左侧，应当留出离合器不工作时可以放下左脚的空间，因此，轮罩最好不要凸出到客舱内。加速踏板一般比制动踏板稍低，要求加速踏板与制动踏板之间留有大于一只完整鞋底宽度（60mm）的距离。

因为汽车行驶时驾驶人要不停顿地踩加速踏板，所以要求踩下时轻便。驾驶人应当用脚后跟支靠在地板上，变化操纵时仅仅是通过改变踝关节角度来达到。为了操纵方便，从驾驶人方向看，加速踏板布置成朝外转的样子。

图3-4所示为德国推荐的确定踏板布置的尺寸关系。

7. 油箱、备胎、行李舱和蓄电池的布置

（1）油箱　根据汽车最大续驶里程（一般为200~600km）来确定油箱的容积。轿车为

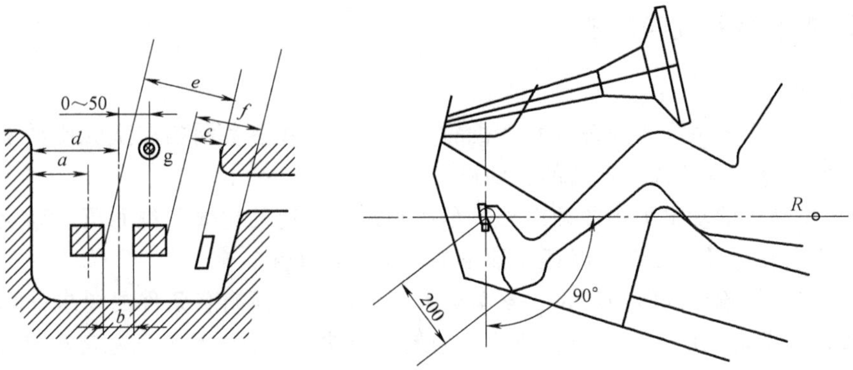

图 3-4 德国推荐的踏板布置

d—离合器踏板所占空间 *e*—制动踏板所占空间 *f*—加速踏板所占空间 g—转向管柱

推荐尺寸：$a=130$mm $b=60$mm $c=70$mm $d=260$mm $e=200$mm $f=170$mm

了在有限的空间内布置下油箱、备胎等物品，常视具体条件来确定其形状。布置油箱时应遵守的一条重要原则是油箱应远离消声器和排气管（轿车要求油箱距排气管的距离大于300mm，否则应加装有效的隔热装置；油箱距裸露的电器插头及开关的距离不得小于200mm)，更不应当布置在发动机舱内。轿车油箱常布置在行李舱内，而货车油箱布置在纵梁上。考虑到发生车祸时不会因冲撞到油箱而发生火灾，油箱又应当布置在撞车时油箱不会受到损坏的地方，如将油箱布置在靠近轿车后排座椅后部就比布置在行李舱后下部安全。

(2) 备胎　轿车备胎常布置在行李舱内，要求在装满行李的情况下，仍能方便地取出备胎。如将备胎立置于行李舱侧壁或后壁，行李舱侧壁或后壁必须有大于车轮直径的高度。

货车备胎可以布置在车架尾部下方或是车架中部上方货箱底板下部。布置在车架尾部时常采用悬链式，可保证拆装方便，并使汽车质心位置降低。但此时汽车离去角减小，通过性变差。备胎置于车架中部上方时，常用翻转式结构。但在转动备胎时需要足够的空间，导致货箱升高，使汽车质心位置增高。

(3) 行李舱　要求中级轿车行李舱有效容积为 $0.4\sim0.7\text{m}^3$，高级轿车为 $0.7\sim0.9\text{m}^3$。为了能整齐地安放手提箱，行李舱底部应平整。受外形尺寸限制，当普通级、中级轿车难以达到上述要求时，可利用座椅下、车门和侧壁之间的空间来安放小件行李。客货两用轿车将后排座椅设计成可翻式，翻转后后部形成一个有效容积很大的行李舱。

(4) 蓄电池的布置　蓄电池与起动机应位于同侧，并且它们之间的距离越近越好，以缩短线路，同时还要考虑拆装方便性和良好的接近性。

3.2 汽车常规动力系统匹配

汽车动力系统匹配就是合理地确定汽车动力装置的参数。对于汽车常规动力系统来讲，汽车动力装置参数指发动机的功率、传动系统的传动比。它们对汽车的动力性与燃油经济性有很大影响。在确定这些参数时，必须充分考虑到满足这两项基本性能的要求，同时需要考虑驾驶性的要求。

3.2.1 汽车动力系统匹配任务

需要完成以下任务：

1）根据所要求的最高车速确定发动机的最低功率，并参考同类车型的比功率值计算所需发动机功率，进而据此选择合适的发动机。

2）根据发动机的功率平衡图确定功率车速和最高车速的比值，进而可以确定传动系统的最小传动比。确定最小传动比时还应该考虑汽车的驾驶性。

3）按照发动机输出的转矩特性、整车最大爬坡度和路面附着条件的要求计算最大传动比的最小值。当发动机稳定怠速时，所确定的最大传动比还应满足最低稳定车速的要求。

4）根据传动系统的最小传动比和最大传动比基本可以确定变速器的档位数。

5）以各档传动比和主减速器传动比为设计变量，以加速时间和循环工况的燃油消耗量为目标函数进行优化设计。优化过程中有时还要考虑功率损失率等因素。

汽车动力系统匹配的大致过程如图 3-5 所示。

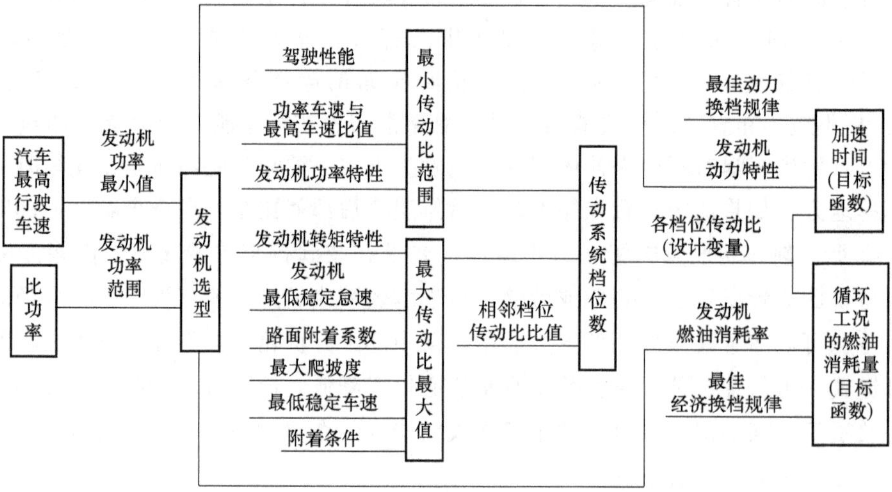

图 3-5　动力系统匹配过程

3.2.2 发动机形式的选择

1. 按燃油分类

当前汽车上使用的发动机仍然是以往复式内燃机为主。它分为汽油机、柴油机两类。

与汽油机相比，柴油机具有较好的燃油经济性，使用成本低，在相同的续驶里程内，可以设置容积小些的油箱。柴油机压缩比可以达到 15~23，而汽油机一般控制在 8~10；柴油机热效率高达 38%，而汽油机为 30%；柴油机工作可靠，寿命长，排污量少。

柴油机的主要缺点是：由于提高了压缩比，要求活塞和缸盖的间隙尽可能小，加工精度比汽油机要求更高；因自燃产生的爆发压力很大，因此要求柴油机各部分的结构强度比汽油机大。柴油机主要用于货车、大型客车上。随着发动机技术的进步，轻型车和轿车用柴油机有日益增多的趋势。

两类发动机用在不同的车辆上，必须满足国家对不同车辆的排放法规要求。

2. 按气缸排列形式分类

根据发动机气缸排列形式不同，发动机有直列、水平对置和 V 型三种。

气缸直列式排列具有结构简单、宽度窄、布置方便等优点。但当发动机缸数多时，长度尺寸过长，在汽车上布置困难，因此直列式适用于 6 缸以下的发动机。直列式还有高度尺寸大的缺点。

与直列发动机相比，V 型发动机的优点体现在长度尺寸小（因而曲轴刚度得到提高）、高度尺寸小、发动机系列多等方面。其主要缺点是用于平头车时，因发动机宽而布置上较为困难，造价高。而水平对置式发动机的主要优点是平衡好，高度低。V 型发动机主要用于中、高级轿车以及重型货车上，水平对置式发动机在少量大客车上得到应用。

3. 按冷却方式分类

根据发动机冷却方式不同，发动机分为水冷与风冷两种。大部分汽车用水冷发动机，因为它具有冷却均匀可靠、散热良好、噪声小和能解决车内供暖问题，以及加大散热器面积后，能较好地适应发动机增压后散热的需要等优点。水冷发动机的主要缺点是冷却系统结构复杂；使用与维修不方便；冷却性能受环境温度影响较大，夏季冷却水容易过热，冬季又容易过冷，并且在室外存放，水结冰后会破坏气缸缸体和散热器。

4. 其他类型发动机

当选用尺寸和质量小的发动机时，不仅有利于汽车小型化、轻量化，同时在保证客舱内部有足够空间的条件下，还能节约燃料。

由于天然气资源充足，天然气发动机汽车得到应用。无排气公害、无噪声的电动汽车，是理想的低污染车，在解决高能蓄电池和降低成本后得到推广使用。太阳能汽车也是理想的低污染汽车，目前还未达到商品化阶段。氢燃料发动机也已研发成功，正在往应用方向推进。而比较成功应用的是电动与燃油发动机共用的混合动力汽车，已经成为解决燃油污染排放和续驶里程矛盾的最佳选择。

3.2.3　发动机主要性能指标的选择

1. 发动机最大功率 P_{emax} 和相应转速 n_P

根据所需要的最高车速 v_{amax}(km/h)，用下式估算发动机最大功率

$$P_{emax}=\frac{1}{\eta_T}\left(\frac{m_a g f_r}{3600}v_{amax}+\frac{C_D A}{76140}v_{amax}^3\right) \tag{3-1}$$

式中，P_{emax} 是发动机最大功率（kW）；η_T 是传动系统效率，对驱动桥用单级主减速器的 4×2 汽车可取为 90%；m_a 是汽车总质量（kg）；g 是重力加速度（m/s^2）；f_r 是滚动阻力系数，对轿车 $f_r=0.0165\times[1+0.01(2v_a-50)]$，对货车取 0.02，矿用自卸车取 0.03，$v_a$ 用最高车速代入；C_D 是空气阻力系数，轿车取 0.30～0.35，货车取 0.80～1.00，大客车取 0.60～0.70；A 是汽车正面投影面积（m^2）；v_{amax} 是最高车速。

参考同级汽车的比功率统计值，然后选定新设计汽车的比功率值，并乘以汽车总质量，也可以求得所需的最大功率值。

最大功率转速 n_P 的范围如下：汽油机的 n_P 在 3000～7000r/min，轿车最高 n_P 值多在 4000r/min 以上，轻型货车的 n_P 值在 4000～5000r/min 之间，中型货车更低些。柴油机的 n_P

值在 1800~4000r/min 之间，轿车和轻型货车用高速柴油机，取在 3200~4000r/min 之间，重型货车用柴油机的 n_P 值取得低。

2. 发动机最大转矩 T_{emax} 及相应转速 n_T

用下式计算确定 T_{emax}

$$T_{emax}=9549\frac{\alpha P_{emax}}{n_P} \tag{3-2}$$

式中，T_{emax} 是最大转矩（N·m）；α 是转矩适应性系数，一般在 1.1~1.3 之间选取；P_{emax} 是发动机最大功率（kW）；n_P 是最大功率转速（r/min）。

要求 n_P/n_T 在 1.4~2.0 之间选取。

3.2.4 发动机的悬置

1. 悬置元件的作用

汽车是多自由度的振动体，并受到各种振源的作用而发生振动。发动机就是振源之一。发动机是通过悬置元件安装在车架上。悬置元件既是弹性元件又是减振装置，其特性直接关系到发动机振动向车体的传递，并影响整车的振动与噪声。合理的悬置不但可以减小振动，降低噪声，以改善乘坐舒适性，还能提高零部件和整车寿命。因此，发动机的悬置设计越来越受到设计者的重视。

2. 发动机悬置应满足的要求

悬置元件承受动力总成的重量，为使其不产生过大的静位移而影响工作，要求悬置元件刚度大些为好；发动机本身的激励以及来自路面的激励都经过悬置元件来传递，因此又要求悬置元件有良好的隔振性能；因发动机工作频带宽，大约在 10~500Hz 范围内，要求悬置元件有减振降噪功能，并要求悬置元件工作在低频大振幅时（如发动机怠速状态）提供大的阻尼特性，而在高频低幅振动激励下提供低的动刚度特性，以衰减高频噪声；悬置元件还应当满足耐机械疲劳、橡胶材料的热稳定性及抗腐蚀能力等方面的要求。

传统的橡胶悬置由金属板件和橡胶组成，如图 3-6 所示。

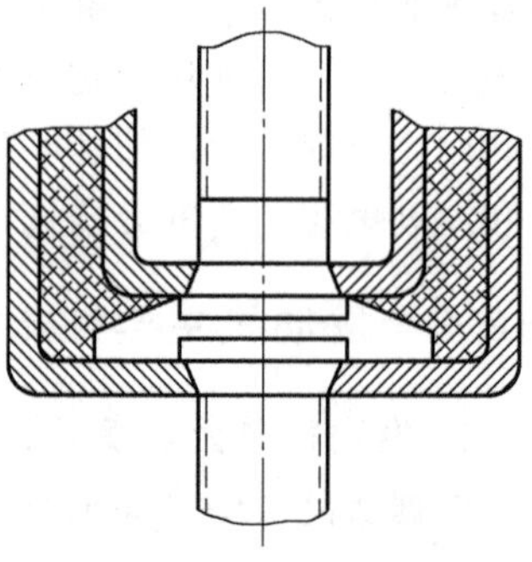

图 3-6 橡胶悬置结构图

3. 悬置元件的特点

悬置元件的特点是结构简单，制造成本低，但动刚度和阻尼损失角 θ（阻尼损失角越大表明悬置元件提供的阻尼越大）的特性曲线基本上不随激励频率变化，如图 3-7 所示。

液压阻尼式橡胶悬置（以下简称液压悬置）的动刚度及阻尼损失角有很强的变频特性。从图 3-7a 可知，液压悬置的动刚度在 10Hz 左右达到最小，在 20Hz 左右达到最大，而后开始下降；在频率超过 30Hz 以后趋于平稳。图 3-7b 表明液压悬置阻尼损失角在 5~25Hz 范围内比较大，这一特性对于衰减发动机怠速频段内（一般为 20~25Hz）的大幅振动十分有利。

图 3-8 所示为液压悬置结构简图，图中螺纹连接杆 1 与发动机支承臂连接，底座 8 的螺孔与车身连接，液压悬置主要由橡胶主簧 11、惯性通道体 10、橡胶底膜 7 和底座 8 构成。惯性通道体把液压悬置分为上下两个液室，内部充满液体。由具有节流孔的惯性通道体连通上下两个液室。通常下室体积刚度比上室低。当经发动机支承臂传至螺纹连接杆的载荷发生

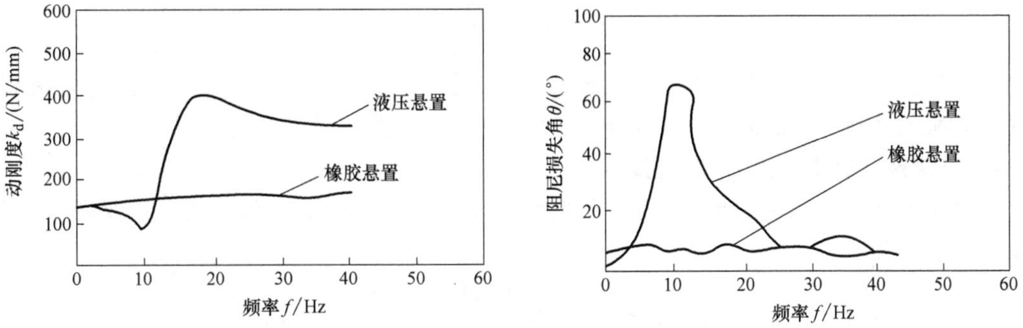

a) 动刚度曲线　　b) 阻尼损失角曲线

图 3-7　橡胶悬置与液压悬置动特性

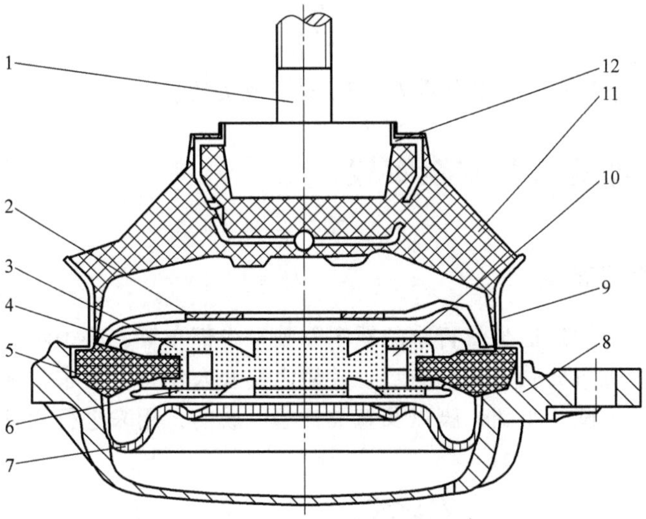

图 3-8　液压悬置结构简图

1—螺纹连接杆　2—限位挡板　3—上惯性通道体　4—橡胶膜　5—盘状加强圈　6—下惯性通道体　7—橡胶底膜　8—底座　9—橡胶主簧座　10—惯性通道体　11—橡胶主簧　12—金属骨架

变化时，上室内的压力跟随变化。如果上室液体受到压缩，则液体经节流孔流入下室；当上室受到的压力解除后，液体又流回上室。液体经节流孔上下流动过程中产生的阻尼吸收了振动能量，减轻了发动机振动向车身（架）的传递，起到隔振作用。

液压悬置目前在轿车上得到比较广泛的应用。

发动机前悬置点应布置在动力总成质心附近，支座应尽可能宽些并布置在排气管之前。

3.2.5　传动比的选择

由于发动机机械特性与汽车行驶特性的不一致，所以，需要变速机构进行动力的传递及耦合匹配。汽车的传动比设计包括变速器档位数、变速比设置和主减速器变速比等。具体在第 5 章有更详尽的阐述，此处主要针对其与发动机的匹配设计方面进行阐述。

1. 驱动桥主减速器传动比 i_0 的选择

根据汽车的最高车速、发动机参数、车轮参数来确定 i_0，可按下式计算：

$$i_0=0.377\frac{n_v r}{v_{amax}i_g} \tag{3-3}$$

式中，若变速器最高档位是直接档，$i_g=1$；v_{amax} 是汽车的最高车速（km/h）；n_v 是最高车速时发动机的转速（r/min），一般 $n_v=(0.9\sim1.1)n_P$；r 是车轮半径（m）。

2. 变速器一档传动比 i_{g1} 的选择

在确定变速器一档传动比 i_{g1} 时，需要考虑驱动条件和附着条件。为了满足驱动条件，其值应符合下式：

$$i_{g1}\geqslant\frac{m_a g(f\cos i_{max}+\sin i_{max})r}{T_{emax}i_0\eta_T} \tag{3-4}$$

式中，i_{max} 是最大爬坡度（°）。

同时为了满足附着条件，其值也应符合下式：

$$i_{g1}\leqslant\frac{Gr\varphi}{T_{tq}i_0\eta_T} \tag{3-5}$$

式中，φ 是路面附着系数；G 是整车重力；T_{tq} 是驱动力矩。

3.3 驾驶室内部驾乘与安全布置

3.3.1 驾驶室内部布置

以运送人为主，兼顾运送少量行李的轿车驾驶室内部布置，必须考虑有良好的乘坐舒适性和足够的安全性。进行驾驶室内部布置，并使之适合人体特性要求，离不开人体尺寸这一基本参数。由躯干、大腿、小腿、脚以及基准杆等组成的，用来进行驾驶室内部布置的人体样板如图 3-9 所示。

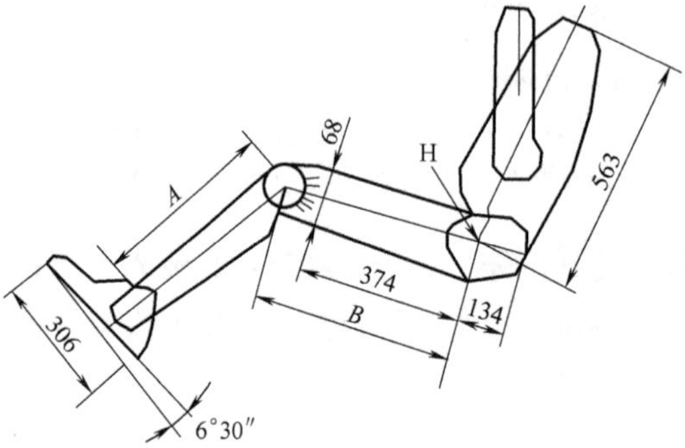

a) 人体样板

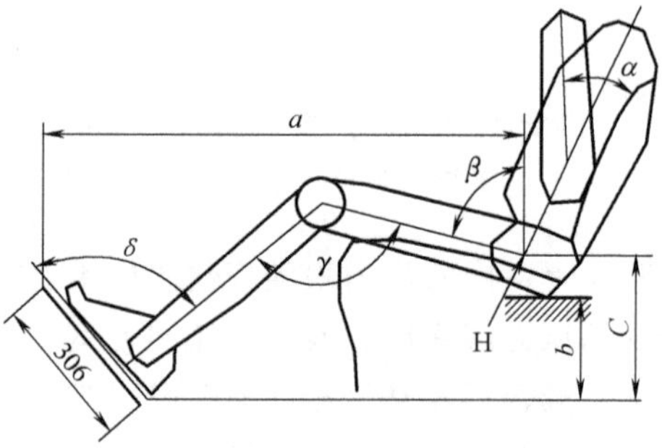

b) 用人体样板进行车内布置

图 3-9 人体样板

驾驶室内部空间和操纵机构的布置，以及驾驶人与乘客座椅的尺寸和布置等，均以表 3-1 中统计数据作为依据。以表中均值来决定基本尺寸，以标准差来决定调整量。例如，男子身高均为 μ（1688mm），标准差 σ 为 81.83mm，取 $\mu\pm1.645\sigma$，表明男子总数的 90% 身高在 1553~1822mm 范围内。根据这一尺寸范围进行设计，就可以达到设计结果满足 90% 的使用对象。

各组成件之间铰接，便于使各组成部分相互变换位置，并经各铰接处的角度标尺读出各部分之间的夹角。

在驾驶室侧视图上安放人体样板时，首先要确定人体样板踵点与胯点之间的垂直高度 b 和考虑到座垫、靠背压缩量以后的胯点位置。不止是要使人体样板上的胯点与初选的座椅上的“跨点”重合，并将人体样板的踵点安放在加速踏板处地板上的踵点，然后根据选定的坐姿将 α、β、γ 及 δ 在图样上进行布置，检查初选的 b 值等是否合适。

从人体工程学的观点出发，驾驶姿势时人体各部分夹角的合理范围如图 3-10 所示。

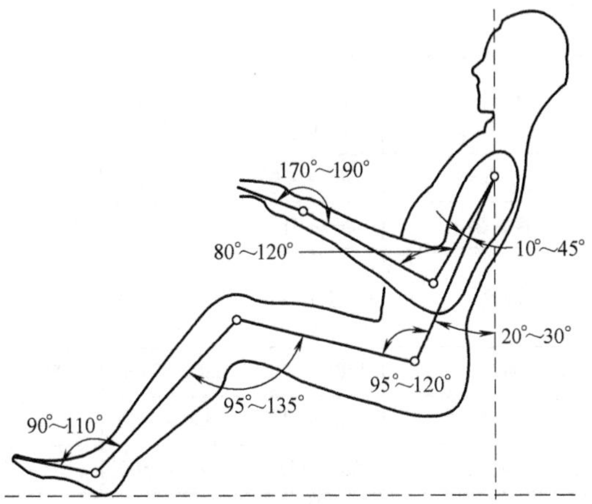

图 3-10 驾驶姿势时人体各部分夹角的合理范围

1. 轿车的内部布置

不同级别轿车的内部布置和有关参考尺寸如图 3-11 和表 3-1 所示。

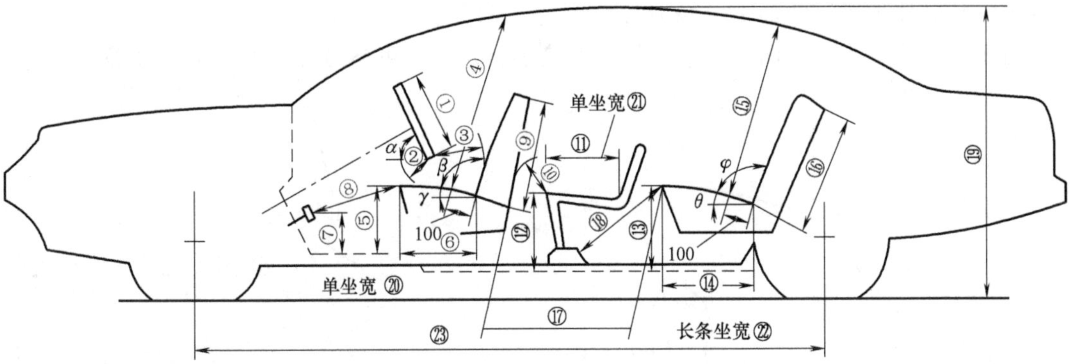

图 3-11 轿车驾驶室的内部布置尺寸

表 3-1 轿车内部布置尺寸的范围 （单位：mm）

级别	尺寸序号						
	①	②	③	④	⑤	⑥	⑦
高级	300~420	140~180	360~380	940~960	300~380	450~510	150~180
中级	300~420	140~180	350~370	940~960	300~360	450~480	150~180
普通型	300~420	130~170	330~370	900~950	300~340	450~480	150~180

级别	尺寸序号						
	⑧	⑨	⑩	⑪	⑫	⑬	⑭
高级	420~500	480~560	250~350	320~400	300~390	350~410	460~530
中级	420~500	460~570				340~400	420~500
普通型	420~520	460~520				340~380	420~460

级别	尺寸序号						
	⑮	⑯	⑰	⑱	⑲	⑳	㉑
高级	900~950	580~660	850~700（三排）500~650（二排）	500~700	1500~1800	150~650	550~580

（续）

级别	尺寸序号						
	⑮	⑯	⑰	⑱	⑲	⑳	㉑
中级	900~930	560~620	250~500	500~600	1400~1600	500~600	
普通型	860~910	510~600	250~350	500~600	1290~1400	480~550	

级别	尺寸序号						
	㉒	㉓	㉔	㉕	㉖	㉗	㉘
高级	1400~1700	2800~3500	55~70	97~105	6~10	8~13	99~105
中级	1200~1400	2500~3000	55~70	97~105	6~10	8~13	99~105
普通型	800~1250	2000~2500	55~70	97~102	6~10	8~10	97~100

2. 货车驾驶室内布置

货车驾驶室内部布置应当满足标准 GB/T 15705—1995《载货汽车驾驶人操作位置尺寸》的要求。其具体位置尺寸如图 3-12 所示，尺寸范围见表 3-2。

对于平头式货车，转向盘与水平面夹角较小，该尺寸可参考客车的有关尺寸确定。

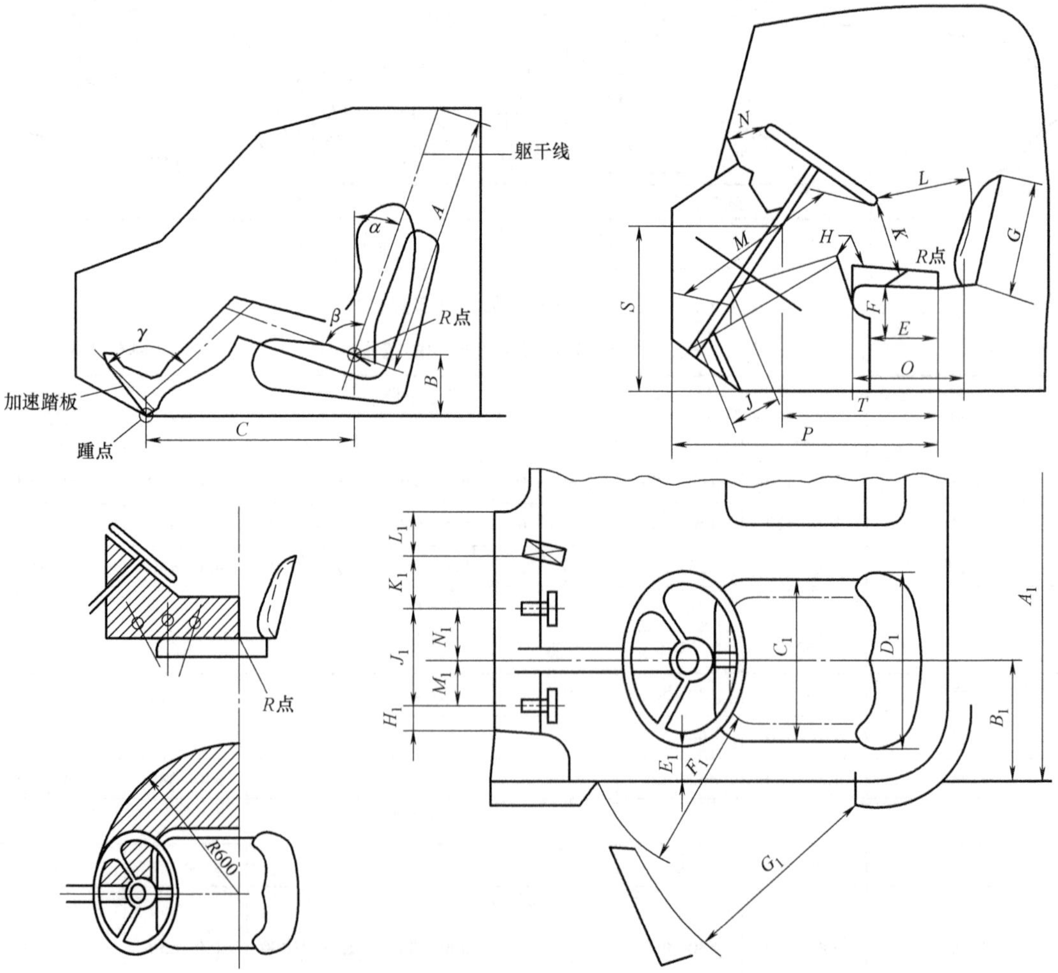

图 3-12　货车驾驶人操作位置尺寸（驾驶室轮廓指其内侧表面）

表 3-2　货车驾驶人操作位置尺寸　　　　（单位：mm）

尺寸序号	尺寸代码	尺寸名称	尺寸范围	说　明
1	A	R 点至顶棚高	≥950	1)沿躯干线量取 2)轻型货车≥910
2	B	R 点至地板距离	370±130	
3	C	R 点至驾驶人踵点的水平距离	550~900	踵点按 GB/T 15705—1995 中压下加速踏板的情况确定
4	α	背角/(°)	5~28	
5	β	臀角/(°)	90~115	
6	γ	足角/(°)	87~95	
7	D	座垫深度	440±60	
8	E	座椅前后最小调整范围	100	140 为佳
9	F	座椅上下最小调整范围	40	1)70 为佳 2)轻型货车允许不调
10	G	靠背高度	520±70	带头枕的整体式靠背，此尺寸可以增加，但增加部分的宽度应减小
11	H	R 点至离合器和制动踏板中心在座椅纵向中心面上的距离	750~850	气制动或带有加力器的离合器和制动器，此尺寸的增加不大于 100
12	J	离合器、制动踏板行程	≤200	
13	K	转向盘下缘至座垫上表面距离	≥160	
14	L	转向盘后缘至靠背距离	≥350	
15	M	转向盘下缘至离合器和制动踏板中心在转向柱纵向中心面上的距离	≥600	
16	N	转向盘外缘至前面及下面障碍物的距离	≥80	
17	P	R 点至前围的水平距离	≥950	脚能伸到的最前位置
18	T	R 点至仪表盘的水平距离	≥500	此两项规定达到一项即可
19	S	仪表盘下缘至地板距离	≥540	
20	A_1	单人座驾驶室内部宽度 双人座驾驶室内部宽度 三人座驾驶室内部宽度	≥850 ≥1250 ≥1650	内宽是在高度为车门窗下缘、前门后支柱内侧量取
21	B_1	座椅中心面至前门后支柱内侧距离	360±30	1)在高度为前门窗下缘处量取 2)轻型货车≥310
22	C_1	座垫宽度	≥450	
23	D_1	靠背宽度	≥450	在靠背最宽处测量
24	E_1	转向盘外缘至侧面障碍物的距离	≥100	轻型货车≥80
25	F_1	车门打开时下部通道宽度	≥250	
26	G_1	车门打开时上部通道宽度	≥650	

（续）

尺寸序号	尺寸代码	尺寸名称	尺寸范围	说明
27	H_1	离合器踏板中心至侧壁距离	≥80	
28	J_1	离合器踏板纵向中心面至制动踏板纵向中心面距离	≥110	
29	K_1	制动踏板纵向中心面至通过加速踏板中心的纵向中心面的距离	≥100	
30	L_1	加速踏板纵向中心面至最近障碍物的距离	≥60	
31	M_1	离合器踏板纵向中心面至转向柱纵向中心面的距离	50~150	
32		转向盘中心对座椅中心的偏移量	≤40	
33	N_1	制动踏板纵向中心面至转向柱纵向中心面的距离	50~150	
34		转向盘平面与汽车对称平面间的夹角/(°)	90±5	
35		变速杆手柄在所有工作位置时,应位于转向盘下面和驾驶人座椅右面,不低于座椅表面,在通过 R 点横向垂直平面之前,而在投影平面上距 a 点(a 点为 R 点在水平面上的投影)的距离≤600mm(如图 3-12 阴影线所示范围)		
36		变速杆和驻车制动器的手柄在任意位置时,距驾驶室内其他零件或操纵杆的距离均≥50mm		

3. 大型客车驾驶室内部布置尺寸

大型客车多为平头式，驾驶人乘坐姿势与长头车相比更为直立，且座椅较高，转向盘与水平面的夹角较小。进行车身内部布置时，必须从人机工程学的角度出发，考虑驾驶人的工作舒适性和乘员的乘坐舒适性。客车车身的内部布置尺寸应符合 GB/T 13053—2008《客车车内尺寸》的各项规定。一般客车车身内部布置包括两部分内容：驾驶区布置和乘客区布置。

（1）驾驶区布置　驾驶区的布置宗旨为给驾驶人提供舒适的工作环境，满足人机工程学原理，符合有关仪表台、转向盘和操纵机构布置位置的要求。根据 GB/T 13053—2008《客车车内尺寸》对驾驶区进行布置。驾驶人座椅和乘客座椅按 QC/T 633—2009《客车座椅》的规定进行设计。

（2）乘客区布置　根据 GB/T 13053—2008《客车车内尺寸》对乘客区进行布置，乘客座椅依照 QC/T 633—2009《客车座椅》进行设计，按照 GB 7258—2017《机动车运行安全技术条件》确定各种扶手和栏杆等的位置。

图 3-13 所示为大型客车驾驶区与乘客区的布置图，驾驶区尺寸参数见表 3-3。

4. 轿车外廓尺寸的确定

（1）*H* 点和 *R* 点　能够比较准确地确定驾驶人或乘员在座椅中位置的参考点是躯干与大腿相连的旋转点“胯点”。实车测得的“胯点”位置称为 *H* 点。

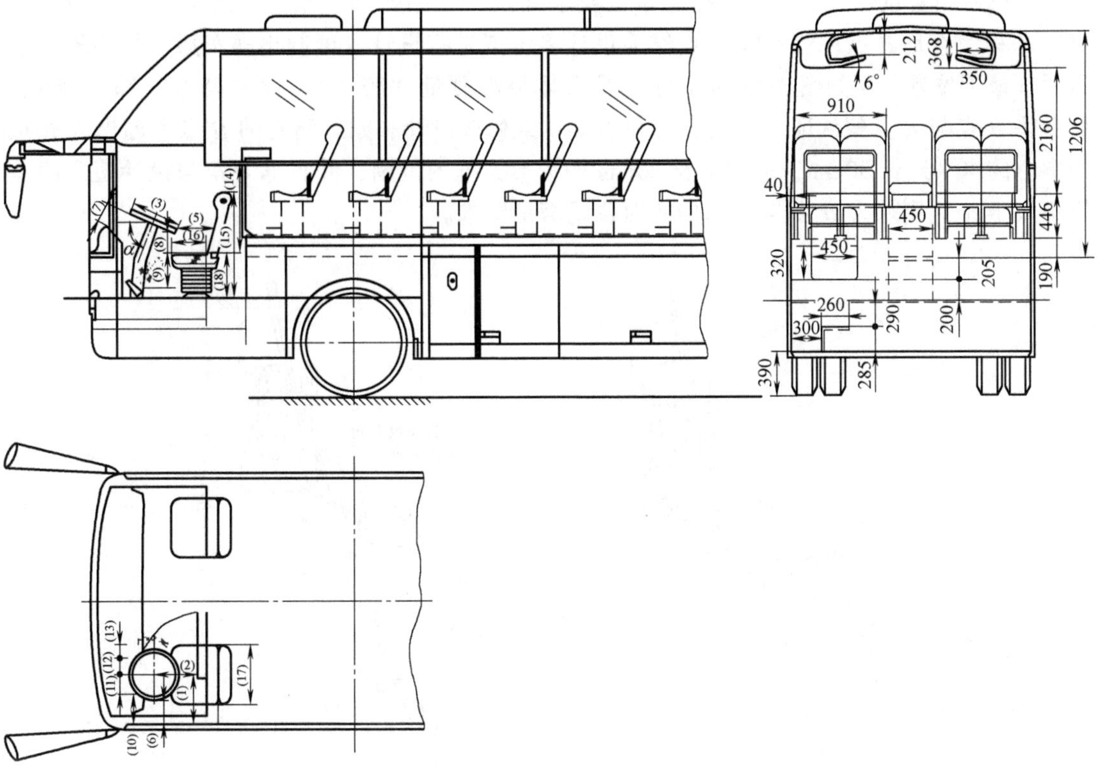

图 3-13 大型客车驾驶室内部布置尺寸

表 3-3 驾驶区尺寸参数 （单位：mm）

代码	术语	参考数值	代码	术语	参考数值
(1)	驾驶人座椅中心平面至侧围距离	360~550	(10)	离合器踏板中心至侧围距离	≥80
(2)	转向盘中心至座椅中心平面距离	≤40	(11)	离合器踏板至转向盘中心距离	80~200
(3)	转向盘直径	400~550	(12)	行车制动踏板中心至转向盘中心距离	70~180
α	转向盘倾角/(°)	55°~75°	(13)	加速踏板中心至最近障碍物距离	≥60
(5)	转向盘外缘至靠背表面距离	350~380	(14)	风窗下缘至地板表面距离	≤650
(6)	转向盘外缘至侧围护板距离	≥100	(15)	驾驶人靠背高	≥450
(7)	转向盘外缘至仪表板最小距离	≥80	(16)	驾驶人座垫深	400~460
(8)	转向盘下缘最低点至坐垫上表面距离	180~240	(17)	驾驶人座垫宽	≥450
(9)	转向盘下缘至制动踏板中心距离	≥600	(18)	驾驶人座垫高	380~480

进行总布置设计之初，先根据总布置要求确定一个座椅调至最后、最下位置时的“胯点”并称该点是 R 点；然后以 R 点作为设计参考点进行设计。试制出样车后，将座椅调至最后、最下位置，用如图 3-14 所示的三维人体模型测量“胯点”，此“胯点”即为 H 点。而后将 H 点与 R 点相认证，并按 H 点位置确认或修改设计。如果测定的 H 点不超出以 R 点为中心的水平边长 30mm、垂直边长 20mm 的矩形方框内范围，并且靠背角与设计值之间差值不大于 3°，则认为 H 点与 R 点的相对位置满足要求。

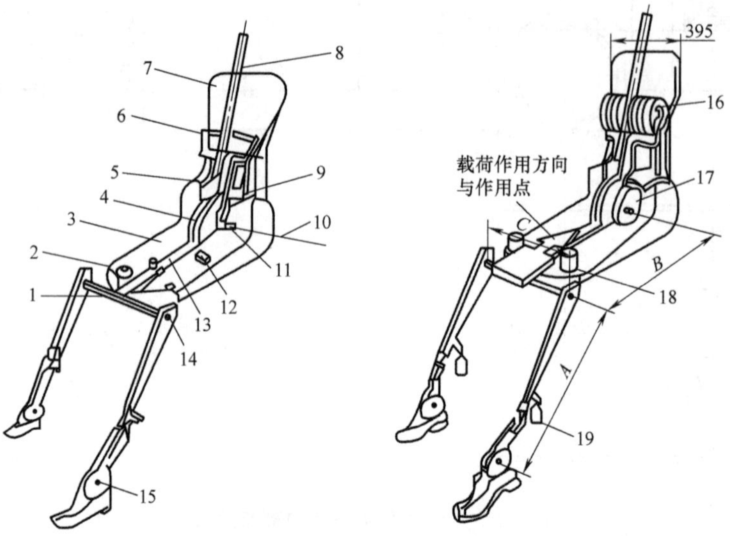

图 3-14　三维人体模型

1—连接膝关节的 T 形杆　2—大腿重块垫块　3—座位盘　4—臀部角度量角器　5—靠背角水平仪　6—躯干重块悬架　7—靠背盘　8—头部空间探测杆　9—靠背角量角器　10—H 点标记钮　11—H 点支枢　12—横向水平仪　13—大腿杆　14—膝部角量角器　15—小腿夹角量角器　16—躯干重块　17—臀部重块　18—大腿重块　19—小腿重块

驾驶人入座后，体重的大部分通过臀部作用于座椅的座垫，其余的一部分通过背部由靠背承受，少部分通过左、右手和脚的踵点作用于转向盘和地板上。在这种坐姿条件下，驾驶人在操作时身体上部的活动一定是绕 H 点的横向水平轴线转动。因此，H 点的位置决定了与驾驶人操作方便、乘坐舒适相关的车内尺寸的基准。

（2）顶盖轮廓线的确定　首先将座椅放置在高度方向和长度方向的平均位置处，然后确定 H 点，并引出一条与铅垂线成 8°的斜线（图 3-15），再从 H 点沿 8°斜线方向截取 765mm 的 F 点。F 点相当于第 50 百分位驾驶人的头部最高点。从 F 点垂直向上截取 100～135mm 为车顶内饰线。车顶包括钢板、隔离层、蒙面等，厚度为 15～25mm。因顶盖轮廓是上凸的曲面，并对称于汽车的纵轴线，故再增加 20～40mm 才是汽车顶盖

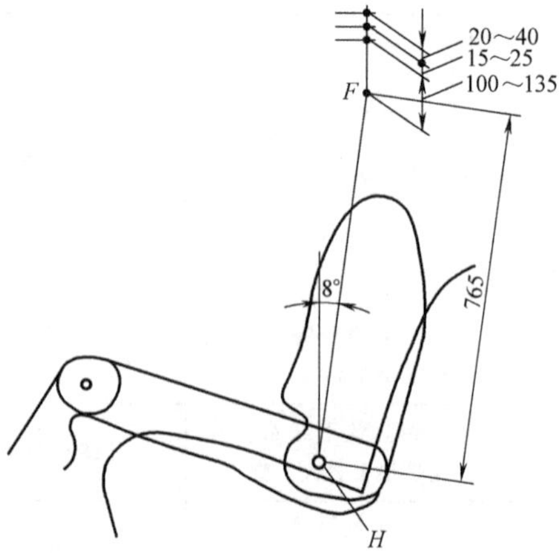

图 3-15　顶盖轮廓线的确定

横剖面上的最高点。用同样方法找出后排座椅上方最高点，前、后座椅上方两点连线即为顶盖的纵向轮廓线。

（3）驾驶室横截面 轿车驾驶室横截面由顶盖、车门和地板的外形来形成。将在确定顶盖纵向轮廓时求得的左、右座椅乘员头部上方顶盖上的点，画到横截面图上，再加上顶盖纵向轮廓线上的点，共三点即可画出顶盖横向轮廓线。

因轿车驾驶室低，车门小，在确定驾驶室侧壁倾斜度时，应考虑上下车的方便性。当车门上、下槛边缘之的间距为零时，乘员上身需倾斜30°左右方能入座；此间距为100~150mm时（上窄下宽），乘员上身倾斜0°~10°即可入座。但此间距过大会使汽车上下比例失调，影响外观，且玻璃升降占用门内空间大，并影响肩部和玻璃之间的间隙（要求大于100mm）、肘部和车门内表面之间间隙（要求大于70mm）。车门玻璃下降的轨迹、门锁和玻璃升降器的尺寸等，都对驾驶室表面有影响。

3.3.2 安全带与安全气囊的布置

1. 安全带的位置

在发生事故时，汽车与汽车或汽车与障碍物之间的碰撞称为一次碰撞。一次碰撞后汽车速度迅速下降，车内驾驶人和乘员受惯性力作用继续以原有速度向前运动，并与车内物体碰撞，称为二次碰撞，并受到伤害。实践证明，驾驶人和乘员受到伤害的主要原因，是他们在二次碰撞中与驾驶室上的风窗玻璃、风窗上梁、转向盘、转向管柱、后视镜、前立柱、仪表板、前座椅靠背、顶盖等十多种部件发生接触，甚至可能被甩出汽车而遭受到从轻伤到致死的各种伤害。

安全带对乘员的保护作用主要体现在正面撞车时，它能减小撞车瞬间人体运动的加速度值，从而降低了引起二次碰撞的相对速度和位移，使伤害指数下降。因安全带能减轻乘员在车祸中的伤害程度，包括我国在内的越来越多的国家用法令形式强制装设和使用安全带。

安全带有两点式安全带、三点式安全带和四点式安全带之分。两点式安全带能防止汽车碰撞时乘员下身有过大的相对位移，防止乘员被甩出车外，但它不能约束乘员上身运动，因此只在后排座椅和货车中间座椅上使用。三点式安全带由腰带和肩带组合而成。它既能防止乘员上半身有过大的位移，又能阻止上身向前运动。目前轿车前排和货车前排驾驶人座位及其相邻座位均采用三点式安全带。

安全带固定装置在车内固定点的位置，对佩带方便性和安全保护作用有重要影响。下固定点位置选择不当，汽车碰撞时乘员下半身可能向下前方滑移。肩带固定点位置选择不当，乘员上半身可能脱出安全带。因此，安全带固定点的位置十分重要，各国均有相应的规定。一般有如下两个方面。

（1）腰带在车体上的固定点位置 如图3-16所示，腰带固定点与H点的连线与水平线之间的夹角，在座椅各调节位置时应为45°±30°，并要求固定装置的宽度应大于350mm。结构上无法实现时宽度可减少至300mm。

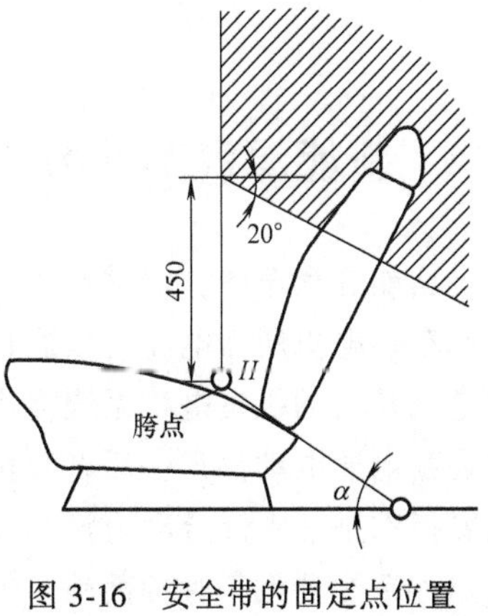

图3-16 安全带的固定点位置

（2）肩带固定点的位置 肩带固定点的位置应在图3-16

所示的阴影线范围内。

2. 安全气囊的应用

近年来，安全气囊在轿车上得到了广泛应用。安全气囊系统是辅助安全带而起到辅助防护作用的，其单独使用可以降低 18%的死亡率。只有在使用安全带的条件下，安全气囊才能充分发挥保护驾驶人和乘员的作用，两者共同使用可使驾驶人和前排乘员的伤亡人数减少 43%~46%，达到最佳保护效果。

在汽车发生一次碰撞与二次碰撞之间的间隔时间内，在驾驶人、乘员的前部形成一个充满气体的气囊。一方面，驾驶人、乘员的头部和胸部压在气囊上与前面的车内物体隔开（图 3-17）；另一方面，利用气囊本身的阻尼作用或气囊背面的排气孔排气节流的阻尼作用，来吸收人体惯性力产生的动能，达到保护人体的目的。安全气囊布置在转向盘内或者在乘员前部的仪表板内。

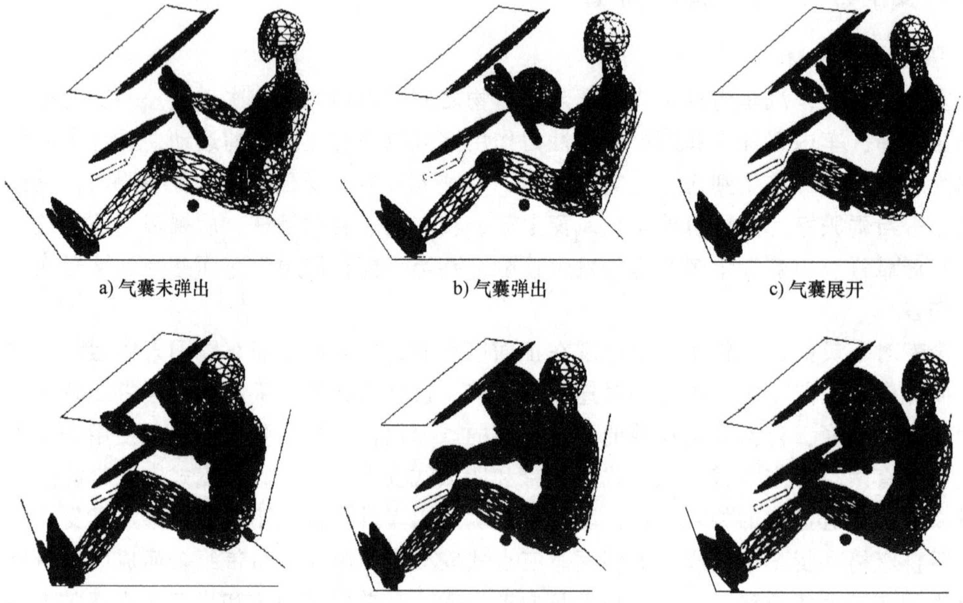

a) 气囊未弹出　b) 气囊弹出　c) 气囊展开

d) 气囊贴合驾驶人面部　e) 气囊与面部分离　f) 气囊溃缩

图 3-17　安全气囊的展开过程

3.4　新能源汽车动力与传动系统匹配布局

新能源汽车中，电动汽车占较大比重。电动汽车是由一个或者多个电机驱动或参与驱动的汽车。电机所需电能可以通过可充电电池、燃料电池或者将太阳能转换为电能的光伏太阳能电池及发动机发电机系统提供。电动汽车可分为纯电动汽车和混合动力汽车，前者主要指的是蓄电池电动汽车，后者又可分为油电混合和电-电混合动力汽车，传统意义上混合动力主要指的是油电混合动力汽车。需要指出的是，早期公布新能源汽车规划时，把混合动力汽车归入新能源汽车管理范围，但是，目前在国家发布的节能与新能源发展规划中，则把混合动力汽车剔除在新能源汽车范围之外了。这些混合动力汽车指的是传统混合动力，汽车行驶过程还是主要依靠燃油，汽车配置动力蓄电池无需外部充电，混合动力更多的是一种节能方案。而新能源汽车中也有混合动力，主要指的是插电式混合动力汽车。电动汽车相对于传统内燃机汽车在底盘系统的改变主要体现在其动力传动系统及能源系统上。

3.4.1　纯电动汽车动力与传动系统匹配布局

1. 动力与传动系统结构

纯电动汽车又称为蓄电池电动汽车（battery electric vehicles，BEV）。其驱动系统和内燃机（internal combustion engine，ICE）汽车有很大不同（图3-18），可分为三个子系统。

1）电驱动子系统，由电控单元、功率转换器、电机、机械传动装置和驱动车轮组成。

2）能源子系统，由主电源、能量管理系统和充电系统构成。

3）辅助子系统，具有助力转向、温度控制和辅助动力供给等功能。

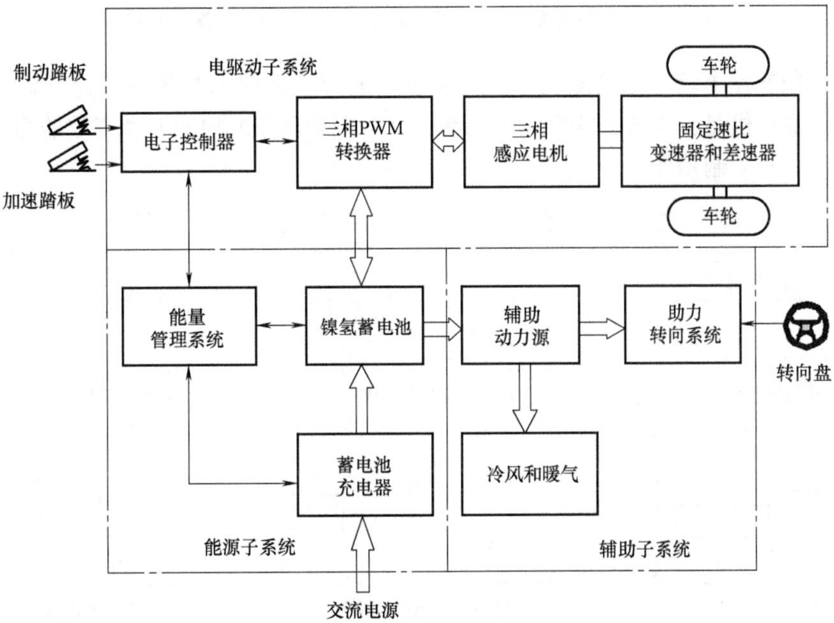

图3-18　纯电动汽车驱动系统结构

相对于传统内燃机汽车，蓄电池电动汽车的动力传动系统结构布置比较灵活，可以有多种形式（图3-19）。其中，采用两电机或四电机分别驱动车轮，无机械差速器而采用电子差速器的原理是：直线行驶时，转向盘保持不动，两轮转速传感器将左右两侧车轮的转速，地面传感器将地面情况信号一起送入中央处理器，处理器经过计算，就当时路面情况，发指令给两侧电机的控制器，通过两电机的转速差异，保证汽车直线行驶。当汽车转弯时，根据转向盘给定的转角、左右两侧车轮的转速、地面情况信号等，中央处理器经过计算，发指令给两侧电机控制器，对两电机进行差速调节。而采用电动轮驱动主要依赖以下技术：一是高功率密度的驱动电机（主要是交流感应电机），其功率密度都在1kW/kg以上；二是高效宽频带变频调速技术，使逆变器的效率大于97%，电机效率大于90%，整个驱动系统效率大于87%；三是可靠的电子差速器。

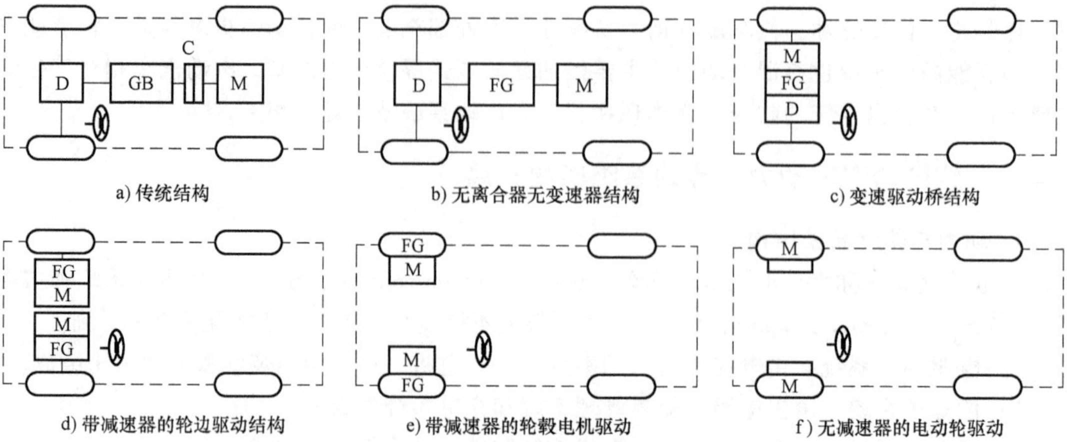

a) 传统结构　b) 无离合器无变速器结构　c) 变速驱动桥结构

d) 带减速器的轮边驱动结构　e) 带减速器的轮毂电机驱动　f) 无减速器的电动轮驱动

图 3-19　电动汽车动力传动系统结构

C—离合器　D—差速器　FG—固定速比变速器　GB—变速器　M—电机

而基于目前车用电动力储能系统的不同特性，能源子系统也有多种组合形式（图 3-20）。能源系统应该能提供足够高的比能量和比功率，保障电动汽车的加速性和爬坡能力，并且在车辆制动时能回收再生制动能量。

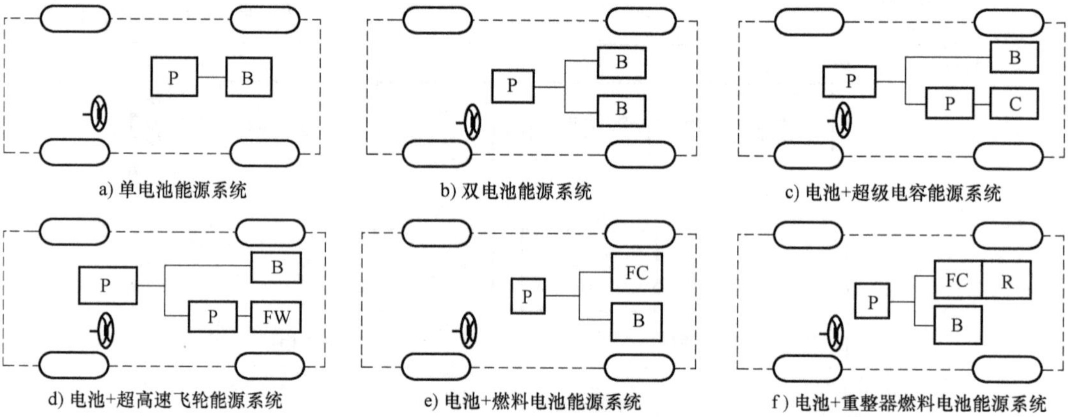

a) 单电池能源系统　b) 双电池能源系统　c) 电池+超级电容能源系统

d) 电池+超高速飞轮能源系统　e) 电池+燃料电池能源系统　f) 电池+重整器燃料电池能源系统

图 3-20　电动汽车的能源子系统组合形式

B—蓄电池　C—超级电容器　FC—燃料电池　FW—超高速飞轮　P—功率转换器　R—重整器

图 3-20a 所示的单电池能源系统中电池应满足高比功率和比能量需求；图 3-20b 所示的双电池能源系统中有两种不同的蓄电池，一种能提供高比能量，另外一种提供高比功率；图 3-20c 所示的电池+超级电容能源系统中，所选的蓄电池必须能提供高比能量，因为电容器本身比蓄电池具有更高的比功率和更高效回收制动能量的能力；图 3-20d 所示的电池+超高速飞轮能源系统中，超高速飞轮是具有高比功率和高效制动能量回收能力的储能器，电池提供高比能量；图 3-20e 所示的电池+燃料电池能源系统中，燃料电池能提供高的比能量但不能回收再生制动能量，因此最好与高比功率且能高效回收制动能量的蓄电池结合在一起使用；图 3-20f 所示的电池+重整器燃料电池能源系统中燃料电池带小型重整器，燃料电池所需的氢气由重整器随车产生。

2. 动力传动系统的匹配设计

（1）典型工况与电动汽车性能指标的匹配

1）在城市高等级快速公路上行驶时，道路设施完善，路面为沥青路面和水泥路面，由于广泛采用立体交通，立交桥的路面坡度一般为4%～5%。电动汽车在这种路面上行驶时，车速一般为60～100km/h。目前电动汽车的比功率均低于燃油汽车，相应地，电动汽车的最高车速略低一些。电动轿车的最高车速一般为80～100km/h，电动大客车的最高车速一般为75～90km/h。

2）应考虑到电动汽车在立交桥坡道上原地起步的工况。因此，在这种路面上电动汽车能克服的坡度不应低于15%。对于在市区运行的电动公共汽车，车站与车站之间的距离通常为1km左右，车辆需要经常起步和停车，乘客时多时少，高峰时电动公共汽车的超载能力为设计载荷能力的1.4～1.8倍。尤其在夏天，电动公共汽车长时间在高温、高负荷状态下工作，因此应考虑合理的过热和过载保护。

3）最大坡度行驶工况。我国某些沿海港口、旅游观光胜地以及内地山城的城区郊区的坡度较大，坡度在15%左右，考虑到在坡道上起步的能力，根据电动汽车的不同用途，此时电动汽车能克服的最大坡度一般选18%～27%比较合适（有特殊要求的除外）。

4）汽油机轿车的加速性能很高，高级轿车的超车加速性能要求更高，因此轿车的后备功率很大，最大功率在100kW以上。纯电动轿车由于受到电机功率和动力蓄电池的重量与尺寸的限制，要达到同类汽油机轿车的加速性，目前还比较困难。

（2）选型与匹配设计　电动汽车动力传动系统结构形式有多种（图3-19）。

电机的力矩变化范围若不能满足电动汽车行驶性能的要求，在电机和驱动轮之间需要安装一个机械减速器或变速器，将电机的驱动转矩传给汽车的驱动轴，使电机经常保持在高效率的工作范围内工作，减轻电机和动力蓄电池组的负荷。由于电机具有良好的调速特性，通常采用一个两档变速器即可满足电动汽车行驶阻力变化范围的要求，传动装置的结构也不复杂。

当采用电动轮驱动时，传动装置的多数部件常常可以忽略。因为电机可以带负载起动，所以电动汽车上可以不要传统内燃机汽车的离合器。因为驱动电机的旋向可以通过电路控制实现变换，所以电动汽车无需内燃机汽车变速器中的倒档。

当采用电机无级调速控制时，电动汽车可以省略传统汽车的变速器。在采用电动轮驱动时，电动汽车也可以省略传统内燃机汽车传动系统的差速器。同时，考虑到电传动系统的特性，传动系统的集成化设计是必然趋势，图3-19c采用的就是两档变速器和差速器一体化设计的变速驱动桥。

纯电动汽车的动力传动系统设计要根据确定的底盘驱动系统形式和能源子系统形式、整车动力性、经济性或者续驶里程设计性能需求，最终确定电机、传动比和电储能装置的选型设计。具体匹配方法通常满足三个平衡：功率平衡、力平衡和能量平衡。匹配设计步骤如下：

1）蓄电池电动汽车的动力部件选择依据是汽车驱动力平衡方程式和功率平衡方程式。汽车的动力性是由汽车纵向受力条件所决定的。在汽车行驶纵向作用有各种外力，包括驱动力和其他行驶阻力。通过汽车行驶驱动力平衡方程式，就可利用受力关系，确定汽车的加速度、最高车速和最大爬坡度（图3-21）。

2）最高车速与电机（蓄电池）功率的关系。利用驱动力平衡图可分析汽车动力性。

绘制力平衡图须知数据：电机转矩特性、汽车总质量、传动系统的传动比、传动效率、车轮半径、汽车空气阻力系数和迎风面积。

电机转速范围与车速的关系如下式：

$$v_a = 0.377\frac{nr}{i_g i_0} \tag{3-6}$$

式中，r 是车轮滚动半径（m）；i_g 是变速器变速比；i_0 是主减速比。

绘制硬路面上不同车速下的行驶阻力与电机驱动特性，电机驱动力曲线与滚动阻力与空气阻力（F_f+F_w）曲线的交点即汽车的最高车速。

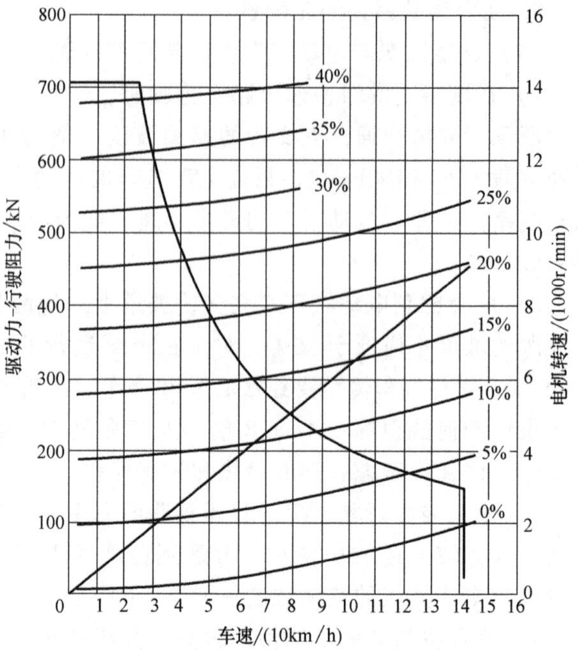

图 3-21　驱动力-行驶阻力与电机转速及车速的关系

必须注意，该交点必须处于电机的连续工作区。

3）最大爬坡度与电机（蓄电池组）功率的关系。根据汽车行驶方程式确定汽车的爬坡能力，如下式所示：

$$a_{max} = \arcsin[(F_t - F_f - F_w)/mg] \tag{3-7}$$

电机功率计算如下式：

$$P_m = (P_t - P_f - P_w)/\eta \tag{3-8}$$

式中，P_f 是汽车滚动阻力功率（kW）；P_w 是空气阻力功率（kW）。

4）加速时间与电机（蓄电池组）功率的关系。加速度计算见下式：

$$du/dt = (F_t - F_f - F_w)/\delta M \tag{3-9}$$

式中，u 是车速（m/s）；F_t、F_f、F_w 分别是驱动力、滚动阻力和空气阻力（N）；δ 是质量换算系数；M 是整车质量（kg）。

利用式（3-9），再经过数学处理后，由计算机编程可算出汽车的加速性能。在驱动力平衡图上也可求出汽车的加速性能。

5）电机的选择。P_f 和 P_w 是长时负载，因而最高车速时的 P_f+P_w，一般对应于电机的额定功率 P_N。

爬坡功率 P_i 和加速功率 P_j 是短时负载，因而 P_i 和 P_j 中的较大者一般对应于电机的最大功率 P_{max}。

6）电动汽车蓄电池组参数的选择。不同的电动汽车在不同的行驶状况下单位行驶里程的能量消耗有显著差别，因而同样的蓄电池组其续驶里程也有显著差别，且难以用统一的公式计算。

用试验和统计的方法知，对于城市交通道路行驶，轻型电动汽车的单位行驶里程能量消耗 e_0 约为 100W·h/(km·t)，重型电动汽车的单位行驶里程能量消耗 e_0 约为 50W·h/(km·t)。

电动汽车的续驶里程 S 可以表示为

$$S=\frac{ED}{e_0M}=\frac{U_NQD}{e_0M} \tag{3-10}$$

式中，E 是蓄电池组额定总能量（W·h）；U_N 是蓄电池组额定电压（V）；Q 是蓄电池组额定容量（A·h）；D 是蓄电池的允许放电深度；M 是电动汽车总质量（t）。

反过来，根据电动汽车的续驶里程要求和汽车的总质量就可推算出该电动汽车所需的蓄电池组的总能量与容量。

总能量
$$E=S_{e0}M/D \tag{3-11}$$

容量
$$Q=E/U_N=S_{e0}M/DU_N \tag{3-12}$$

7）蓄电池组的功率校核。在根据电动汽车的续驶里程要求选择了其总能量与容量后，还要校核其最大功率是否满足爬坡能力和加速能力的设计要求。根据蓄电池组的总能量和所选电池的比能量 e(W·h/kg) 值算出蓄电池组的总质量 M_B(kg) 为

$$M_B=E/e \tag{3-13}$$

再由所选电池的比功率 P(W/kg) 值算出蓄电池组的输出功率 P_B。

注意，输出功率 P_B 仅仅是估算值，满足爬坡能力和加速能力的设计要求的蓄电池组的最大功率还需要用下式验算：

$$P_{Bmax}=\frac{U^2}{4R_B} \tag{3-14}$$

式中，U 是蓄电池开路电压；R_B 是蓄电池组串联总内阻值。

3.4.2　混合动力汽车动力与传动系统匹配布局

1. 混合动力汽车定义

广义上说，混合动力汽车（hybrid vehicle）是指车辆驱动系统由两个或多个能同时运转的单个驱动系统联合组成的车辆，车辆的行驶功率依据实际的车辆行驶状态由每个驱动系统单独或共同提供。图 3-22 所示为混合动力汽车的驱动系统结构。

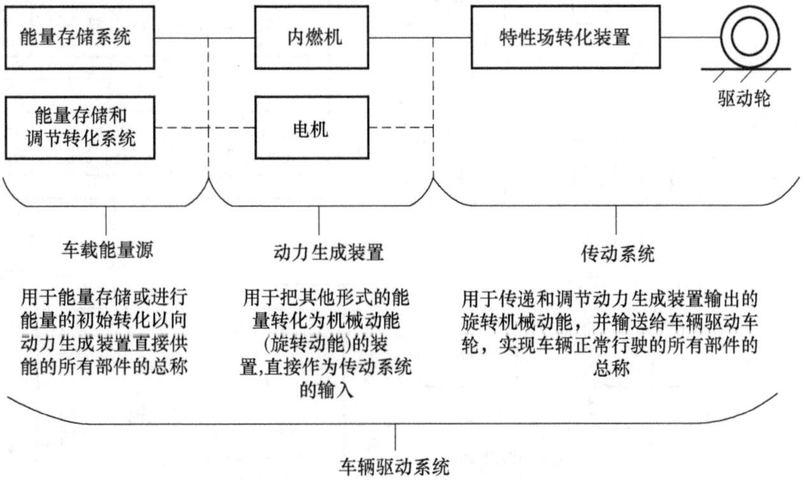

图 3-22　混合动力汽车驱动系统结构

通常所说的混合动力汽车，一般是指油电混合动力汽车（hybrid electric vehicle，HEV），即采用传统的内燃机（柴油机或汽油机）和电机作为动力源，也有的发动机经过改造使用其他替代燃料，例如压缩天然气、丙烷和乙醇燃料等。

根据混合动力驱动的联合方式，一般把混合动力汽车分为三类：串联式混合动力汽车（SHEV）、并联式混合动力汽车（PHEV）和混联式混合动力汽车（PSHEV）。根据混合度的不同，传统混合动力系统还可以分为微混合系统（混合度低于10%）、轻度混合系统（混合度一般在20%以下）、中度混合系统（混合程度在30%左右）和完全混合系统（混合度可以达到甚至超过50%）。

2. 串联式混合动力汽车

串联式混合动力是混合动力汽车的一种基本结构（图3-23），其单个驱动系统间的联合是车载能源环节的联合，也即非直接用于驱动车辆的能量的联合并同时向动力生成装置供能。特点是车载能源环节的混合、单一的动力生成装置、车载能源的多样化。

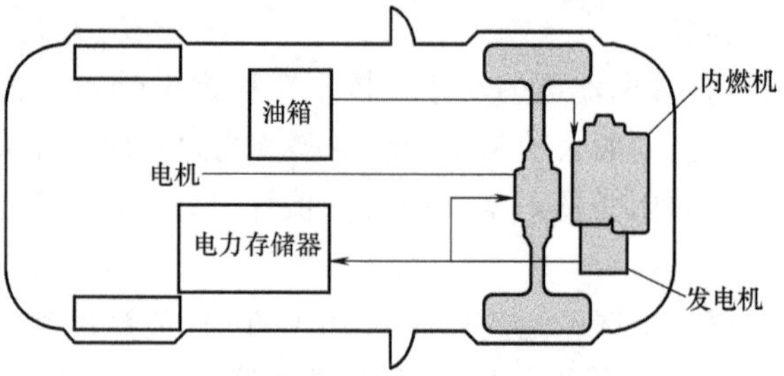

图3-23　典型的串联混合动力车配置

串联式混合动力汽车的主要工作模式如图3-24所示。由于串联式混合动力汽车是一种能源环节的耦合，所以，其耦合系统是电压/电流/功率的耦合匹配。整车行驶由电机提供驱动力，所以电机及其后传动系统的结构及匹配与纯电动汽车类同，最大的不同在于串联式混合动力汽车的发动机/发电机系统与动力蓄电池组的匹配与控制。选型配置主要取决于整车的初始设计目标，主要包括：经济性、排放性、预期系统成本和驱动性能等。而其控制则是通过负载计算和电池组荷电状态（SOC）计算获得辅助功率装置（APU）输出功率控制目标值，按照发动机最低燃油消耗率曲线利用查表法求得与APU功率值对应的发动机转速控制目标值，实施对发电机和发动机的综合控制。控制流程框图如图3-25所示。

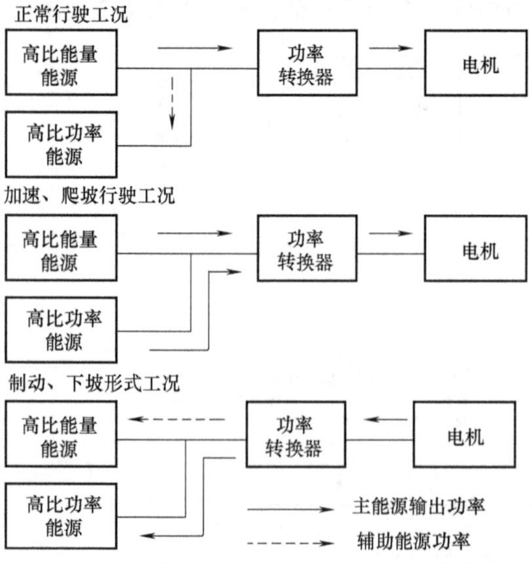

图3-24　串联式混合动力汽车的主要工作模式

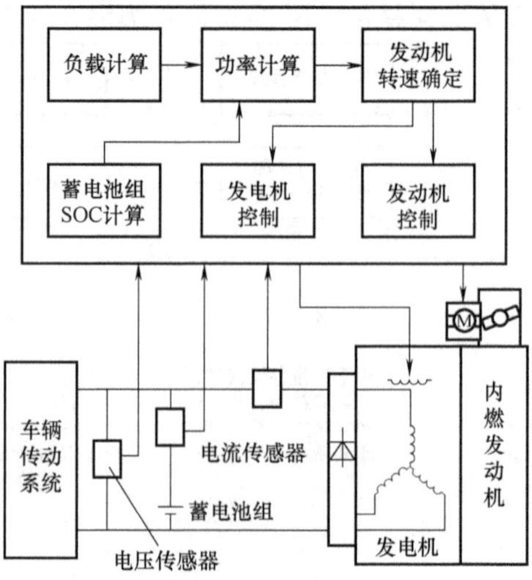

图3-25　串联式混合动力汽车控制框图

3. 并联式混合动力汽车

并联式混合动力汽车是混合动力汽车的一种基本类型，两个或多个驱动系统通过各自的动力生成装置输出动能的联合或耦合，并经过相应的特性场转化装置输出到驱动轮，满足车辆行驶要求，如图 3-26 所示，其特点是：

1）机械动能的混合。

2）具有两个或多个动力生成装置。

3）每一个动力生成装置都有自己单独的车载能源。

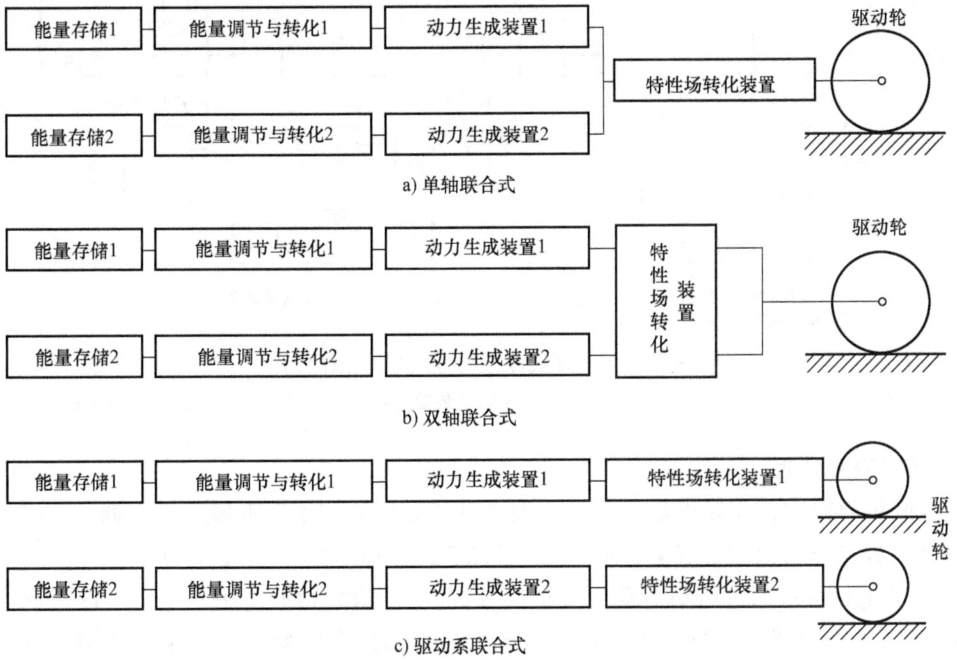

图 3-26　并联式混合动力汽车的驱动系统形式

根据并联式混合动力汽车的系统配置特点，其不同工作模式下的功率流状态如图 3-27 所示。

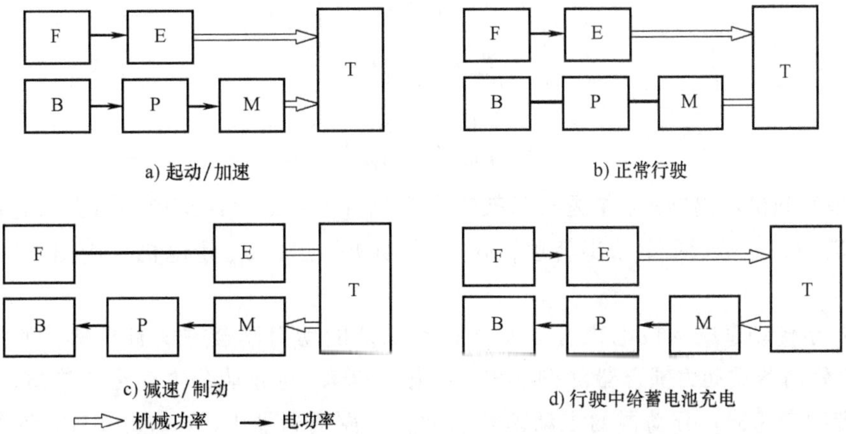

图 3-27　并联式混合动力汽车不同工作模式下的功率流状态

F—油箱　E—发动机　B—蓄电池　P—功率转换装置　M—电机　T—变速装置

4. 混联式混合动力汽车

为优化驱动系统的综合效率和充分发挥车辆的节能、低排放潜力，在实际的应用中，混合动力车辆驱动系统并非都是串联式结构或并联式结构，还包括由串联式结构和并联式结构复合组成的串并联综合式结构，即所谓的混联式结构。其不同工作模式下的功率流状态如图 3-28 所示。

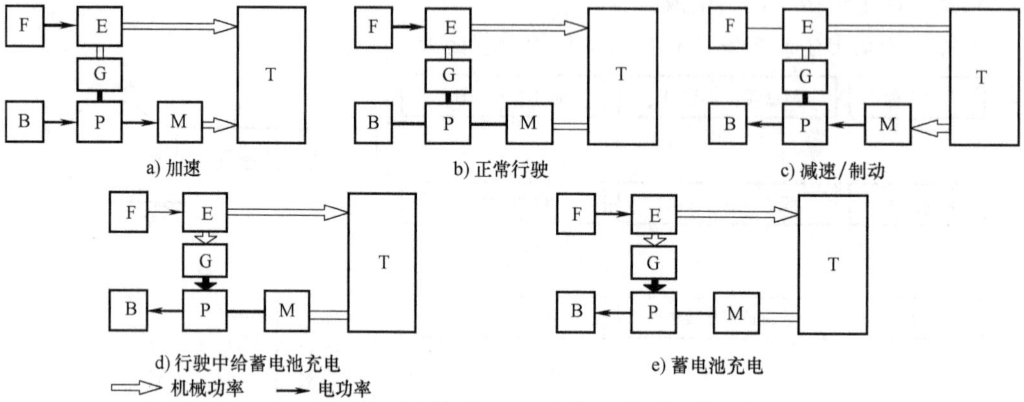

图 3-28　混联式混合动力汽车的工作模式

F—油箱　E—发动机　B—蓄电池　P—功率转换装置　M—电机　T—变速装置　G—发电机

5. 动力耦合装置

串联式混合动力汽车是电耦合系统，而并联式和混联式系统都属于机电耦合系统，需要动力耦合装置进行动力的合成和分流控制。目前有如下几种动力耦合方式：

（1）基于行星排的机电动力耦合（速度合成式）　最典型的应用是丰田普锐斯混合动力汽车的 THⅡ系统，采用单行星排结构，虽然发展了几代有所变化，但基本结构没变，基本连接关系如图 3-29a 所示。行星齿轮结构同样也可以用作并联混合动力汽车的动力耦合装置，如图 3-29b 所示，其动力传动关系见式（3-15）。

$$\left.\begin{aligned} T_e &= -\frac{1}{\alpha+1}T \\ T_m &= -\frac{\alpha}{\alpha+1}T \\ \omega &= \frac{1}{1+\alpha}\omega_e+\frac{\alpha}{1+\alpha}\omega_m \end{aligned}\right\} \tag{3-15}$$

式中，T_e 是发动机输出转矩，T 是行星架输出力矩（N · m）；α 是齿圈与太阳轮的齿数比；T_m 是电机转矩；ω 是行星架输出转速；ω_e 是发动机转速；ω_m 是电机在齿圈上的输入转速（rad/s）。

（2）基于传动系统的机电耦合　基于传动系统的动力耦合方式有多种，如大众 GOLF HYBRID 的分动器式动力耦合器（图 3-30）。离合器 K_1 与分动器主动齿轮连接，分动器的从动齿轮带动变速器。分动器的主动齿轮后面，用副离合器 K_2 与电机相连。车辆起动时，K_1 分离，K_2 结合，电机独立驱动车辆起步。发动机起动后，K_1 结合，K_2 分离，发动机独立驱动车辆行驶。K_1、K_2 同时结合时，发动机在独立驱动车辆行驶的同时，通过 K_2 带动电

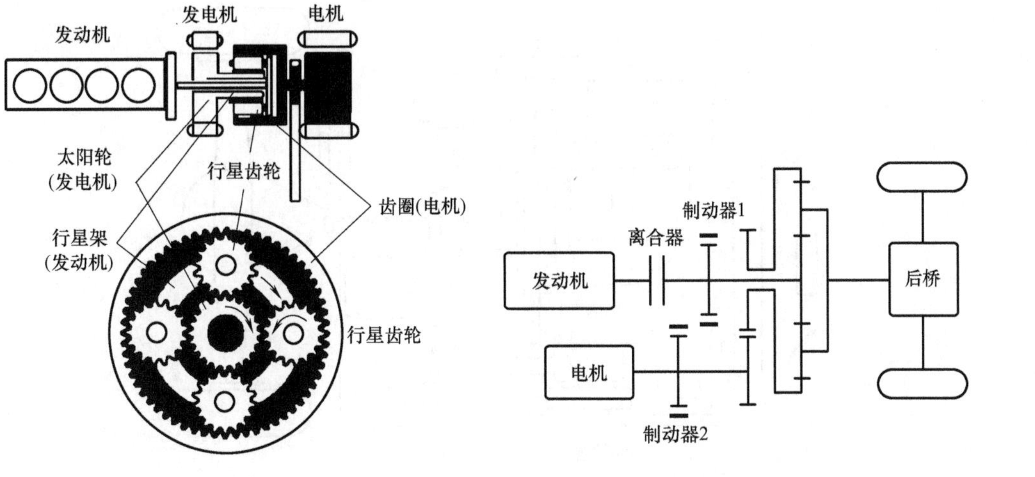

a) 混联 b) 并联

图 3-29 行星齿轮动力耦合系统

机发电。当车辆加速和爬坡时，K_1、K_2 也是同时结合，发动机和电机同时输出转矩，共同驱动车辆行驶。也可以通过同轴 ISG（集成起动机/发电机系统）电机的或 IMA（集成电机辅助系统）电机的形式进行单轴式动力输出结构，结构形式如图 3-31 所示，如本田的 IMA 系统等。若电机选型再大，通常采用两轴式动力输出结构，可以通过变速器输入输出轴甚至中间轴进行动力的耦合。如图 3-32 所示，在变速器输入轴端电机与发动机进行动力合成后进入变速器进行变速调矩。

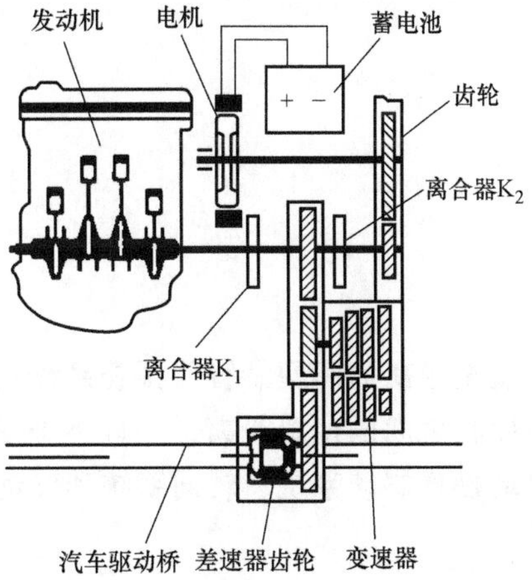

图 3-30 大众 GOLFHYBRID 的分动器式动力耦合器（分动器装在变速器前）

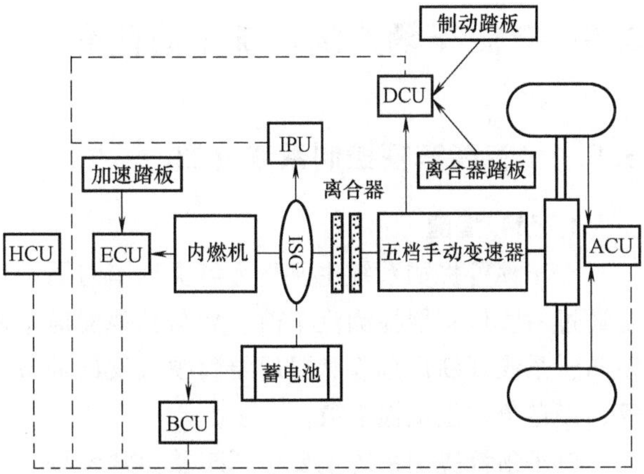

图 3-31 同轴电机动力耦合形式

DCU—双离合器控制单元 HCU—ABS 执行机构

ECU—内燃机控制单元 BCU—电池控制单元

ACU—安全气囊控制器 IPU—集成组合动力控制单元

（3）双桥式动力复合方式 双桥式动力复合方式都可以用于并联式和混联式混合动力汽车上。可实现四轮驱动，动力强劲，如图 3-33 所示。

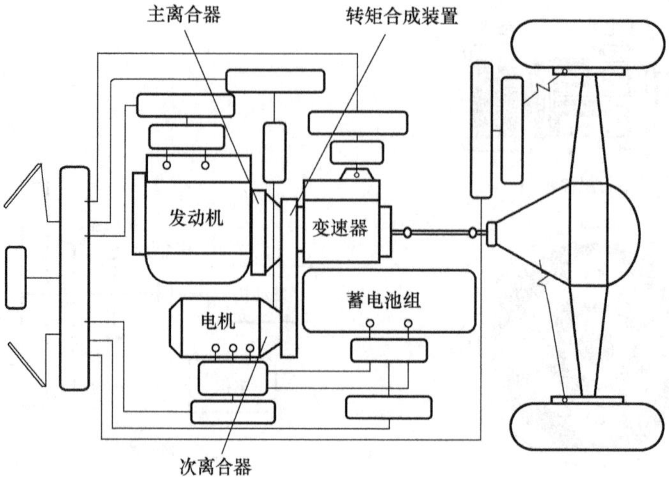

图 3-32　变速器输入端的动力耦合形式

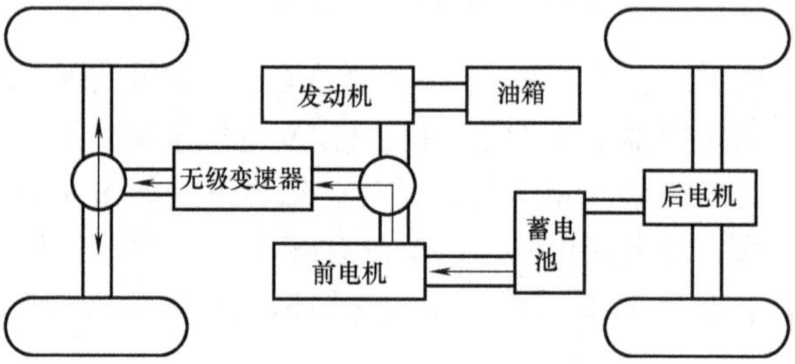

图 3-33　双桥式混联混合动力汽车结构

3.5　智能车辆控制系统布局简介

3.5.1　智能车辆控制系统介绍

1. 预警提醒

汽车预警提醒系统主要是为解决汽车与周围环境的安全距离的问题。智能预警系统主要是通过一些传感器检测汽车前、后与其他交通车辆或障碍物之间的位置距离，一旦小于安全距离，系统判断出危险状况后给驾驶人发出警报，并自动操作制动系统、转向系统和发动机等，以避免发生碰撞事故。

汽车预警提醒系统主要包括车胎异常预警、防盗报警、倒车测距预警、车道偏离预警、驾驶人疲劳预警、前车防撞预警和行人避撞预警等。图 3-34 所示为典型的汽车防撞预警系统。

2. 辅助驾驶

辅助驾驶是利用安装在车上的各式各样传感器，在汽车行驶过程中随时来感应周围的环境，收集数据，进行静态、动态物体的辨识、侦测与追踪，并结合导航仪地图数据，进行系统的运算与分析，从而为驾驶人提供决策和预警信息。驾驶人控制车辆，相关无人驾驶技术

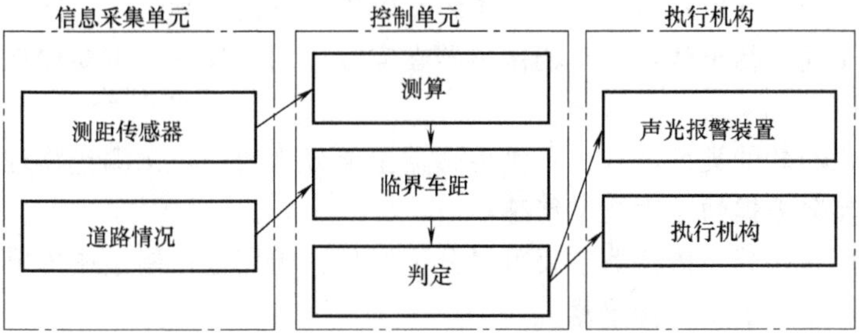

图 3-34 典型的汽车防撞预警系统

只提供辅助作用。

辅助驾驶系统有车道保持辅助系统、自动泊车辅助系统、制动辅助系统、倒车辅助系统和行车辅助系统。而行车辅助又包括上坡辅助、并线辅助和自动巡航系统。图 3-35 所示为自适应巡航控制系统（ACC）。

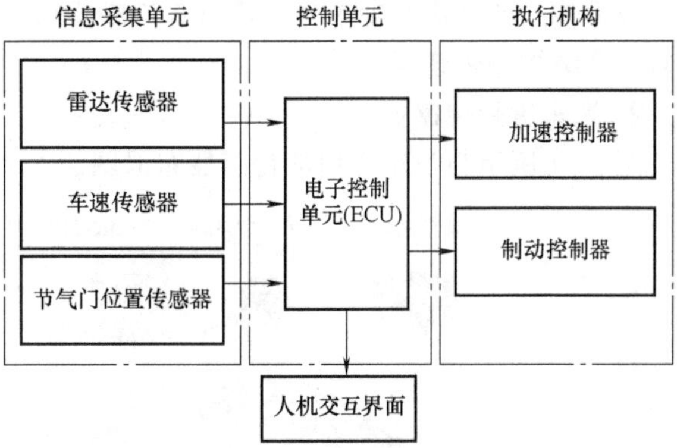

图 3-35 自适应巡航控制系统（ACC）

3. 半主动驾驶

半主动驾驶也可以叫作有条件的主动驾驶，它是指驾驶人干预和纠正车辆的自动驾驶。由自动驾驶系统完成所有的驾驶操作，根据系统要求，驾驶人提供适当的应答。这样是以车辆自动驾驶为主，人干预驾驶为辅助，在特殊情况下依靠人来完成驾驶任务。

4. 全主动驾驶

全主动驾驶是高度自动化的驾驶模式，人只提供辅助驾驶，不干预车辆自动驾驶。它是由自动驾驶系统完成所有的驾驶操作，在可能的情况下，驾驶人接管，且无道路和环境条件的限制。

5. 自主驾驶

自主驾驶也可以称作无人驾驶，它是不需要驾驶人的，完全由计算机系统控制，即使在紧急情况下也能自行处理，完成驾驶任务。图 3-36 所示为自动驾驶汽车的智能控制过程。

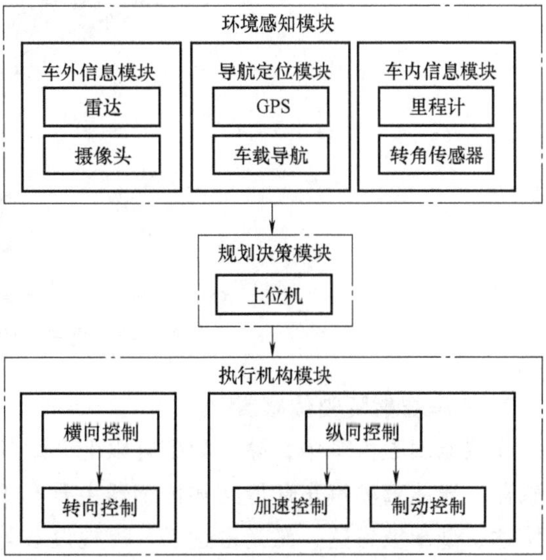

图 3-36 自动驾驶汽车的智能控制过程

3.5.2 智能车辆传感器布局简介

1. 车用传感器分类

不同类别传感器在实际应用过程中，帮助驾驶人在进入到汽车内部空间之后，能够有效对车辆各个部件位置精确了解，了解车辆不同系统实际运行情况，保证驾驶人在驾驶车辆之前就对车辆有初步认识。车辆传感器在实际应用过程中，主要体现在汽车显示系统和电子控制系统两个方面。

按照测量理化参数的类型区分，车辆传感器主要分为两种：①测量物理参数的物理测量传感器；②测量参数数据的化学测量传感器。

根据传感器用途区分，传感器主要可以分为三种：①底盘控制系统传感器；②发动机系统传感器；③多功能显示系统传感器。

根据传感器主要应用材料来区分，可以将传感器划分为四种类别，分别为：①精细陶瓷传感器；②半导体传感器；③光导纤维传感器；④高分子薄膜传感器。

根据传感器结构原理来分，可以将传感器划分为三种类别：①韧性传感器；②复合型传感器；③结构型传感器。

2. 汽车常用传感器

图 3-37 所示为汽车常用的传感器布局图。

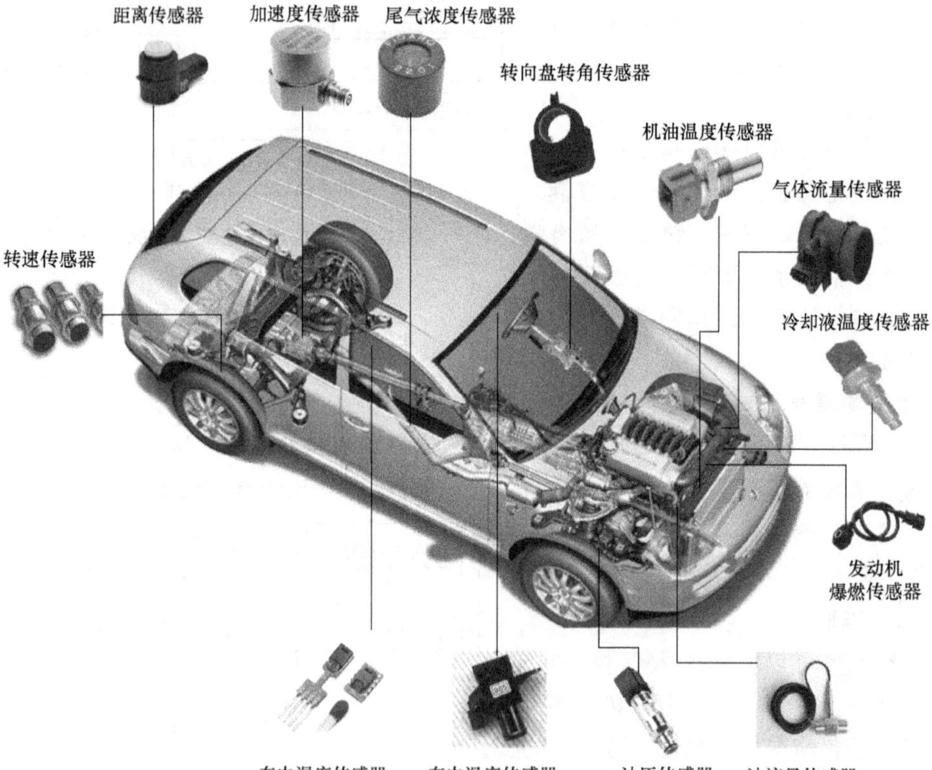

图 3-37　汽车常用的传感器布局

3. 汽车智能驾驶传感器

在智能驾驶汽车中，除了配备有以上介绍的汽车常用传感器以外，主要增加了环境感知传感器。智能驾驶汽车环境感知传感器主要有单/双/三目摄像头、GPS、环视摄像头、超声波雷达、毫米波雷达、激光雷达以及夜视设备等。各传感器安装位置如图 3-38 所示。

（1）摄像头（机器视觉传感器）　虽然机器视觉受天气状况和光照条件变化的影响很

图 3-38　传感器安装位置

大，并且无法直接得到检测对象的深度信息，但是它具有检测范围广、信息容量大、成本低等优点，并且通过对其所得的图像进行处理，可以识别、检测对象，所以越来越多的人对利用机器视觉感知车辆行驶环境产生很大的兴趣，这使机器视觉在智能车辆研究领域得到广泛的应用，成为最受欢迎的传感器之一。机器视觉主要用于车道线的识别、障碍物的检测与跟踪，以及驾驶人状态监测等。

（2）雷达　虽然到目前为止，雷达传感器在检测远距离的小障碍物时有一些不足之处，但是它具有远距离测距能力，能提供本车前方道路和目标车辆的方位和速度信息，同时还能够可靠地提供本车周围障碍物的深度信息，易于解决机器视觉技术在深度信息方面的难题，而且不受天气、阳光等影响，可以准确地发现本车周围存在的障碍物以及前方车辆和行人。雷达的安装位置通常根据实际需要安装在车顶、前/后保险杠或侧向位置。由于雷达在准确提供远距离的车辆和障碍物信息方面有着得天独厚的优势，因此在车辆的防碰撞系统中有着广阔的应用前景。目前应用于环境感知模块中的雷达主要有：微波雷达、毫米波雷达、激光雷达、电波雷达。

1）微波雷达：微波雷达能够直接获得被测物体的距离、速度信息，比红外线或激光雷达传感器气象适应性好，并且具有探测距离远、技术成熟等优点，一些系统利用微波雷达实现车辆和盲区的检测。

2）毫米波雷达：与微波雷达相比，毫米波雷达波束窄，分辨率高，抗干扰能力强，具有较好的环境适应性，下雨、大雾或黑夜等天气状况对毫米波的传输几乎没有影响，因此可在各种环境下可靠地工作。毫米波雷达的不足是进行目标识别时，一般不能识别出正在转弯与正在换道的车辆。

3）激光雷达：与机器视觉相比，激光雷达能解决图像模糊问题，通过激光雷达技术可以跟踪目标，获得周围环境的深度信息；再者激光雷达方向性好，波束窄，无电磁干扰，获得距离及位置探测精度高，因此它广泛应用于障碍物检测、环境三维信息的获取、车距保持及车辆避障中。

4）电波雷达：电波雷达兼有超声波传感器的波动特征和激光雷达的快速传输特性，并且与激光雷达一样，与障碍物之间的距离可以用反射时间进行计算。由于电波雷达的波长约几毫米，因此不容易受到雾等反射的影响。另外，它不以空气作为传播媒体，所以不太受风的影响，这一点比激光雷达和超声波传感器都优越。再者，利用从反射接收波和发送波之间的频率差能直接测定相对速度，这是电波雷达的一个很大优点。因为树脂等难以反射电波，所以电波雷达对由树脂等构成的对象物不能检测，这也是电波雷达的缺点。但由于电波雷达受环境影响小，距离信息和相对速度信息能同时测出，结合上述优点，价格低廉的电波雷达传感器的开发对智能车辆系统的研究有着重要的意义。

（3）超声波传感器　超声波传感器的数据处理简单、快速，主要用于近距离障碍物检测，一般能检测到的距离大约为1~5m，但检测不出来详细的位置信息。超声波停车装置已经在许多汽车上使用，这种系统利用一片单片机进行控制，在车的前、后保险杠上安装上超声波传感器，前部传感器的探测距离为0.6m，后部的探测距离达到1.5m，当倒车进入要停放的位置时，在距后面的汽车约1.5m时，停车装置将会发出连续而缓慢的警告声，倒车越接近停放的车辆，警告声就越急促，当距离为几厘米时，警告声变为沉稳，此时向前开车时警告声会变得急促。

（4）红外线传感器　红外线传感器的情况与超声波传感器相仿，只是红外传感器不受黑暗、风、沙、雨、雪、雾的阻挡，因此它的环境适应性好，且功耗低，与超声波传感器相比，其探测视角小，方向性和测量精度有所提高。红外线传感器可以增强机器视觉识别的可靠性，因此常被用于智能汽车中的夜视系统中。

3.5.3　智能车辆执行机构布局简介

当前智能车辆技术还在研究阶段，各项技术的最终阶段都会指向车辆的执行机构。因此执行机构作为智能驾驶系统决策给出的目标控制量的最终执行者，其执行效果直接影响整体性能。智能驾驶技术要求执行机构应具备以下功能：高效率高性能、人机协调、接口开放、系统独立和安全可靠。一般情况下，基于以上的功能需求，智能车的执行机构总体布局方案如图3-39所示。

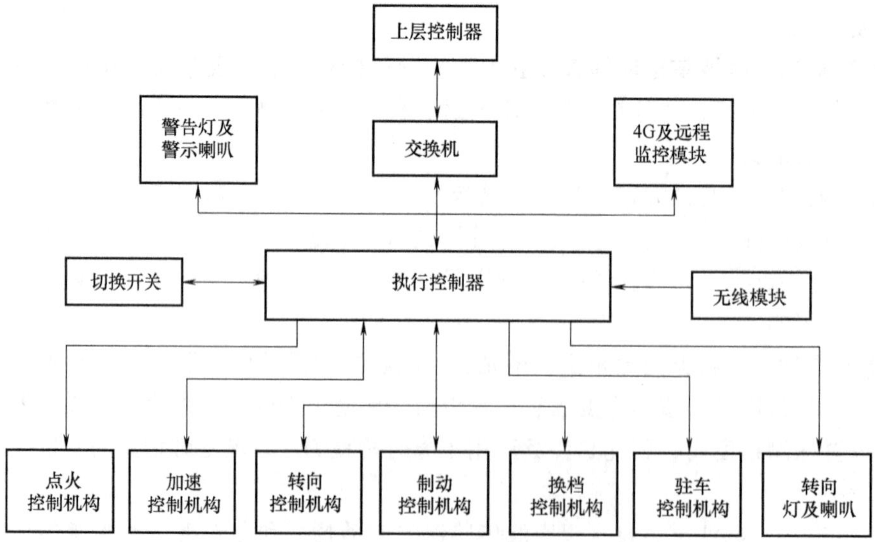

图3-39　执行机构总体布局

各个执行系统分别通过电机或电路实现控制，另外为保证智能车辆在未来的自主驾驶，整个系统中加入了4G模块和远程监控模块，通过互联网和中心服务器，这样就可以实现远程实时监控车辆。且执行机构也拥有模式切换功能，提供了驾驶人手动驾驶、自主驾驶、遥控驾驶和监控平台远程控制四种模式，可以随时切换到其他驾驶模式，以保证安全。

1. 转向执行机构

转向执行机构是实施对车辆的方向控制，要求转向执行机构可以快速、精确地响应目标指令，特别是智能汽车对机构响应速度和控制精度要求相当高。

2. 制动执行机构

制动执行机构对于保证安全起关键作用。因此要求制动执行机构可靠性高，系统能提供最大的制动力满足紧急制动的需求，加装的执行机构不能影响原车制动系统性能，且要保证驾驶人可随时介入对制动系统的控制，实现紧急停车。

3. 加速执行机构

加速执行机构通过控制发动机进而控制汽车的动力。现在智能车使用的是电子节气门，它传给发动机的信号是与踏板位移呈线性关系的两路模拟电压信号。据此特性，当加速执行电路的切换器切换到执行控制器模拟电压输出端口，只要能提供适当模拟电压给发动机ECU即可实现对车辆加速的控制，因此可实现自主驾驶。另外，当执行机构不工作时，切换器切换到加速踏板输出端，又可变为手动驾驶模式。

4. 辅助操控机构

辅助操控机构又包括无钥匙起动系统、电子驻车等方便驾驶人操作的机构，它们操作机构只是简单的开关机构，由执行控制器通过数字信号输出（DO）信号即可实现对点火和驻车制动的控制。同理，智能车的转向灯、喇叭和灯光的控制也都是通过类似的方式在控制电路上关联继电器实现无人控制。

第2篇　汽车底盘结构设计

第4章

离合器结构设计

4.1 离合器设计的基本要求

汽车离合器设计有如下基本要求：

1）既能可靠地传递发动机输出的最大转矩又能防止传动系统过载。

2）接合时平顺柔和，减少汽车起步时的抖动；分离时要迅速、彻底。

3）应有足够的强度、刚度和良好的动平衡，避免扭转共振。

4）从动部分转动惯量小，以减小挂档时的齿轮冲击并方便挂档。

5）能吸收振动，缓和冲击。

6）吸热能力和通风散热效果良好，使用寿命长。

7）作用在从动盘上的压力和摩擦材料的摩擦系数在使用过程中变化要尽可能小，以保证工作性能稳定。离合器简图如图4-1所示。

8）操纵轻便准确，结构简单，制造容易，维修方便。

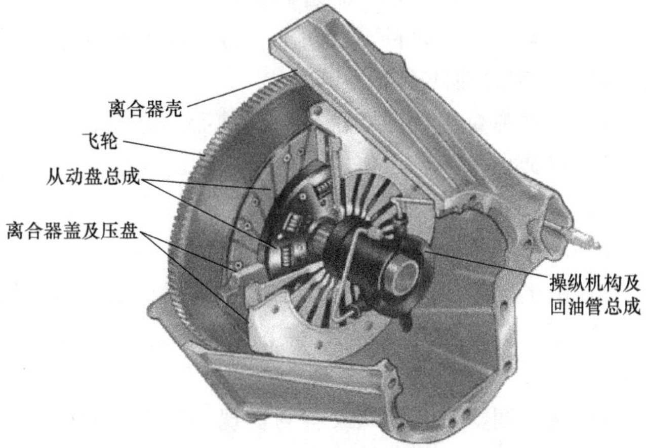

图4-1　离合器简图

4.2 离合器结构形式与主要参数的选择

4.2.1 离合器结构形式

汽车离合器多采用盘形摩擦式离合器。有四种不同的分类形式。

1. 按其从动盘的数目分类

分为单片、双片和多片离合器。

（1）单片离合器的特点及应用

1）结构简单，尺寸紧凑，散热良好，维修调整方便。

2）从动部分转动惯量小，在使用时能保证分离彻底，接合平顺。

3）轿车、轻型和微型货车发动机的最大转矩一般不大，在布置尺寸允许的条件下，离合器通常只设有一片从动盘。

（2）双片离合器的特点及应用

1）摩擦面数增加一倍，传递转矩的能力较大；传递相同转矩时径向尺寸较小，所需踏板力较小，且接合较为平顺。

2）中间压盘通风散热不良，两从动盘起步时负载不均，分离也不够彻底。

3）双片离合器一般用在传递转矩较大且径向尺寸受到限制的场合。

（3）多片离合器的特点及应用

1）多片离合器多为湿式，具有分离不彻底、轴向尺寸和质量大等缺点，主要用于行星齿轮变速器换档机构中。

2）多片离合器接合平顺柔和，摩擦表面温度较低，磨损较小，使用寿命长。

3）多片离合器主要应用于重型牵引车和自卸车上。

2. 根据压紧弹簧布置形式分类

分为圆周布置、中央布置、斜向布置和膜片弹簧离合器。

（1）压紧弹簧圆周布置的特点

1）离合器结构简单，制造容易。

2）压紧弹簧的数目不应太少，且应随摩擦片直径的增大而增多。当所需压紧弹簧数目太多时，可布置在两个同心圆周上。

3）压紧弹簧直接与压盘接触，易受热退火。

4）弹簧会受离心力作用而向外弯曲，离合器传递转矩的能力随之降低。

（2）压紧弹簧中央布置的特点

1）离合器轴向尺寸较大。

2）由于可选较大的杠杆比，有利于减小踏板力，使操纵轻便。

3）压紧弹簧不与压盘直接接触，不会使弹簧受热退火。

4）通过调整垫片或螺纹容易实现对压紧力的调整。

（3）压紧弹簧斜向布置的特点

1）在摩擦片磨损或分离离合器时，压盘所受的压紧力几乎保持不变。

2）具有工作性能稳定、踏板力较小的突出优点。

（4）膜片弹簧离合器的特点　膜片弹簧离合器结构总成如图 4-2 所示，其特点是：

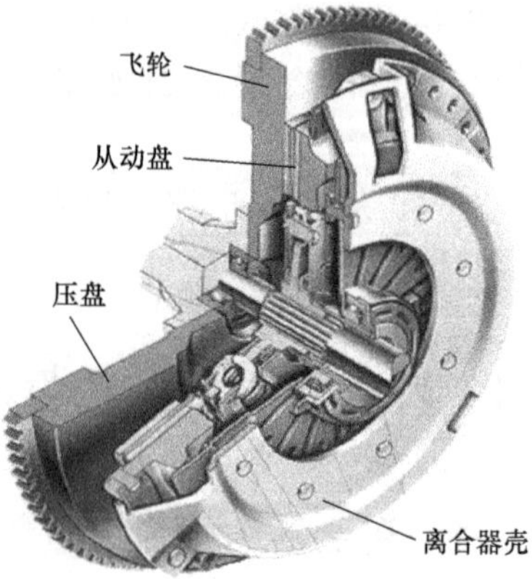

图 4-2　膜片弹簧离合器结构总成

1）离合器工作中能保持允许磨损范围内传递的转矩大致不变。

2）膜片弹簧兼起压紧弹簧和分离杠杆的作用，使结构简单紧凑。

3）平衡性好，高速旋转时，弹簧压紧力降低很少，性能较稳定。

4）压盘压力分布均匀，摩擦片磨损均匀，可提高使用寿命。

5）易于实现良好的通风散热，使用寿命长。

6）有利于大批量生产，降低制造成本。

7）膜片弹簧的制造工艺较复杂，对材质和尺寸精度要求高。

8）非线性特性在生产中不易控制。

9）开口处容易产生裂纹，端部容易磨损。

3. 根据使用的压紧弹簧形式分类

分为圆柱螺旋弹簧、圆锥螺旋弹簧和膜片弹簧离合器。

4. 膜片弹簧离合器按弹簧受力方向分类

根据分离时弹簧受力方向分为拉式和推式。

与推式相比，拉式膜片弹簧离合器的特点：

1）取消了中间支承，结构更简单。

2）同样压盘尺寸可采用直径较大的膜片弹簧，提高了压紧力与传递转矩的能力。

3）在接合或分离状态下，离合器盖的变形量小，刚度大。

4）减少了摩擦损失，使踏板操纵更轻便。

5）支承环磨损后不会产生冲击和噪声。

6）使用寿命更长。

4.2.2　离合器主要参数的选择

1. 基本计算公式

离合器能够传递的摩擦力矩 T_c 决定于其摩擦面数 Z、摩擦系数 f、作用在摩擦面上的总压紧力 F 与摩擦片平均摩擦半径 R_c。离合器传递的静摩擦力矩为

$$T_c = fFZR_c \tag{4-1}$$

假设摩擦片上工作压力均匀，则有

$$F = p_0 A = p_0 \frac{\pi(D^2 - d^2)}{4} \tag{4-2}$$

式中，D 是摩擦片的外径；d 是摩擦片的内径；p_0 是摩擦面承受的单位压力。

假设压力均匀，摩擦片的平均摩擦半径 R_c 可表示为

$$R_c = \frac{D^3 - d^3}{3(D^2 - d^2)} \tag{4-3}$$

当 $d/D \geqslant 0.6$ 时，R_c 可由下式计算：

$$R_c = \frac{D + d}{4} \tag{4-4}$$

将式（4-2）与式（4-3）代入式（4-1）得

$$T_c = \frac{\pi f Z p_0 D^3 (1 - c^3)}{12} \tag{4-5}$$

式中，$c = d/D$ 是摩擦片内外径之比，其值一般在 0.53～0.70 之间。

为了保证离合器在任何工况下都能可靠地传递发动机的最大转矩，设计时 T_c 应大于发动机最大转矩，即

$$T_c = \beta T_{emax} \tag{4-6}$$

式中，T_{emax} 是发动机最大转矩；β 是离合器的后备系数，为离合器所能传递的最大静摩擦力矩与发动机最大转矩之比，β 必须大于 1。

2. 离合器性能参数

（1）离合器后备系数β的确定　后备系数β是离合器设计时用到的一个重要参数，反映了离合器传递发动机最大转矩的可靠程度。在选择β时，应考虑以下几点：

1）为可靠传递发动机最大转矩，β不宜选取太小。

2）为减少传动系统过载，保证操纵轻便，β又不宜选取太大。

3）当发动机后备功率较大，使用条件较好时，β可选取小些。

4）恶劣条件下，为提高起步能力，减少离合器滑磨，β应选取大些。

5）汽车总质量越大，β也应选得越大。

6）柴油机工作比较粗暴，转矩较不平稳，选取的β值应比汽油机大些。

7）发动机缸数越多，转矩波动越小，β可选取小些。

8）膜片弹簧离合器选取的β值可比螺旋弹簧离合器小些。

9）双片离合器的β值应大于单片离合器。

各类汽车β值的取值范围见表4-1。

表4-1　各类汽车β值的取值范围

轿车和微型、轻型货车	$\beta=1.2\sim1.75$
中型和重型货车	$\beta=1.5\sim2.25$
越野车、带拖挂的重型汽车和牵引汽车	$\beta=1.8\sim4.0$

（2）摩擦面承受的单位压力p_0的确定　单位压力p_0对离合器工作性能和使用寿命有很大影响，选取时应考虑离合器的工作条件，发动机后备功率大小，摩擦片尺寸、材料及其质量和后备系数等因素。

1）发动机后备系数较小时，离合器使用频繁，p_0应取小些，后备系数较大时，可以适当增大p_0。

2）当摩擦片外径较大时，为了降低摩擦片外缘处的热负荷，p_0应取小些。

当摩擦片采用不同材料时，p_0按表4-2的范围选取。

表4-2　摩擦片p_0值的取值范围

石棉基材料	$p_0=0.1\sim0.35$MPa
粉末冶金材料	$p_0=0.35\sim0.6$MPa
金属陶瓷材料	$p_0=0.7\sim1.5$MPa

3. 离合器尺寸参数

在离合器结构形式及摩擦片材料选定，其他参数已知或选取后，结合式（4-1）和式（4-5）即可初步确定摩擦片尺寸（需要符合相关国家标准）。

（1）摩擦片外径D的确定　摩擦片外径可根据如下经验公式选用（也可用于检验前面计算的合理性）：

$$D=K_D\sqrt{T_{\mathrm{emax}}} \tag{4-7}$$

式中，K_D是直径系数。轿车取$K_D=14.5$；对于轻、中型货车，单片取$K_D=16.0\sim18.5$，双片取$K_D=13.5\sim15.0$；重型货车取$K_D=22.5\sim24.0$。

摩擦片尺寸应符合尺寸系列标准GB/T 5764—2011《汽车用离合器面片》，所选的D应使摩擦片最大圆周速度不超过 70m/s 以免摩擦片发生飞离。

（2）摩擦片内径 d 的确定　在同样外径 D 时，选用较小的内径 d 虽可增大摩擦面积，提高工作压紧力和传递转矩的能力，但会使磨擦面上的压力分布不均匀，使内、外缘圆周的相对滑磨速度相差太大，造成摩擦面磨损不均匀，且不利于散热和扭转减振器的安装。

摩擦片内径可根据 d/D 在 0.53~0.70 之间选取。

（3）摩擦片的厚度 b 的确定　摩擦片的厚度主要有 3.2mm、3.5mm 和 4.0mm 三种。需要根据离合器传递的功率以及汽车的使用工况选择。

4. 离合器结构参数

（1）摩擦片的摩擦系数 f 的确定　摩擦系数取决于摩擦片所用的材料、工作温度、单位压力和滑磨速度等因素。摩擦片的材料主要有石棉基材料、粉末冶金材料和金属陶瓷材料等。石棉基材料的摩擦系数 f 受工作温度、单位压力和滑磨速度的影响最大，而粉末冶金材料和金属陶瓷材料的摩擦系数 f 较大，而且稳定性更好。各种材料的摩擦系数的取值范围见表 4-3。

表 4-3　摩擦材料的摩擦系数的取值范围

摩擦材料		摩擦系数
石棉基材料	模压	0.20~0.25
	编织	0.25~0.35
粉末冶金材料	铜基	0.25~0.35
	铁基	0.35~0.50
金属陶瓷材料		0.4

（2）摩擦面数 Z 的确定　摩擦面数为离合器从动盘数的两倍。摩擦面数决定于离合器所需传递的力矩的大小和结构尺寸。当确定了从动盘摩擦片外径 D 和摩擦片内径 d，选定摩擦片的材料后，从动盘的摩擦系数 f 和许用的单位压力 p_0 也就确定了，代入式（4-5），其中 Z 取 2，即可得到摩擦片单面可以传递的最大力矩 T'_c。可以按照下式来确定摩擦面数 Z：

$$Z=\frac{\beta T_{emax}}{T'_c} \tag{4-8}$$

式中，Z 是摩擦面数，应将计算值取为偶数。

（3）离合器间隙 Δt 的确定　离合器间隙是指当离合器处于接合状态、分离套筒被分离弹簧拉到后极限位置时，在分离轴承和分离杠杆内端之间留有的间隙。为了保证摩擦片正常磨损过程中离合器仍能完全接合，该间隙 Δt 一般为 3~4mm。

4.3　离合器膜片弹簧的设计与计算

汽车离合器压紧弹簧有数种形式，这里仅介绍目前常用的膜片弹簧的设计与计算。

4.3.1　膜片弹簧的主要参数

膜片弹簧的下部是完整的截锥，称作碟簧部分。膜片弹簧上还有径向开槽部分，形成许多起分离杠杆作用的弹性杠杆，称为分离指。分离指与碟簧部分小端连接处的径向槽较宽且呈长方孔，可用来安置销钉固定膜片弹簧。分离指根部的过渡圆角半径一般应大于 4.5mm，以减少分离指根部的应力集中。

如图 4-3 所示，膜片弹簧的主要参数有：自由状态下碟簧部分的内截锥高度 H；膜片弹簧钢板厚度 h；自由状态下碟簧部分大端半径 R；自由状态下碟簧部分小端半径 r；平均半径 e；自由状态时碟簧部分的圆锥底角 α；分离指数目 n。

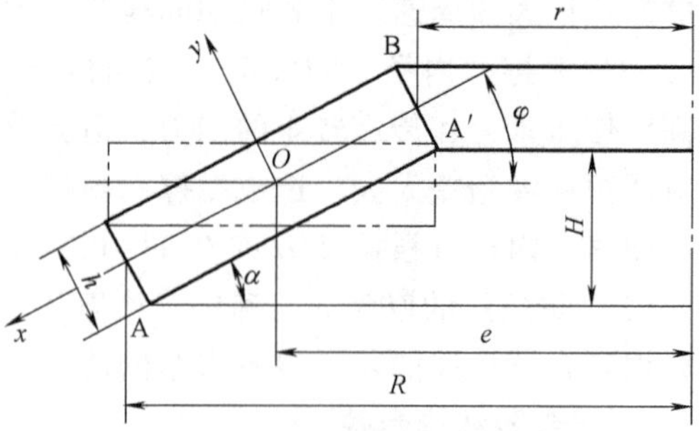

图 4-3　膜片弹簧子午断面

4.3.2　膜片弹簧的弹性特性

膜片弹簧起弹性作用的正是其碟簧部分，所以其弹性特性由碟簧决定，与碟簧的内截锥高 H 及弹簧的钢板厚 h 有关。

1. 碟形弹簧弹性特性

碟形弹簧如图 4-4 所示，当其大、小端部承受压力时，载荷 F 与变形 λ 之间有如下关系：

$$F=\frac{Eh\lambda}{(1-\mu^2)R^2A}\left[(H-\lambda)\left(H-\frac{\lambda}{2}\right)+h^2\right] \tag{4-9}$$

式中，E 是弹性模量（MPa）；μ 是泊松比；h 是弹簧钢板厚度（mm）；H 是碟簧的内截锥高（mm）；R 是碟簧大端半径（mm）；A 是系数，$A=\frac{6}{\pi\ln m}\left(\frac{m-1}{m}\right)^2$，其中 m 是碟簧大、小端半径之比，$m=R/r$。

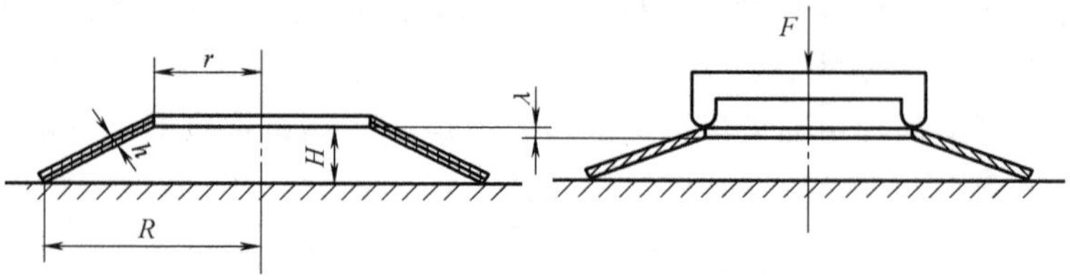

a) 自由状态　　b) 承载变形

图 4-4　碟形弹簧及其承载变形

2. 离合器接合时的弹性特性

如图 4-5 所示，膜片弹簧在实际安装中的支承点，稍偏离其碟簧部分的大、小端部。离合器接合时，膜片弹簧两支承圈的位置不变，而压盘和分离轴承可以轴向移动。在支承点所加的载荷 F_1 和碟簧部分的相对变形 λ_1 之间的关系可由式（4-9）推导出来。对于图 4-5a 和图 4-5b 所示的两种加载情况，只要碟簧部分的子午断面从自由状态的初始位置转过相同的转角，便有如下的对应关系

$$\lambda_1=\frac{R_1-r_1}{R-r}\lambda \tag{4-10}$$

$$F_1=\frac{R-r}{R_1-r_1}F \tag{4-11}$$

式中，R_1 是膜片弹簧与压盘接触处的半径（mm）；r_1 是支承圈平均半径（mm）；R、r 是碟簧部分大、小端的半径（mm）。

将式（4-10）、式（4-11）代入式（4-9），整理后便可得到压紧力 F_1 和膜片弹簧大端变形 λ_1 的关系式为

$$F_1=\frac{\pi Eh\lambda_1\ln\dfrac{R}{r}}{6(1-\mu^2)(R_1-r_1)^2}\left[\left(H-\lambda_1\frac{R-r}{R_1-r_1}\right)\left(H-\frac{\lambda_1}{2}\frac{R-r}{R_1-r_1}\right)+h^2\right] \tag{4-12}$$

利用式（4-12）可绘出膜片弹簧的 F_1-λ_1 特性曲线。

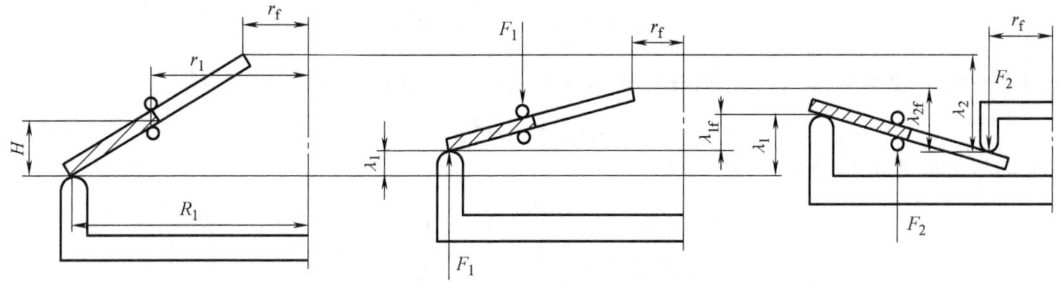

图 4-5 膜片弹簧在离合器接合和分离状态时承载及变形

3. 离合器分离时的弹性特性

当离合器分离时，如图 4-5c 所示，其加载点发生了变化。在膜片弹簧小端的分离指处作用有分离轴承的推力 F_2，该作用点的变形为 λ_2。与建立式（4-10）、式（4-11）的情况相类似，对于图 4-5c 中所示的加载情况，同样存在相似的换算关系为

$$\lambda_2=\frac{r_1-r_f}{R_1-r_1}\lambda_1 \tag{4-13}$$

$$F_2=\frac{R_1-r_1}{r_1-r_f}F_1 \tag{4-14}$$

式中，r_f 是分离轴承推力的作用半径（mm）。

将式（4-12）代入式（4-14），可得分离轴承推力 F_2 与膜片弹簧末端变形 λ_1 的关系为

$$F_2=\frac{\pi Eh\lambda_1\ln\dfrac{R}{r}}{6(1-\mu^2)(R_1-r_1)(r_1-r_f)}\left[\left(H-\lambda_1\frac{R-r}{R_1-r_1}\right)\left(H-\frac{\lambda_1}{2}\frac{R-r}{R_1-r_1}\right)+h^2\right] \tag{4-15}$$

同样，将式（4-13）中的 λ_2 代入上式，则可得到 F_2 与 λ_2 的关系式。

4. 考虑分离指变形时的弹性特性

如图 4-6 所示，λ_{2f} 为膜片弹簧分离指加载点在 F_2 作用下相对于其自由状态时的变形量，与分离轴承推动假定为刚性的分离指的移动量 λ_2 不同，λ_{2f} 与压盘的分离行程 λ_{1f} 相对应，故有

$$\lambda_{2f}=\frac{r_1-r_f}{R_1-r_1}\lambda_{1f} \tag{4-16}$$

实际膜片弹簧的厚度较小，因此分离指的刚度并不很大，如果考虑到分离指在力 F_2 的

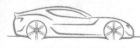

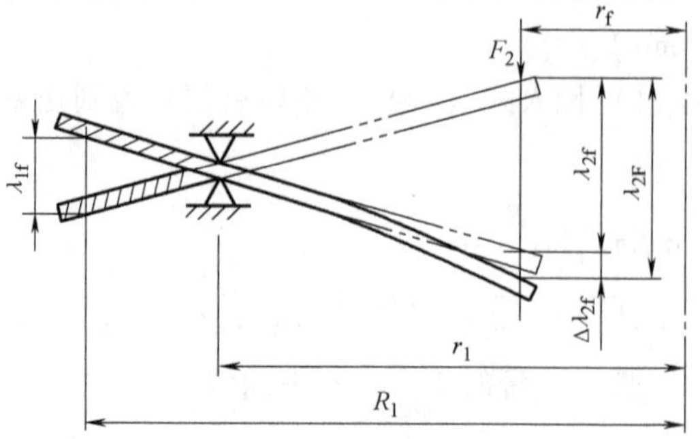

图 4-6　膜片弹簧分离指受载变形

作用下有附加弹性变形 $\Delta\lambda_{2f}$，则分离轴承推膜片弹簧的实际行程为

$$\lambda_{2F}=\lambda_{2f}+\Delta\lambda_{2f} \tag{4-17}$$

式中的附加弹性变形 $\Delta\lambda_{2f}$ 可由下式求得

$$\Delta\lambda_{2f}=\frac{6F_2r_f^2}{\pi Eh^3}\left\{\frac{1}{\beta_1}\left[\frac{1}{2}\left(\frac{r_e^2}{r_f^2}-1\right)-2\left(\frac{r_e}{r_f}-1\right)+\ln\frac{r_e}{r_f}\right]+\frac{1}{\beta_2}\left[\frac{1}{2}\left(\frac{r^2}{r_f^2}-\frac{r_e^2}{r_f^2}\right)-2\left(\frac{r}{r_f}-\frac{r_e}{r_f}\right)+\ln\frac{r}{r_e}\right]\right\} \tag{4-18}$$

$$\beta_1=1-\frac{\delta_1 n}{\pi(r_i+r_e)} \tag{4-19}$$

$$\beta_2=1-\frac{\delta_2 n}{\pi(r_e+r)} \tag{4-20}$$

式中，r_e 是膜片弹簧分离指前部最宽处（在径向槽与长方孔的交界处）的半径（mm）；r_i 是膜片弹簧小端半径（mm）；n 是膜片弹簧分离指的数目；β_1 是分离指前部的宽度系数；β_2 是分离指根部的宽度系数；δ_1 是分离指前部的切槽宽度（mm）；δ_2 是分离指根部的切槽宽度（mm）。

4.3.3　膜片弹簧工作点位置的选择

膜片弹簧的弹性特性曲线，如图 4-7 所示。曲线的拐点 H 对应着膜片弹簧的压平位置，且有

$$\lambda_{1H}=\frac{\lambda_{1M}+\lambda_{1N}}{2} \tag{4-21}$$

新离合器在接合状态时，膜片弹簧工作点 B 一般取在凸点 M 和拐点 H 之间，且靠近或在 H 点处。一般取为

$$\lambda_{1B}=(0.8\sim1.0)\lambda_{1H} \tag{4-22}$$

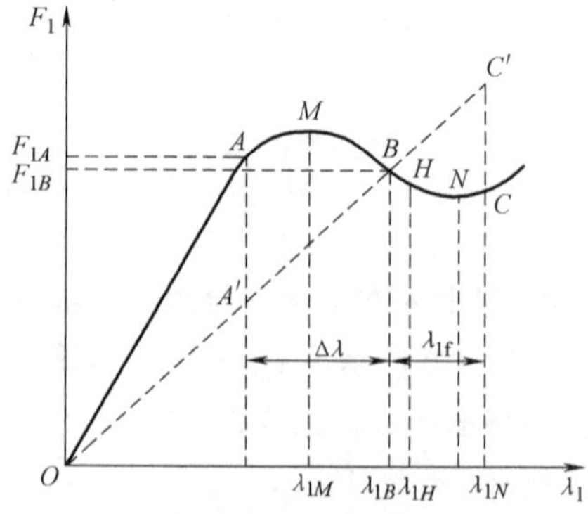

图 4-7　膜片弹簧弹性特性曲线

以保证摩擦片在最大磨损限度 $\Delta\lambda$ 范围内压紧力从 F_{1B} 到 F_{1A} 变化不大。

当离合器分离时，膜片弹簧工作点从 B 变到 C，为最大限度地减小踏板力，C 点应尽量

靠近 N 点。

4.3.4 比值 H/h 和 h 的选择

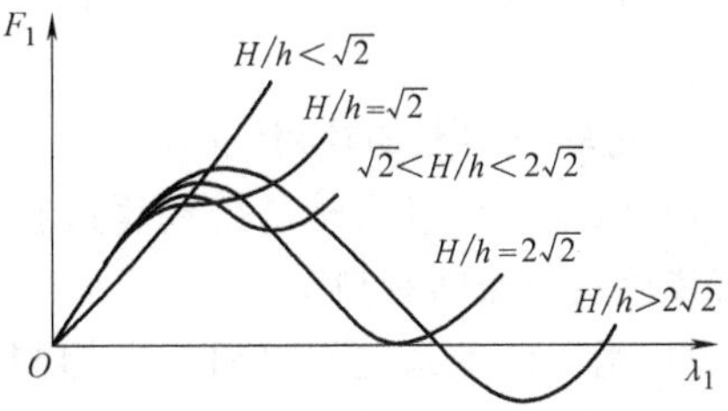

图 4-8 H/h 对膜片弹簧弹性特性的影响

比值 H/h 对膜片弹簧的弹性特性影响极大。由图 4-8 可知：

1）当 $H/h<\sqrt{2}$时，$F_1=f(\lambda_1)$ 为增函数。

2）当 $H/h=\sqrt{2}$时，$F_1=f(\lambda_1)$ 有一极值，该极值点恰为拐点。

3）当 $H/h=2\sqrt{2}$时，$F_1=f(\lambda_1)$ 的极小值落在横坐标上。

4）当 $H/h>2\sqrt{2}$时，$F_1=f(\lambda_1)$ 有一个极大值和一个极小值。

为保证离合器压紧力变化不大和操纵轻便，汽车离合器用膜片弹簧的 H/h 一般为 1.5～2.0，板厚 h 为 2～4mm。

4.3.5 比值 R/r 和 R、r 的选择

研究表明，R/r 越大，弹簧材料利用率越低，弹簧越硬，弹性特性曲线受直径误差影响越大，且应力越高。根据结构布置和压紧力的要求，R/r 一般为 1.20～1.35。

1）为使摩擦片上压力分布较均匀，推式膜片弹簧的 R 值应取为大于或等于摩擦片的平均半径 R_c。

2）拉式膜片弹簧的 r 值宜取为大于或等于 R_c。对于同样的摩擦片尺寸，拉式膜片弹簧的 R 值比推式大。

4.3.6 圆锥底角 α 的选择

膜片弹簧自由状态下圆锥底角 α 与内截锥高度 H 有如下关系：

$$\alpha=\arctan\frac{H}{R-r}\approx\frac{H}{R-r} \tag{4-23}$$

α 的取值一般在 9°～15°范围内。

4.3.7 分离指数目 n 的选取

分离指数目 n 常取为 18，大尺寸膜片弹簧有些取 24，小尺寸膜片弹簧有些取 12。

4.4 扭转减振器的设计

4.4.1 扭转减振器的组成和功用

1. 扭转减振器的组成

扭转减振器主要由弹性元件和阻尼元件两部分组成，如图 4-9 所示。

1）弹性元件（减振弹簧或橡胶）的主要作用是降低传动系统的首端扭转刚度，改变系统的固有振型，尽可能避开由发动机转矩主谐量激励引起的共振。

2）阻尼元件（阻尼片）的作用是有效地耗散振动能量。

2. 扭转减振器的功用

1）降低发动机曲轴与传动系统接合部分的扭转刚度，调谐传动系扭振固有频率。

2）增加传动系统扭振阻尼，抑制扭转共振响应振幅，并衰减因冲击而产生的瞬态扭振。

3）控制动力传动系统总成怠速时离合器与变速器轴系的扭振，消减变速器怠速噪声和主减速器与变速器的扭振与噪声。

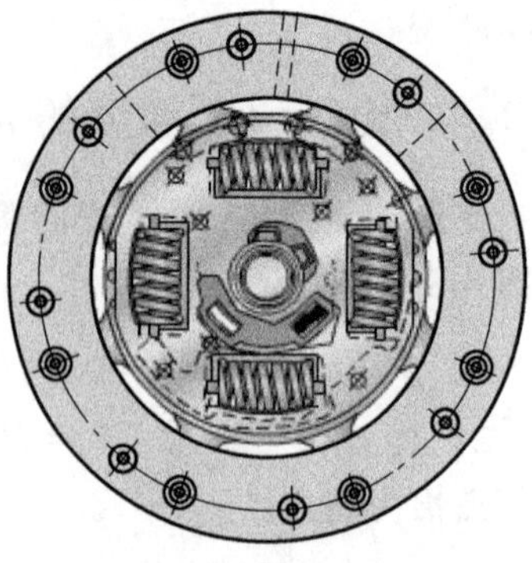

图 4-9　扭转减振器

4）缓和非稳定工况下传动系统的扭转冲击载荷和改善离合器的接合平顺性。

4.4.2　扭转减振器线性和非线性特性

按照扭转减振器弹性元件的弹性特性分为线性特性和非线性特性两种。

1. 单级线性特性扭转减振器的特点及应用

单级线性特性扭转减振器的弹性元件一般采用相同尺寸的圆柱螺旋弹簧，能满足旋转不均匀度较小的系统的减振要求，因而被广泛应用于汽油机汽车离合器上。其扭转特性如图 4-10a 所示。

2. 多级非线性特性扭转减振器的特点及应用

有些扭转减振器中另设置一组刚度较小的弹簧，使其在怠速工况下起作用，以消除变速器常啮合齿轮齿间的（敲击）怠速噪声，这种扭转减振器具有两级非线性特性：第一级的刚度很小，称为怠速级，第二级的刚度较大。

在旋转不均匀度较大的柴油机汽车中，广泛采用具有怠速级的两级或三级非线性扭转减振器，三级非线性减振器的扭转特性如图 4-10b 所示。

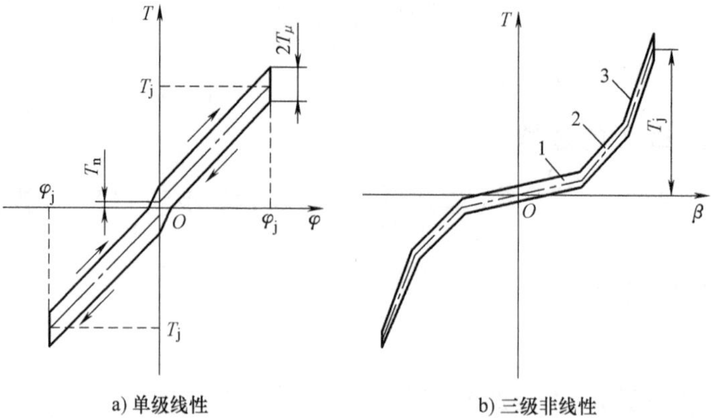

a) 单级线性　　b) 三级非线性

图 4-10　减振器的扭转特性

4.4.3　扭转减振器的主要参数

减振器的扭转刚度 k_φ 和阻尼元件间的摩擦转矩 T_μ 是其两个主要参数。设计参数还包括极

限转矩 T_j、预紧转矩 T_n 和极限转角 φ_j 等。

1. 极限转矩 T_j

极限转矩为减振器在消除限位销与从动盘毂缺口之间的间隙 Δ_1 时所能传递的最大转矩。一般可取为

$$T_j=(1.5\sim2.0)T_{emax} \tag{4-24}$$

式中，对于货车，系数取 1.5，轿车系数取 2.0。

2. 扭转刚度 k_φ

为了避免引起系统的共振，要合理选择减振器的扭转刚度 k_φ，使共振现象不发生在发动机常用工作转速范围内。k_φ 取决于减振弹簧的线刚度和扭转减振器的结构尺寸。

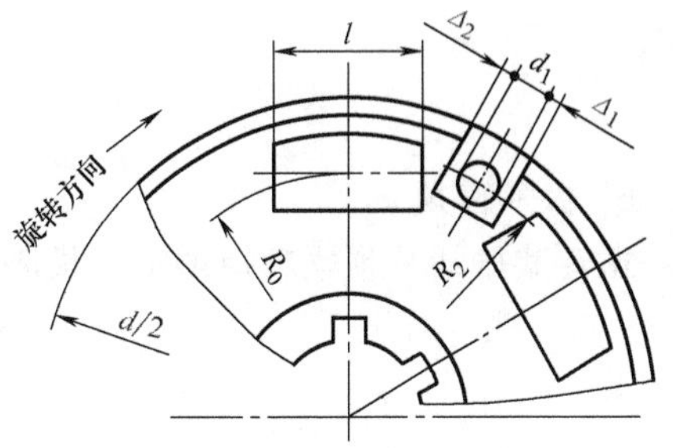

图 4-11　减振器尺寸简图

如图 4-11 所示，减振弹簧分布在半径为 R_0 的圆周上，当从动片相对从动盘毂转过 φ 弧度时，弹簧相应变形量为 $R_0\varphi$，此时所需加在从动片上的转矩为

$$T=1000KZ_jR_0^2\varphi \tag{4-25}$$

式中，K 是每个减振弹簧的线刚度（N/mm）；Z_j 是减振弹簧个数；R_0 是减振弹簧位置半径（m）。

根据扭转刚度的定义 $k_\varphi=T/\varphi$，则减振器扭转刚度为

$$k_\varphi=1000KZ_jR_0^2 \tag{4-26}$$

式中，k_φ 是减振器扭转刚度（N·m/rad）。

设计时可按经验来初选 k_φ，一般在数值上有

$$k_\varphi\leqslant13T_j \tag{4-27}$$

3. 阻尼摩擦转矩 T_μ

由于减振器扭转刚度 k_φ 受结构及发动机最大转矩的限制，不可能很低，为了在发动机工作转速范围内最有效地减振，必须合理选择减振器阻尼装置的阻尼摩擦转矩 T_μ。一般可按下式初选：

$$T_\mu=(0.06\sim0.17)T_{emax} \tag{4-28}$$

4. 预紧转矩 T_n

减振弹簧在安装时都有一定的预紧。随着预紧转矩 T_n 增加，共振频率将向减小频率的方向移动，这是有利的。但是 T_n 不应大于 T_μ，否则减振器反向工作时，将提前停止工作，一般可选择为

$$T_n=(0.05\sim0.15)T_{emax} \tag{4-29}$$

5. 减振弹簧的位置半径 R_0

R_0 的尺寸应尽可能大些，一般取

$$R_0=(0.60\sim0.75)\frac{d}{2} \tag{4-30}$$

6. 减振弹簧个数 Z_j

按照表 4-4 选取。

表 4-4 减振弹簧个数的选取

摩擦片外径 D/mm	225~250	250~325	325~350	>350
Z_j	4~6	6~8	8~10	>10

7. 减振弹簧总压力 F_Σ

当限位销与从动盘毂之间的间隙 Δ_1 或 Δ_2 被消除，减振弹簧传递转矩达到最大值 T_j 时，减振弹簧受到的压力 F_Σ 为

$$F_\Sigma = \frac{T_j}{R_0} \tag{4-31}$$

8. 极限转角 φ_j

扭转减振器从预紧转矩增加到极限转矩时，从动片相对从动盘毂的极限转角为

$$\varphi_j = 2\arcsin\frac{\Delta l}{2R_0} \tag{4-32}$$

式中，Δl 是减振弹簧的工作变形量。φ_j 通常取 3°~12°，对平顺性要求高或工作不均匀的发动机应取上限。

4.4.4 通用的从动盘减振器局限性

目前通用的从动盘减振器在特性上存在如下局限性：

1）因为发动机、变速器振动系统固有频率一般为 40~70Hz，相当于四缸发动机转速 1200~2100r/min，或六缸发动机转速 800~1400r/min，一般均高于怠速转速。不能使发动机、变速器振动系统的固有频率降低到怠速转速以下，不能避免怠速时的共振。

2）在发动机实用转速 1000~2000r/min 范围内，难以通过降低减振弹簧刚度得到更大的减振效果。

4.5 离合器的操纵机构设计

4.5.1 对操纵机构的要求

1）踏板力要小，轿车一般在 80~150N，货车不大于 200N。

2）踏板行程对轿车一般在 80~150mm，对货车最大不超过 180mm。

3）踏板行程应能调整，以保证摩擦片磨损后分离轴承的自由行程可以复原。

4）应有对踏板行程进行限位的装置，以防止操纵机构因受力过大而损坏。

5）应具有足够的刚度。

6）传动效率要高。

7）发动机振动及车架和驾驶室的变形不会影响其正常工作。

4.5.2 操纵机构结构形式选择

常用的离合器操纵机构主要有机械式和液压式。

1. 机械式操纵机构

有杆系和绳索两种形式。图 4-12 所示是一种绳索机械式操纵机构的示意图。

1）杆系传动操纵机构的特点及应用：杆系传动操纵机构结构简单，工作可靠，广泛应用于各种汽车中。但其质量大，机械效率低，车架和驾驶室的变形会影响其正常工作，且远距离操纵时布置较困难。

2）绳索传动操纵机构的特点及应用：绳索传动可克服杆系传动机构缺点，且可采用适宜驾驶人操纵的吊挂式踏板结构。但其寿命较短，机械效率也不高，多用于轻型轿车中。

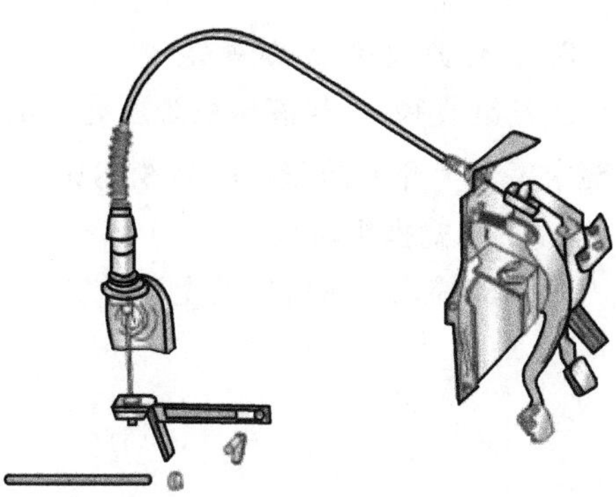

图 4-12　机械式操纵机构示意图

2. 液压式操纵机构

主要由主缸、工作缸和管路等部分组成，如图 4-13 所示。其具有传动效率高，质量小，布置方便，便于采用吊挂踏板，驾驶室容易密封，驾驶室和车架变形不会影响其正常工作，以及离合器接合较柔和等优点，广泛应用于各种形式的汽车中。

4.5.3　离合器操纵机构的主要计算

1. 踏板行程 *S* 的计算

踏板行程 S 由自由行程 S_1 和工作行程 S_2 两部分组成（图 4-13）：

$$S=S_1+S_2=\left(S_{0f}+Z\Delta S\frac{c_2}{c_1}\right)\frac{a_2b_2d_2^2}{a_1b_1d_1^2} \tag{4-33}$$

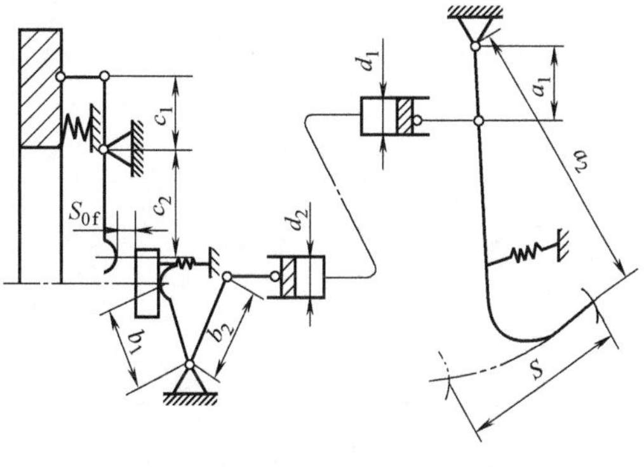

图 4-13　液压式操纵机构示意图

式中，S_{0f} 是分离轴承自由行程，1.5～3.0mm；Z 是摩擦面面数；ΔS 是离合器分离时对偶摩擦面间的间隙，对于单盘离合器，$\Delta S=0.85\sim1.30$mm，对于双盘离合器，$\Delta S=0.75\sim0.90$mm；d_1、d_2 分别是主缸和工作缸的直径；a_1、a_2、b_1、b_2、c_1、c_2 是杠杆尺寸，如图 4-13 所示。

2. 踏板力 F_f 的计算

踏板力 F_f 的计算公式是

$$F_f=\frac{F'}{i_\Sigma\eta}+F_s \tag{4-34}$$

式中，F'是离合器分离时，压紧弹簧对压盘的总压力；η 是机械效率，对于液压式操纵机构，$\eta=80\%\sim90\%$，对于机械式操纵机构，$\eta=70\%\sim80\%$；F_s 是克服回位弹簧 1、2 的拉力所需的踏板力，初步设计时，可忽略；i_Σ 是操纵机构总传动比，即

$$i_{\Sigma}=\frac{a_2b_2c_2d_2^2}{a_1b_1c_1d_1^2} \tag{4-35}$$

3. 工作缸直径 d_2 的确定

工作缸直径 d_2 与液压系统所允许的最大油压有关。考虑到橡胶软管及其他管接头的密封要求，最大允许油压一般为 5~8MPa。

4. 机械式操纵机构

对于机械式操纵机构的上述计算，只需将 d_1 和 d_2 取消即可。

第 5 章

机械式变速器结构设计

5.1 变速器设计的基本要求

变速器设计有如下基本要求：

1）正确选择变速器的档位数和传动比，保证汽车有良好的动力性和经济性。

2）设置空档以保证必要时能将发动机与传动系统长时间分离。

3）设置倒档使汽车可以倒退行驶。

4）设置动力输出装置，便于必要时输出发动机动力。

5）换档迅速、省力、方便。

6）工作可靠，工作效率高，工作噪声低。

7）尺寸和质量小，制造成本低，维修方便。

图 5-1 所示为一个三轴五档变速器结构简图。

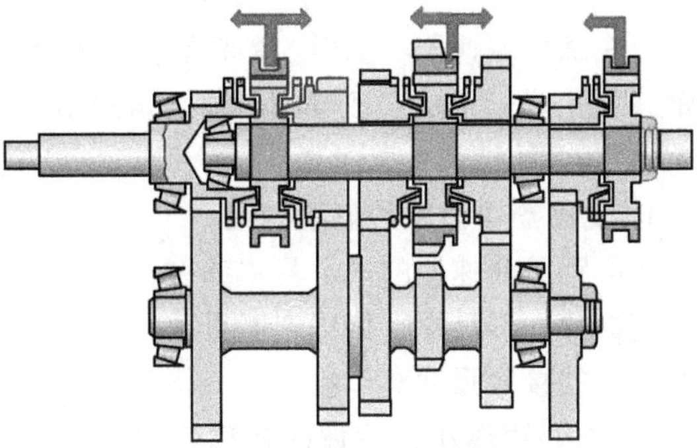

图 5-1　三轴五档变速器结构简图

5.2 变速器主要参数的选择

5.2.1 变速器的档数

1. 确定变速器档位数时需综合考虑的因素

1）增加变速器的档数能够改善汽车的动力性和经济性。

2）变速器的档数越多，变速器的结构越复杂，并且使其轮廓尺寸和质量加大，同时操纵机构复杂，而且在使用时换档频率也增高。

3）在最低档传动比不变的条件下，增加变速器的档数会使变速器相邻的低档与高档之间的传动比比值减小，使换档工作容易进行。

2. 确定变速器档位数时应该满足的两个条件

1）要求相邻档位之间的传动比比值在 1.8 以下，该值越小换档工作越容易进行。

2）因为高速档使用更加频繁，要求高档区相邻档位之间的传动比比值要比低档区相邻档位之间的传动比比值小。

近年来，随着汽车技术的发展及降低油耗的需求，变速器的档数有增加的趋势。目前，轿车一般用4~6个档位的变速器，高级别轿车变速器多用6~7个档，货车变速器采用4~5个档或多档。装载质量在2~3.5t的货车采用5档变速器，装载质量在4~8t的货车采用6档变速器。多档变速器多用于重型货车和越野汽车。

5.2.2 传动比范围

变速器的传动比范围是指变速器最低档传动比与最高档传动比的比值。最高档通常是直接档，传动比为1.0；有的变速器最高档是超速档，传动比为0.7~0.8。

影响最低档传动比选取的因素有三个：

1）发动机的最大转矩和最低稳定转速所要求的汽车最大爬坡能力。

2）驱动轮与路面间的附着力。

3）主减速比和驱动轮的滚动半径及所要求达到的最低稳定行驶车速。

目前轿车的传动比范围在3~4之间，轻型货车在5~6之间，其他货车则更大。

5.2.3 中心距

对三轴式变速器，如图5-2所示，中间轴与第二轴之间的距离称为变速器中心距A；对两轴式变速器，将输入轴与输出轴之间的距离称为变速器中心距A。

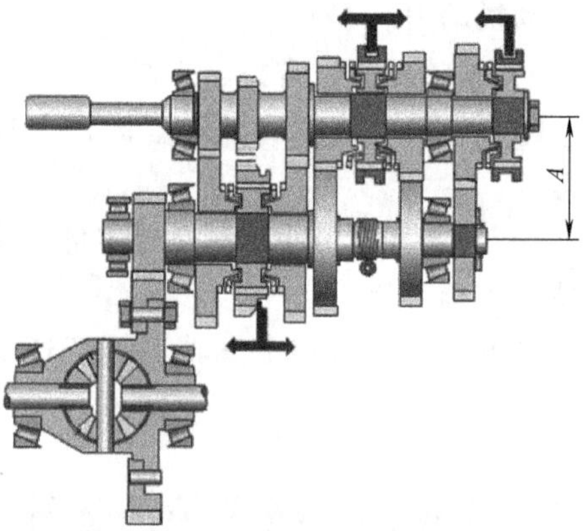

图5-2 三轴式变速器机构示意图

1. 变速器中心距的影响因素

中心距是变速器的一个基本参数，其大小不仅对变速器的外形尺寸、体积和质量大小有影响，而且对轮齿的接触强度有影响。

1）中心距越小，轮齿的接触应力越大，齿轮寿命越短。最小允许中心距应当由保证轮齿有必要的接触强度来确定。

2）变速器轴经轴承安装在壳体上，从布置轴承的可能与方便和不影响壳体的强度考虑，要求中心距取大些。

3）为了防止根切，一档小齿轮齿数不能过少，这也限制了中心距的最小值。

2. 变速器中心距的确定

初选中心距A经验公式：

$$A=K_A\sqrt[3]{T_{\mathrm{emax}}i_1\eta_{\mathrm{g}}} \tag{5-1}$$

式中，K_A是为中心距系数，对于乘用车$K_A=8.9\sim9.3$，对于商用车$K_A=8.6\sim9.6$，多档变速器$K_A=9.5\sim11.0$；T_{emax}是发动机最大转矩（N·m）；i_1是一档传动比；η_{g}是变速器的传动效率，可取96%。

轿车变速器的中心距取值范围在65~80mm，而货车的变速器中心距取值范围在80~170mm。原则上总质量小的汽车，变速器中心距也小些。

5.2.4 壳体的外形尺寸

变速器的横向外形尺寸，可根据齿轮直径、倒档中间（过渡）齿轮和换档机构的布置初步确定。

1）轿车四档变速器壳体的轴向尺寸为（3.0~3.4）A。

2）货车变速器壳体的轴向尺寸与档数有关，可参考选用表5-1的数据。

表5-1　货车变速器壳体的轴向尺寸

四档	(2.2~2.7)A	六档	(3.2~3.5)A
五档	(2.7~3.0)A		

3）当变速器选用的常啮合齿轮对数和同步器多时，应取给出范围的上限。

5.2.5　变速器轴的直径

变速器工作时，轴除传递转矩外，还承受来自齿轮作用的径向力，如果是斜齿轮则还有轴向力。变速器的轴必须有足够的刚度和强度，否则会产生弯曲变形，破坏齿轮的正确啮合，对齿轮的强度和耐磨性均产生不利影响，还会增加工作噪声。

1）第二轴和中间轴中部直径 $d\approx0.45A$。

2）轴的最大直径 d 和支承间距离 L 的比值，对于中间轴而言，一般取 $d/L\approx0.16\sim0.18$；对于第二轴而言，一般取 $d/L\approx0.18\sim0.21$。

3）第一轴花键直径可按下式初选：

$$d=K\sqrt[3]{T_{\mathrm{emax}}} \tag{5-2}$$

式中，K 是经验系数，$K=4.0\sim4.6$；T_{emax} 是发动机最大转矩（N·m）。

5.2.6　齿轮参数

1. 模数的选取

齿轮模数是一个重要参数。影响模数的选取因素很多，如齿轮的强度、质量、噪声、工艺要求等。选取齿轮模数时一般遵守的原则是：

1）为了减小噪声应合理减小模数，同时增加齿宽。

2）为使质量小些，应该增大模数，同时减少齿宽。

3）从工艺方面考虑，各档齿轮应该选用一种模数。

4）从强度方面考虑各档齿轮应有不同的模数。

5）减小轿车齿轮工作噪声有较为重要的意义，因此齿轮的模数应选得小些。

6）对于货车，减小质量比减小噪声更重要，故齿轮应该选用大些的模数。

7）变速器低档齿轮应选用大些的模数，其他档位选用另一种模数。少数情况下汽车变速器各档齿轮均选用相同的模数。

变速器用齿轮模数范围大致如表5-2所示。

表5-2　变速器齿轮法向模数

车辆类型	乘用车的发动机排量 V/L		货车的最大质量 m_a/t	
	$1.0<V\leqslant1.6$	$1.6<V\leqslant2.5$	$6.0<m_a\leqslant14.0$	$m_a>14.0$
模数/mm	2.25~2.75	2.75~3.00	3.50~4.50	4.50~6.00

所选模数值应符合国家标准GB/T 1357—2008的规定。啮合套和同步器的接合齿多数采

用渐开线齿形。由于工艺上的原因，同一变速器中的接合齿模数相同，取值范围是：对于轿车和轻、中型货车一般取 2~3.5mm，对于重型货车一般取 3.5~5mm。选取较小的模数可使齿数增多，有利于换档。

2. 压力角 α 的选取

影响变速器压力角的因素有：

1）压力角较小时，重合度较大，传动平稳，噪声较低。

2）压力角较大时，可提高轮齿的抗弯强度和表面接触强度。

对于轿车，为加大重合度以降低噪声，应选用 14.5°、15°、16°、16.5°等小些的压力角；对于货车，为提高齿轮承载能力，应选用 22.5°或 25°等大些的压力角。

因国家规定的标准压力角为 20°，所以变速器齿轮普遍采用的压力角为 20°。啮合套或同步器的接合齿压力角有 20°、25°和 30°等，普遍采用 30°压力角。

3. 螺旋角 β 的选取

斜齿轮在变速器中得到广泛的应用。选取斜齿轮的螺旋角，应该考虑其对齿轮工作噪声、强度和轴向力的影响。

（1）螺旋角对齿轮传动的影响

1）选用较大螺旋角时，使齿轮啮合的重合度增加，因而工作平稳，噪声降低。

2）随着螺旋角的增大，轮齿的强度也相应提高，不过当螺旋角大于 30°时，其抗弯强度骤然下降，而接触强度仍继续上升。

（2）确定螺旋角的原则　确定齿轮的螺旋角的时候需要综合考虑齿轮的强度和接触强度：

1）从提高低档齿轮的抗弯强度出发，并不希望用过大的螺旋角。

2）从提高高档齿轮的接触强度考虑，应当选用较大的螺旋角。

4. 确定中间轴齿轮螺旋角

斜齿轮传递转矩时，会产生轴向力并作用在支承轴承上。设计中间轴齿轮时应遵循以下原则：力求中间轴上同时工作的两对齿轮产生的轴向力平衡，以减少轴承负荷，提高轴承寿命。

1）中间轴上的不同档位齿轮的螺旋角应该是不一样的。

2）为使工艺简便，在中间轴轴向力不大时，可将螺旋角设计成一样的，或者仅取为两种螺旋角。

3）中间轴上全部齿轮的螺旋方向应一律取为右旋，则第一、第二轴上的斜齿轮应取为左旋。轴向力经轴承盖作用到变速器壳体上。

4）一档和倒档齿轮一般设计成直齿，当变速器工作在一档和倒档时，中间轴上的轴向力不能相互抵消，但因为这些档位使用频率低，所以也是允许的。

5. 中间轴螺旋角计算

如图 5-3 所示，中间轴上两个斜齿轮的轴向力为

$$F_{a1}=F_{n1}\tan\beta_1 \quad F_{a2}=F_{n2}\tan\beta_2 \qquad (5\text{-}3)$$

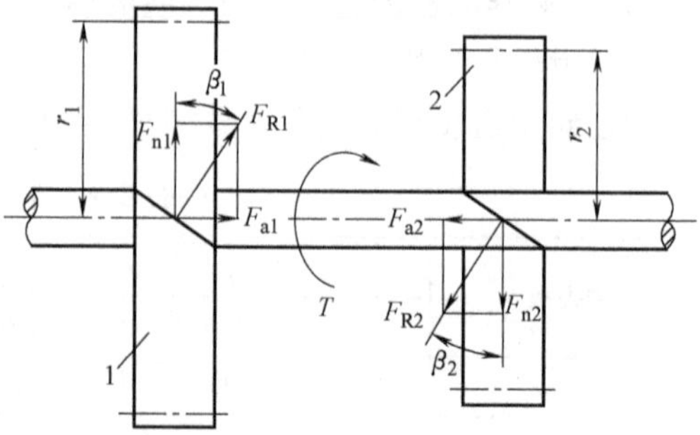

图 5-3　中间轴轴向力的平衡

欲使两轴向力平衡，须满足下述条件：

$$\frac{\tan\beta_1}{\tan\beta_2}=\frac{r_1}{r_2} \tag{5-4}$$

式中，F_{a1}、F_{a2} 分别是作用在中间轴承齿轮 1、2 上的轴向力；F_{n1}、F_{n2} 分别是作用在中间轴上齿轮 1、2 上的圆周力；r_1、r_2 分别是齿轮 1、2 的节圆半径；T 是中间轴传递的转矩 $T=F_{n1}r_1=F_{n2}r_2$。

斜齿轮螺旋角可按照表 5-3 选取。

表 5-3　汽车斜齿轮螺旋角选用范围

轿车变速器	两轴式	20°～25°
	三轴式	22°～34°
货车变速器		18°～26°

6. 齿宽 *b* 的选取

（1）影响齿宽的因素　在选择齿宽时，应该注意到齿宽对变速器的轴向尺寸、齿轮工作平稳性、齿轮强度和齿轮工作时受力的均匀程度等均有影响。

1）为了尽可能缩短变速器的轴向尺寸和减小质量，应该选用较小的齿宽。

2）齿宽过小会使斜齿轮传动平稳的优点被削弱，此时虽然可以用增加齿轮螺旋角的方法给予补偿，但轴承承受的轴向力会增大，会降低轴承的使用寿命。

3）齿宽窄还会使齿轮的工作应力增加。

4）宽齿轮会因轴的变形而倾斜，齿轮沿齿宽方向受力不均匀，造成齿面磨损不均匀。

（2）齿轮齿宽的确定

1）通常根据齿轮模数 m 的大小来选定齿宽 b。

2）对于直齿齿轮 $b=K_c m$，其中，K_c 为齿宽系数，取为 4.5～8.0。

3）对于斜齿齿轮：$b=K_c m_n$，K_c 取为 6.0～8.5，m_n 是法向模数（mm）。

（3）齿圈和常啮合齿轮齿宽的确定　采用啮合套或同步器换档时，其接合齿的工作宽度初选时可取为（2～4）m。

第一轴常啮合齿轮副的齿宽系数 K_c 可取大些，使接触线长度增加，接触应力降低，以提高传动平稳性和齿轮寿命。

7. 齿轮变位系数的选择原则

采用变位齿轮，除为了避免齿轮产生根切和配凑中心距以外，还影响齿轮的强度、传动平稳性、耐磨性、抗胶合能力以及啮合噪声。变位齿轮主要有两类：高度变位和角度变位。

1）高度变位齿轮副的一对啮合齿轮的变位系数之和等于零。高度变位可增加小齿轮的齿根强度，使小齿轮达到和大齿轮强度相接近的程度。高度变位齿轮副的缺点是不能同时增加一对齿轮的强度，也很难降低噪声。

2）角度变位齿轮副的变位系数之和不等于零。角度变位可获得良好的啮合性能及传动质量指标，故采用得较多。

（1）变位系数的选择原则　几对齿轮安装在中间轴和第二轴上组合并构成变速器，为了满足各档传动比的需要，各对相互啮合齿轮副的齿数和不等，为保证各对齿轮有相同的中心距，应对齿轮进行变位。

1）当齿数和大的齿轮副采用标准齿轮传动或高度变位时，则齿数和小些的齿轮副应采用正角度变位。

2）高档齿轮的主要损坏形式是断面疲劳剥落，应按保证最大接触强度、抗胶合及耐磨性最有利的原则选择变位系数。为提高接触强度，总变位系数尽可能取大些，两齿轮的齿廓渐开线离基圆较远，增大齿廓曲率半径，减小齿轮接触应力。

3）低档小齿轮的齿根强度较低，加之传递载荷较大，可能出现齿根弯曲断裂。为提高小齿轮的抗弯强度，应根据危险断面齿厚相等的条件来选择大、小齿轮的变位系数，小齿轮的变位系数应大于零。

4）少齿数齿轮会造成轮齿根切，不仅削弱轮齿的抗弯强度，而且重合度减小。此时应对齿轮进行正变位，以消除根切。

5）变位系数和 $\xi=\xi_1+\xi_2$ 越小，齿轮齿根总的厚度越薄，抗弯强度越低。但是恰恰由于轮齿的刚度减小，更易于吸收冲击振动，故噪声较低。

6）ξ 值越小，齿轮的齿形重合度越大，轮齿承受最大载荷时的受力点距齿根越近，轮齿所受的弯矩越小，对由于齿根减薄而产生的强度削弱的因素有所补偿。

（2）变位系数的确定　为了降低噪声，对于变速器中除去一、二档和倒档以外的其他各档齿轮的总变位系数要选用较小一些的数值，以便获得低噪声传动。

1）最高档和一轴齿轮副的 ξ 可以选为 -0.2~0.2。

2）随着档位的降低，ξ 值应该逐档增大。

3）一、二档和倒档齿轮，应该选用较大的 ξ 值，以便获得高强度齿轮副。

4）一档齿轮的 ξ 值可以选用 1.0 以上。

5.2.7　各档齿轮齿数的分配

在初选中心距、齿轮模数和螺旋角以后，可根据变速器的档数、传动比和传动方案来分配各档齿轮的齿数。应该注意的是各档齿轮的齿数比应该尽可能不是整数。

1. 确定一档齿轮的齿数

以一个四前进档、一倒档的机械式变速器为例，如图 5-4 所示。一档传动比

$$i_1=\frac{z_2z_7}{z_1z_8} \tag{5-5}$$

如果 z_7 和 z_8 的齿数确定了，则 z_2 与 z_1 的传动比可求出。为了求 z_7、z_8 的齿数，先求其齿数和 z_h

$$\left.\begin{aligned} z_h&=\frac{2A}{m} \quad 直齿 \\ z_h&=\frac{2A\cos\beta}{m_n} \quad 斜齿 \end{aligned}\right\} \tag{5-6}$$

计算后取 z_h 为整数，然后进行大、小齿轮齿数的分配。

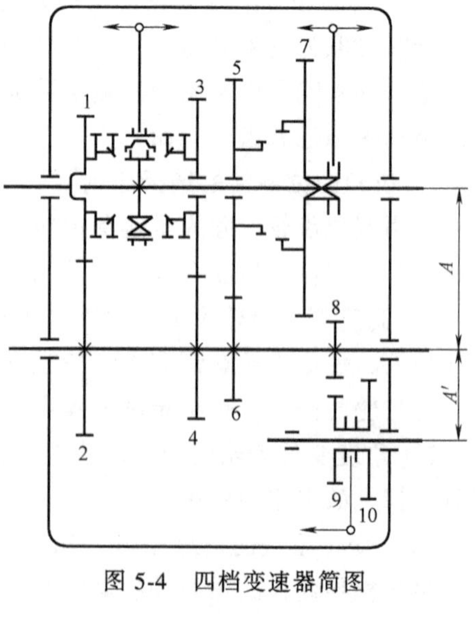

图 5-4　四档变速器简图

1）中间轴上的一档小齿轮的齿数尽可能取少

些，以便使 z_7/z_8 的传动比大些，在 i_1 已定的条件下，z_2/z_1 的传动比可分配小些，使第一轴常啮合齿轮的齿数多些，以便在其内腔设置第二轴的前轴承并保证轮辐有足够的厚度。

2）考虑到壳体上的第一轴轴承孔尺寸的限制和装配的可能性，该齿轮齿数又不宜取过多。

3）中间轴上小齿轮的最少齿数还受中间轴轴径尺寸的限制，即受刚度的限制。

在选定时，对轴的尺寸及齿轮齿数都要统一考虑。对于轿车，三轴式变速器一档齿轮齿数 z_8 可在 15~17 之间选取；对于货车，z_8 可在 12~17 之间选取。一档大齿轮齿数用 $z_7=z_h-z_8$ 计算求得。

2. 对中心距 *A* 进行修正

因为计算齿数和 z_h 后，经过取整数使中心距有了变化，所以应根据取定的 z_h 和齿轮变位系数重新计算中心距 A，再以修正后的中心距 A 作为各档齿轮齿数分配的依据。

3. 确定常啮合传动齿轮副的齿数

1）由式（5-7）确定常啮合传动齿轮的传动比

$$\frac{z_2}{z_1}=i_1\frac{z_8}{z_7} \tag{5-7}$$

2）常啮合传动齿轮中心距和一档齿轮的中心距相等，即

$$A=\frac{m_n(z_1+z_2)}{2\cos\beta} \tag{5-8}$$

3）解方程式（5-7）和式（5-8）求 z_1 与 z_2，求出的 z_1、z_2 都应取整数。

4）核算一档传动比，若与原传动比相差较大，则需要调整齿轮齿数。

5）最后根据所确定的齿数，按式（5-8）算出精确的螺旋角值。

4. 确定其他各档的齿数

1）若二档齿轮是直齿轮，模数与一档齿轮相同时，则得

$$i_2=\frac{z_2z_5}{z_1z_6} \tag{5-9}$$

$$A=\frac{m(z_5+z_6)}{2} \tag{5-10}$$

联立方程式（5-9）、式（5-10）求出 z_5、z_6。用取整数后的 z_5、z_6 计算中心距，若计算出的中心距与变速器的 A 有偏差，通过齿轮变位系数来调整。

2）若二档齿轮是斜齿轮，螺旋角与常啮合轮的不同时：

由式（5-9）可得 z_5 和 z_6 的比值

$$\frac{z_5}{z_6}=i_2\frac{z_1}{z_2} \tag{5-11}$$

$$A=\frac{m_n(z_5+z_6)}{2\cos\beta_6} \tag{5-12}$$

从抵消或减少中间轴上的轴向力考虑，还必须满足下列关系式

$$\frac{\tan\beta_2}{\tan\beta_6}=\frac{z_2}{z_1+z_2}\left(1+\frac{z_5}{z_6}\right) \tag{5-13}$$

联解上述三个方程式，可求出 z_5、z_6 和 β_6 三个参数。解此方程组比较麻烦，可采用比较方便的试凑法。即先选定螺旋角 β_6，解式（5-11）和式（5-12），求出 z_5、z_6，再把 z_5、z_6 和 β_6 代入式（5-13）中，检查是否满足或近似满足轴向力平衡的关系。如相差太大，则要调整螺旋角 β_6，重复上述过程，直至符合设计要求为止。

其他各档齿轮的齿数用同一方法确定。

5. 确定倒档齿轮齿数

如图 5-4 所示，倒档齿轮选用的模数往往与一档相同。倒档齿轮 z_{10} 的齿数，一般在 21～23 之间，初选 z_{10} 后，可计算出中间轴与倒档轴的中心距 A'。

$$A'=\frac{1}{2}m(z_8+z_{10}) \tag{5-14}$$

为保证倒档齿轮的啮合和不产生运动干涉，齿轮 8 和 9 的齿顶圆之间应保持 0.5mm 以上的间隙，则齿轮 9 的齿顶圆直径 D_{e9} 应用下式计算：

$$\frac{D_{e8}}{2}+0.5+\frac{D_{e9}}{2}=A' \tag{5-15}$$

根据求得的 D_{e9}，再选择适当的齿数及采用变位齿轮，使齿顶圆 D_{e9} 符合式（5-15）。

最后计算倒档轴与第二轴的中心距 A'。

5.3 变速器的设计与计算

5.3.1 齿轮的损坏形式

变速器齿轮的损坏形式主要有四种：轮齿折断、齿面疲劳剥落（点蚀）、移动换档齿轮端部破坏和齿面胶合。

1）轮齿折断发生在两种情况下：轮齿受到足够大的冲击载荷作用，造成轮齿弯曲折断；轮齿在重复载荷作用下，齿根产生疲劳裂纹，裂纹扩展深度逐渐加大，然后出现弯曲折断。前者在变速器中出现得极少，而后者出现得多些。

2）轮齿工作时，一对齿轮相互啮合，齿面相互挤压，存在于齿面细小裂缝中的润滑油油压升高，导致裂缝扩展，齿面表层出现块状剥落而形成麻点，称为齿面点蚀。齿面点蚀使齿形误差加大，产生动载荷，并可能导致轮齿折断。

3）用移动齿轮的方法完成换档的低档和倒档齿轮，由于换档时两个进入啮合的齿轮可能存在角速度差，换档瞬间在轮齿端部产生冲击载荷，并造成损坏。

4）负载大、齿面相对滑动速度高的齿轮，在接触压力大且接触处高温作用下，齿面间的润滑油膜会被破坏，齿面直接接触，在局部高温、高压作用下齿面互相熔焊粘连，齿面沿滑动方向形成撕伤痕迹，称为齿面胶合。变速器齿轮的齿面胶合破坏出现较少。

5.3.2 轮齿强度计算

1. 轮齿弯曲强度计算

（1）直齿轮弯曲应力

$$\sigma_w=\frac{F_1K_\sigma K_f}{bty}=\frac{2T_gK_\sigma K_f}{\pi m^2zby} \tag{5-16}$$

式中，σ_w 是弯曲应力（N/mm^2）；F_1 是圆周力（N），$F_1=2T_g/d$，其中 T_g 是计算载荷（N·mm），d 是节圆直径（mm），$d=mz$；K_σ 是应力集中系数，可以近似地取 $K_\sigma=1.65$；K_f 是摩擦力影响系数，主、从动齿轮在啮合点上的摩擦力方向不同，对弯曲应力的影响也不同，一般主动齿轮取 $K_f=1.1$，从动齿轮取 $K_f=0.9$；b 是齿宽（mm）；t 是端面齿距（mm），$t=\pi m$，其中 m 是模数（mm）；y 是齿形系数，如图 5-5 所示。

（2）斜齿轮弯曲应力

$$\sigma_w=\frac{F_1K_\sigma}{btyK_\varepsilon}=\frac{2T_g\cos\beta K_\sigma}{\pi m_n^2zbyK_\varepsilon} \tag{5-17}$$

式中，m_n 是法面模数（mm）；β 是斜齿轮螺旋角（°）；K_σ 是应力集中系数，$K_\sigma=1.5$；t 是法面齿距（mm），$t=\pi m_n$；y 是齿形系数，可按当量齿数 $z_n=z/\cos^3\beta$ 在图 5-5 中查得；K_ε 是重合度影响系数，一般取 $K_\varepsilon=2.0$。

当计算载荷 T_g 取作用到变速器第一轴上的最大转矩 T_{emax} 时，一档和倒档直齿轮许用弯曲应力在 400～850MPa，货车取下限。承受双向交变载荷作用的倒档齿轮的许用应力也应取下限。

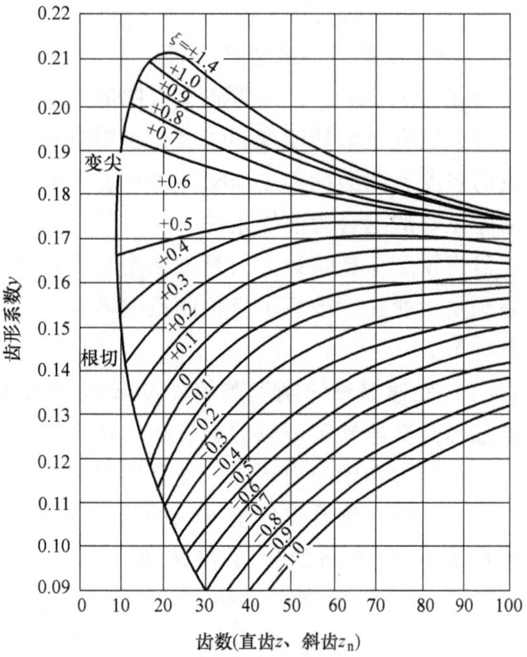

图 5-5　齿形系数图

2. 轮齿接触应力

轮齿的接触应力按下式计算：

$$\sigma_j=0.418\sqrt{\frac{FE}{b}\left(\frac{1}{\rho_z}+\frac{1}{\rho_b}\right)} \tag{5-18}$$

式中，σ_j 是轮齿的接触应力（N/mm^2）；F 是齿面上的法向力（N），$F=F_1/(\cos\alpha\cos\beta)$，其中 α 是节点处压力角（°）；β 是斜齿轮螺旋角（°）；E 是齿轮材料的弹性模量（MPa）；b 是齿轮接触的实际宽度（mm）；ρ_z、ρ_b 分别是主、从动齿轮节点处的曲率半径（mm），直齿轮 $\rho_z=r_z\sin\alpha$、$\rho_b=r_b\sin\alpha$，斜齿轮 $\rho_z=r_z\sin\alpha/\cos^2\beta$、$\rho_b=r_b\sin\alpha/\cos^2\beta$，其中，$r_z$、$r_b$ 分别是主、从动齿轮节圆半径（mm）。

将作用在变速器第一轴上的载荷 $T_{emax}/2$ 作为计算载荷时，变速器齿轮的许用接触应力 σ_j 见表 5-4。

表 5-4　变速器齿轮许用接触应力

齿轮	$\sigma_j/(N/mm^2)$	
	渗碳齿轮	液体碳氮共渗齿轮
一档和倒档	1900～2000	950～1000
常啮合齿轮和高档	1300～1400	650～700

5.3.3 轴的刚度与强度计算

1. 初选轴的直径

在已知三轴式变速器中心距 A 时，对于三轴式变速器：

1）第二轴和中间轴中部直径 $d \approx 0.45A$。

2）轴的最大直径 d 和支承间距离 L 的比值：对于中间轴，$d/L = 0.16 \sim 0.18$；对于第二轴，$d/L = 0.18 \sim 0.20$。

3）第一轴花键直径 d(mm) 可按 $d = K\sqrt[3]{T_{emax}}$ 初选。其中，K 是经验系数，$K = 4.0 \sim 4.6$；T_{emax} 是发动机最大转矩（N·m）。

2. 轴的刚度与强度验算

变速器工作时，由于齿轮上有圆周力、径向力和轴向力作用，变速器轴要承受转矩和弯矩，所以应有足够的刚度和强度，否则齿轮轴会产生弯曲变形，破坏了齿轮的正确啮合，对齿轮的强度、耐磨性和工作噪声等均有不利影响。因此设计变速器轴时，其刚度大小应以保证齿轮正确的啮合为前提条件。

对齿轮工作影响最大的是轴在垂直面内产生的挠度和轴在水平面内的转角。前者使齿轮中心距发生变化，破坏了齿轮的正确啮合；后者使齿轮相互歪斜，导致沿齿长方向的压力分布不均匀。

（1）变速器轴的刚度验算　初步确定轴的尺寸以后，需要对轴进行刚度和强度验算。要求三轴式变速器第一轴的支点反作用力，必须先求第二轴的支点反力。档位不同，不仅圆周力、径向力和轴向力不同，而且作用力到支点的距离也有变化，所以应对每个档位都进行验算。验算时将轴看作铰接支承的梁。作用在第一轴上的转矩应取 T_{emax}。计算时仅需计算齿轮所在位置处轴的挠度和转角。第一轴常啮合齿轮副，因距离支承点近，负荷又小，通常挠度不大，故可以不必计算。变速器齿轮在轴上的位置如图 5-6 所示时，轴在垂直面内挠度 f_c、在水平面内挠度 f_s 和转角 δ 可分别用下式计算：

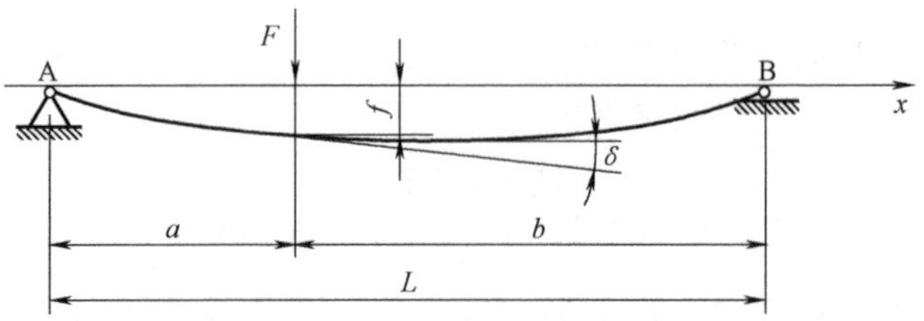

图 5-6　变速器轴的挠度和转角

$$f_c = \frac{F_1 a^2 b^2}{3EIL} \tag{5-19}$$

$$\delta = \frac{F_1 ab(b-a)}{3EIL} \tag{5-20}$$

$$f_s = \frac{F_2 a^2 b^2}{3EIL} \tag{5-21}$$

式中，F_1 是齿轮齿宽中间平面上的圆周力（N）；F_2 是齿轮齿宽中间平面上的径向力（N）；E 是齿轮材料的弹性模量（MPa）；I 是惯性矩（mm^4），对于实心轴 $I = \pi d^4/64$，其中 d 是轴的直径（mm），花键处按平均直径计算；a、b 是齿轮上作用力距支座 A、B 的距离（mm）；L 是支座间距离（mm）。

因为f_c和f_s分别表示轴在垂直面和水平面的挠度，所以轴的全挠度f为

$$f=\sqrt{f_c^2+f_s^2}\leqslant 0.2\text{mm} \tag{5-22}$$

轴在垂直面和水平面挠度的允许值为$[f_c]=0.05\sim0.10\text{mm}$，$[f_s]=0.10\sim0.15\text{mm}$；齿轮所在平面的转角不应超过0.002rad。

（2）变速器轴的强度验算　作用在齿轮上的径向力和轴向力，使轴在垂直面内弯曲变形；圆周力使轴在水平面内弯曲变形。校核变速器轴强度可按照以下步骤进行：

第一步，求取支点的垂直面和水平面内的支反力F_c和F_s。

第二步，计算垂直面和水平面内的弯矩M_c和M_s。

第三步，计算变速器轴上的应力，并与材料的许用应力比较。

轴在转矩T_n和弯矩同时作用下，其应力为

$$\sigma=\frac{M}{W}=\frac{32M}{\pi d^3} \tag{5-23}$$

式中，M是变速器轴上的弯矩（N·mm），$M=\sqrt{M_c^2+M_s^2+T_n^2}$；$d$是轴的直径（mm），花键处取内径；$W$是抗弯截面系数。

在低速档工作时，$[\sigma]\leqslant 400\text{MPa}$。

5.4　同步器设计

同步器有常压式、惯性式和惯性增力式三种，其中摩擦惯性同步装置应用广泛。同步器有多个参数，其主要参数的确定如下。

1. 摩擦系数f

摩擦系数除与选用的材料有关外，还与工作面的表面粗糙度、润滑油种类和工作温度等因素有关。

（1）确定摩擦系数f时需要满足的要求

1）同步器是在同步环与连接齿轮之间存在角速度差的条件下工作，为了保证同步环有足够的使用寿命，应选用耐磨性能良好的材料。

2）为了获得较大的摩擦力矩，应选用摩擦系数大而且性能稳定的材料制作同步环。

3）同步器在润滑油液中工作，使摩擦系数减小，换档费力或增长同步时间，甚至失去同步作用，设计选材时应注意这个问题。

（2）同步器选材与工艺　为了使同步器具有稳定的使用性能，需要合理选材。

1）作为与同步环锥面接触的齿轮上的锥面部分与齿轮做成一体，用低碳合金钢制成。

2）对锥面的表面粗糙度要求较高，用来保证在使用过程中摩擦系数变化小，否则在使用初期容易损害同步环锥面。

3）同步环常选用能保证具有足够高的强度和硬度、耐磨性能良好的黄铜合金制造，如锰黄铜、铝黄铜和锡黄铜等。

由黄铜合金与钢材构成的摩擦副，在油中工作的摩擦系数f取为0.1。

2. 同步环锥面上的螺纹槽尺寸的确定

1）如果螺纹槽螺线的顶部设计得窄些，则刮去存在于摩擦锥面之间的油膜效果好。但

顶部宽度过窄会影响接触面压强，使同步环磨损加快。

2）螺纹的齿顶宽对摩擦系数 f 的影响很大，摩擦系数 f 随齿顶的磨损而降低，使换档费力，故齿顶宽不易过大。

3）如果螺纹槽设计得大些，可使被刮下来的油存于螺纹之间的间隙中，但螺距增大又会使接触面减少，增加同步环的磨损速度。

图 5-7a 所示为适用于轻、中型汽车的螺纹槽尺寸；而图 5-7b 所示为适用于重型汽车的螺纹槽尺寸。通常轴向泄油槽为 6~12 个，槽宽 3~4mm。

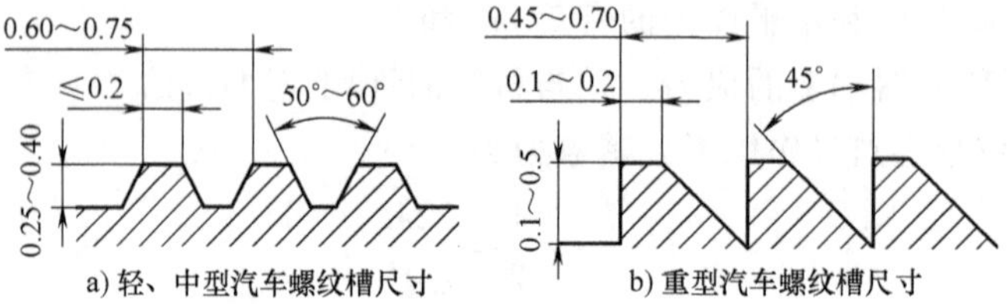

图 5-7　同步环螺纹槽形式

3. 同步环锥面半锥角 α 的选取

1）摩擦锥面半锥角 α 越小，摩擦力矩越大（图 5-8）。

2）α 过小则摩擦锥面会产生自锁现象，避免锥面间自锁的条件是 $\tan\alpha > f$。一般取 $\alpha = 6° \sim 8°$。当 $\alpha = 6°$时，摩擦力矩较大，但在锥面表面粗糙度控制不严时则有黏着和自锁的可能；当 $\alpha = 7°$时就很少出现自锁现象。

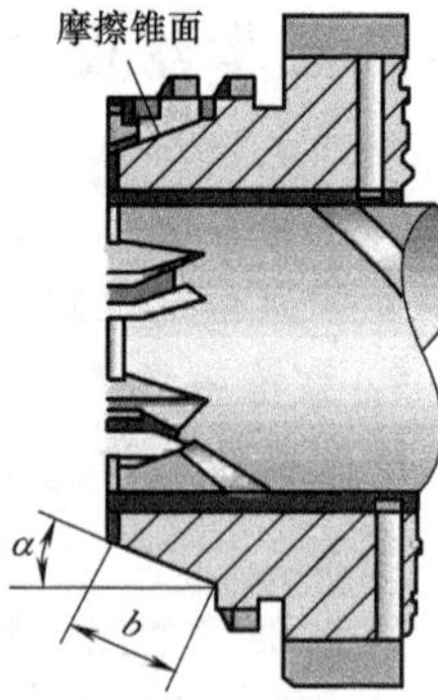

图 5-8　摩擦锥面

4. 同步环摩擦锥面平均半径 R 的选取

1）摩擦锥面平均半径 R 设计得越大则摩擦力矩越大。

2）平均半径 R 往往受结构限制，包括变速器中心距及相关零件的尺寸和布置的限制，R 取得过大还会影响到同步环径向厚度尺寸，故不能取大。

原则上是在可能的条件下，尽可能将 R 取大些。

5. 锥面工作长度 b 的选取

锥面工作长度缩短时，可使变速器轴向长度缩短，但减小了工作面积，增加压应力，导致磨损加剧（图 5-8）。设计时可根据下式计算确定：

$$b = \frac{M_m}{2\pi p f R^2} \tag{5-24}$$

式中，p 是摩擦面许用压力，对于黄铜和钢的摩擦副，$p \approx 1.0 \sim 1.5\text{MPa}$；$M_m$ 是摩擦力矩（N·mm）；f 是摩擦系数；R 是摩擦锥面半径（mm）。

6. 同步环径向厚度

（1）影响同步环径向厚度的因素

1）同步环的径向厚度受结构布置上的限制，包括变速器中心距及相关零件特别是锥面平均半径 R 和布置上的限制。

2）同步环的径向厚度必须保证同步环有足够的强度。

（2）同步环的制造工艺　因为同步环的径向厚度受到限制又必须保证足够的强度，所以其制造工艺比较复杂：

1）轿车同步环厚度比货车小些，应选用锻件或精密锻造工艺加工制成，以提高材料的屈服强度和疲劳寿命，货车同步环可用压铸加工。

2）锻造时选用锰黄铜等材料，铸造时选用铝黄铜等材料。

3）有的变速器用高强度、高耐磨性的钢与钼配合的摩擦副，即在钢质或球墨铸铁同步环的锥面上喷镀一层厚约 0.3~0.5mm 的钼，摩擦系数与钢-铜合金摩擦副差不多，但是耐磨性和强度得到了显著提高。以钢质为基体的同步环不仅可以节约铜，还可以提高同步环的强度。

4）也有的同步环是在铜环基体的锥孔表面喷上厚 0.07~0.12mm 的钼制成，喷钼环的寿命是铜环的 2~3 倍。

7. 锁止角 β

正确选取锁止角，可以保证只有在锁环和齿圈的角速度相同才能进行换档，如图 5-9 所示。影响锁止角选取的系素主要有摩擦系数 f、摩擦锥面平均半径 R、锁止面平均半径和锥面半锥角 α。

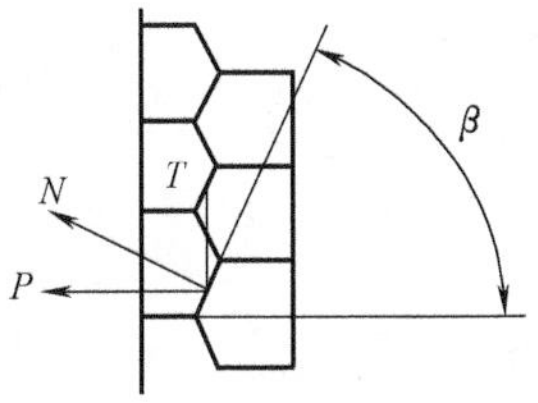

图 5-9 锁止角

已有结构的锁止角在 26°~46°范围内变化。

8. 同步时间 t

同步器工作时，锁环和齿圈达到同步的时间越短越好。影响同步时间的因素有：

1）同步器的结构尺寸和转动惯量。转动惯量越大，同步时间越长。

2）变速器输入轴与输出轴的角速度差。角速度差越大，同步时间也越长。

3）作用在同步器摩擦锥面上的轴向力。轴向力越大，同步时间越短。而轴向力与作用在变速杆手柄上的力有关，不同车型要求作用到手柄上的力也不相同。为此，同步时间与车型有关，计算时可参照表 5-5 所示范围选取。

表 5-5 同步时间

轿车变速器	高速档	0.15~0.30s
	低速档	0.50~0.80s
货车变速器	高速档	0.30~0.80s
	低速档	1.0~1.5s

9. 转动惯量的计算

换档过程中依靠同步器改变转速的零件统称为输入端零件，包括第一轴及离合器的从动盘、中间轴及其上面的齿轮，以及与中间轴上齿轮相啮合的第二轴上的常啮合齿轮。

首先计算各零件的转动惯量，再按不同档位转换到被同步的零件上。对已有的零件，其转动惯量值通常用扭摆法测出；若零件尚未制成，可将这些零件分解为标准的几何体，并按数学公式合成求出转动惯量值；另一个简单快捷的方法就是查询零件三维模型的属性。

10. 摩擦力矩 M_m 的计算

同步器计算简图如图 5-10 所示，欲使换档时没有冲击，齿轮和轴的转动角速度必须相等。而要求同步器在预先设定同步时间内使齿轮和轴同步，必须提供的摩擦力矩 M_m 用下式

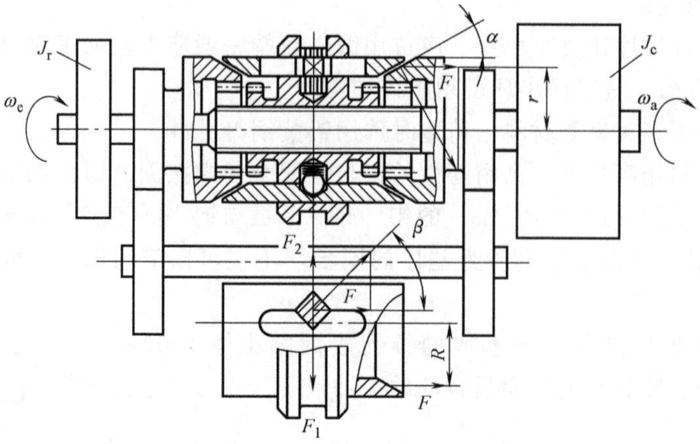

图 5-10 惯性式同步器计算简图

计算：

$$M_m=\frac{J_r\Delta\omega}{t}=J_r\frac{\omega_b-\omega_a}{t}=J_r\frac{1}{t}\left(\frac{\omega_e}{i_{k+1}}-\frac{\omega_e}{i_k}\right)=\frac{J_r\omega_e}{t}\left(\frac{1}{i_{k+1}}-\frac{1}{i_k}\right) \tag{5-25}$$

式中，J_r 是输入端零件的转动惯量；ω_e 是发动机的角速度；ω_a 是在第 k 档工作时变速器输出轴角速度；ω_b 是第 $k+1$ 档的输出轴上齿轮的角速度；i_k、i_{k+1} 是变速器第 k 和 $k+1$ 档的传动比。

11. 锁止条件的计算

设换档时作用在变速杆手柄上的法向力为 F_s（对轿车和大客车，取 $F_s=60\text{N}$；对货车，取 $F_s=100\text{N}$），变速杆手柄到啮合套的传动比为 i_{gs}，则作用在同步器摩擦锥面上的轴向力 F 为

$$F=F_s i_{gs}\eta \tag{5-26}$$

式中，η 是换档机构的传动效率。

此时摩擦锥面上的摩擦力矩为

$$M_m=\frac{FfR}{\sin\alpha} \tag{5-27}$$

代入式（5-25）得

$$\frac{FfR}{\sin\alpha}=\frac{J_r\omega_e}{t}\left(\frac{1}{i_{k+1}}-\frac{1}{i_k}\right)$$

或

$$t=\frac{J_r\omega_e\sin\alpha}{FfR}\left(\frac{1}{i_{k+1}}-\frac{1}{i_k}\right) \tag{5-28}$$

12. 锁止条件举例

图 5-10 所示同步器结构中，分析研究同步器应满足的锁止条件。为防止连接件在转动角速度相等以前接合换档，必须满足下述条件：

$$F_1>F_2 \tag{5-29}$$

式中，F_1 是由锥面间摩擦力矩产生的周向力，该力阻止同步前换档；F_2 是因锁止面倾斜而产生的周向力，该力迫使同步环后退，称为拨环力。

$$F_1=\frac{M_m}{r}=\frac{FfR}{r\sin\alpha} \tag{5-30}$$

$$F_2=F\tan\beta \tag{5-31}$$

式中，r 是锁止面平均半径；β 是锁止面锁止角。

将式（5-30）、式（5-31）代入式（5-29）中得到

$$\frac{FfR}{r\sin\alpha}>F\tan\beta \tag{5-32}$$

因此，欲保证同步前相互锁止，即啮合套不能继续移动，必须满足如下条件：

$$\tan\beta<\frac{fR}{r\sin\alpha} \tag{5-33}$$

5.5　自动变速器匹配设计

自动变速器是一种能够根据发动机转速来自动换档的装置。常见的汽车自动变速器有四种形式，分别是液力传动自动变速器（automatic transmission，AT）、机械式无级自动变速器（continuously variable transmission，CVT）、电控机械自动变速器（automated mechanical transmission，AMT）和双离合器自动变速器（dual-clutch transmission，DCT）。

图 5-11 所示是一个 CVT 的结构与工作原理示意图。

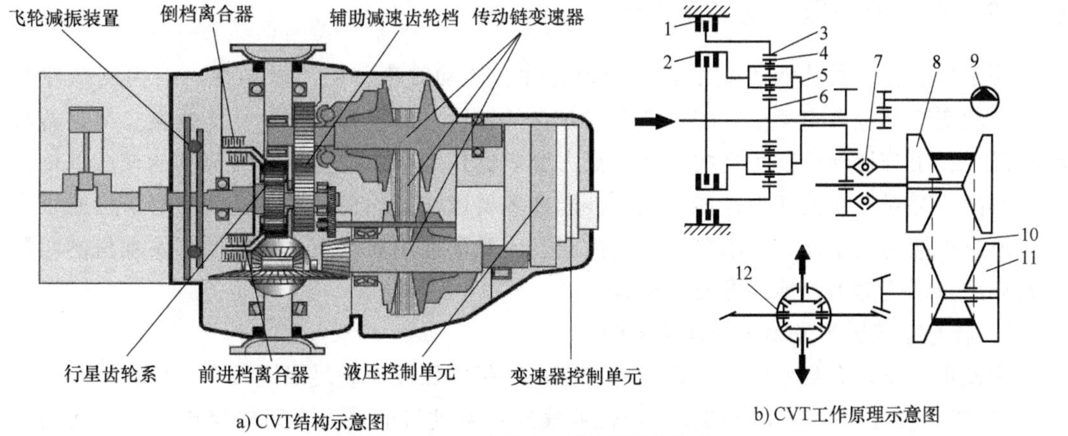

图 5-11　CVT 结构与工作原理示意图

1—倒档制动器　2—前进档离合器　3—齿圈　4—行星齿轮　5—行星架　6—太阳轮　7—转矩感应装置　8—链轮装置 1　9—液压泵　10—传动链　11—链轮装置 2　12—差速器

5.5.1　自动变速器匹配设计总体原则

1. 选型匹配

根据整车性能、传动系统参数和尺寸要求，选择合适性能参数和外形尺寸的自动变速器。在满足整车布置和性能要求的基础上，自动变速器尽可能选用现有产品。若现有选型产品无法满足匹配要求，可以对现有产品进行优化，以达到通用化设计，缩减开发成本。

2. 优化匹配

基于选型的自动变速器等相关参数，利用软件仿真计算整车动力性和经济性。将仿真计

算结果与性能开发目标进行对比分析。如满足动力性和经济性目标要求，则再进一步进行整车试验验证。如不满足要求，则重复以上步骤，直到选择的自动变速器在整车中合理布置，与整车、发动机等系统各接口尺寸匹配合理，整车具有最优性能。

5.5.2 自动变速器结构匹配设计

1. 自动变速器与整车结构匹配

自动变速器与整车结构匹配主要包括：自动变速器在整车中的布置，即安装姿态；自动变速器与周围零部件的间隙要求；自动变速器外部控制线束布置；自动变速器的拆装维修方便性要求；自动变速器的冷却、耐腐蚀和涉水要求。

2. 自动变速器与发动机、传动轴结构匹配

自动变速器与发动机的匹配主要包括：离合器与飞轮的匹配，自动变速器法兰面与发动机法兰面的匹配。自动变速器与传动轴的匹配主要包括：根据自动变速器最大输入转矩、差速器相关参数、油封边界尺寸匹配要求开展传动轴的匹配设计。

3. 自动变速器与悬置系统匹配

自动变速器与悬置系统匹配主要包括：定义自动变速器与整车连接悬置部分的参数和接口形式。再根据自动变速器的质心、转动惯量及安装孔位关系等信息，利用 CAE 仿真分析和试验验证等手段确认悬置系统的合理匹配。

5.5.3 自动变速器性能匹配设计

关于自动变速器性能匹配主要包括动力性、传动效率、换档平顺性、结构复杂性等方面。自动变速器包含多个子系统，它们有各自的特性。即便各子系统性能优良，但是若缺乏精心匹配，很难得到性能优良的总体。液力变矩器作为众多类型自动变速器的核心部件，其与整车的匹配对整车的动力性能和经济性能有重要影响。然而，动力性能和经济性能很大程度上取决于液力变矩器与发动机的匹配性能。因此下面重点从液力变矩器与发动机的匹配方面来介绍自动变速器性能匹配设计内容。

1. 液力变矩器与发动机的匹配原则

为使得整车具有良好的动力性和经济性，理想的匹配应满足以下几个方面：

1）液力变矩器零速工况的输入特性曲线通过发动机的最大实用转矩点，以使发动机在最大载荷时获得最大输出转矩。

2）液力变矩器最高效率工况的输入特性曲线通过发动机最大实用功率的转矩点，同时高效范围在发动机最大实用功率点附近，以提高发动机的功率利用率。

3）发动机应在比油耗低的区域运转，以保证良好的经济性能。

4）满足发动机使用中的特殊要求，如轿车要求噪声小和舒适性好。

以上匹配原则表明液力变矩器与发动机的匹配需要通过对动力性能和经济性能的全面分析比较，最后选取一种最好的方案。一般以工作范围内平均输出功率最大和平均燃料消耗最小作为最合理的匹配，常用功率输出系数 φ_P 和燃料消耗系数 φ_{ge} 来评价。其计算公式为

$$\varphi_P=\frac{P_{TP}}{P_{dn}} \tag{5-34}$$

$$\varphi_{ge}=\frac{g_{eTP}}{g_{en}} \tag{5-35}$$

式中，P_{TP} 是涡轮轴平均输出功率；P_{dn} 是内燃机标定功率；g_{eTP} 是共同工作的平均比油耗；g_{en} 是内燃机标定工况的比油耗。

功率输出系数 φ_P 和燃料消耗系数 φ_{ge} 往往相互矛盾，难以同时达到最优值，一般只能选择既保证动力性能又兼顾经济性能的折中方案。

2. 实现液力变矩器与发动机匹配的方法

（1）发动机和液力变矩器都已给定　根据液力变矩器输入特性，液力变矩器泵轮转矩为

$$M_B=\rho g\lambda_B n_B^2 D^5 \tag{5-36}$$

式中，ρ 是液体密度；g 是重力加速度；λ_B 是泵轮容量系数；n_B 是泵轮转速；D 是循环圆直径。

由此可知，改变 n_B、λ_B 都可使液力变矩器输入特性改变。

1）改变 n_B。在发动机和液力变矩器中间加一增速或减速装置。如图 5-12 所示，如果中间装置是增速器，即 $i_z<1$（i_z 为中间传动输入轴与输出轴的转速比），则发动机和液力变矩器共同工作范围左移；如果中间装置是减速器，即 $i_z>1$，则发动机和液力变矩器共同工作范围右移。

2）改变 λ_B。选用具有不同 λ_B 的液力变矩器，可改变发动机和液力变矩器共同工作范围。如采取设计叶片形状，泵轮叶片可旋转、导轮叶片可旋转、双导轮或双涡轮等措施。λ_B 增大时共同工作范围向低转速区移动。

（2）发动机给定和液力变矩器形式的确定　由式（5-36）可知，在发动机与泵轮转速相等条件下，增大 D 可使得发动机和液力变矩器共同工作范围左移，反之则使得发动机和液力变矩器共同工作范围右移，如图 5-13 所示。

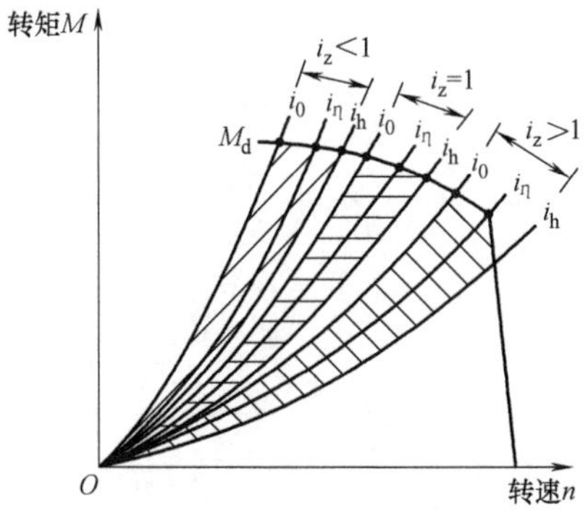

图 5-12　中间装置转速比对共同工作范围的影响

i_0—零速工况下速比　i_η—最高效率下速比

i_h—耦合器下速比　M_d—发动机转矩

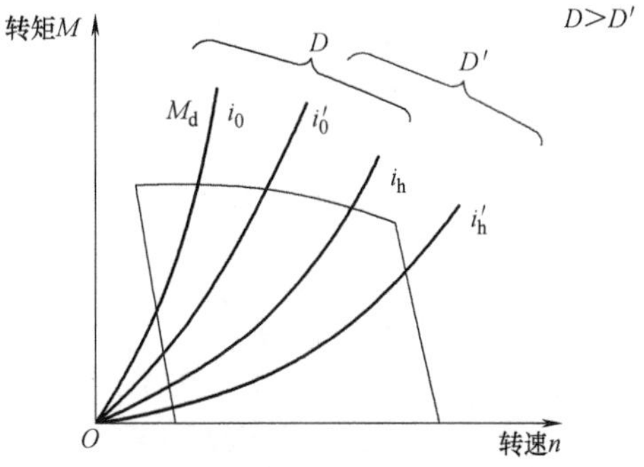

图 5-13　循环圆直径对共同工作范围的影响

3. 自动变速器排档和转速比的确定原则

液力变矩器后边一般都装置多档机械变速器，称作液力机械自动变速器。为了使整车具有良好的动力性能和经济性能，不但需要液力变矩器和发动机良好匹配，而且必须正确地确

定机械变速器的排档数和转速比。

确定液力自动变速器排档数和转速比的原则除和机械传动中机械变速器一样外，还要保证各档下液力变矩器长期运转在高效范围。

液力自动变速器各档转速比通常按公比为 q 的几何级数考虑。理论上，其公式为

$$q=\frac{i_{bn}}{i_{b(n+1)}}=\frac{K_{g1}M_{Bg1}}{K_{g2}M_{Bg2}}=\frac{i_{g1}n_{Bg1}}{i_{g2}n_{Bg2}} \tag{5-37}$$

式中，i_{bn}、$i_{b(n+1)}$ 分别是第 n 档和第 $n+1$ 档的转速比；i_{g1}、i_{g2} 是液力变矩器的高效工作范围涡轮与泵轮转速比的下限与上限；M_{Bg1}、n_{Bg1} 分别是液力变矩器在 i_{g1} 工况与发动机共同工作的转矩和转速；M_{Bg2}、n_{Bg2} 分别是液力变矩器在 i_{g2} 工况与发动机共同工作的转矩和转速。

在要求的牵引力范围内的最少档数 n 为

$$n=\frac{\lg\dfrac{F_{max}}{F_{min}}}{\lg q} \tag{5-38}$$

式中，F_{max} 是 1 档在液力变矩器 i_{g1} 工况的牵引力；F_{min} 是最高档在液力变矩器 i_{g2} 工况的牵引力。

由式（5-37）和式（5-38）可见，液力机械自动变速器的档数和各档传动比公比 q 的确定，与发动机特性、液力变矩器特性和液力变矩器与发动机的匹配有关。反之，液力自动变速器的转速比划分也影响着各档实际的应用工作范围。档数和转速比选取不当，液力变矩器和发动机共同工作的输出特性就得不到发挥。液力自动变速器的排档数及转速比的确定和液力变矩器与发动机的匹配是互相影响的，它们的计算往往需交叉反复进行。

第 6 章

传动轴结构设计

6.1 传动轴设计的基本要求

1）保证所连接的两根轴相对位置在预计范围内变动时，能可靠地传递动力。

2）保证所连接两轴尽可能等速运转。

3）由于万向节夹角而产生的附加载荷、振动和噪声应在允许范围内。

4）传动效率高，使用寿命长，结构简单，制造方便，维修容易。

6.2 万向传动的运动和受力分析

6.2.1 十字轴万向节传动的不等速性

当十字轴万向节的主动轴与从动轴存在一定夹角 α 时，主动轴的角速度 ω_1 与从动轴的角速度 ω_2 之间存在如下的关系：

$$\frac{\omega_2}{\omega_1}=\frac{\cos\alpha}{1-\sin^2\alpha\cos^2\varphi_1} \tag{6-1}$$

式中，φ_1 是主动轴转角，即万向节主动叉平面与万向节主、从动轴所在平面的夹角。

由于 $\cos\varphi_1$ 是周期为 2π 的周期函数，所以 ω_2/ω_1 也为同周期的周期函数。当 φ_1 为 0、π 时，ω_2 达最大值 $\omega_{2\max}=\omega_1/\cos\alpha$；当 φ_1 为 $\pi/2$、$3\pi/2$ 时，ω_2 有最小值 $\omega_{2\min}=\omega_1\cos\alpha$。当主动轴以等角速度转动时，从动轴转动时快时慢，此即为普通十字轴万向节传动的不等速性，如图 6-1 所示，可用转速不均匀系数 k 来表示

$$k=\frac{\omega_{2\max}-\omega_{2\min}}{\omega_1}=\sin\alpha\tan\alpha \tag{6-2}$$

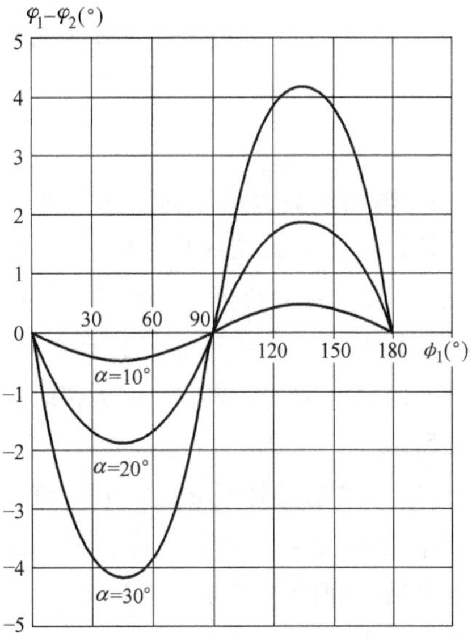

图 6-1 十字轴刚性万向节的不等速特性曲线

6.2.2 主、从动轴上的转矩关系

不计万向节的摩擦损失，主动轴转矩 T_1 和从动轴转矩 T_2 与各自角速度存在如下关系：

$$T_1\omega_1 = T_2\omega_2 \tag{6-3}$$

或

$$T_2 = \frac{1-\sin^2\alpha\cos^2\varphi_1}{\cos\alpha}T_1 \tag{6-4}$$

当 ω_2/ω_1 最小时，从动轴上的转矩为最大 $T_{2\max}=T_1/\cos\alpha$；当 ω_2/ω_1 最大时，从动轴上的转矩为最小 $T_{2\min}=T_1\cos\alpha$。T_1 与 α 一定时，T_2 在其最大值与最小值之间每一转变化两次。

6.2.3 附加弯曲力偶矩的分析

1. 附加弯曲力偶矩的产生

具有夹角 α 的十字轴万向节，仅在主动轴驱动转矩和从动轴反转矩的作用下是不能平衡的，因为这两个转矩作用在不同的平面内，在不计万向节惯性力矩时，两个转矩的矢量互成一角度而不能自行封闭，此时在万向节上必然还作用有另外的力偶矩。

从万向节叉与十字轴之间的约束关系分析可知：

1）主动叉对十字轴的作用力偶矩，除主动轴驱动转矩 $\boldsymbol{T}_1$ 之外，还有作用在主动叉平面的弯曲力偶矩 $\boldsymbol{T}_1'$。

2）从动叉对十字轴也作用有从动轴反转矩 $\boldsymbol{T}_2$ 和作用在从动叉平面的弯曲力偶矩 $\boldsymbol{T}_2'$。

在上述四个力矩作用下，使十字轴万向节得以平衡，如图 6-2 所示。

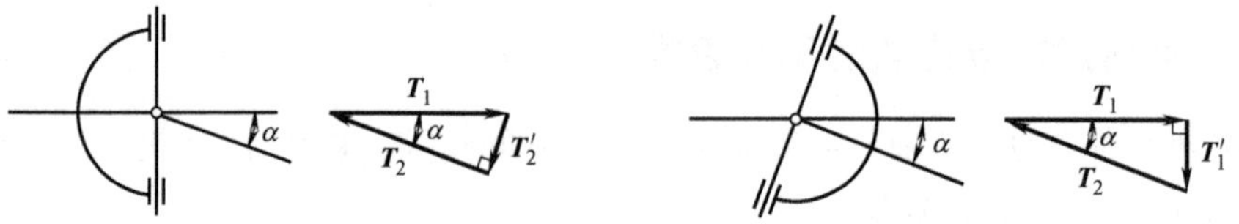

a) 主动叉处于 φ_1 为0和π位置　　b) 主动叉处于 φ_1 为π/2和3π/2 位置

图 6-2　十字轴万向节的力偶矩

2. 附加弯曲力偶矩的变化规律

仅讨论主动叉在两特殊位置时附加弯曲力偶矩的大小及变化特点。

1）当主动叉处于 φ_1 为 0 和 π 位置时，由于 $\boldsymbol{T}_1$ 作用在十字轴平面，$\boldsymbol{T}_1'$必为零。$\boldsymbol{T}_2$ 的作用平面与十字轴不共平面，必有 $\boldsymbol{T}_2'$存在，且矢量 $\boldsymbol{T}_2'$垂直于矢量 $\boldsymbol{T}_2$，合矢量 $\boldsymbol{T}_2+\boldsymbol{T}_2'$指向十字轴平面的法线方向，与 $\boldsymbol{T}_1$ 大小相等、方向相反。从动叉上的附加弯矩为 $\boldsymbol{T}_2'=\boldsymbol{T}_1\sin\alpha$，如图 6-2a 所示。

2）当主动叉处于 φ_1 为 π/2 和 3π/2 位置时，由于 $\boldsymbol{T}_2$ 作用在十字轴平面，$\boldsymbol{T}_2'$必为零。$\boldsymbol{T}_1$ 的作用平面与十字轴不共平面，必有 $\boldsymbol{T}_1'$存在，且矢量 $\boldsymbol{T}_1'$垂直于矢量 $\boldsymbol{T}_1$，合矢量 $\boldsymbol{T}_1+\boldsymbol{T}_1'$指向十字轴平面的法线方向，与 $\boldsymbol{T}_2$ 大小相等、方向相反。主动叉上的附加弯矩为 $\boldsymbol{T}_1'=\boldsymbol{T}_1\tan\alpha$，如图 6-2b 所示。

分析可知，附加弯矩的大小是在零与上述两最大值之间变化，其变化周期为 π，即每一转变化两次。附加弯矩可引起与万向节相连零部件的弯曲振动，可在万向节主、从动轴支承上引起周期性变化的径向载荷，从而激起支承处的振动。为了限制附加弯矩，应避免两轴之间的夹角过大。

6.3 传动轴结构分析与设计

6.3.1 传动轴的结构特点

传动轴的结构有如下几个特点：

1）传动轴一般设有由滑动叉和花键轴组成的滑动花键，以满足传动轴长度的变化。

2）为了减小滑动花键的滑动阻力和磨损，有时对花键齿进行磷化处理或喷涂尼龙层。有时则在花键槽中放入滚针、滚柱或滚珠等滚动元件，以滚动摩擦代替滑动摩擦，提高传动效率，但是结构较复杂，成本较高。

3）有时对于有严重冲击载荷的传动，采用具有弹性的传动轴。

4）传动轴上的花键应有润滑及防尘措施，花键齿与键槽间隙不宜过大，且应按对应标记装配，以免装错破坏传动轴总成的动平衡。

6.3.2 传动轴的设计要求

1）传动轴长度处在最大值时，内花键与轴有足够的配合长度，在长度处在最小时不顶死。

2）传动轴应保证有足够高的强度和临界转速。

所谓临界转速，就是当传动轴的转速接近于其弯曲固有振动频率时，出现共振现象，以致振幅急剧增加而引起传动轴折断时的转速。

6.3.3 传动轴结构设计

1. 传动轴的临界转速

（1）临界转速

$$n_k = 1.2\times10^8\frac{\sqrt{D_c^2+d_c^2}}{L_c^2} \tag{6-5}$$

式中，n_k 是传动轴的临界转速（r/min）；L_c 是传动轴长度（mm），即两万向节中心之间的距离；d_c、D_c 分别是传动轴轴管的内、外径（mm）。

（2）安全系数　为了确保所设计的传动轴的临界转速高于变速器输出轴的最高转速，在设计传动轴时，常取安全系数为

$$K=\frac{n_k}{n_{max}} \tag{6-6}$$

式中，n_{max} 是传动轴的最高转速（r/min）。

安全系数的取值范围为1.2~2.0，当传动轴经过精确动平衡、采用高精度的伸缩花键及万向节间隙比较小时，可取 $K=1.2$。

2. 传动轴的设计

在传动轴结构设计过程中需要注意以下几点：

1）由式（6-5）可知，在 D_c 和 L_c 相同时，实心轴比空心轴的临界转速低，且费材料。

2）当传动轴长度超过 1.5m 时，为了提高 n_k 以及总布置上的考虑，常将传动轴断开成两根或三根，万向节用三个或四个，此时需在中间传动轴上加设中间支承。

3. 传动轴轴管断面的扭转强度校核

传动轴轴管断面尺寸除满足临界转速的要求外，还应保证有足够的扭转强度。轴管的扭转切应力 τ_c 应满足

$$\tau_c=\frac{16D_cT_s}{\pi(D_c^4-d_c^4)}\leqslant[\tau_c] \tag{6-7}$$

式中，$[\tau_c]$ 是许用扭转切应力，为 300MPa；T_s 是传动轴的计算转矩（N · mm），其余符号同前。

4. 外花键扭转强度

对于传动轴上的外花键，通常以底径计算其扭转切应力 τ_h，许用切应力一般按安全系数为 2~3 确定。即

$$\tau_h=\frac{16T_s}{\pi d_h^3}\leqslant[\tau_h] \tag{6-8}$$

式中，d_h 是外花键的齿底直径（mm）；T_s 是传动轴的计算转矩（N · mm）。

5. 传动轴花键齿侧挤压强度

当传动轴滑动花键采用矩形花键时，齿侧挤压应力应满足

$$\sigma_y=\frac{T_sK'}{\frac{D_h+d_h}{4}\frac{D_h-d_h}{2}L_hn_0}\leqslant[\sigma_y] \tag{6-9}$$

式中，K'是花键转矩分布不均匀系数，$K'=1.3\sim1.4$；n_0 是花键齿数；d_h、D_h 分别是外花键的内、外半径（mm）；L_h 是花键的有效长度（mm）。

对于齿面硬度大于 35HRC 的滑动花键，齿侧许用挤压应力为 25~50MPa；对于不滑动花键，齿侧许用挤压应力为 50~100MPa。

渐开线花键应力的计算方法与矩形花键相似，校核时作用面是按其工作面的投影计算。

6. 传动轴动平衡

传动轴总成不平衡是传动系统弯曲振动的激励源，当传动轴高速旋转时，将产生明显的振动和噪声。万向节中十字轴的轴向窜动、传动轴滑动花键中的间隙、传动轴总成两端连接处的定心精度、高速回转时传动轴的弹性变形、传动轴上点焊平衡片时的热影响等因素，都能改变传动轴总成的不平衡度。

（1）传动轴允许的不平衡度

1）对于轿车，在 3000~6000r/min 时，传动轴的不平衡度应分别不大于 25~35g · cm。

2）对于货车，在 1000~4000r/min 时，传动轴的不平衡度分别不大于 50~100g · cm。

3）传动轴总成径向全跳动应分别不大于 0.5~0.8mm。

（2）降低传动轴的不平衡度的措施

1）提高滑动花键的配合精度和耐磨性。

2）缩短传动轴长度，增加抗弯刚度。

3）为了消除点焊平衡片的热影响，应在冷却后进行动平衡检验。

第 7 章

驱动桥结构设计

7.1 驱动桥结构设计的基本要求

7.1.1 驱动桥设计的基本要求

1）合理选择主减速比以保证汽车具有最佳的动力性和燃料经济性。

2）要求传动效率高，工作平稳，噪声小。

3）驱动桥与悬架导向机构或转向机构运动协调。

4）保证足够的强度、刚度条件下，力求质量小，尤其是非簧载质量应尽量小，以改善汽车平顺性。

5）外形尺寸要小，保证有必要的离地间隙，提高车辆的通过性能。

6）结构简单，制造容易，维修方便。

图 7-1 所示为一个驱动桥的立体图；图 7-2 所示是一个驱动桥总成剖视图；图 7-3 所示是一个主减速器与差速器设计图。

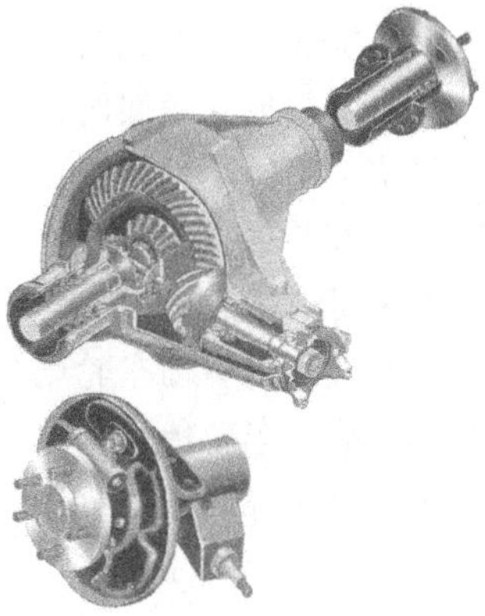

图 7-1　驱动桥立体图

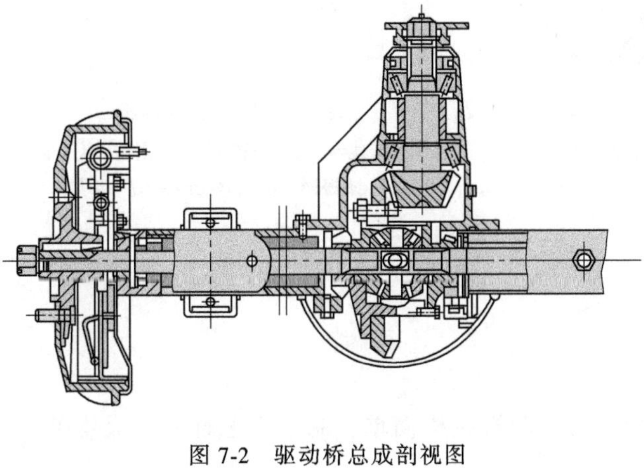

图 7-2　驱动桥总成剖视图

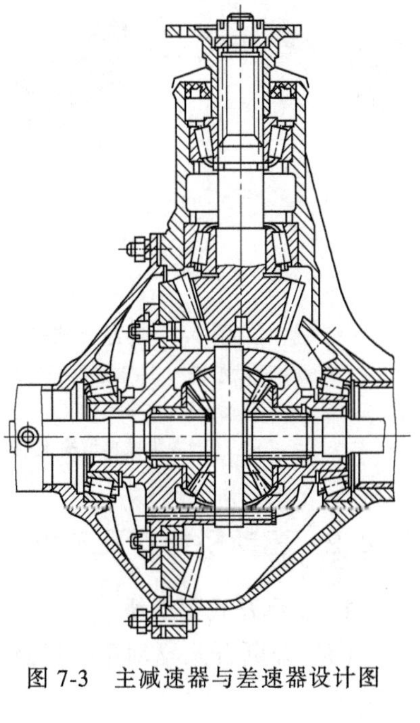

图 7-3　主减速器与差速器设计图

7.1.2 驱动桥壳设计的基本要求

1）在保证桥壳具有足够的强度和刚度的前提下，尽可能减轻质量以提高汽车行驶平顺性。
2）保证足够的离地间隙。
3）结构工艺性好，防尘防污，成本低。
4）拆装、调整、维修方便。

7.2 驱动桥的结构方案分析

7.2.1 驱动桥分类

驱动桥的结构形式与驱动车轮的悬架形式密切相关。

当采用非独立悬架时，驱动桥应为非断开式（或称为整体式），即驱动桥壳是一根连接左右驱动车轮的刚性空心梁（图 7-4），而主减速器、差速器及车轮传动装置（由左、右半轴组成）都装在其内部。

当采用独立悬架时，为保证运动协调，驱动桥应为断开式。主减速器及其壳体装在车架或车身上，两侧驱动车轮则与车架或车身弹性连接，并可彼此独立地分别相对于车架或车身做上下运动，车轮传动装置采用万向节传动（图 7-5）。为了防止运动干涉，应采用滑动外花键或一种允许两轴能有适量轴向移动的万向传动机构。

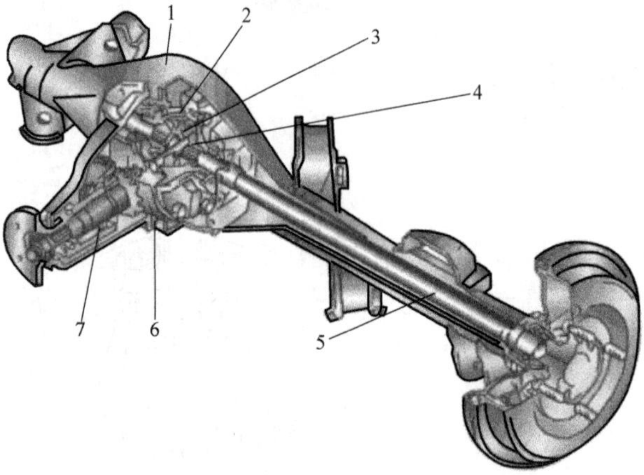

图 7-4 非断开式驱动桥
1—驱动桥壳 2—差速器壳 3—差速齿轮 4—半轴齿轮 5—半轴 6—主减速齿轮 7—主减速器输入轴

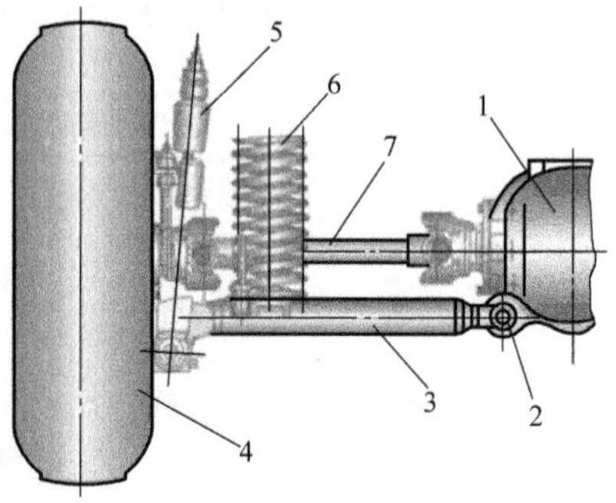

图 7-5 断开式驱动桥
1—主减速器 2—摆臂轴 3—摆臂 4—车轮 5—减振器 6—弹性元件 7—半轴

7.2.2 驱动桥特点及应用

1. 非断开式驱动桥

（1）非断开式驱动桥的优点 非断开式驱动桥结构简单，制造工艺性好，成本低，工作可靠，维修调整容易。

(2) 非断开式驱动桥的缺点 整个驱动桥属于非簧载质量，对汽车平顺性和降低动载荷不利。

(3) 非断开式驱动桥的应用 广泛应用于各种载货汽车、客车及多数的越野汽车和部分小轿车上。

2. 断开式驱动桥

(1) 断开式驱动桥的优点

1) 断开式驱动桥减轻了非簧载质量，改善了行驶平顺性，提高了汽车的平均车速。

2) 减小了汽车在行驶时作用于车轮和车桥上的动载荷，提高了零部件的使用寿命。

3) 驱动车轮与地面的接触情况较好，对各种地形的适应性强，增强了车轮的抗侧滑能力。

4) 合理设计与之相匹配的独立悬架导向机构，可增加汽车的不足转向效应，提高汽车的操纵稳定性。

(2) 断开式驱动桥的缺点 断开式驱动桥结构较复杂，成本较高。

(3) 断开式驱动桥的应用 断开式驱动桥可增加离地间隙，广泛应用于轿车和高通过性的越野汽车。

7.3 主减速器设计

7.3.1 主减速器结构方案

主减速器的结构形式主要是根据齿轮类型、减速形式的不同而不同。主减速器的齿轮主要有弧齿锥齿轮、双曲面齿轮、圆柱齿轮和蜗轮蜗杆等形式。

1. 弧齿锥齿轮传动

(1) 弧齿锥齿轮传动结构特点 主、从动齿轮轴线垂直相交于一点，如图 7-6a 所示，轮齿并不同时在全长上啮合，而是逐渐从一端连续平稳地过渡到另一端。

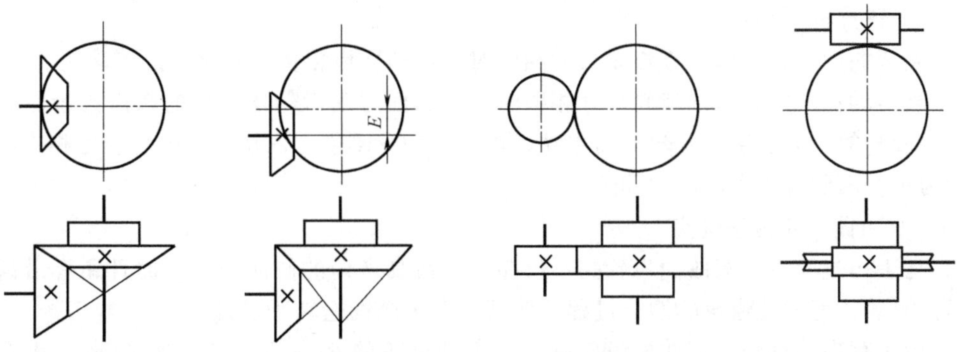

a) 弧齿锥齿轮传动 b) 双曲面齿轮传动 c) 圆柱齿轮传动 d) 蜗杆传动

图 7-6 主减速器齿轮传动形式

(2) 弧齿锥齿轮传动优点 由于轮齿端面重叠的影响，至少有两对以上的轮齿同时啮合，所以工作平稳，能承受较大的负荷，制造也简单。

（3）弧齿锥齿轮传动缺点　弧齿锥齿轮噪声大，对啮合精度很敏感，齿轮副锥顶稍有不吻合便会使工作条件急剧变坏，伴随磨损增大和噪声增大。

（4）弧齿锥齿轮传动应用　为保证齿轮副的正确啮合，必须将支承轴承预紧，提高支承刚度，同时需要增大壳体刚度。

2. 双曲面齿轮传动

（1）双曲面齿轮传动的结构特点　双曲面齿轮传动的主、从动齿轮的轴线相互垂直而不相交，主动齿轮轴线相对从动齿轮轴线在空间偏移一距离 E，此距离称为偏移距，如图 7-6b 所示。

（2）双曲面齿轮传动比　由于偏移距 E 的存在，使主动齿轮螺旋角 β_1 大于从动齿轮螺旋角 β_2，如图 7-7 所示。根据啮合面上法向力相等，可求出主、从动齿轮圆周力之比为

$$\frac{F_1}{F_2}=\frac{\cos\beta_1}{\cos\beta_2} \tag{7-1}$$

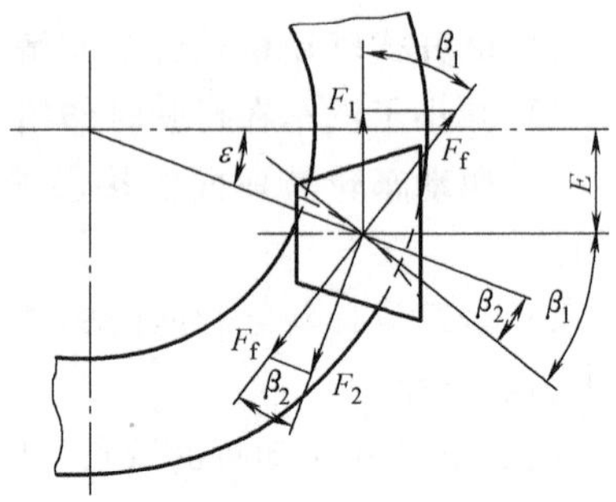

图 7-7　双曲面齿轮副的受力情况

式中，F_1、F_2 分别是主、从动齿轮的圆周力（N）；β_1、β_2 分别是主、从动齿轮的螺旋角（°）。

螺旋角是指在锥齿轮节锥表面展开图上，齿线任意一点的切线与该点和节锥顶点连线之间的夹角。在齿面宽中点处的螺旋角称为中点螺旋角，无特殊说明，螺旋角均指中点螺旋角。

双曲面齿轮传动比为

$$i_{0s}=\frac{F_2 r_2}{F_1 r_1}=\frac{r_2\cos\beta_2}{r_1\cos\beta_1} \tag{7-2}$$

式中，i_{0s} 是双曲面齿轮传动比；r_1、r_2 分别是主、从动齿轮平均分度圆半径（mm）。

弧齿锥齿轮传动比

$$i_{01}=r_2/r_1 \tag{7-3}$$

令 $K=\cos\beta_2/\cos\beta_1$，则 $i_{0s}=Ki_{01}$。由于 $\beta_1>\beta_2$，所以系数 $K>1$，一般为 1.25~1.5。

通过上述分析可知：

1）当双曲面齿轮与弧齿锥齿轮尺寸相同时，双曲面齿轮传动有更大的传动比。

2）当传动比一定，从动齿轮尺寸相同时，双曲面主动齿轮比相应的弧齿锥齿轮有更大的直径、较高的轮齿强度以及较大的主动齿轮轴和轴承刚度；而从动齿轮直径比相应的弧齿锥齿轮为小，因而有较大的离地间隙。

（3）双曲面齿轮传动优点

1）在工作过程中，双曲面齿轮副不仅存在沿齿高方向的侧向滑动，而且还有沿齿长方向的纵向滑动，可改善齿轮的磨合过程，使其具有更高的运转平稳性。

2）由于存在偏移距，双曲面齿轮副使其主动齿轮的 β_1 大于从动齿轮的 β_2，重合度较大，不仅提高了传动平稳性，而且使齿轮的抗弯强度提高约 30%。

3）双曲面齿轮传动的主动齿轮直径及螺旋角都较大，所以相啮合轮齿的当量曲率半径较相应的弧齿锥齿轮大，使齿面的接触强度提高。

4）双曲面主动齿轮的 β_1 大，则不产生根切的最小齿数可减少，故可选用较少的齿数，

有利于增加传动比。

5）双曲面齿轮传动的主动齿轮较大，加工时所需刀盘刀顶距较大，切削刃寿命较长。

6）若主动齿轮轴布置在从动齿轮中心上方，易于实现多轴驱动桥的贯通，增大传动轴的离地高度；若主动齿轮轴布置在从动齿轮中心下方，可降低万向传动轴的高度，有利于降低轿车车身高度，并可减小车身地板中部凸起通道的高度。

（4）双曲面齿轮传动缺点

1）沿齿长的纵向滑动会使摩擦损失增加，降低传动效率。双曲面齿轮副传动效率约为96%，而弧齿锥齿轮副的传动效率可达到99%。

2）齿面间大的压力和摩擦功，会导致油膜破坏和齿面烧结，抗胶合能力较低。

3）双曲面主动齿轮具有较大的轴向力，其轴承负荷大。

4）双曲面齿轮传动必须采用可改善油膜强度和防刮伤添加剂的特种润滑油，弧齿锥齿轮传动用普通润滑油即可。

（5）双曲面齿轮传动应用

1）当要求传动比大于4.5而轮廓尺寸又有限制时，采用双曲面齿轮传动更合理。因为如果保持主动齿轮轴径不变，则双曲面从动齿轮直径比弧齿锥齿轮更小。

2）当传动比小于2时，双曲面主动齿轮比弧齿锥主动齿轮大，占据较大空间，应选用弧齿锥齿轮传动，因为后者可保证差速器装配空间。

3）对于中等传动比，两种齿轮传动均可采用。

3. 圆柱齿轮传动

圆柱齿轮传动，如图7-6c所示，一般采用斜齿轮，广泛应用于发动机横置且前置前驱的轿车驱动桥和双级主减速器贯通式驱动桥。

4. 蜗杆传动

（1）蜗杆传动优点　蜗杆传动，如图7-6d所示，与锥齿轮传动相比有如下优点：

1）在轮廓尺寸和结构质量较小的情况下，可得到较大的传动比（可大于7）。

2）在任何转速下使用均能工作得非常平稳且无噪声。

3）便于汽车的总布置及贯通式多桥驱动的布置。

4）能传递大的载荷，使用寿命长。

5）结构简单，拆装方便，调整容易。

（2）蜗杆传动缺点

1）由于蜗轮齿圈要求用高质量的锡青铜制作，故成本较高。

2）蜗杆传动效率较低。

（3）蜗杆传动应用　蜗杆传动主要用于生产批量不大的重型多桥驱动汽车和具有高转速发动机的大客车。

7.3.2 驱动桥减速形式

驱动桥减速形式可分为单级减速、双级减速（图7-8）、双速减速、单双级贯通、单双级减速配以轮边减速等。

1. 单级主减速器

单级主减速器，可由一对锥齿轮（图7-6）、一对圆柱齿轮或蜗轮蜗杆组成。

1）优点：单级主减速器结构简单，质量小，成本低，使用简单。

2）缺点：单级主减速器传动比不能太大，一般 $i_0 \leqslant 7$，进一步提高 i_0 将增大从动齿轮直径，从而减小离地间隙，且使从动齿轮热处理困难。

3）应用：单级主减速器广泛应用于轿车和轻、中型货车的驱动桥中。

2. 双级主减速器

1）特点及应用：双级主减速器，如图 7-8 所示，与单级主减速器相比，在保证离地间隙相同时可得到大的传动比，i_0 一般为 7~12，但是尺寸、质量均较大，成本较高，主要应用于中、重型货车，越野车和大客车上。

2）结构方案：整体式双级主减速器有多种结构方案。第一级为锥齿轮，第二级为圆柱齿轮，如图 7-9a 所示；第一级为锥齿轮，第二级为行星齿轮，如图 7-9b 所示；第一级为圆柱齿轮，第二级为锥齿轮，如图 7-9c 所示。

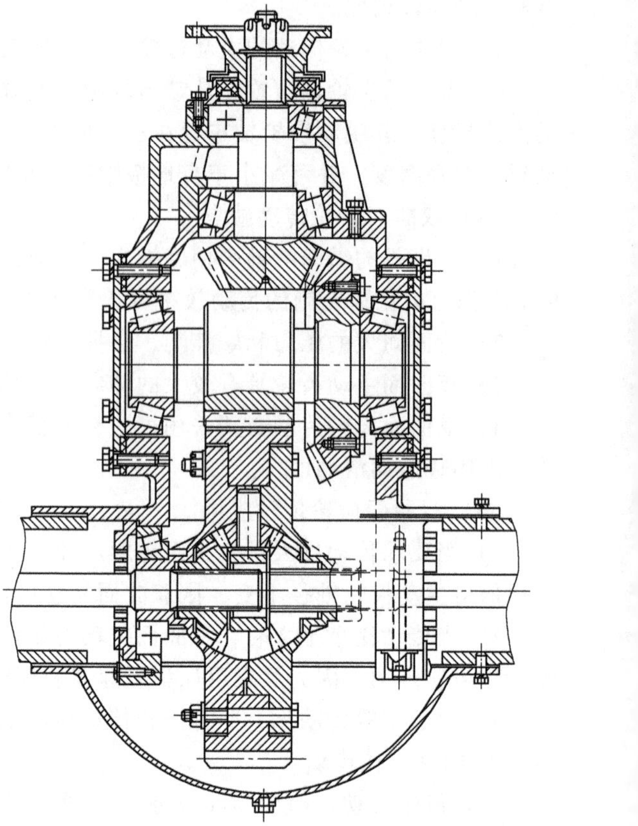

图 7-8　双级主减速器

对于第一级为锥齿轮、第二级为圆柱齿轮的双级主减速器，可有纵向水平布置（图 7-9d），斜向布置（图 7-9e）和垂向布置（图 7-9f）三种布置方案。

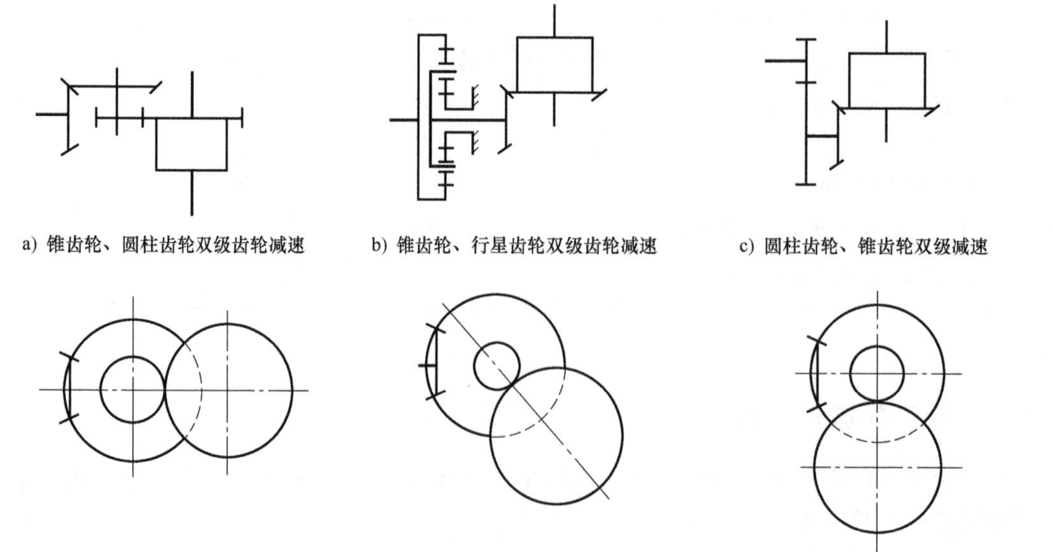

a) 锥齿轮、圆柱齿轮双级齿轮减速　b) 锥齿轮、行星齿轮双级齿轮减速　c) 圆柱齿轮、锥齿轮双级减速

d) 锥齿轮、圆柱齿轮双级减速水平布置　e) 锥齿轮、圆柱齿轮双级减速斜向布置　f) 锥齿轮、圆柱齿轮双级减速垂向布置

图 7-9　双级主减速器结构方案

3）锥齿轮和圆柱齿轮双级主减速器传动比分配：为了减小锥齿轮啮合时的轴向载荷及从动锥齿轮和圆柱齿轮上的载荷，应使主动锥齿轮的齿数适当增多，适当增大支承轴颈的尺寸，以改善支承刚度，提高啮合平稳性和工作可靠性。

圆柱齿轮副和锥齿轮副传动比的比值一般为 1.4～2.0；锥齿轮副传动比一般为 1.7～3.3。

3. 双速主减速器

（1）双速主减速器的特点及应用　双速主减速器内由齿轮的不同组合可获得两种传动比。与普通变速器相配合，可得到双倍于变速器的档位。双速主减速器的高低档减速比是根据汽车的使用条件、发动机功率及变速器各档速比的大小来选定。

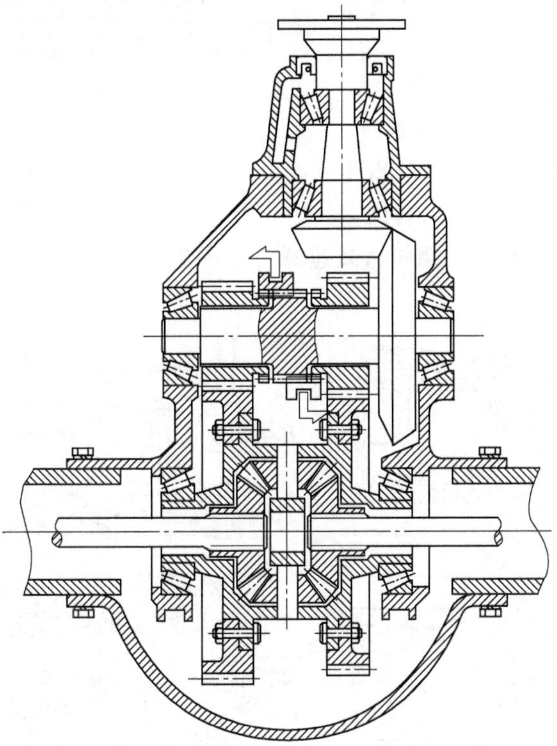

图 7-10　圆柱齿轮双速主减速器

大的主减速比用于汽车满载行驶或在差路况下行驶，以克服较大的行驶阻力并减少变速器中间档位的变换次数；小的主减速比则用于汽车空载、半载行驶或在良好路面上行驶，以改善汽车的燃料经济性和提高平均车速。

双速主减速器主要在一些单桥驱动的重型汽车上应用。

（2）双速主减速器的分类　双速主减速器可以由圆柱齿轮组（图 7-10）或行星齿轮组（图 7-11）构成。

圆柱齿轮式双速主减速器结构尺寸和质量较大，可获得的主减速比较大。只要更换圆柱齿轮轴，去掉一对圆柱齿轮，即可变型为普通的双级主减速器。

行星齿轮式双速主减速器结构紧凑，质量较小，具有较高的刚度和强度，桥壳与主减速器壳都可与非双速通用，但需加强行星轮系和差速器的润滑。

4. 贯通式主减速器

贯通式主减速器根据其减速形式可分成单级和双级两种。

1）单级贯通式主减速器具有结构简单，体积小，质量小，并可使中、后桥的大部分零件，尤其是使桥壳、半轴等主要零件具有互换性等优点，主要用于轻型多桥驱动的汽车上。

2）对于中、重型多桥驱动的汽车，由于主减速比较大，多采用双级贯通式主减速器。

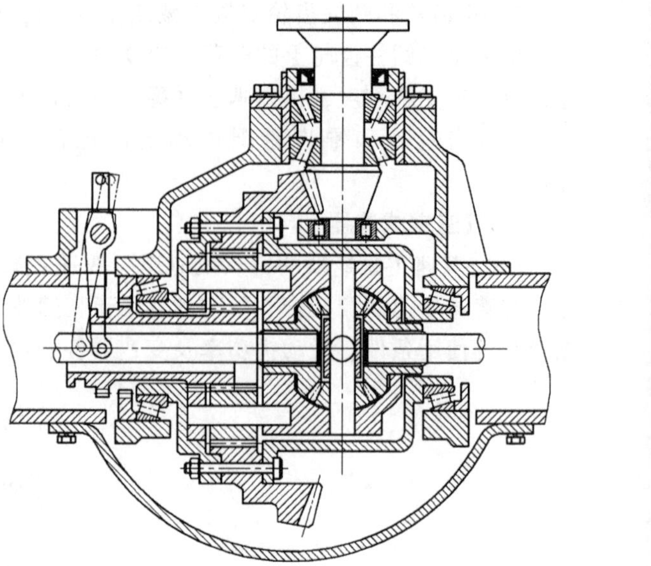

图 7-11　行星齿轮双速主减速器

5. 主减速器与轮边减速器组合

设计某些重型汽车、矿山自卸车、越野车和大型公共汽车的驱动桥，当主减速比大于 12 时，一般的整体式双级主减速器难以满足要求，此时常采用轮边减速器，如图 7-12 所示。

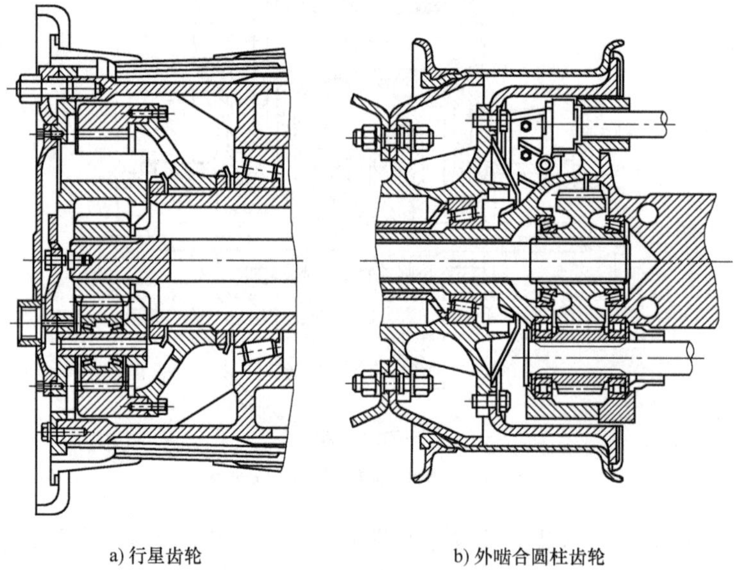

a) 行星齿轮　　b) 外啮合圆柱齿轮

图 7-12　轮边减速器

（1）轮边减速器的特点

1）使驱动桥的中间尺寸减小，保证了足够的离地间隙，而且可得到较大的驱动桥总传动比。

2）半轴、差速器及主减速器从动齿轮等零件所受载荷大为减小，其尺寸可以减小。

3）由于每个驱动轮旁均设有轮边减速器，使结构复杂，成本提高，布置轮毂、轴承、车轮和制动器较困难。

（2）轮边减速器的分类　常见的轮边减速器有行星齿轮轮边减速器（图 7-12a）和外啮

合圆柱齿轮轮边减速器（图 7-12b）。

行星齿轮式轮边减速器可以在较小的轮廓尺寸条件下获得较大的传动比，且可以布置在轮毂之内。

普通外啮合圆柱齿轮式轮边减速器，根据主、从动齿轮相对位置的不同，可分为主动齿轮上置和下置两种形式。主动齿轮上置式轮边减速器主要用于高通过性的越野汽车，以提高桥壳的离地间隙；主动齿轮下置式轮边减速器主要用于城市公共汽车和大客车上，可降低车身地板高度和汽车质心高度，提高了行驶稳定性，便于乘客上、下车。

7.3.3　主减速器主、从动锥齿轮的支承方案

主减速器中必须保证主、从动齿轮具有良好的啮合状况，才能使其更好地工作。齿轮的正确啮合，除与齿轮的加工质量、装配调整及轴承、主减速器壳体的刚度有关以外，还与齿轮的支承刚度密切相关。

1. 主动锥齿轮的支承

主动锥齿轮的支承有悬臂式支承和跨置式支承两种。

（1）主动锥齿轮悬臂式支承结构及应用　悬臂式支承结构的特点是在锥齿轮大端一侧采用较长的轴，并在其上安装两个圆锥滚子轴承，如图 7-13 所示。悬臂式支承结构简单，支承刚度较差，用于传递转矩较小的轿车、轻型货车的单级主减速器及许多双级主减速器中。

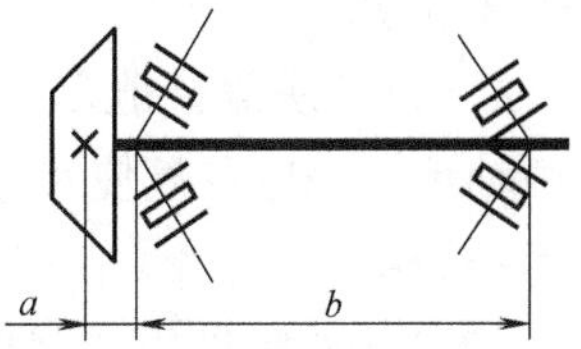

图 7-13　主动锥齿轮悬臂式支承

（2）主动锥齿轮悬臂式支承的设计

1）为了减小悬臂长度 a 和增加两支承间的距离 b，以改善支承刚度，应使两轴承圆锥滚子的大端朝外，使作用在齿轮上离开锥顶的轴向力由靠近齿轮的轴承承受，而反向轴向力则由另一轴承承受。

2）为了尽可能地增加支承刚度，支承距离 b 应大于 2.5 倍的悬臂长度 a，且应大于齿轮节圆直径的 70%。

3）靠近齿轮的轴径应不小于尺寸 a。

4）为了方便拆装，应使靠近齿轮的轴承的轴径比另一轴承的轴径大。

5）靠近齿轮的支承轴承有时也采用圆柱滚子轴承，这时另一轴承必须采用能承受双向轴向力的双列圆锥滚子轴承。

（3）主动锥齿轮跨置式支承结构及应用　跨置式支承是在锥齿轮的两端均有轴承支承，可大大提高支承刚度，使轴承负荷减小，齿轮啮合条件改善，因此齿轮的承载能力高于悬臂式，如图 7-14 所示。在需要传递较大转矩情况下，尽可能采用跨置式支承。

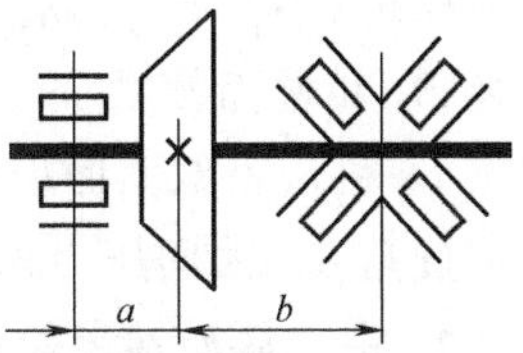

图 7-14　主动锥齿轮跨置式支承

（4）主动锥齿轮跨置式支承的特点

1）由于齿轮大端一侧轴颈上的两个相对安装的圆锥滚子轴承之间的距离很小，可以缩短主动齿轮轴的长度，布置更紧凑，并可减小传动轴夹角，有利于整车布置。

2）跨置式支承必须在主减速器壳体上设置导向轴承座，使主减速器壳体结构复杂，加工成本提高。

3）因主、从动齿轮之间的空间很小，致使主动齿轮的导向轴承尺寸受到限制，且齿轮拆装困难。

4）跨置式支承中的导向轴承一般为圆柱滚子轴承，并且内外圈可以分离或根本不带内圈。该轴承仅承受径向力，是易损坏的轴承。

2. 从动锥齿轮的支承

从动锥齿轮多用圆锥滚子轴承支承，如图 7-15 所示，其支承刚度与轴承的形式、支承间的距离及轴承之间的分布比例有关。

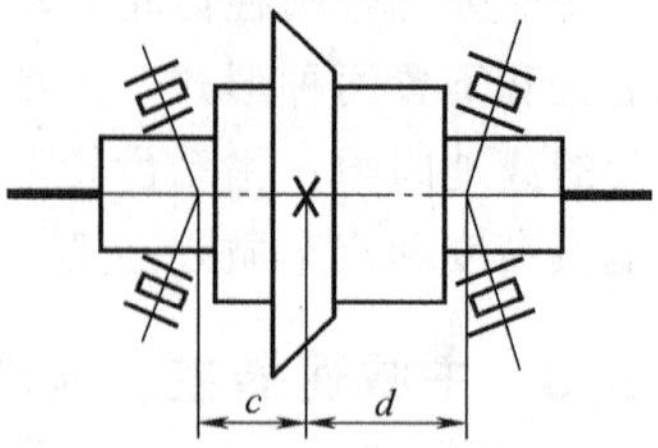

图 7-15　从动锥齿轮的支承

（1）从动锥齿轮的支承的设计

1）为了增加支承刚度，两轴承的圆锥滚子大端应向内，以减小尺寸 $c+d$。

2）为了使差速器壳体处有足够的空间设置加强肋，$c+d$ 应不小于从动锥齿轮大端分度圆直径的 70%。

3）为了使载荷能尽量均匀分配在两轴承上，应尽量使尺寸 c 等于或大于尺寸 d。

（2）从动锥齿轮的辅助支承　在具有大的主传动比和径向尺寸较大的从动锥齿轮的主减速器中，为了限制从动锥齿轮因受轴向力作用而产生偏移，在从动锥齿轮的外缘背面加设辅助支承，如图 7-16 所示。

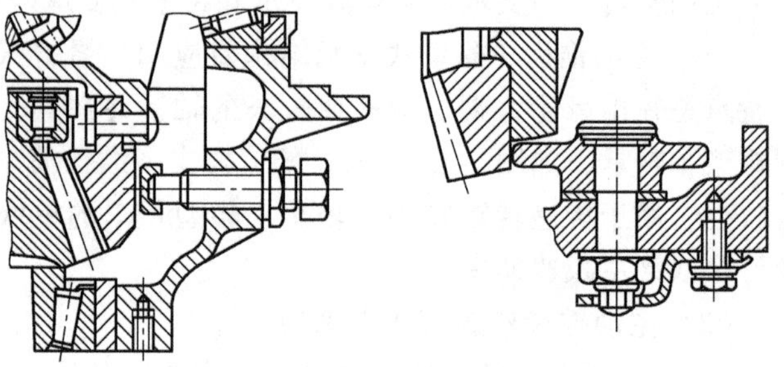
图 7-16　从动锥齿轮辅助支承

辅助支承与从动锥齿轮背面之间的间隙，应保证偏移量达到允许极限时能制止从动锥齿轮继续变形。主、从动锥齿轮受载变形或移动的许用偏移量如图 7-17 所示。

7.3.4　主减速器锥齿轮主要参数的选择

主减速器锥齿轮的主要参数有主、从动锥齿轮齿数 z_1 和 z_2；从动锥齿轮大端分度圆直径 D_2 和端面模数 m_s；主、从动锥齿轮齿面宽 b_1 和 b_2；双曲面齿轮副的偏移距 E；中点螺旋角 β；法向压力角 α 等。

1. 主、从动锥齿轮齿数 z_1 和 z_2

选择主、从动锥齿轮齿数时应考虑如下因素：

1）为了磨合均匀，z_1、z_2 之间应避免有公约数。

2）为了得到理想的齿面重合度和较高的轮齿抗弯强度，主、从动齿轮齿数和应不少于 40。

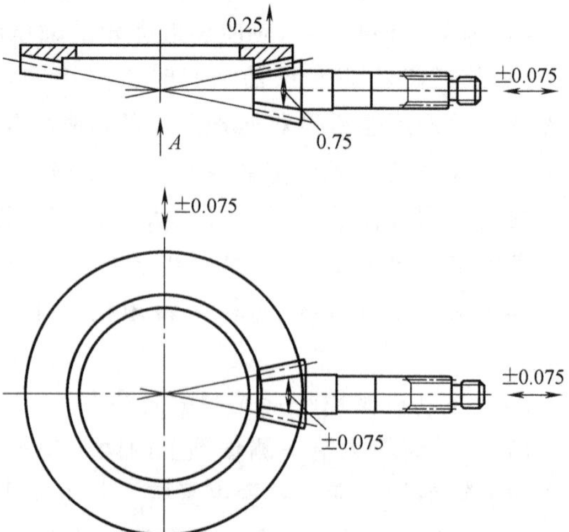

图 7-17　主、从动锥齿轮许用偏移量

3）为了啮合平稳、噪声小和具有高的疲劳强度，对于轿车，z_1 一般不小于 9；对于货车，z_1 一般不小于 6。

4）当主传动比 i_0 较大时，尽量使 z_1 取得小些，以保证足够的离地间隙。

5）对于不同的主传动比，z_1 和 z_2 应有适宜搭配。

2. 从动锥齿轮大端分度圆直径 D_2 和端面模数 m_s

（1）影响大端分度圆直径 D_2 的因素

1）对于单级主减速器，D_2 对驱动桥壳尺寸有影响，进而影响桥壳离地间隙。

2）大端分度圆直径 D_2 太小会影响跨置式主动锥齿轮的前支承座和差速器的空间。

（2）大端分度圆直径 D_2 的确定　根据经验公式初选：

$$D_2 = K_{D2}\sqrt[3]{T_c} \tag{7-4}$$

式中，D_2 是从动锥齿轮大端分度圆直径（mm）；K_{D2} 是直径系数，一般为 13.0~15.3；T_c 是从动锥齿轮的计算转矩，$T_c = \min\{T_{ce}, T_{cs}\}$（见 7.3.5 部分）。

（3）从动锥齿轮大端端面模数 m_s 的确定　端面模数 m_s 由下式计算：

$$m_s = \frac{D_2}{z_2} \tag{7-5}$$

同时 m_s 还应满足以下条件：

$$m_s = K_m\sqrt[3]{T_c} \tag{7-6}$$

式中，K_m 是模数系数，取 0.3~0.4。

3. 主、从动锥齿轮齿面宽 b_1 和 b_2

（1）影响齿面宽度的因素

1）齿轮齿面过宽会导致切削刀头顶面宽过窄及刀尖圆角过小，不但减小了齿根圆角半径，加大了应力集中，还降低了刀具的使用寿命。

2）齿面过宽时，装配位置偏差或由于制造、热处理变形等原因，使载荷集中于轮齿小端，引起轮齿小端产生过早损坏和疲劳损伤。

3）齿面过宽还会造成装配空间的减小。

4）齿面过窄，轮齿表面的耐磨性会降低。

（2）齿面宽度的确定　从动锥齿轮齿面宽 b_2 推荐不大于其节锥距 A_2 的 0.3 倍，即 $b_2 \leqslant 0.3A_2$，而且还应满足 $b_2 \leqslant 10m_s$，一般也推荐 $b_2 = 0.155D_2$。对于弧齿锥齿轮，b_1 一般比 b_2 大 10%。

4. 双曲面齿轮副的偏移距 E

双曲面齿轮的偏移可分为上偏移和下偏移两种。由从动齿轮的锥顶向其齿面看去，并使主动齿轮处于右侧，如果主动齿轮在从动齿轮中心线的上方，则为上偏移；在从动齿轮中心线下方，则为下偏移。如果主动齿轮处于左侧，则情况相反。图 7-18a、b 为主动齿轮轴线下偏移情况，图 7-18c、d 为主动齿轮轴线上偏移情况。

（1）影响偏移距的因素

1）偏移距 E 值过大将使齿面纵向滑动过大，引起齿面早期磨损和擦伤。

2）偏移距 E 值过小，则不能发挥双曲面齿轮传动的特点。

（2）偏移距的确定

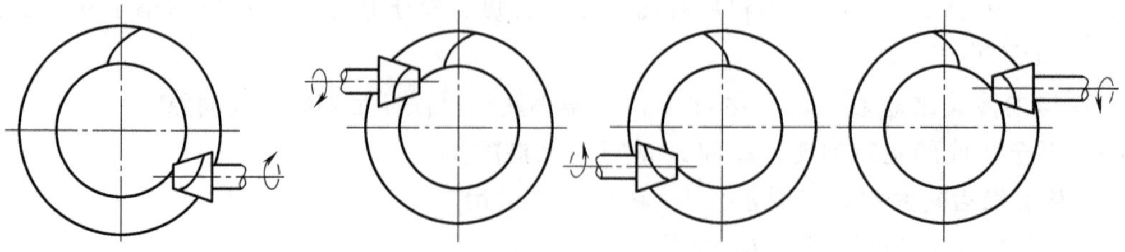

图 7-18　双曲面齿轮的偏移和旋转方向

1）一般对于轿车和轻型货车，$E \leqslant 0.2D_2$，且 $E \leqslant 0.4A_2$。

2）对于中、重型货车，越野车和大客车，$E \leqslant (0.10 \sim 0.12)D_2$，且 $E \leqslant 0.2A_2$。

3）主传动比越大，则 E 也应越大，但应保证齿轮不发生根切。

5. 中点螺旋角 β

（1）锥齿轮螺旋角的特点

1）螺旋角是沿齿宽变化的，轮齿大端的螺旋角最大，轮齿小端的螺旋角最小。

2）弧齿锥齿轮副的中点螺旋角是相等的，双曲面齿轮副的中点螺旋角是不相等的，$\beta_1 > \beta_2$，β_1 与 β_2 之差称为偏移角 ε。

（2）影响锥齿轮螺旋角的因素　选择 β 时，应考虑齿面重合度 ε_F、轮齿强度和轴向力大小的影响。

1）螺旋角 β 越大，则 ε_F 也越大，同时啮合的齿数越多，传动就越平稳，噪声越低，而且轮齿的强度越高。一般 ε_F 应不小于 1.25，在 1.5~2.0 时效果最好。

2）螺旋角 β 过大，齿轮上所受的轴向力也会过大。

（3）中点螺旋角 β 的确定

1）汽车主减速器弧齿锥齿轮螺旋角或双曲面齿轮副的平均螺旋角一般为 35°~40°。

2）轿车选用较大的 β 值以保证较大的 ε_F 使运转平稳，噪声低。

3）货车选用较小 β 值以防止轴向力过大，通常取 35°。

6. 螺旋方向

从锥齿轮锥顶看，齿形从中心线上半部向左倾斜为左旋，向右倾斜为右旋，主、从动锥齿轮的螺旋方向是相反的。

螺旋方向与锥齿轮的旋转方向影响轴向力的方向。当变速器处于前进档时，应使主动小齿轮的轴向力离开锥顶方向，以使主、从动齿轮有分离趋势，防止轮齿卡死而损坏。

7. 法向压力角 α

（1）法向压力角 α 的影响因素

1）法向压力角大可以增加轮齿强度，减少齿轮不发生根切的最小齿数。

2）对于小尺寸的齿轮，压力角大会使齿顶变尖、刀尖宽度过小，同时齿轮端面重合系数下降。

3）对于轻负荷工作的齿轮一般采用小压力角，可使齿轮运转平稳，噪声低。

（2）法向压力角 α 的确定

1）对于弧齿锥齿轮，轿车法向压力角 α 一般选用 14°30′或 16°，货车 α 取 20°，重型货车 α 取 22°30′。

2）对于双曲面齿轮，大齿轮轮齿两侧压力角是相同的。但小齿轮轮齿两侧的压力角是不等的，选取平均压力角时，轿车取19°或20°，货车取20°或22°30′。

7.3.5　主减速器锥齿轮强度计算

1. 计算载荷的确定

汽车主减速器锥齿轮的切齿法主要有格里森和奥利康两种方法，这里仅介绍格里森齿制锥齿轮计算载荷的三种确定方法。

（1）从动锥齿轮的计算转矩

1）按发动机最大转矩和最低档传动比确定从动锥齿轮的计算转矩 T_{ce}，即

$$T_{ce}=k_d T_{emax} k i_1 i_f i_0 \eta / n \tag{7-7}$$

式中，T_{emax} 是发动机的最大转矩（N·m）；i_1 是变速器一档传动比；i_0 是主减速器传动比；i_f 是分动器传动比；k 是液力变矩器变矩系数，$k=(k_0-1)/2+1$，k_0 为最大变矩系数；k_d 是离合器突然结合产生的动荷系数；η 是发动机到万向传动轴之间的传动效率；n 是计算驱动桥数。

2）按驱动轮打滑转矩确定从动锥齿轮的计算转矩 T_{cs} 为

$$T_{cs}=\frac{G_2 m_2' \varphi r_r}{i_m \eta_m} \tag{7-8}$$

式中，G_2 是满载状态下一个驱动桥上的静载荷（N）；m_2'是汽车最大加速度时的后轴负荷转移系数，乘用车 $m_2'=1.2\sim1.4$，商用车 $m_1'=1.1\sim1.2$；φ 是轮胎与路面间的附着系数，一般车辆在良好公路上 φ 可取0.8，安装防侧滑轮胎时 φ 可取1.25，对于越野车 φ 可取1.0；r_r 是车轮滚动半径（m）；i_m 是主减速器从动齿轮到车轮之间的传动比；η_m 是主减速器从动齿轮到车轮之间的传动效率。

3）按汽车日常行驶平均转矩确定从动锥齿轮的计算转矩 T_{cF}

$$T_{cF}=\frac{F_t r_r}{i_m \eta_m n} \tag{7-9}$$

式中，T_{cF} 是计算转矩（N·m）；F_t 是汽车日常行驶平均牵引力（N）。

用式（7-7）和式（7-8）求得的计算转矩是从动锥齿轮的最大转矩，用式（7-9）求得的是日常行驶平均转矩。当计算锥齿轮最大应力时，计算转矩 T_c 应该取前面两种的较小值，即 $T_c=\min\{T_{ce}, T_{cs}\}$；当计算锥齿轮的疲劳寿命时，$T_c$ 取 T_{cF}。

（2）主动锥齿轮的计算转矩

$$T_z=T_c/i_0\eta_G \tag{7-10}$$

式中，T_z 是主动锥齿轮的计算转矩（N·m）；i_0 是主传动比；η_G 是主、从动锥齿轮间的传动效率。对于弧齿锥齿轮副，η_G 取95%；对于双曲面齿轮副，当 $i_0>6$ 时，η_G 取85%，当 $i_0\leqslant6$ 时，η_G 取90%。

2. 主减速器锥齿轮的强度计算

确定主减速器锥齿轮主要参数后，可根据所选择的齿形计算锥齿轮的几何尺寸，再用计算载荷进行齿轮的强度验算，以保证锥齿轮有足够的强度和寿命。

轮齿损坏形式主要有弯曲疲劳折断、过载折断、齿面点蚀及剥落、齿面胶合和齿面磨损等。下面所介绍的强度验算是近似的，在实际设计中还要依据台架和道路试验及实际使用情

况等来检验。

（1）单位齿长圆周力　主减速器锥齿轮的表面耐磨性常用轮齿上的单位齿长圆周力来估算，即

$$p=\frac{F}{b_2} \tag{7-11}$$

式中，p 是轮齿上单位齿长圆周力（N/mm）；F 是作用在轮齿上的圆周力（N）；b_2 是从动齿轮齿面宽（mm）。

1）按发动机最大转矩计算时，有

$$p=\frac{2k_d T_{emax} k i_g i_f \eta}{n D_1 b_2}\times 10^3 \tag{7-12}$$

式中，i_g 是变速器一档传动比；D_1 是主动锥齿轮中点分度圆直径（mm），其他符号同前。

2）按驱动轮打滑转矩计算时，有

$$p=\frac{2G_2 m_2' \varphi r_r}{D_2 b_2 i_m \eta_m}\times 10^3 \tag{7-13}$$

许用的单位齿长圆周力许用值［p］见表 7-1。在现代汽车设计中，由于材质及加工工艺等制造质量的提高，［p］有时高出表中数值 20%～25%。

表 7-1　单位齿长圆周力许用值［p］

汽车类别		[p]（按发动机最大转矩计算）/（N/mm）			[p]（按驱动轮打滑转矩计算）/（N/mm）	轮胎与路面的摩擦系数
		一档	二档	直接档		
乘用车		893	536	321	893	0.85
商用车	货车	1429	—	250	1429	
	客车	982	—	214	—	

（2）轮齿抗弯强度　锥齿轮轮齿的齿根弯曲应力为

$$\sigma_w=\frac{2Tk_0 k_s k_m}{k_v m_s b D J_w}\times 10^3 \tag{7-14}$$

式中，σ_w 是锥齿轮轮齿的齿根弯曲应力（MPa）；T 是所计算齿轮的计算转矩（N · m），对于从动齿轮，$T=\min\{T_{ce},T_{cs}\}$ 和 T_{cF}，对于主动齿轮，T 还要按式（7-10）换算；k_0 是过载系数，一般取 1；k_s 是尺寸系数，反映了材料性质的不均匀性，与齿轮尺寸及热处理等因素有关，当 $m_s\geqslant 1.6$mm 时，$k_s=(m_s/25.4)^{0.25}$，当 $m_s<1.6$mm 时，$k_s=0.5$；k_m 是齿面载荷分配系数，跨置支承取 $k_m=1.0\sim1.1$，悬臂支承取 $k_m=1.00\sim1.25$；k_v 是质量系数，当轮齿接触良好，齿距及径向圆跳动精度高时，$k_v=1.0$；b 是所计算的齿轮齿面宽（mm）；D 是所计算齿轮大端分度圆直径（mm）；J_w 是所计算齿轮的轮齿弯曲应力综合系数。

上述按 $T_z=\min\{T_{ce},T_{cs}\}$ 计算的最大弯曲应力不应超过 700MPa；按 T_{cF} 计算的疲劳弯曲应力不应超过 210MPa，破坏的循环次数为 6×10^6 次。

（3）轮齿接触强度　锥齿轮轮齿的齿面接触应力为

$$\sigma_J=\frac{c_p}{D_1}\sqrt{\frac{2Tk_0 k_s k_m k_f}{k_v b J_J}\times 10^3} \tag{7-15}$$

式中，σ_J 是锥齿轮轮齿的齿面接触应力（MPa）；D_1 是主动锥齿轮大端分度圆直径（mm）；b 是齿宽，取主动齿轮齿宽 b_1 和从动齿轮齿宽 b_2 的较小值（mm）；k_s 是尺寸系数，它考虑了齿轮尺寸对淬透性的影响，通常取 1.0；k_f 是齿面品质系数，取决于齿面的表面粗糙度及表面覆盖层的性质（如镀铜、磷化处理等），对于制造精确的齿轮，k_f 取 1.0；c_p 是综合弹性系数，钢对钢齿轮，c_p 取 $232.6\text{N}^{0.5}/\text{mm}$；$J_J$ 是齿面接触强度的综合系数。

按 $T=\min\{T_{ce},T_{cs}\}$ 计算的最大接触应力不应超过 2800MPa，按 $T=T_{cF}$ 计算的疲劳接触应力不应超过 1750MPa。主、从动齿轮的齿面接触应力是相同的。

7.3.6　主减速器锥齿轮轴承的载荷计算

1. 锥齿轮齿面上的作用力

锥齿轮啮合齿面上作用的法向力可分解为沿齿轮切线方向的圆周力、沿齿轮轴线方向的轴向力和垂直于齿轮轴线的径向力。

（1）齿宽中点处的圆周力

$$F=\frac{2T}{D_{m2}} \tag{7-16}$$

式中，T 是作用在从动齿轮上的转矩（N · m）；D_{m2} 是从动齿轮齿宽中点处的分度圆直径（m），由下式确定

$$D_{m2}=D_2-b_2\sin\gamma_2 \tag{7-17}$$

式中，D_2 是从动齿轮大端分度圆直径（m）；b_2 是从动齿轮齿面宽（m）；γ_2 是从动齿轮节锥角（°）。

由 $F_1/F_2=\cos\beta_1/\cos\beta_2$ 可知，对于弧齿锥齿轮副，作用在主、从动齿轮上的圆周力是相等的；而对于双曲面齿轮副，圆周力是不等的。

（2）锥齿轮的轴向力和径向力　图 7-19 所示为主动锥齿轮齿面受力图。从锥顶看旋转方向为逆时针，螺旋方向为左旋，F_T 为作用在节锥面上的齿面宽中点 A 处的法向力。在 A 点处的螺旋方向的法平面内，F_T 分解成两个相互垂直的力 F_N 和 F_f，F_N 在垂直于 OA 且位于∠OOA 所在的平面，F_f 位于以 OA 为切线的节锥切平面内。F_f 在此切平面内又可分解成沿切线方向的圆周力 F 和沿节锥母线方向的力 F_s，F 与 F_f 之间的夹角为螺旋角 β，F_T 与 F_f 之间的夹角为法向压力角 α。

$$F=F_T\cos\alpha\cos\beta \tag{7-18}$$

$$F_N=F_T\sin\alpha=F\tan\alpha/\cos\beta \tag{7-19}$$

$$F_s=F_T\cos\alpha\sin\beta=F\tan\beta \tag{7-20}$$

作用在主动锥齿轮齿面上的轴向力 F_{az} 和径向力 F_{rz} 分别为

$$F_{az}=F_N\sin\gamma+F_s\cos\gamma \tag{7-21}$$

$$F_{rz}=F_N\cos\gamma-F_s\sin\gamma \tag{7-22}$$

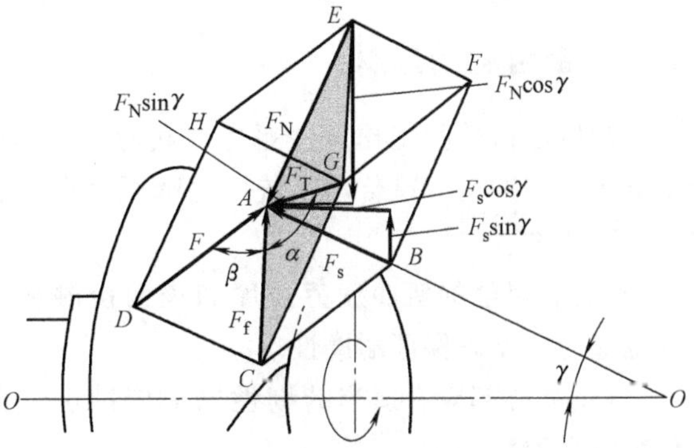

图 7-19　主动锥齿轮齿面受力图

若主动锥齿轮的螺旋方向和旋转方向改变时，主、从动齿轮齿面上所受的轴向力和径向

力见表 7-2。

表 7-2　齿面上的轴向力和径向力

主动小齿轮		轴向力	径向力
螺旋方向	旋转方向		
右	顺时针	主动齿轮 $F_{az}=F(\tan\alpha\sin\gamma-\sin\beta\cos\gamma)/\cos\beta$	主动齿轮 $F_{rz}=F(\tan\alpha\cos\gamma+\sin\beta\sin\gamma)/\cos\beta$
左	逆时针	从动齿轮 $F_{ac}=F(\tan\alpha\sin\gamma+\sin\beta\cos\gamma)/\cos\beta$	从动齿轮 $F_{rc}=F(\tan\alpha\cos\gamma-\sin\beta\sin\gamma)/\cos\beta$
右	逆时针	主动齿轮 $F_{az}=F(\tan\alpha\sin\gamma+\sin\beta\cos\gamma)/\cos\beta$	主动齿轮 $F_{rz}=F(\tan\alpha\cos\gamma-\sin\beta\sin\gamma)/\cos\beta$
左	顺时针	从动齿轮 $F_{ac}=F(\tan\alpha\sin\gamma-\sin\beta\cos\gamma)/\cos\beta$	从动齿轮 $F_{rc}=F(\tan\alpha\cos\gamma+\sin\beta\sin\gamma)/\cos\beta$

2. 锥齿轮轴承的载荷

当锥齿轮齿面上所受的圆周力、轴向力和径向力确定后，根据主减速器齿轮轴承的布置尺寸，即可求出轴承所受的载荷。

图 7-20 所示为单级主减速器的悬臂式支承的尺寸布置图，各轴承的载荷计算公式见表 7-3。

轴承上的载荷确定后，可以根据轴承型号计算其寿命，或根据寿命要求选择轴承型号。

表 7-3　轴承上的载荷

轴承A	径向力	$\sqrt{\left(\frac{Fb}{a}\right)^2+\left(\frac{F_{rz}b}{a}-\frac{F_{az}D_{m1}}{2a}\right)^2}$	轴承C	径向力	$\sqrt{\left(\frac{Fd}{c+d}\right)^2+\left[\frac{F_{rc}d}{c+d}+\frac{F_{ac}D_{m2}}{2(c+d)}\right]^2}$
	轴向力	0		轴向力	F_{ac}
轴承B	径向力	$\sqrt{\left[\frac{F(a+b)}{a}\right]^2+\left[\frac{F_{rz}(a+b)}{a}-\frac{F_{az}D_{m1}}{2a}\right]^2}$	轴承D	径向力	$\sqrt{\left(\frac{Fc}{c+d}\right)^2+\left[\frac{F_{rc}c}{c+d}-\frac{F_{ac}D_{m2}}{2(c+d)}\right]^2}$
	轴向力	F_{az}		轴向力	0

7.3.7　锥齿轮的选材

驱动桥锥齿轮的工作条件恶劣，载荷大，作用时间长，载荷变化多，有冲击，是传动系统中的薄弱环节。锥齿轮材料应满足如下要求：

1）具有足够的弯曲疲劳强度和表面接触疲劳强度，齿面具有足够的硬度以保证耐磨性。

2）轮齿心部应有适当的韧性以适应冲击载荷，避免在冲击载荷下齿根折断。

3）冷、热加工性能良好，热处理后变形小或变形规律易控制。

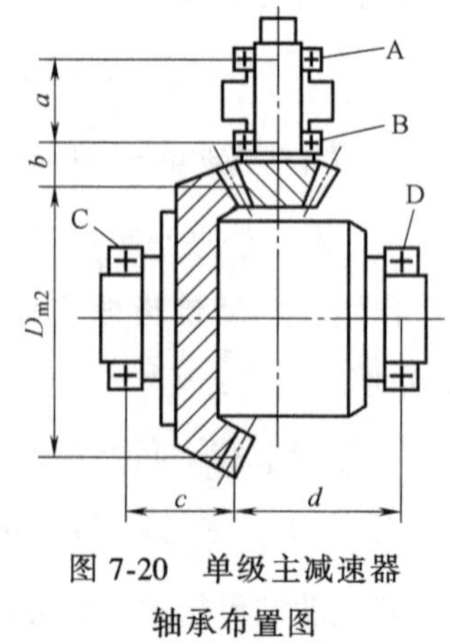

图 7-20　单级主减速器轴承布置图

4）选择合金材料时，尽量少用含镍、铬元素的材料，而选用含锰、钒、硼、钛、钼、硅等元素的合金钢。

汽车主减速器锥齿轮目前常用渗碳合金钢制造，主要有 20CrMnTi、20MnVB、20MnTiB、22CrNiMo 和 16SiMn2WMoV 等。

7.4 差速器设计

7.4.1 差速器结构形式选择

1. 普通锥齿轮式差速器

（1）普通锥齿轮式差速器工作原理　由于普通锥齿轮式差速器结构简单，工作平稳可靠，所以广泛应用于一般使用条件的汽车驱动桥中。图7-21 所示为其示意图，图中 ω_0 为差速器壳的角速度；ω_1、ω_2 分别为左、右两半轴的角速度；T_0 为差速器壳接受的转矩；T_r 为差速器的内摩擦力矩；T_1、T_2 分别为左、右两半轴对差速器的反转矩。

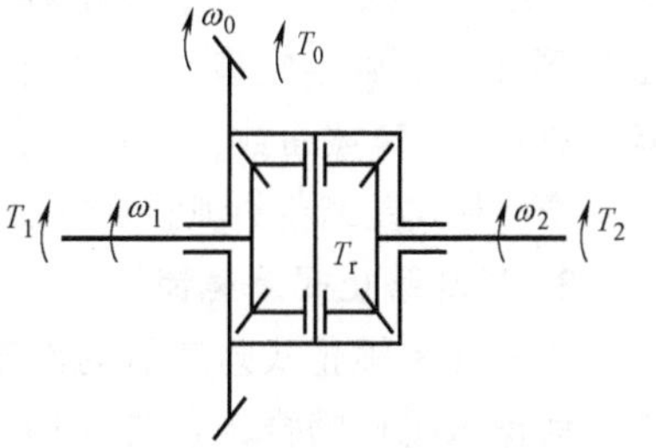

图 7-21　普通锥齿轮式差速器简图

根据运动分析可得

$$\omega_1+\omega_2=2\omega_0 \tag{7-23}$$

当一侧半轴不转时，另一侧半轴将以两倍的差速器壳体角速度旋转；当差速器壳体不转时，左、右半轴将等速反向旋转。

根据力矩平衡可得

$$\left.\begin{aligned}T_1+T_2=T_0\\T_2-T_1=T_r\end{aligned}\right\} \tag{7-24}$$

差速器性能常以锁紧系数 k 来表征，定义为差速器的内摩擦力矩与差速器壳接受的转矩之比，由下式确定：

$$k=\frac{T_r}{T_0} \tag{7-25}$$

结合式（7-24）可得

$$\left.\begin{aligned}T_1=0.5T_0(1-k)\\T_2=0.5T_0(1+k)\end{aligned}\right\} \tag{7-26}$$

定义慢、快转半轴的转矩比 $k_b=T_2/T_1$，则 k_b 与 k 之间有

$$\left.\begin{aligned}k_b=(1+k)/(1-k)\\k=(k_b-1)/(k_b+1)\end{aligned}\right\} \tag{7-27}$$

（2）普通锥齿轮式差速器不足之处　普通锥齿轮差速器的锁紧系数 k 一般为 0.05～0.15，两半轴转矩比 k_b 为 1.11～1.35，说明左、右半轴的转矩差别不大，可以认为分配到两半轴的转矩大致相等。对于在良好路面上行驶的汽车来说是合适的，当汽车越野行驶或在泥泞、冰雪路面上行驶，一侧驱动车轮与地面的附着系数很小时，尽管另一侧车轮与地面有

良好的附着，其驱动转矩也不得不随附着系数小的一侧同样地减小，无法发挥潜在牵引力，以致汽车停驶。

2. 摩擦片式差速器

摩擦片式差速器如图7-22所示，当传递转矩时，差速器壳通过斜面对行星齿轮轴产生沿行星齿轮轴线方向的轴向力，该轴向力推动行星齿轮使压盘将摩擦片压紧。当左、右半轴转速不等时，主、从动摩擦片间产生相对滑转，从而产生摩擦力矩。此摩擦力矩 T_r 与差速器所传递的转矩 T_0 成正比，可表示为

$$T_r = T_0 r_f f z \frac{\tan\beta}{r_d} \tag{7-28}$$

式中，r_f 是摩擦片平均摩擦半径（mm）；r_d 是差速器壳V形面中点到半轴齿轮中心线的距离（mm）；f 是摩擦系数；z 是摩擦面数；β 是V形面的半角。

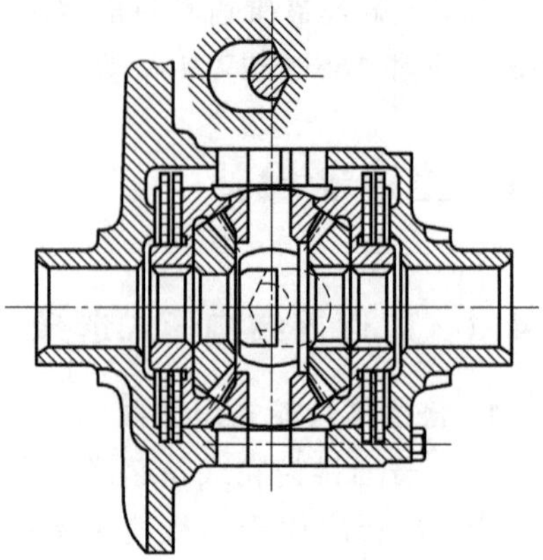

图7-22　摩擦片式差速器

摩擦片式差速器的锁紧系数 k 可达0.6，且结构简单，工作平稳，可明显提高汽车通过性。

3. 强制锁止式差速器

装有强制锁止式差速器的汽车，当一侧驱动轮处于附着系数较小的路面时，可通过液压或气动操纵机构啮合接合器（即差速锁），将差速器壳与半轴锁紧在一起，使差速器不起作用，充分利用地面的附着系数，使牵引力达到可能的最大值。

对于4×2型汽车，设一侧驱动轮行驶在低附着系数 φ_{min} 的路面上，另一侧驱动轮行驶在高附着系数 φ 的路面上：

1）装有普通锥齿轮差速器的汽车所能发挥的最大牵引力为

$$F_t = \frac{G_2}{2}\varphi_{min} + \frac{G_2}{2}\varphi_{min} = G_2\varphi_{min} \tag{7-29}$$

2）装有强制锁止式差速器的汽车所能发挥的最大牵引力为

$$F_t' = \frac{G_2}{2}\varphi + \frac{G_2}{2}\varphi_{min} = \frac{G_2}{2}(\varphi + \varphi_{min}) \tag{7-30}$$

采用差速锁将普通锥齿轮差速器锁住，可使汽车的牵引力提高 $\dfrac{\varphi+\varphi_{min}}{2\varphi_{min}}$ 倍，从而提高了汽车通过性。

强制锁止式差速器可充分利用原差速器结构，其结构简单，操作方便。目前许多重型货车上都装用差速锁。

7.4.2　普通锥齿轮差速器齿轮设计

1. 差速器齿轮主要参数选择

（1）行星齿轮数 n　行星齿轮数，需根据承载情况来选择。通常情况下，对于承载不大的轿车取 $n=2$；而货车或越野车常取 $n=4$。

（2）行星齿轮球面半径 R_b 和节锥距 A_0　行星齿轮球面半径 R_b 反映了差速器锥齿轮节锥距的大小和承载能力，可根据经验公式来确定为

$$R_b = K_b \sqrt[3]{T_d} \tag{7-31}$$

式中，K_b 是行星齿轮球面半径系数，$K_b=2.5\sim3.0$，对于有四个行星齿轮的轿车和公路用货车取小值，对于有两个行星齿轮的轿车及四个行星齿轮的越野车和矿用车取大值；T_d 是差速器计算转矩（N·m），$T_d=\min\{T_{ce},T_{cs}\}$；$R_b$ 是球面半径（mm）。

行星齿轮节锥距 A_0 为

$$A_0=(0.98\sim0.99)R_b \tag{7-32}$$

（3）行星齿轮齿数 z_1 和半轴齿轮齿数 z_2

1）为了使齿轮有较高的强度，希望取较大的模数，行星齿轮的齿数 z_1 应取少些，但 z_1 一般不少于10。

2）半轴齿轮齿数 z_2 在14~25的范围内选用。

3）大多数汽车的半轴齿轮与行星齿轮的齿数比 z_2/z_1 在1.5~2.0的范围内。

4）为使两个或四个行星齿轮能同时与两个半轴齿轮啮合，两半轴齿轮齿数和必须能被行星齿轮齿数整除，否则差速齿轮不能装配。

（4）行星齿轮和半轴齿轮节锥角 γ_1、γ_2 及模数 m　行星齿轮和半轴齿轮节锥角 γ_1、γ_2 分别为

$$\left.\begin{aligned}\gamma_1&=\arctan\frac{z_1}{z_2}\\ \gamma_2&=\arctan\frac{z_2}{z_1}\end{aligned}\right\} \tag{7-33}$$

锥齿轮大端端面模数 m 为

$$m=\frac{2A_0}{z_1}\sin\gamma_1=\frac{2A_0}{z_2}\sin\gamma_2 \tag{7-34}$$

（5）压力角　汽车差速齿轮大都采用压力角为22°30′、齿高系数为0.8的齿形；某些重型货车和矿用车采用25°压力角，以提高齿轮强度。

（6）行星齿轮轴直径 d 及支承长度 L　行星齿轮轴直径 d 可根据经验公式确定为

$$d=\sqrt{\frac{T_0\times10^3}{1.1[\sigma_C]nr_d}} \tag{7-35}$$

式中，T_0 是差速器传递的转矩（N·m）；n 是行星齿轮数；r_d 是行星齿轮支承面中点到锥顶的距离（mm），约为半轴齿轮齿宽中点处平均直径的一半；$[\sigma_C]$ 是支承面许用挤压应力，取98MPa。

行星齿轮在轴上的支承长度 L 为

$$L=1.1d \tag{7-36}$$

2. 差速器齿轮强度计算

差速器齿轮的尺寸受结构限制，而且承受的载荷较大，只在汽车转弯或左、右轮行驶不同的路程时，或一侧车轮打滑而滑转时，差速器齿轮才能有啮合传动的相对运动。因此，对于差速器齿轮主要应进行弯曲强度计算。轮齿弯曲应力为

$$\sigma_w=\frac{2Tk_sk_m}{k_vmb_2d_2Jn}\times10^3 \tag{7-37}$$

式中，n 是行星齿轮数；J 是综合系数；b_2 是半轴齿轮齿宽（mm）；d_2 是半轴齿轮大端分度圆直径（mm）；k_v、k_s、k_m 是系数，按主减速器齿轮强度计算的有关数值选取；T 是半轴齿轮计算转矩（N·m），有

$$T=0.6T_0 \tag{7-38}$$

当 $T_0=\min\{T_{ce},T_{cs}\}$ 时，$[\sigma_w]=980\text{MPa}$，当 $T_0=T_{cF}$ 时，$[\sigma_w]=210\text{MPa}$。

差速器齿轮与主减速器齿轮一样，基本上都是用渗碳合金钢制造，目前用于制造差速器锥齿轮的材料为 20CrMnTi、20CrMoTi、22CrMnMo 和 20CrMo 等。由于差速器齿轮轮齿要求的精度较低，所以差速器齿轮精密锻造工艺已被广泛采用。

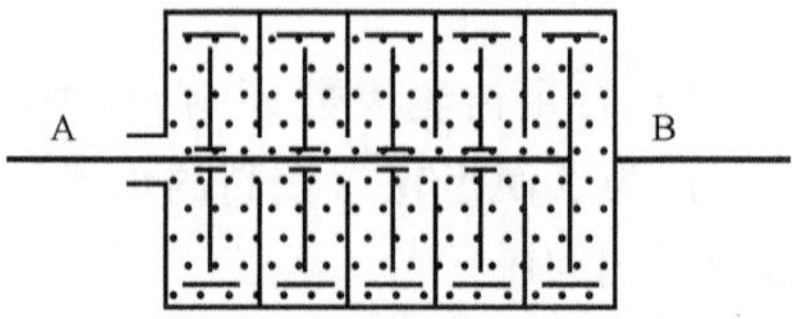

图 7-23　黏性联轴器

7.4.3　黏性联轴器结构及在汽车上的应用

1. 黏性联轴器结构和工作原理

黏性联轴器属于液体黏性传动装置，是依靠硅油的黏性阻力来传递动力，即通过内、外叶片间硅油的油膜剪切力来传递动力。一般在密封的壳体内填充了占其空间 80%~90%的硅油（其余是空气），高黏度的硅油存在于内、外叶片的间隙内，如图 7-23 所示。当 A 轴与 B 轴之间有转速差时，内、外叶片间将产生剪切阻力使转矩由高速轴传递到低速轴。

黏性联轴器所传递的转矩与联轴器的结构、硅油黏度及输入轴与输出轴的转速差有关。

2. 黏性联轴器在车上的应用

根据全轮驱动形式的不同，黏性联轴器在汽车上有不同的布置形式。

图 7-24 所示为黏性联轴器作为轴间差速器限动装置的简图。当前、后桥转速相近时，黏性联轴器内、外叶片转速相近，并不起限动作用，此时轴间差速器将转矩按固定比例分配给前、后桥。当某一车轮（如前轮）严重打滑时，前桥差速器壳的转速升高，联轴器的内、外叶片转速差增大，阻力矩增大，轴间差速器中与后桥相连的转速较低的齿轮就获得了较大的转矩，使附着条件较好的后轮产生足够的驱动力。

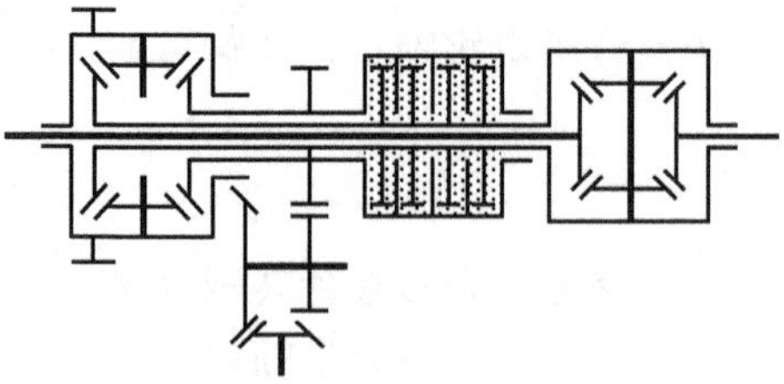
图 7-24　黏性联轴器作为轴间差速器的限动装置简图

有些汽车用黏性联轴器取代了轴间差速器。当汽车正常行驶时，前、后轮转速基本相等，黏性联轴器不工作，此时相当于前轮驱动。当汽车加速或爬坡时，汽车质心后移，前轮将出现打滑现象，转速升高，前、后轮出现转速差，黏性联轴器开始工作，将部分转矩传给后桥，使之产生足够驱动力帮助前轮恢复正常的附着状态，提高汽车的动力性。由于黏性传动不如机械传动可靠，所能传递的转矩较小，故主要用于轿车和轻型汽车中。

7.5　车轮传动装置设计

车轮传动装置位于传动系统的末端，其功用是接受从差速器传来的转矩并将其传给

车轮。

1）对于非断开式驱动桥，车轮传动装置为半轴。

2）对于断开式驱动桥和转向驱动桥，车轮传动装置为万向传动装置。

7.5.1 结构形式分析

半轴根据其车轮端的支承方式不同，可分为半浮式、3/4 浮式和全浮式三种形式。

1）半浮式半轴的结构，如图 7-25 所示，半轴外端支承轴承位于半轴套管外端的内孔处，车轮装在半轴上。半浮式半轴除传递转矩外，其外端还承受由路面对车轮的反力所引起的全部力和力矩。半浮式半轴结构简单，所受载荷较大，只用于轿车和轻型货车及轻型客车上。

2）3/4 浮式半轴的结构，如图 7-26 所示，其特点是半轴外端仅有一个轴承并装在驱动桥壳半轴套管的端部，直接支承车轮轮毂，而半轴则以其端部凸缘与轮毂用螺钉连接。半轴受载情况与半浮式相似，只是载荷有所减轻，一般仅用在轿车和轻型货车上。

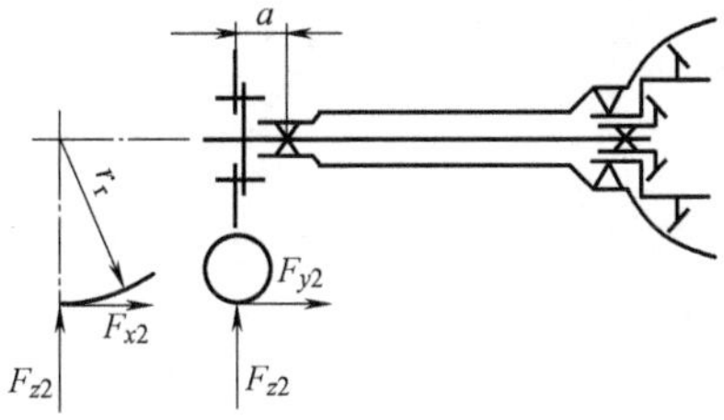

图 7-25 半浮式半轴

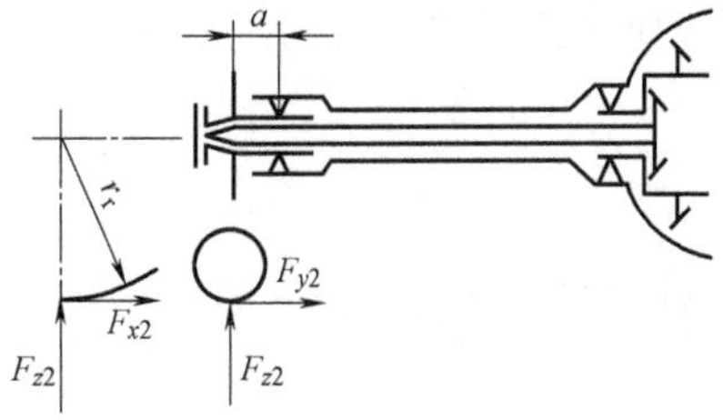

图 7-26 3/4 浮式半轴

3）全浮式半轴的结构，如图 7-27 所示，其特点是半轴外端的凸缘用螺钉与轮毂相连，而轮毂又借用两个圆锥滚子轴承支承在驱动桥壳的半轴套管上。理论上半轴只承受转矩，作用于驱动轮上的其他反力和弯矩全由桥壳来承受。但由于桥壳变形、轮毂与差速器半轴齿轮不同心、半轴法兰平面相对其轴线不垂直等因素，会引起半轴的弯曲变形，由此引起的弯曲应力一般为 5~70MPa。全浮式半轴主要用于中、重型货车上。

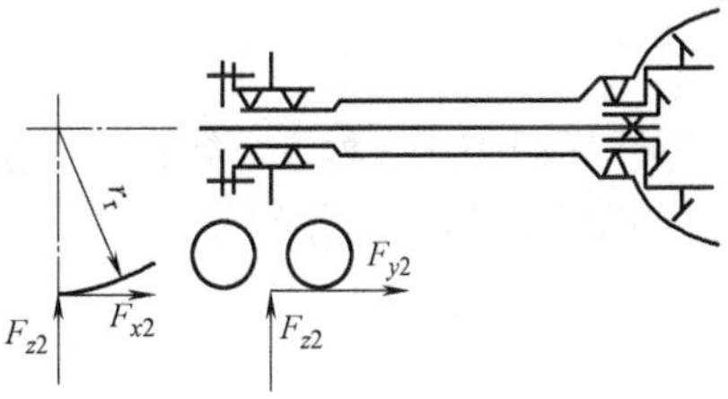

图 7-27 全浮式半轴

7.5.2 半轴的强度与刚度计算

1. 全浮式半轴

1）全浮式半轴的计算载荷可按车轮附着力矩 M_φ 计算，即

$$M_\varphi = \frac{1}{2} m_2' G_2 r_r \varphi \tag{7-39}$$

式中，G_2 是驱动桥的最大静载荷（N）；r_r 是车轮滚动半径（mm）；m_2'是负荷转移系数；φ 是附着系数，计算时 φ 取 0.8。

2）半轴的扭转应力为

$$\tau=\frac{16M_{\varphi}}{\pi d^{3}} \tag{7-40}$$

式中，τ 是半轴扭转切应力（MPa）；d 是半轴直径（mm）。

3）半轴的扭转角为

$$\theta=\frac{M_{\varphi}l}{GI_{\mathrm{p}}}\cdot\frac{180}{\pi} \tag{7-41}$$

式中，θ 是扭转角（°）；l 是半轴长度（mm）；G 是材料剪切弹性模量（MPa）；I_{p} 是半轴断面极惯性矩，$I_{\mathrm{p}}=\pi d^{4}/32$（$\mathrm{mm}^{4}$）。

半轴的扭转切应力宜为500~700MPa，转角宜为每米长度6°~15°。

2. 半浮式半轴

半浮式半轴设计应考虑如下三种载荷工况：

1）纵向力 F_{x2} 最大，侧向力 $F_{y2}=0$。此时垂向力 $F_{z2}=m_2'G_2/2$，纵向力最大值 $F_{x2}=F_{z2}\varphi=m_2'G_2\varphi/2$，计算时载荷转移系数 m_2'取 1.2，φ 取 0.8。

半轴所受弯曲应力 σ 为

$$\sigma=\frac{32a\sqrt{F_{x2}^{2}+F_{z2}^{2}}}{\pi d^{3}} \tag{7-42}$$

半轴所受扭转切应力 τ 为

$$\tau=\frac{16F_{x2}r_{\mathrm{r}}}{\pi d^{3}} \tag{7-43}$$

式中，a 是轮毂支承轴承到车轮中心平面之间的距离，如图 7-25 所示。

合成应力为

$$\sigma_{\mathrm{h}}=\sqrt{\sigma^{2}+4\tau^{2}} \tag{7-44}$$

2）侧向力 F_{y2} 最大，纵向力 $F_{x2}=0$。此时汽车发生侧滑，外轮上的垂直反力 $F_{z2\mathrm{o}}$ 和内轮上的垂直反力 $F_{z2\mathrm{i}}$ 分别为

$$F_{z2\mathrm{o}}=G_{2}\left(0.5+\frac{h_{\mathrm{g}}}{B_{2}}\varphi_{1}\right) \tag{7-45}$$

式中，h_{g} 是汽车质心高度（mm）；B_2 是轮距（mm）；φ_1 是侧滑附着系数，计算时 φ_1 可取 1.0。

$$F_{z2\mathrm{i}}=G_{2}-F_{z2\mathrm{o}} \tag{7-46}$$

内、外车轮上的总侧向力 F_{y2} 为 $G_2\varphi_1$，外轮上侧向力 $F_{y2\mathrm{o}}$ 和内轮上侧向力 $F_{y2\mathrm{i}}$ 分别为

$$F_{y2\mathrm{o}}=F_{z2\mathrm{o}}\varphi_{1} \tag{7-47}$$

$$F_{y2\mathrm{i}}=F_{z2\mathrm{i}}\varphi_{1} \tag{7-48}$$

则外轮半轴的弯曲应力 σ_{o} 和内轮半轴的弯曲应力 σ_{i} 分别为

$$\sigma_{\mathrm{o}}=\frac{32(F_{y2\mathrm{o}}r_{\mathrm{r}}+F_{z2\mathrm{o}}a)}{\pi d^{3}} \tag{7-49}$$

$$\sigma_{\mathrm{i}}=\frac{32(F_{y2\mathrm{i}}r_{\mathrm{r}}+F_{z2\mathrm{i}}a)}{\pi d^{3}} \tag{7-50}$$

3）汽车通过不平路面时，垂向力 F_{z2} 最大，纵向力 $F_{x2}=0$，侧向力 $F_{y2}=0$。此时汽车垂直力最大值 F_{z2} 为

$$F_{z2}=\frac{1}{2}kG_2 \tag{7-51}$$

式中，k 是动载系数，对于乘用车 $k=1.75$，对于货车 $k=2.0$，对于越野车 $k=2.5$。

半轴弯曲应力 σ 为

$$\sigma=\frac{32F_{z2}a}{\pi d^3}=\frac{16kG_2a}{\pi d^3} \tag{7-52}$$

半浮式半轴的许用合成应力为 600~750MPa。

3. 3/4 浮式半轴

3/4 浮式半轴计算与半浮式类似，只是半轴的危险断面不同，危险断面位于半轴与轮毂相配表面的内端。

半轴和半轴齿轮一般采用渐开线花键连接，对花键应进行挤压应力和键齿切应力验算。挤压应力不大于 200MPa，切应力不大于 73MPa。

7.5.3 半轴的结构设计

对半轴进行结构设计时，应注意如下几点：

1）全浮式半轴杆部直径可按下式初步选取，即

$$d=K\sqrt[3]{M_\varphi} \tag{7-53}$$

式中，d 是半轴杆部直径（mm）；M_φ 是半轴计算转矩（N · mm）；K 是直径系数，取 0.205~0.218。

根据初选的 d 按前面的应力公式进行强度校核。

2）半轴的杆部直径应小于或等于半轴花键的底径，使半轴各部分强度基本相等。

3）半轴的破坏形式大多是扭转疲劳损坏，在结构设计时应尽可能增大各过渡部分的圆角半径，尤其是凸缘与杆部、花键与杆部的过渡部分，以减小应力集中。

4）对于杆部较粗且外端凸缘也较大时，可采用两端用花键连接的结构。

5）设计全浮式半轴杆部的强度储备应低于驱动桥其他传力零件的强度储备，使半轴起到“熔丝”的作用；而半浮式半轴直接安装车轮，则应视为保安件。

7.6 驱动桥壳设计

7.6.1 驱动桥壳结构形式

驱动桥壳大致可分为可分式、整体式和组合式三种形式。

1. 可分式桥壳

可分式桥壳如图 7-28 所示，由一个垂直接合面分为左右两部分，并通过螺栓连接成整体。两部分均由铸造壳体和压入其外端的半轴套管组成，轴管与壳体用铆钉连接。

可分式桥壳结构简单，制造工艺性好，主减速器支承刚度好。但拆装、调整、维修很不方便，桥壳的强度和刚度受到结构的限制，曾用于轻型汽车上，现已较少使用。

2. 整体式桥壳

整体式桥壳如图 7-29 所示，整个桥壳是一根空心梁，桥壳和主减速器壳体分为两部分。整体式桥壳强度和刚度较大，主减速器拆装、调整比较方便。

按制造工艺不同，整体式桥壳可分为铸造式、钢板冲压焊接式和扩张成形式三种。铸造式桥壳的强度和刚度较大，但质量大，加工面多，制造工艺复杂，主要用于中、重型货车上。钢板冲压焊接式和扩张成形式桥壳质量小，材料利用率高，制造成本低，适于大量生产，广泛应用于轿车和中、小型货车及部分重型货车上。

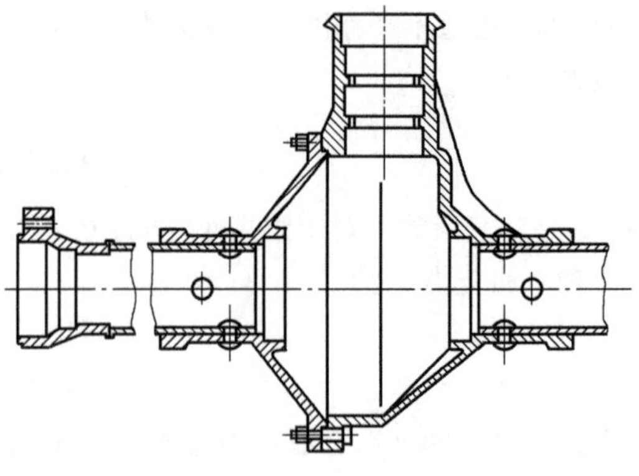

图 7-28　可分式桥壳

3. 组合式桥壳

组合式桥壳如图 7-30 所示，将主减速器壳与部分桥壳铸为一体，而后用无缝钢管分别压入壳体两端，两者再用塞焊或销钉固定。组合式桥壳的优点是从动齿轮轴承的支承刚度较好，主减速器的装配、调整比可分式桥壳方便，但是要求有较高的加工精度，常用于轿车、轻型货车中。

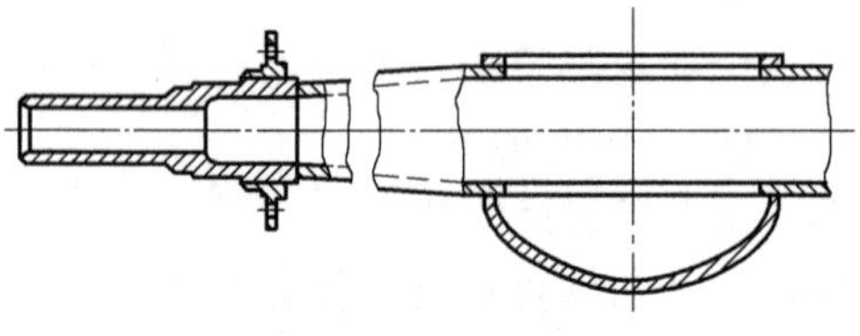

图 7-29　整体式桥壳

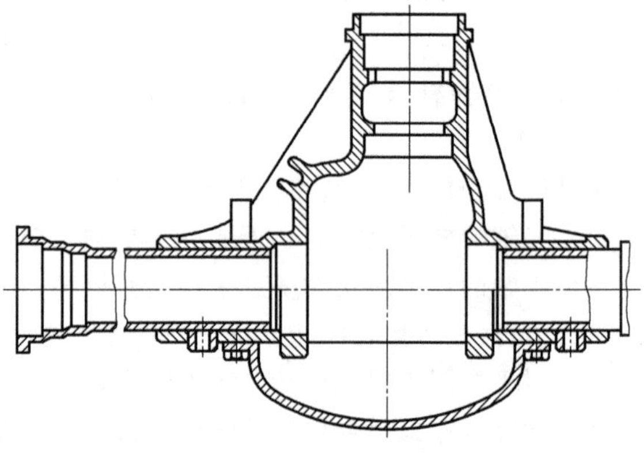

图 7-30　组合式桥壳

7.6.2　驱动桥壳强度计算

对于具有全浮式半轴的驱动桥，强度计算的载荷与半轴计算的三种载荷工况相似。图 7-31 所示为驱动桥壳的受力简图，桥壳的危险断面通常在钢板弹簧座内侧附近，桥壳端部的轮毂轴承座根部也应列为危险断面进行强度验算。

1. 牵引力或制动力最大时应力计算

1）桥壳钢板弹簧座处危险断面的弯曲应力 σ 为

$$\sigma=\frac{M_{\mathrm{v}}}{W_{\mathrm{v}}}+\frac{M_{\mathrm{h}}}{W_{\mathrm{h}}} \tag{7-54}$$

式中，M_{v} 是地面对车轮垂直反力在危险断面引起的垂直平面内的弯矩，$M_{\mathrm{v}}=m_2'G_2b/2$，其

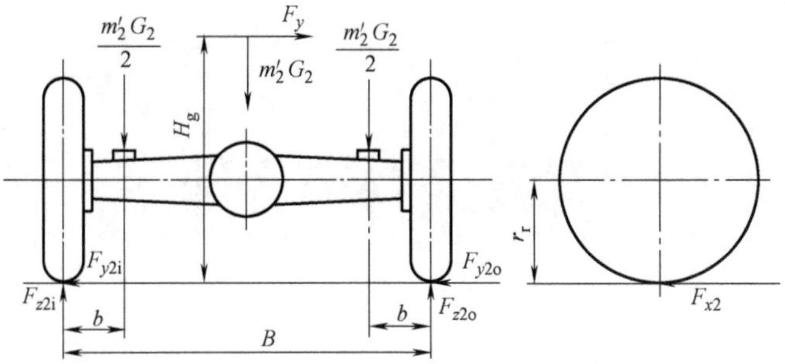

图 7-31 桥壳受力简图

中 b 是轮胎中心平面到板簧座之间的横向距离，如图 7-31 所示；M_h 是一侧车轮上的牵引力或制动力 F_{x2} 在水平面内引起的弯矩，$M_h = F_{x2}b$；W_v 是危险断面垂直平面的抗弯截面系数；W_h 是危险断面水平面的抗弯截面系数。

2）危险断面的扭转切应力 τ 为

$$\tau = \frac{T_T}{W_T} \tag{7-55}$$

式中，T_T 是牵引或制动时危险断面所受扭矩，$T_T = F_{x2}r_r$；W_T 是危险断面的抗扭截面系数。

2. 当侧向力最大时应力计算

1）桥壳内侧板簧座处断面的弯曲应力为

$$\sigma_i = \frac{F_{z2i}(b-\varphi_1 r_r)}{W_v} \tag{7-56}$$

2）桥壳外侧板簧座处断面的弯曲应力为

$$\sigma_o = \frac{F_{z2o}(b-\varphi_1 r_r)}{W_v} \tag{7-57}$$

式中，F_{z2i}、F_{z2o} 分别是内、外侧车轮的地面垂直反力；r_r 是车轮滚动半径；φ_1 是侧滑时的附着系数；W_v 是危险断面的抗弯截面系数。

3. 当汽车通过不平路面时应力计算

危险断面的弯曲应力为

$$\sigma = \frac{kGb}{2W_v} \tag{7-58}$$

桥壳的许用弯曲应力为 300~500MPa，许用扭转切应力为 150~400MPa。可锻铸铁桥壳取较小值，钢板冲压焊接壳取较大值。

第 8 章

悬架结构设计

8.1 悬架的设计要求

悬架是现代汽车上的重要总成之一，它把车架（或车身）与车轴（或车轮）弹性地连接起来。图 8-1 所示为两个典型的汽车悬架结构。

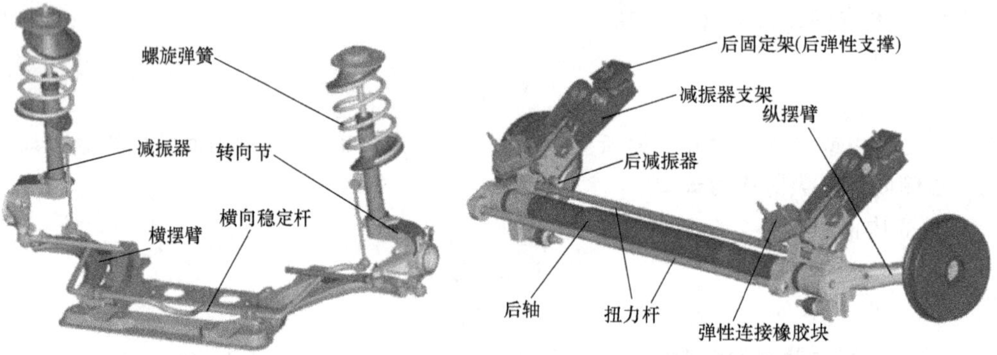

a) 麦弗逊式前悬架总成　　b) 双扭杆式独立后悬架总成

图 8-1　典型汽车悬架结构

8.1.1 悬架的主要作用

1）传递车轮和车架（或车身）之间的一切力和力矩。

2）缓和、抑制路面对车身的冲击和振动。

3）保证车轮在路面不平和载荷变化时有理想的运动特性，保证汽车的操纵稳定性。

8.1.2 对悬架提出的设计要求

1）保证汽车有良好的行驶平顺性。

2）具有合适的衰减振动能力。

3）保证汽车具有良好的操纵稳定性。

4）汽车制动或加速时要保证车身稳定，减少车身纵倾；转弯时车身侧倾角要合适。

5）有良好的隔声能力。

6）结构紧凑，占用空间尺寸要小。

7）可靠地传递车身与车轮之间的各种力和力矩，在满足减小零部件质量要求的同时，还要保证有足够的强度和寿命。

8.2　悬架主要参数的确定

8.2.1　前、后悬架的静挠度、动挠度的选择

1. 概念

静挠度f_c：汽车满载静止时悬架上的载荷F_w与此时悬架刚度c之比，即$f_c=F_w/c$。

动挠度f_d：指从满载静平衡位置开始，悬架压缩到结构允许的最大变形（通常指缓冲块压缩到其自由高度的1/2或2/3）时，车轮中心相对车架（或车身）的垂直位移。图8-2所示为悬架在汽车中的位置。

2. 选择要求及方法

（1）使悬架系统有较低的固有频率　汽车前、后悬架与其簧载质量组成的振动系统的固有频率，是影响汽车行驶平顺性的主要参数之一。

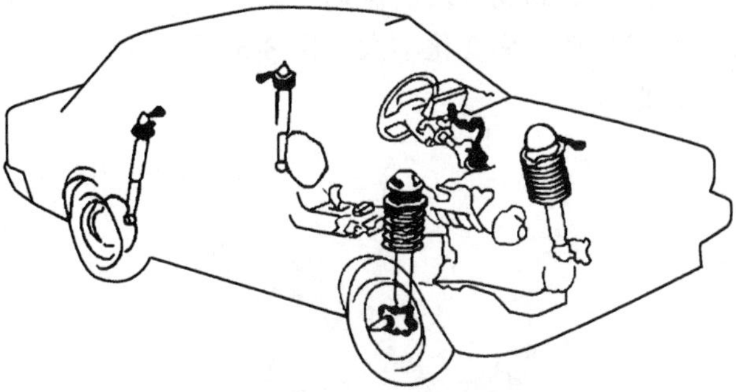

图8-2　悬架在汽车中的位置

因现代汽车的质量分配系数ε近似等于1，于是汽车前、后轴上方车身两点的振动不存在联系。

汽车前、后部分的车身的固有频率n_1和n_2（亦称偏频）可用下式表示：

$$n_1=\frac{\sqrt{c_1/m_1}}{2\pi}\qquad n_2=\frac{\sqrt{c_2/m_2}}{2\pi}\tag{8-1}$$

式中，c_1、c_2和m_1、m_2分别是前、后悬架的刚度（N/cm）与簧载质量（kg）。

当采用弹性特性为线性变化的悬架时，前、后悬架的静挠度可表示为

$$f_{c1}=\frac{m_1 g}{c_1}\qquad f_{c2}=\frac{m_2 g}{c_2}\tag{8-2}$$

式中，g是重力加速度（$g=981\text{cm/s}^2$）。

将f_{c1}、f_{c2}代入式（8-1）得到

$$n_1=\frac{5}{\sqrt{f_{c1}}}\qquad n_2=\frac{5}{\sqrt{f_{c2}}}\tag{8-3}$$

（2）固有频率n_1与n_2的匹配要合适　希望f_{c1}与f_{c2}要接近，但不能相等（防止共振），希望$f_{c1}>f_{c2}$（从加速性考虑，若f_{c2}大，车身的振动大）。若汽车以较高车速驶过单个路障，$n_1/n_2<1$时的车身纵向角振动要比$n_1/n_2>1$时小，故推荐取$f_{c2}=(0.8\sim0.9)f_{c1}$。

考虑到货车前、后轴荷的差别和驾驶人的乘坐舒适性，取前悬架的静挠度值大于后悬架的静挠度值，推荐$f_{c2}=(0.6\sim0.8)f_{c1}$。

为了改善微型轿车后排乘员的乘坐舒适性，有时取后悬架的偏频低于前悬架的偏频。

（3）f_c要根据不同的车在不同路面条件下进行选择　轿车对平顺性的要求最高，大客

车次之，货车更次之。对普通级以下轿车满载的情况，前悬架偏频要求在 1.00～1.45Hz，后悬架则要求在 1.17～1.58Hz。

原则上轿车的级别越高，悬架的偏频越小。对高级轿车满载的情况，前悬架偏频要求在 0.80～1.15 Hz，后悬架则要求在 0.98～1.30Hz。

货车满载时，前悬架偏频要求在 1.50～2.10Hz，而后悬架则要求在 1.70～2.17Hz。

选定偏频以后，即可计算出悬架的静挠度。

（4）动挠度 f_d 的选择　对乘用车，f_d 取 7～9cm；客车 f_d 取 5～8cm；货车 f_d 取 6～9cm。

8.2.2 货车后悬架的主、副簧的刚度匹配

1. 要求

车身从空载到满载时的振动频率变化要小，以保证汽车有良好的平顺性。副簧参加工作前后的悬架振动频率变化不大。图 8-3 所示为货车后悬架的实体结构，图 8-4 所示为悬架的弹性特性曲线。

图 8-3　货车后悬架实体

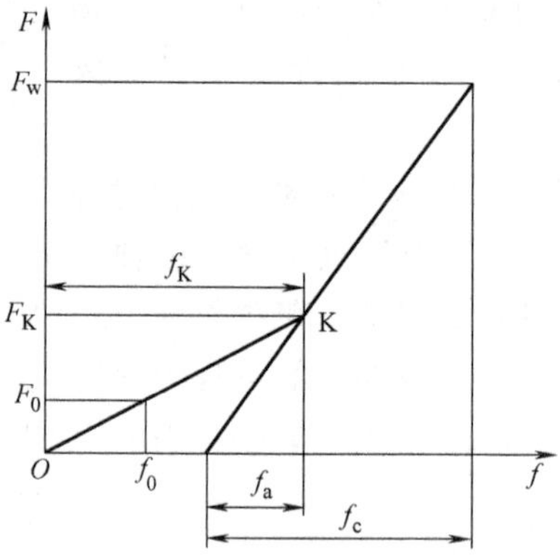

图 8-4　悬架的弹性特性曲线

2. 确定方法

1）使副簧开始起作用时的悬架挠度 f_a 等于汽车空载时悬架的挠度 f_0。

2）使副簧开始起作用前一瞬间的挠度 f_K 等于满载时悬架的挠度 f_c。

3）对应于空载悬架载荷 F_0 与满载悬架载荷 F_w，副簧、主簧的刚度比为

$$c_a/c_m=\sqrt{\lambda-1} \tag{8-4}$$

式中，$\lambda=F_w/F_0$。

4）使副簧开始起作用时的载荷等于空载与满载时悬架载荷的平均值，即

$$F_K=0.5(F_0+F_w) \tag{8-5}$$

5）使 F_0 和 F_K 间平均载荷对应的频率与 F_K 和 F_w 间平均载荷对应的频率相等。

6）此时副簧与主簧的刚度比为 $c_a/c_m=(2\lambda-2)(\lambda+3)$。

8.2.3 悬架侧倾角刚度及其在前、后轴的分配

1. 悬架侧倾角刚度

悬架侧倾角刚度是指簧载质量产生单位侧倾角时悬架给车身的弹性恢复力矩。它对簧载质量的侧倾角有影响。

2. 侧倾角取值范围

轿车车身侧倾角取 2.5°~4°，货车车身侧倾角应分别不超过 6°~7°。

3. 前、后轮侧倾角差别

要求汽车转弯行驶时，在 0.4g 的侧向加速度作用下，前、后轮侧倾角之差 $\delta_1-\delta_2$应当在 1°~3°范围内。要使前悬架具有的侧倾角刚度略大于后悬架的侧倾角刚度。

对轿车，前、后悬架侧倾角刚度比值一般为 1.4~2.6。

8.3　钢板弹簧的设计计算

8.3.1　钢板弹簧主要参数的确定

1. 满载弧高 f_a

满载弧高 f_a 是指钢板弹簧装到车轴（桥）上，汽车满载后，钢板弹簧主片上表面与两端（不包括卷耳半径）连线间的最大高度变化量（图 8-5）。

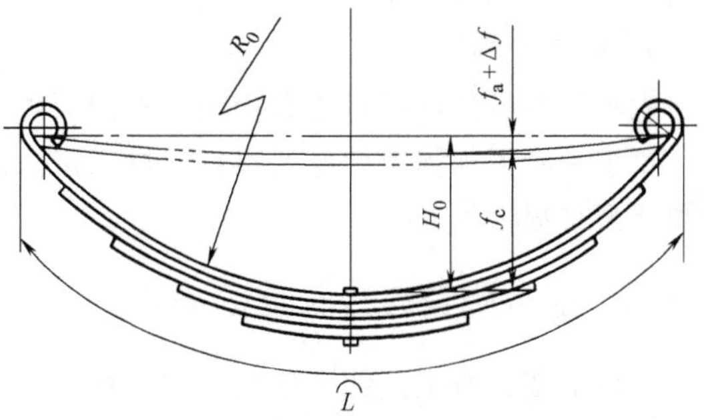

图 8-5　钢板弹簧自由状态下的弧高

当 f_a=0 时，钢板弹簧在对称位置上工作。为了在车架高度已限定时能得到足够的动挠度值，常取 f_a=10~20mm。

2. 钢板弹簧长度 L 的确定

推荐在下列范围内选用钢板弹簧的长度。

轿车：L=(0.40~0.55) 轴距。

货车：前悬架 L=(0.26~0.35) 轴距；后悬架 L=(0.35~0.45) 轴距。

应尽可能将钢板弹簧取长些的原因是：

1）增加钢板弹簧长度 L 能显著降低弹簧应力，提高使用寿命。

2）降低弹簧刚度，改善汽车平顺性。

3）在垂直刚度 c 给定的条件下，能明显增加钢板弹簧的纵向角刚度（刚板弹簧的纵向角刚度是指钢板弹簧产生单位纵向转角时，作用到钢板弹簧上的纵向力矩值）。

4）增大钢板弹簧纵向角刚度的同时，能减少车轮扭转力矩所引起的弹簧变形。

3. 钢板断面尺寸及片数的确定

根据修正后的简支梁公式计算钢板弹簧所需要的总惯性矩 J_0 为

$$J_0=\frac{(L-ks)^3c\delta}{48E} \tag{8-6}$$

式中，s 是 U 形螺栓中心距；E 是材料的弹性模量；k 是 U 形螺栓夹紧弹簧后的无效长度系数（刚性夹紧，k=0.5；挠性夹紧，k=0）；c 是钢板弹簧垂直刚度，$c=F_w/f_c$，F_w 是垂向弯曲载荷，f_c 是垂向挠度；δ 是挠度增大系数（先确定与主片等长的重叠片数 n_1，再估计一个总片数 n_0，求得 $\eta=n_1/n_0$，然后用 $\delta=1.5/[1.04(1+0.5\eta)]$ 初定 δ）。

钢板弹簧总截面系数 W_0 用下式计算

$$W_0 \geqslant \frac{F_w(L-ks)}{4[\sigma_w]} \tag{8-7}$$

式中，$[\sigma_w]$ 是许用弯曲应力。

对于 55SiMnVB 或 60Si2Mn 等材料，表面经喷丸处理后，推荐 $[\sigma_w]$ 在下列范围内选取：前弹簧和平衡悬架弹簧为 350~450MPa；后副簧为 220~250MPa。

将式（8-7）代入下式计算钢板弹簧平均厚度 h_p 为

$$h_p = \frac{2J_0}{W_0} = \frac{(L-ks)^2\delta[\sigma_w]}{6Ef_c} \tag{8-8}$$

有了 h_p 以后，再选钢板弹簧的片宽 b。推荐片宽与片厚的比值 b/h_p 在 6~10 范围内选取。片宽 b 对汽车性能有以下影响：

1）增大片宽，能增加卷耳强度，但当车身受侧向力作用倾斜时，弹簧的扭曲应力增大。

2）前悬架用宽弹簧片，会影响转向轮的最大转角；片宽选取过窄，又需要增加片数，从而增加片间摩擦弹簧的总厚。

4. 片厚 h 的选择

钢板弹簧各片厚度可能有相同和不同两种情况。常将主片加厚，其余各片厚度稍薄。此时，要求一副钢板弹簧的厚度不宜超过三组。最厚片与最薄片厚度之比应小于 1.5，且应符合国产型材规格尺寸。

8.3.2 钢板弹簧各片长度的确定

片厚不变、宽度连续变化的单片钢板弹簧是等强度梁，形状为菱形（两个三角形）。将由两个三角形钢板组成的钢板弹簧分割成宽度相同的若干片，然后按照长度依次排列、叠放到一起，就形成接近有使用价值的钢板弹簧。

实际上的钢板弹簧不可能是三角形，因为为了将钢板弹簧的中部固定到车轴（桥）上和使卷耳处可靠地传力，必须使它们有一定的宽度。因此，应该用中部为矩形的双梯形钢板弹簧（图 8-6）替代三角形钢板弹簧才有真正的实用意义。

确定步骤如下（图 8-7）：

1）将各片厚度 h_i 的三次方值 h_i^3 按同一比例尺沿纵坐标绘制在图上。

2）沿横坐标量出主片长度的一半 $L/2$ 和 U 形螺栓中心距的一半 $s/2$，得到 A、B 两点，连接 A、B 即得到三角形的钢板弹簧展开图。

3）AB 线与各簧片上侧边的交点即为各片长度，如果存在与主片等长的重叠片，就从 B 点到最后一个重叠片的上侧边端点连一直线，此直线与各片上侧边的交点即为各片长度。

4）各片实际长度尺寸需经圆整后确定。

8.3.3 钢板弹簧刚度验算

用共同曲率法验算刚度的公式为

$$c = \frac{6aE}{\sum_{k=1}^{n} a_{k+1}^3 (Y_k - Y_{k+1})} \tag{8-9}$$

式中，$a_{k+1}=(l_1-l_{k+1})$；$Y_k=1/\sum_{i=1}^{k}J_i$，$Y_{k+1}=1/\sum_{i=1}^{k+1}J_i$；$J_i$ 是第 i 片钢板弹簧的惯性矩；a 是经验修正系数，$a=0.90\sim0.94$；l_1、l_{k+1} 分别是主片的一半长度、第（$k+1$）片的一半长度。

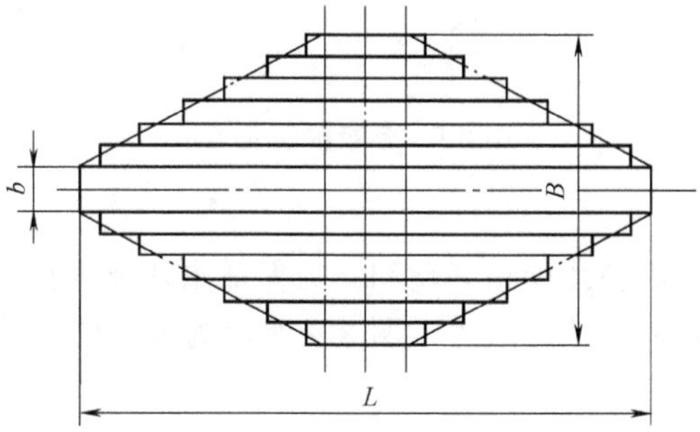

图 8-6　双梯形钢板弹簧

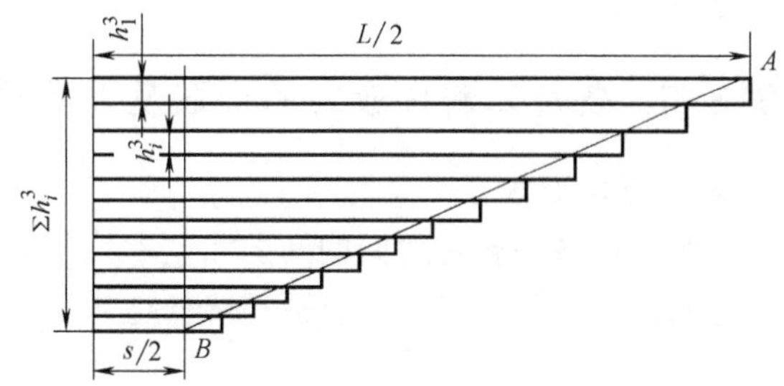

图 8-7　确定钢板弹簧各片长度的作图法

用共同曲率法计算刚度的前提为：

1）假定同一截面上各片曲率变化值相同。

2）各片承受的弯矩正比于其惯性矩。

3）同时该截面上各片的弯矩之和等于外力所引起的弯矩。

8.3.4　钢板弹簧总成在自由状态下的弧高及曲率半径计算

1. 钢板弹簧总成在自由状态下的弧高 H_0

弧高的定义：钢板弹簧各片装配后，在预压缩和 U 形螺栓夹紧前，其主片上表面与两端（不包括卷耳孔半径）连线间的最大高度差（图 8-8），称为钢板弹簧总成在自由状态下的弧高 H_0，用下式计算：

$$H_0=f_c+f_a+\Delta f \tag{8-10}$$

式中，f_c、f_a 分别是静挠度、满载弧高；Δf 是钢板弹簧总成用 U 形螺栓夹紧后引起的弧高变化，$\Delta f=\frac{s(3L-s)(f_a+f_c)}{2L^2}$，其中，$s$ 是 U 形螺栓中心距；L 是钢板弹簧主片长度，与钢板弹簧总成在自由状态下曲率半径的关系为 $R_0=L^2/(8H_0)$。

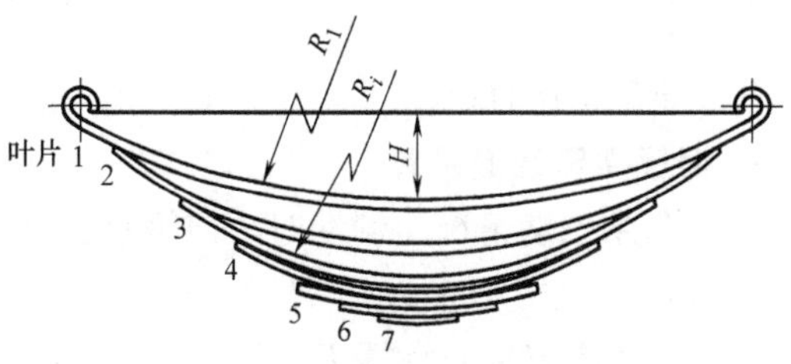

图 8-8　钢板弹簧自由状态下的弧高及曲率半径

2. 钢板弹簧各片自由状态下曲率半径的确定

因钢板弹簧各片在自由状态下和装配后的曲率半径不同，装配后各片产生预应力，其值确定了自由状态下各片板簧的曲率半径 R_i（图 8-8）。

各片自由状态下做成不同曲率半径的目的是使各片厚度相同的钢板弹簧装配后能很好地贴紧，减少主片工作应力，使各片寿命接近。

矩形断面钢板弹簧装配前各片曲率半径由下式确定：

$$R_i=\frac{R_0}{1+(2\sigma_{0i}R_0)/Eh_i} \quad (8\text{-}11)$$

式中，R_i、R_0 分别是第 i 片弹簧、钢板弹簧总成在自由状态下的曲率半径；σ_{0i} 是各片弹簧的预应力；E 是材料弹性模量，取 $E=2.1\times10^5\text{N/mm}^2$；$h_i$ 是第 i 片弹簧的厚度。

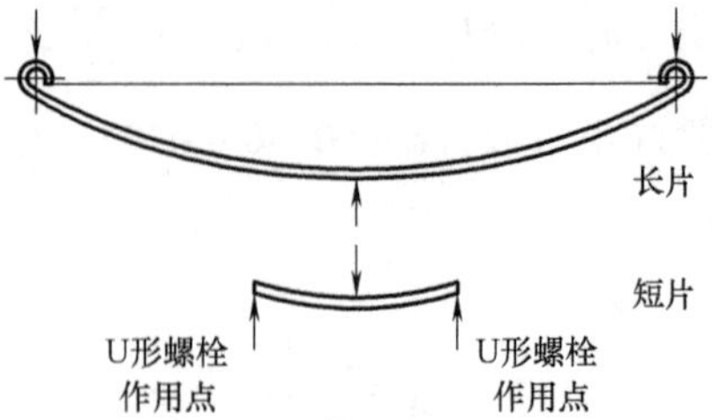

图 8-9　钢板弹簧受力示意图

8.3.5　各片弹簧预应力的选取及强度验算

1. 基本要求

装配前各弹簧片之间的间隙相差不大，且装配后各片能很好贴和；为保证主片及其相邻长片有足够的使用寿命，应适当降低主片及与其相邻长片的应力。图 8-9 所示为钢板弹簧受力的示意图。

对于片厚相同的钢板弹簧，各片预应力值不宜选取过大；对于片厚不相同的钢板弹簧，厚片预应力可取大些。

2. 推荐预应力

主片根部的工作应力与预应力叠加后的合成应力在 $300\sim350\text{N/mm}^2$ 内。1～4 片长片叠加负的预应力，短片叠加正的预应力。预应力从长片到短片由负值逐渐递增至正值。

3. 理论要求

要求各片弹簧在根部处预应力所造成的弯矩 M_i 的代数和等于零，即

$$\sum_{i=1}^{n} M_i=0 \quad 或 \quad \sum_{i=1}^{n}\sigma_{0i}W_i=0 \quad (8\text{-}12)$$

4. 第 i 片弹簧的弧高

$$H_i=\frac{L_i^2}{8R_i} \quad (8\text{-}13)$$

式中，L_i 是第 i 片的片长。

5. 钢板弹簧强度验算

(1) 紧急制动情况　制动时，前钢板弹簧承受的载荷最大，如图 8-10a 所示，在它的后半段出现最大应力。

对卷耳 A 端取矩，计算 F_{s2} 有

$$F_{s2}(l_1+l_2)=G_1m_1'l_2(l_1+\varphi c)$$

对支点 O 取矩，计算得到后半段最大弯矩

$$M_{\max}=F_{s2}l_2=\frac{G_1m_1'l_2(l_1+\varphi c)}{l_1+l_2}$$

后半段出现最大应力

$$\sigma_{\max}=\frac{G_1m_1'l_2(l_1+\varphi c)}{(l_1+l_2)W_0} \quad (8\text{-}14)$$

式中，G_1 是作用在前轮上的垂直静负荷；m_1'是制动时前轴负荷转移系数，对于轿车 $m_1'=1.2\sim1.4$，对于货车 $m_1'=1.4\sim1.6$；l_1、l_2 分别是钢板弹簧前、后段长度；φ 是道路附着系

数，取 0.8；W_0、c 分别是钢板弹簧总截面系数、弹簧固定点到路面的距离。

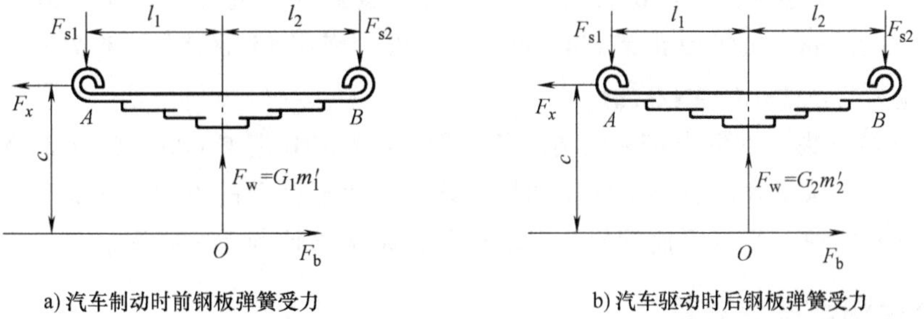

图 8-10 汽车制动和驱动时钢板弹簧的受力图

（2）汽车驱动情况 后钢板弹簧承受的载荷最大，在它的前半段出现最大应力，如图 8-10b 所示。受力分析方法与前钢板弹簧一致。只是由于要计算后钢板弹簧前半段出现最大应力，首先是对吊耳 B 端取矩计算，然后对支点 O 取矩计算后钢板弹簧的前半段最大弯曲应力，并计算与摩擦阻力对应拉伸应力，最后求其和。

弯曲应力最大值：

$$\sigma_{\mathrm{wmax}}=\frac{G_2 m_2' l_1(l_2+\varphi c)}{(l_1+l_2)W_0}$$

拉伸应力最大值：

$$\sigma_{\mathrm{lmax}}=\frac{G_2 m_2'\varphi}{bh_1}$$

后钢板弹簧的前半段最大应力为（弯曲应力+拉伸应力）：

$$\sigma_{\max}=\frac{G_2 m_2' l_1(l_2+\varphi c)}{(l_1+l_2)W_0}+\frac{G_2 m_2'\varphi}{bh_1} \tag{8-15}$$

式中，G_2 是作用在后轮上的垂直静负荷；m_2' 是驱动时后轴负荷转移系数，对于轿车 $m_2'=1.25\sim1.30$，对于货车 $m_2'=1.1\sim1.2$；b、h_1 分别是钢板弹簧片宽、钢板弹簧主片厚度。

（3）钢板弹簧卷耳和弹簧销的强度核算

1）主片卷耳。钢板弹簧主片卷耳受力如图 8-11 所示。卷耳所受应力 σ 是由弯曲应力和拉（压）应力合成的应力，具体为

$$\sigma=\frac{3F_x\left(\dfrac{D}{2}+h_1\right)}{bh_1^2}+\frac{F_x}{bh_1} \tag{8-16}$$

式中，F_x 是沿弹簧纵向作用在卷耳中心线上的力；D、b、h_1 分别是卷耳内径、钢板弹簧宽度、主片厚度。许用应力 [σ] 取为 350N/mm^2。

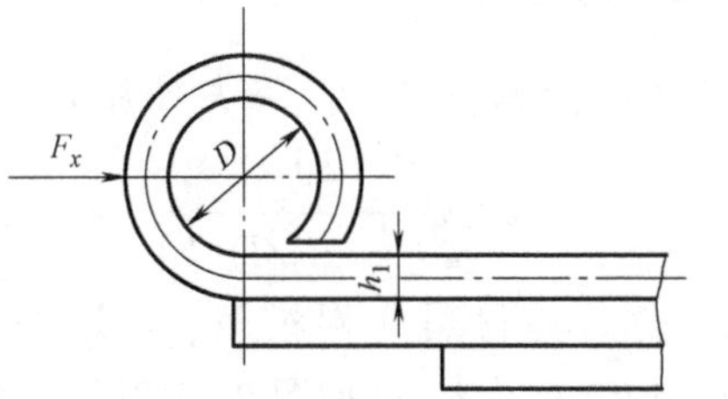

图 8-11 钢板弹簧主片卷耳受力图

2）钢板弹簧销。验算钢板弹簧受静载荷时，钢板弹簧销受到的挤压应力为

$$\sigma_z=\frac{F_s}{bd} \tag{8-17}$$

式中，F_s 是满载静止时钢板弹簧端部的载荷；b、d 分别是卷耳处叶片宽、钢板弹簧销直径。

（4）许用应力的选取　用 30 钢或 40 钢经液体碳氮共渗处理时，弹簧销许用挤压应力 $[\sigma_z]$ 取为 3~4N/mm²。用 20 钢或 20Cr 钢经渗碳处理或用 45 钢经高频淬火后，针对不同车型，其许用应力 $[\sigma_z]\leqslant 7\sim 9\text{N/mm}^2$。

（5）材料与方法　钢板弹簧多数情况下采用 55SiMnVB 钢或 60Si2Mn 钢制造。常采用表面喷丸处理工艺和减少表面脱碳层深度的措施来提高钢板弹簧的寿命。表面喷丸处理有一般喷丸和应力喷丸两种，后者可使钢板弹簧表面的残余应力比前者大很多。

8.3.6　少片弹簧设计计算

1. 少片弹簧的特点

1）叶片由等长、等宽、变截面的 1~3 片叶片组成（图 8-12）。

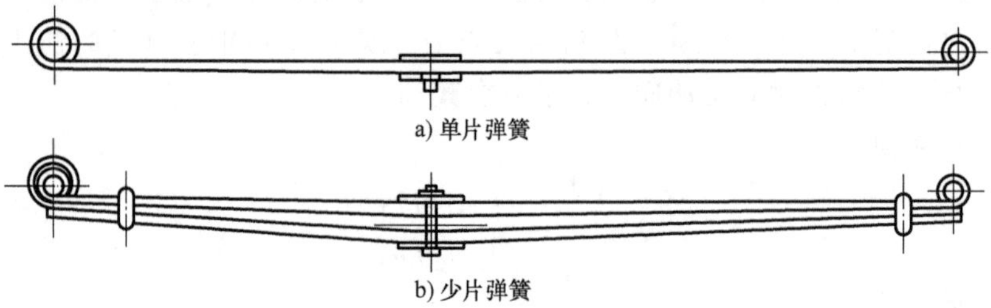

图 8-12　单片弹簧和少片弹簧

2）利用变厚断面来保持等强度特性。

3）比多片弹簧减少 20%~40%的质量。

4）片间放有减摩作用的硬质塑料，或做成只在端部接触，以减少片间摩擦。

少片弹簧在乘用车和部分商用车上得到越来越多的应用。

2. 刚度与强度计算

图 8-13 所示单片变截面弹簧的端部 CD 段和中间夹紧部分 AB 段是厚度为 h_1 和 h_2 的等截面形，BC 段为变厚截面。BC 段厚度可按抛物线形或线性变化。

（1）按抛物线形变化　此时厚度 h_x 随长度的变化规律为 $h_x=h_2(x/l_2)^{\frac{1}{2}}$，惯性矩为 $J_x=J_2(x/l_2)^{\frac{3}{2}}$，单片刚度为

$$c=\frac{6EJ_2\xi}{l^3[1+(l_2/l)^3k]} \tag{8-18}$$

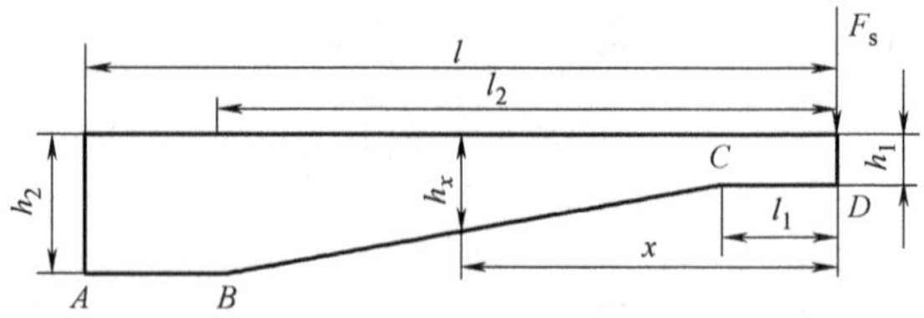

图 8-13　单片变截面弹簧的一半

式中，E 是材料弹性模量；ξ 是修正系数，取 0.92；l、l_2 如图 8-13 所示；$J_2=bh_2^3/12$，其中，b 是钢板宽；$k=1-(h_1/h_2)^3$。

弹簧在抛物线区段内各点应力相等，其值为

$$\sigma=\frac{6F_sl_2}{bh_2^2} \tag{8-19}$$

（2）按线性变化　此时厚度 h_x 随长度的变化规律为

$$h_x = A'x+B' \tag{8-20}$$

式中，$A'=(h_2-h_1)/(l_2-l_1)$；$B'=(h_1 l_2-h_2 l_1)/(l_2-l_1)$。

单片钢板弹簧的刚度仍用式（8-18）计算，但式中系数 k 用 k'代入，即

$$k'=\gamma^3-\frac{3}{2}\left(\frac{1-\alpha}{1-\beta}\right)^3\left[2\ln\beta+\frac{4(1-\beta)(1-\gamma)}{(1-\alpha)}-\left(\frac{1-\gamma}{1-\alpha}\right)^2(1-\beta^2)\right]-1 \tag{8-21}$$

式中，$\alpha=l_1/l_2$；$\beta=h_1/h_2$；$\gamma=\alpha/\beta$。

当 $l_1>l_2(2\beta-1)$ 或 $2h_1<h_2$ 时，弹簧最大应力点发生在 $x=B'/A'$处，此处 $h_x=A'x+B'=2B'$，其应力值 $\sigma_{max}=3F_s/(2bA'B')$。

当 $l_1\leqslant l_2(2\beta-1)$ 时，最大应力点发生在 B 点，其值 $\sigma_{max}=3F_s l_2/(2bh_2^2)$。

σ_{max} 应小于许用应力 $[\sigma]$。

由 n 片组成少片弹簧时，其总刚度为各片刚度之和，其应力则按各片所承受的载荷分量计算。在布置允许的情况下少片弹簧的宽度尽可能取宽些，以增强横向刚度，常取 75～100mm。厚度 $h_1>8$mm，以保证足够的抗剪强度并防止太薄而淬裂。h_2 取 12～20mm。

8.4 扭杆弹簧设计计算

8.4.1 扭杆弹簧的特点及其分类

1. 扭杆弹簧的特点

1）扭杆弹簧是悬架弹性元件的一种，其两端分别与车架（车身）和导向臂连接。

2）工作时，扭杆弹簧受扭转力矩的作用。

3）扭杆弹簧在汽车上可以纵置、横置或介于上述两者之间。

4）扭杆弹簧单位质量储能量比钢板弹簧大得多，所以扭杆弹簧悬架质量小（非簧载质量得以减少）。

5）扭杆弹簧工作可靠，保养维修容易。

目前在总长较短的客车和总质量较小的货车上得到较广泛的应用。

2. 扭杆弹簧的分类

扭杆弹簧可以按照断面形状或弹性元件数量不同来分类。

1）按照断面形状不同，扭杆弹簧分为圆形、管形、片形等几种。

2）按照弹性元件数量不同，扭杆弹簧可分为单杆式（图 8-14a、b）和组合式两种。

不同断面形状的扭杆弹簧有不同的特点。端部做成花键的圆形断面扭杆，因工艺性良好和装配容易而得到广泛应用，与管形扭杆相比，其缺点是材料利用不够合理。管形断面扭杆有制造工艺比较复杂的缺点，但它也有材料利用合理和能够用来制作组合式扭杆的优点。片形断面扭杆在一片断了以后仍能工作，所以工作可靠性好，除此之外还有工艺性良好、弹性好、扭角大等优点。片形断面扭杆的材料利用不够合理。

组合式扭杆又有并联（图 8-14c、d）和串联（图 8-14e）两种。组合式扭杆能缩短弹性元件的长度，有利于在汽车上的布置。采用圆断面组合式扭杆时，可以用 2、4 或 6 根组合形成组合式扭杆。

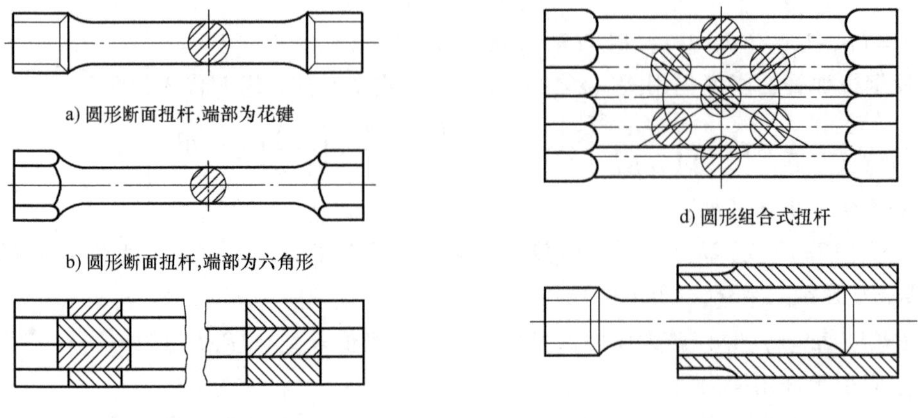

a) 圆形断面扭杆，端部为花键

b) 圆形断面扭杆，端部为六角形

c) 片形组合式扭杆

d) 圆形组合式扭杆

e) 串联组合式扭杆

图 8-14　扭杆断面形状及端部结构

8.4.2　扭杆弹簧设计计算要点

以汽车上常用的圆形断面扭杆为例介绍设计要点。

1. 设计参数确认

根据对汽车平顺性的要求，选定悬架刚度 c。确定扭杆弹簧的主要尺寸，包括扭杆直径 d 和扭杆长度 L（图 8-15）。

计算扭杆直径 d：

$$d=\sqrt[3]{\frac{16M_{\max}}{\pi\tau}} \tag{8-22}$$

式中，$M_{\max}$ 是扭杆承受的最大扭矩；τ 是扭转切应力，可用允许扭转切应力代入计算。

扭杆的有效长度 L：

$$L=\frac{\pi d^4 G}{32c_n} \tag{8-23}$$

式中，G 是剪切模量，设计时取 $G=7.7\times10^4$MPa；c_n 是扭杆的扭转刚度。

2. 参数选择的辩证关系

分析式（8-23）可知，扭杆直径 d 和有效长度 L 对扭杆的扭转刚度 c_n 有影响。增加扭杆直径 d 会使扭杆的扭转刚度 c_n 增大，因悬架刚度与扭杆扭转刚度成正比，所以汽车平顺性变坏；而扭杆直径 d 又必须满足式（8-22）的强度要求，不能随意减小。

增加扭杆有效长度 L 能减小扭杆的扭转刚度 c_n，使汽车平顺性获得改善；但过长的扭杆在汽车上布置有困难。此时宜采用组合式扭杆。

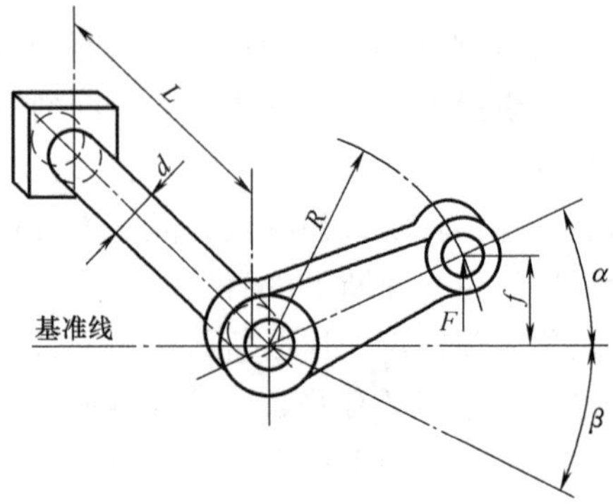

图 8-15　扭杆弹簧与臂

3. 材料性能分析

常采用45CrNiMoVA、40Cr、42CrMo、50CrV 等弹簧钢制造扭杆。为了提高疲劳强度，扭杆需要经过预扭和喷丸处理。经过预扭和喷丸处理的扭杆许用切应力［τ］可在800~900MPa 范围内选取，乘用车可取上限，货车宜取下限。

4. 端部和过渡段尺寸设计

扭杆弹簧可分为端部、杆部和过渡段三部分。圆形扭杆使用有花键的端部占多数，这种结构在端部直径较小时也能保证足够的强度。为使端部和杆部寿命一样，推荐端部直径 $D=(1.2\sim1.3)d$，其中 d 为扭杆直径；花键长度$l=0.4D$，端部花键一般采用渐开线花键。

从端部直径到杆部直径之间的一段称为过渡段。为了使这段的应力集中降到最小，过渡段的尺寸应该是逐渐变化的。比较常用的方法是采用一个30°夹角的锥体，把端部和杆部连接起来（图8-16a），过渡段长 $L_g=(D-d)/(2\tan15°)$，过渡圆角 $r=1.5d$。

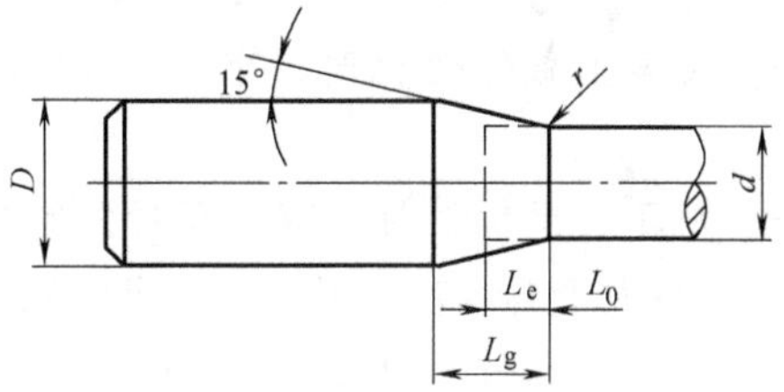

a) 锥度过渡段

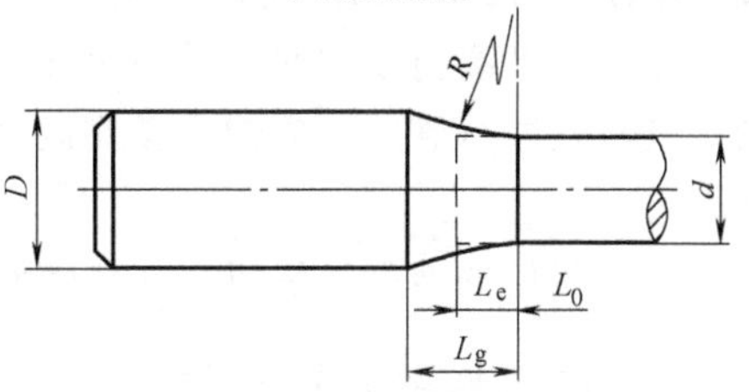

b) 圆弧过渡段

图 8-16　扭杆端部、杆部与过渡段

过渡段可以分为靠近直径为 D 的花键端部的非有效部分和靠近直径为 d 的杆部的有效部分，即这一部分可以看作扭杆工作长度的一部分，称为有效长度 L_e。对于图8-16a所示结构，有效长度 L_e 为

$$L_e=\frac{L_g}{3}\left[\frac{d}{D}+\left(\frac{d}{D}\right)^2+\left(\frac{d}{D}\right)^3\right] \tag{8-24}$$

有效长度 L_e 也可以用图8-17所示线图求出。

对于图8-16b所示结构，有效长度 L_e 为

$$L_e=\frac{L_g}{48}\left[8\left(\frac{d}{D}\right)^3+10\left(\frac{d}{D}\right)^2+15\left(\frac{d}{D}\right)+15\left(\frac{d}{D-d}\right)^{0.5}\arctan\left(\frac{D}{d}-1\right)^{0.5}\right] \tag{8-25}$$

过渡圆弧半径 R 为

$$R=\frac{L_g^2}{D-d}+\frac{D-d}{4} \tag{8-26}$$

扭杆的工作长度 L 等于杆身长 L_0 再加有效长度 L_e 的两倍，即

$$L=L_0+2L_e$$

与扭杆花键连接的支座上的内花键长度，要求比扭杆上的外花键长度长些，并且设计时还应保证内花键两端的长度都要超出扭杆花键长度。

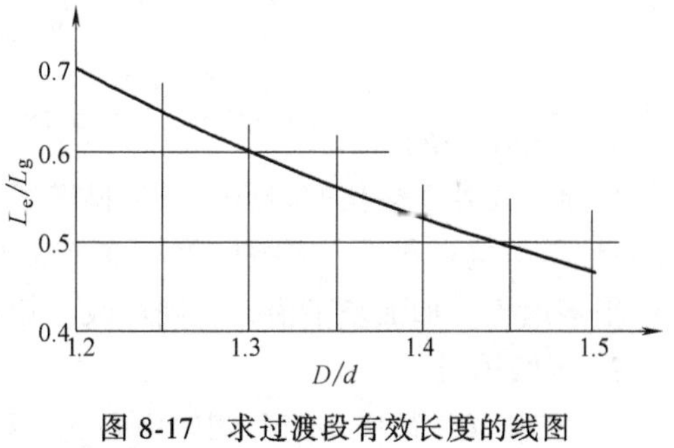

图 8-17　求过渡段有效长度的线图

有的扭杆端部采用直接锻造出六角形的结构。为了提高侧边的平直度，锻后再进行精压

加工。六角对边的宽度 B 与扭杆直径 d 之间要求保持 $B=(1.2\sim1.4)d$ 的关系，以保证六角形的端部有足够的强度。

8.5 独立悬架导向机构的设计

8.5.1 对独立悬架导向机构的要求

1. 对前轮独立悬架导向机构的要求

1）悬架上载荷变化时，保证轮距变化不超过±4mm。

2）悬架上载荷变化时，前轮定位参数要有合理的变化特性，车轮不应产生纵向加速度。

3）汽车转弯行驶时，应使车身侧倾角小。在 $0.4g$ 侧向加速度作用下，不同车型的车身侧倾角不大于 $6°\sim7°$，车轮与车身的倾斜要同向。

4）汽车制动时，应使车身有抗前俯作用；加速时，有抗后仰作用。

2. 对后轮独立悬架导向机构的要求

1）悬架上的载荷变化时，轮距无显著变化。

2）汽车转弯行驶时，应使车身侧倾角小，并使车轮与车身的倾斜反向，以减小过多转向效应。

3）应有足够的强度，以可靠地传递除垂直力以外的各种力和力矩。

8.5.2 导向机构的布置参数

1. 侧倾中心 W

对于双横臂式悬架侧倾中心的计算公式如下：

$$h_W=\frac{B_1}{2}\,\frac{h_P}{k\cos\beta+d\tan\sigma+a} \tag{8-27}$$

式中，$k=c\dfrac{\sin(90°+\sigma-\alpha)}{\sin(\alpha+\beta)}$；$h_P=k\sin\beta+d$（图 8-18a）。

当上下横臂平行时，其交点趋于无穷远，则可画出其通过车轮接地点 N 的平行线与车的对称轴线的交点来确定侧倾中心 W，如图 8-18b 所示。

对于麦弗逊式悬架侧倾中心的计算公式如下：

$$h_W=\frac{B_1}{2}\,\frac{h_P}{k\cos\beta+d\tan\sigma+a} \tag{8-28}$$

式中，$k=\dfrac{c+o}{\sin(\alpha+\beta)}$；$h_P=k\sin\beta+d$（图 8-19）。

麦弗逊式独立悬架的特点：滑柱摆臂式悬架的弹簧减振器柱 EG 布置得越垂直、下横臂 GD 布置得越接近水平，则侧倾中心 W 就越接近地面，从而使得在车轮上跳时车轮外倾角的变化很不理想。如加长下横臂，则可改善运动学特性。

2. 侧倾轴线

1）在独立悬架中，前后侧倾中心连线称为侧倾轴线。侧倾轴线应大致与地面平行，且

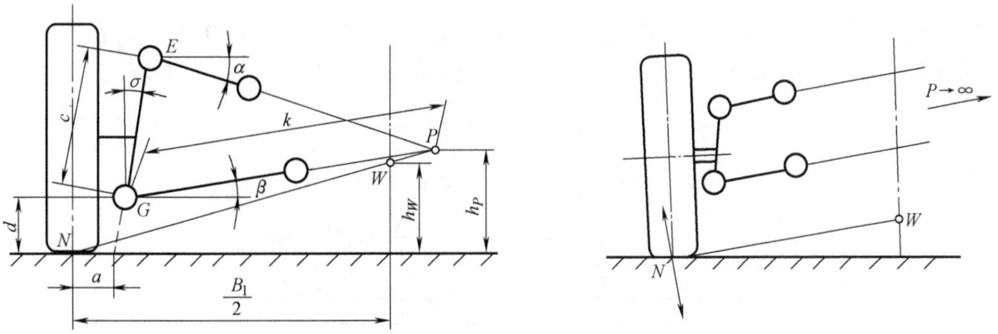

a) 双横臂间有夹角时侧倾中心W　　b) 横臂相互平行时侧倾中心W

图 8-18　双横臂式独立悬架侧倾中心 W 的确定

尽可能离地面高些。

平行是为了使得在曲线行驶时前、后轴上的轮荷变化接近相等，从而保证中性转向特性；而尽可能高则是为了使车身的侧倾限制在允许范围内。

2）独立悬架（纵臂式悬架除外）的侧倾中心高度：前悬架 0 ~ 120mm；后悬架 80 ~ 150mm。

3）设计时首先要确定（与轮距变化有关的）前悬架的侧倾中心高度，然后确定后悬架的侧倾中心高度。

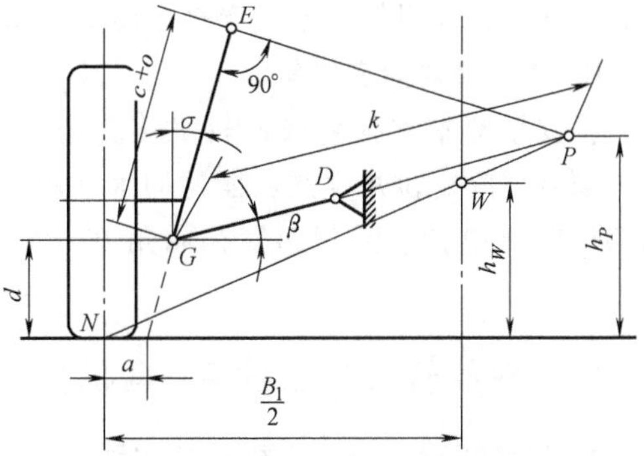

图 8-19　麦弗逊式独立悬架侧倾中心 W 的确定

当后悬架采用独立悬架时，其侧倾中心高度要稍大些。如果用钢板弹簧非独立悬架时，后悬架的侧倾中心高度要取得更大些。

3. 纵倾中心

麦弗逊式独立悬架的纵倾中心如图 8-20 所示，双横臂式独立悬架的纵倾中心如图 8-21 所示。

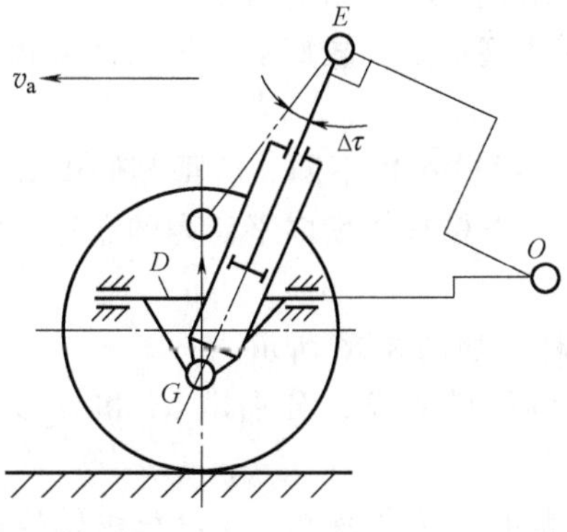

图 8-20　麦弗逊式独立悬架的纵倾中心

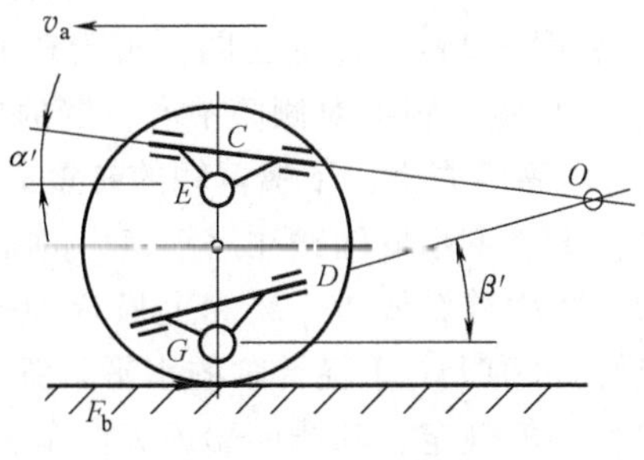

图 8-21　双横臂式独立悬架的纵倾中心

4. 抗制动纵倾性（抗制动前俯角）

抗制动纵倾性使得制动过程中汽车车头的下沉量及车尾的抬高量减小。只有当前、后悬架的纵倾中心位于两根车桥（轴）之间时，这一性能方可实现，如图 8-22 所示。

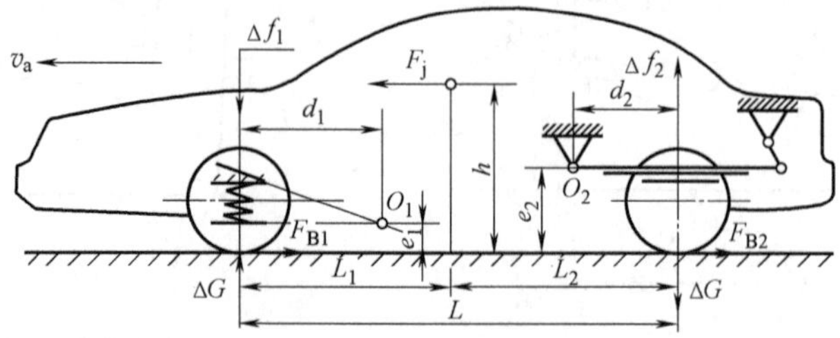

图 8-22　汽车抗制动纵倾性

5. 抗驱动纵倾性（抗驱动后仰角）

抗驱动纵倾性可减小后轮驱动汽车车尾的下沉量或前轮驱动汽车车头的抬高量。对于独立悬架而言，当纵倾中心位置高于驱动桥车轮中心，这一性能方可实现。

6. 悬架摆臂的定位角

独立悬架中的摆臂铰链轴大多为空间倾斜布置。摆臂空间定位角定义：摆臂的水平斜置角 α'，悬架抗前俯角 β'，悬架斜置初始角 θ'，如图 8-23 所示。

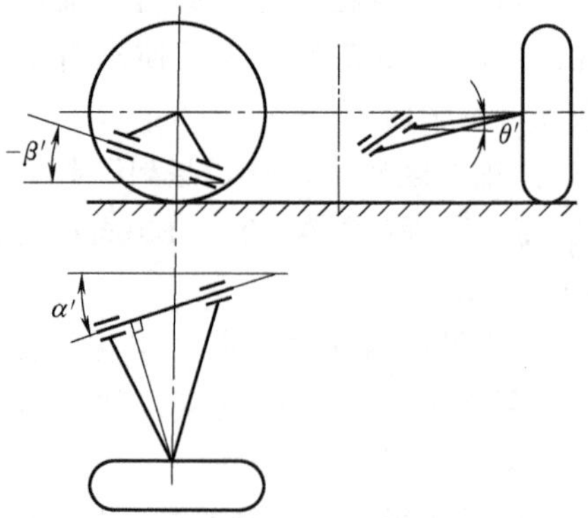

图 8-23　α'、β'、θ'的定义

8.5.3　双横臂式独立悬架导向机构设计

1. 纵向平面内上、下横臂的布置

分别用 β_1' 和 β_2'来表示下、上横臂与水平线的夹角，如图 8-24 所示。图中给出了六种可能布置方案的主销后倾角 γ 值随车轮跳动的曲线。横坐标为 γ 值，纵坐标为车轮接地中心的垂直位移量。各匹配方案中 β_1'、β_2'角度的取值见图注，其正负号按右手定则确定。

希望的变化规律：在悬架弹簧压缩时后倾角增大；在弹簧拉伸时后倾角减小，用以造成制动时因主销后倾角变大而在控制臂支架上产生一个防止制动前俯的力矩。

图 8-24 中，1、2、6 三种方案的主销后倾角的变化规律是比较好的，被广泛采用。

2. 横向平面内上、下横臂的布置方案

比较图 8-25a、b、c 三图，可清楚地看到，上、下横臂布置不同，所得侧倾中心位置也不同，这样就可根据对侧倾中心位置的要求来设计上、下横臂在横向平面内的布置方案。

3. 水平面内上、下横臂轴的布置方案

1）上、下横臂轴线在水平面内的布置方案有三种，如图 8-26 所示。

2）下横臂轴线 $M—M$ 和上横臂轴线 $N—N$ 与纵轴线的夹角，分别用 α_1 和 α_2 来表示，称为导向机构上、下横臂轴的水平斜置角。

3）一般规定，轴线前端远离汽车纵轴线的夹角为正，反之为负，与汽车纵轴线平行者夹角为零。

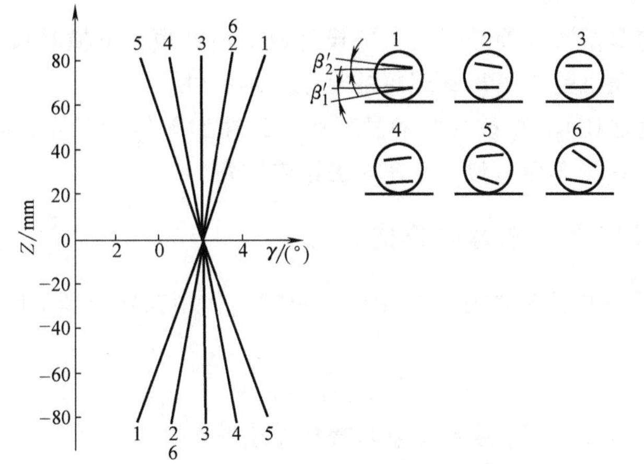

图 8-24　β_1'、β_2'的匹配对 γ 的影响

1—$\beta_1'=+5°$　$\beta_2'=-5°$　2—$\beta_1'=0°$　$\beta_2'=-5°$　3—$\beta_1'=0°$　$\beta_2'=0°$

4—$\beta_1'=0°$　$\beta_2'=+5°$　5—$\beta_1'=-5°$　$\beta_2'=+5°$　6—$\beta_1'=-5°$　$\beta_2'=-10°$

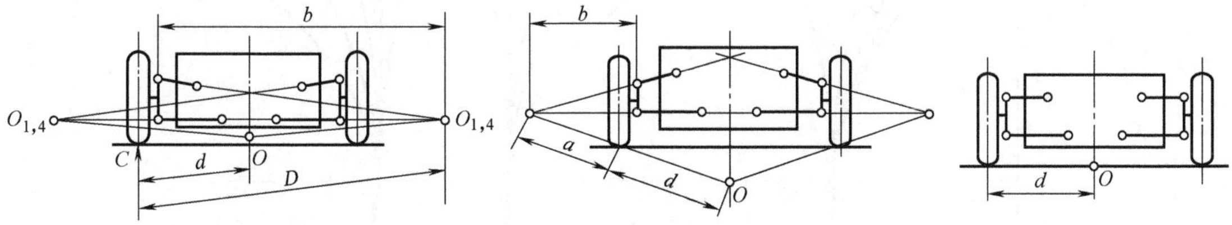

a) 下横臂水平，上横臂下压　　b) 下横臂水平，上横臂上扬　　c) 上、下横臂均水平

图 8-25　横向平面内上、下横臂的布置方案

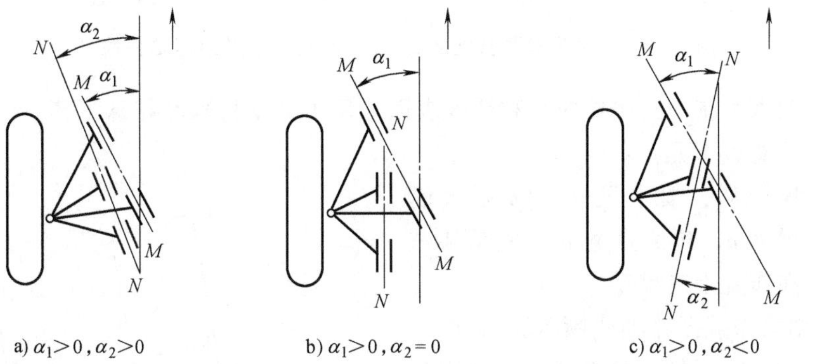

a) $\alpha_1>0$，$\alpha_2>0$　　b) $\alpha_1>0$，$\alpha_2=0$　　c) $\alpha_1>0$，$\alpha_2<0$

图 8-26　水平面内上、下横臂的布置方案

采用上述布置方案的目的为：

1）为了使轮胎在遇到凸起路障时能够使轮胎一面上跳，一面向后退让。

2）减少传到车身上的冲击力。

3）便于布置发动机。

4. 上、下横臂长度的确定

现代轿车所用的双横臂式前悬架，一般设计成上横臂短、下横臂长。这一方面是考虑到布置发动机，另一方面也是为了得到理想的悬架运动特性。

上、下横臂长度之比 l_2/l_1 改变时的悬架运动特性如图 8-27 所示。其中 Z 为车轮垂直位移，B_y 为 1/2 轮距，α 为车轮外倾角，β 为主销内倾角。

8.5.4 麦弗逊式独立悬架导向机构设计

分析图 8-28 所示的麦弗逊式独立悬架受力可知，作用在导向套上的横向力为

$$F_3=\frac{F_1ad}{(c+d)(d-c)} \tag{8-29}$$

式中，F_1 是前轮上的静载荷 F_1' 减去前轴非簧载质量的 1/2。

力 F_3 越大，则作用在导向套上的摩擦力 F_3f 越大（f 为摩擦系数），这对汽车平顺性有不良影响。

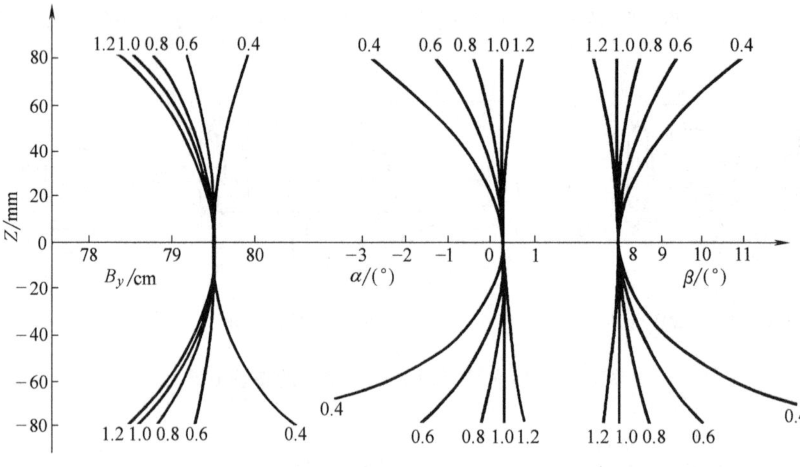

图 8-27 上、下横臂长度之比 l_2/l_1 改变时的悬架运动特性

为了减小摩擦力 F_3f，在导向套和活塞表面采用了减摩材料和特殊工艺。

设计时要注意以下几点：

1）为减小力 F_3，要求尺寸 $c+b$ 越大越好，或者减小尺寸 a。增大尺寸 $c+b$ 使悬架占用空间增加，在布置上有困难。

2）若采用增加减振器轴线倾斜度的方法，可达到减小尺寸 a 的目的，但也存在布置困难的问题。

3）为此，在保持减振器轴线不变的条件下，常将图中的 G 点外伸至车轮内部，既可以达到缩短尺寸 a 的目的，又可获得较小的甚至是负的主销偏移距，提高制动稳定性。移动 G 点后的主销轴线不再与减振器轴线重合。

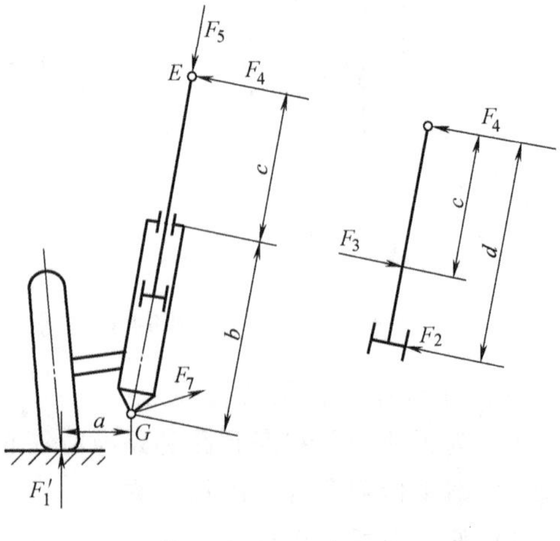

图 8-28 麦弗逊式独立悬架导向机构设计

第 9 章

转向器结构设计

9.1　转向器设计的基本要求

转向器的功能是按设计传动比增大转向盘传到转向传动机构的力和改变力的传递方向，其设计的基本要求如下：

1）传给转向盘的反力尽量小。

2）传动效率高，具有较好的自动回正能力。

3）工作平稳、可靠，使用寿命长。

9.2　机械式转向器方案分析与设计

9.2.1　机械式转向器类型

机械式转向器应用比较多，根据结构特点不同，可分为齿轮齿条式转向器、循环球式转向器、蜗杆滚轮式转向器和蜗杆指销式转向器等。

1. 齿轮齿条式转向器

齿轮齿条式转向器由转向齿轮和转向齿条构成，转向齿轮与转向轴做成一体，而转向齿条常与转向横拉杆做成一体。

（1）齿轮齿条式转向器分类

1）按轮齿形式分，转向器的齿轮有直齿轮和斜齿轮。

① 采用直齿圆柱齿轮与直齿齿条啮合的转向器，运转平稳性降低，冲击大，工作噪声增加。而且齿轮轴线与齿条轴线之间的夹角只能是直角，不适应总体布置而遭淘汰。

② 采用斜齿圆柱齿轮与斜齿齿条啮合的齿轮齿条式转向器，重合度增加，运转平稳，冲击与工作噪声均下降，齿轮轴线与齿条轴线之间的夹角易于满足总体设计的要求。

2）按齿条断面分，齿条断面形状有圆形、V 形和 Y 形三种。

① 圆形断面齿条制作工艺比较简单。

② V 形和 Y 形断面齿条与圆形断面齿条比较，消耗的材料少，约节省 20%，故质量小。且 V 形和 Y 形断面齿条，齿背面的斜面与齿条托座接触，可以防止齿条绕轴线转动。

③ Y 形断面齿条的齿宽可以更宽些，因而强度得到增加。

（2）齿轮齿条式转向器主要的优点

1）结构简单、紧凑。

2）壳体采用铝合金或镁合金压铸而成，转向器的质量比较轻，占用的体积小。

3）传动效率高达90%。

4）可自动消除齿间间隙，提高转向系统的刚度，防止工作时产生冲击和噪声。

5）没有转向摇臂和直拉杆，所以转向轮可以获得更大转角。

（3）齿轮齿条式转向器的主要缺点

1）因逆效率较高（60%~70%），汽车在不平路面上行驶时，转向轮与路面之间的冲击力大部分能传至转向盘，使驾驶人精神紧张，并难以准确控制汽车行驶方向。

2）转向盘突然转动会造成打手，对驾驶人造成伤害。

2. 循环球式转向器

循环球式转向器由螺杆、螺母、传力钢球和齿扇组成。其中螺杆、螺母和传力钢球构成螺旋运动副，而螺母和齿扇则构成齿扇齿条运动副。

（1）循环球式转向器的优点

1）在螺杆和螺母之间为滚动摩擦，因而传动效率可达到75%~85%。

2）在结构和工艺上采取措施，可使转向器具有足够的硬度和耐磨性，工作平稳可靠。

3）转向器的传动比可以变化。

4）齿条和齿扇之间的间隙调整方便。

5）适合用来做整体式动力转向器。

（2）循环球式转向器的主要缺点　逆效率高，结构复杂，制造精度要求高，制造困难。

3. 蜗杆滚轮式转向器

蜗杆滚轮式转向器由蜗杆和滚轮啮合而构成。

（1）蜗杆滚轮式转向器的主要优点

1）结构简单，制造容易。

2）齿面和蜗杆为面接触，强度比较高，工作可靠，磨损小，寿命长。

3）逆效率低。

（2）蜗杆滚轮式转向器的主要缺点

1）正效率低。

2）工作齿面磨损以后，调整啮合间隙比较困难。

3）转向器的传动比不能变化。

4. 蜗杆指销式转向器

（1）蜗杆指销式转向器分类　按照指销形式分为固定指销式和旋转指销式；按照指销数量分为单销式和双销式。

若指销不能自转，则称为固定指销转向器，其工作部位基本保持不变，磨损快，传动效率低；若指销能绕自身轴线转动，则称为旋转指销转向器，其传动效率较高，磨损慢，但结构比较复杂。

（2）蜗杆指销式转向器的优点

1）转向器的传动比可以做成不变的或者变化的。

2）指销和蜗杆之间的工作面磨损后，调整间隙较为方便。

9.2.2　齿轮齿条式转向器形式及布置

1. 齿轮齿条式转向器形式

根据输入齿轮位置和输出特点不同，齿轮齿条式转向器有四种形式：中间输入，两端输出（图 9-1a）；侧面输入，两端输出（图 9-1b）；侧面输入，中间输出（图 9-1c）；侧面输入，一端输出（图 9-1d）。

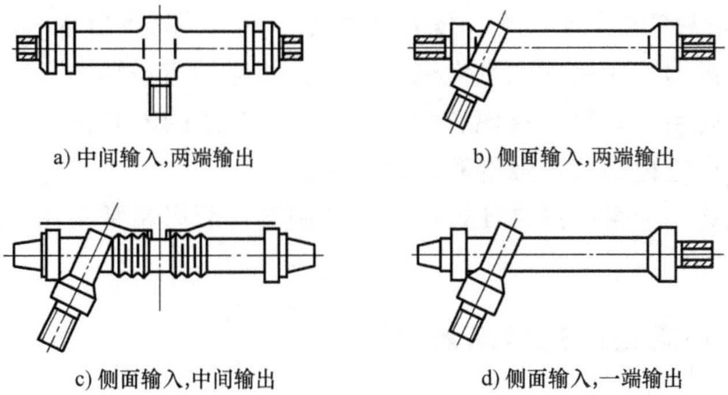

a) 中间输入,两端输出　　b) 侧面输入,两端输出

c) 侧面输入,中间输出　　d) 侧面输入,一端输出

图 9-1　齿轮齿条式转向器的形式

1）采用侧面输入、中间输出方案时，与齿条相连的左、右拉杆延伸到接近汽车纵向对称平面附近。车轮跳动时拉杆摆角减小，有利于减少转向系统与悬架系统的运动干涉。拉杆与齿条用螺栓固定连接，两拉杆与齿条同时向左或右移动，为此在转向器壳体上开有轴向长槽，降低了壳体的强度。

2）采用两端输出方案时，由于转向拉杆长度受到限制，容易与悬架系统导向机构产生运动干涉。

3）侧面输入、一端输出的齿轮齿条式转向器，常用在平头微型货车上。

2. 齿轮齿条式转向器在汽车上的布置形式

根据齿轮齿条式转向器和转向梯形相对前轴位置的不同，齿轮齿条式转向器在汽车上有四种布置形式：转向器位于前轴后方，后置梯形（图 9-2a）；转向器位于前轴后方，前置梯

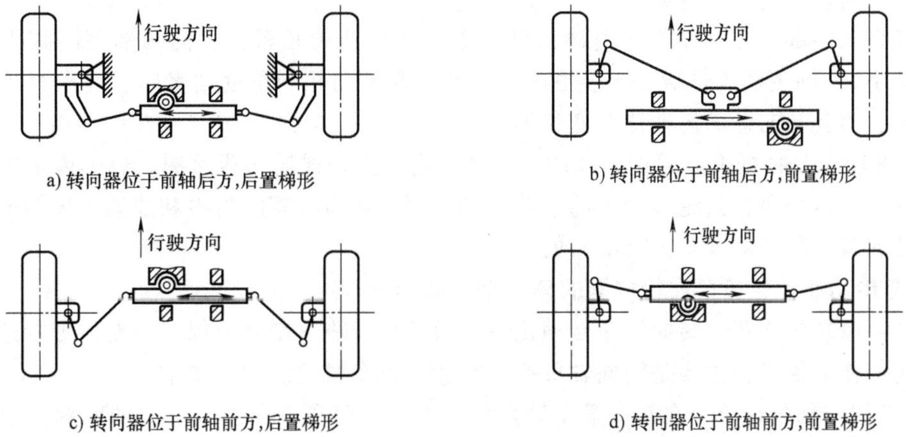

a) 转向器位于前轴后方,后置梯形　　b) 转向器位于前轴后方,前置梯形

c) 转向器位于前轴前方,后置梯形　　d) 转向器位于前轴前方,前置梯形

图 9-2　齿轮齿条式转向器的布置形式

形（图 9-2b）；转向器位于前轴前方，后置梯形（图 9-2c）；转向器位于前轴前方，前置梯形（图 9-2d）。

齿轮齿条式转向器广泛应用于微型、普通级、中级和中高级轿车上，甚至在高级轿车上也有采用。装载量不大、前轮采用独立悬架的货车和客车有些也采用齿轮齿条式转向器。

9.2.3 齿轮齿条式转向器的设计

1）齿轮齿条式转向器的齿轮多数采用斜齿圆柱齿轮，齿轮螺旋角取值范围多为 9°~15°。

2）主动小齿轮齿数多数在 5~7 个，压力角取 20°，齿轮模数取值范围多在 2~3mm 之间。

3）齿条齿数应根据转向轮达到最大偏转角时，相应的齿条移动行程来确定。

4）变传动比的齿条压力角，对现有结构在 12°~35°范围内变化。

5）设计时应验算轮齿的抗弯强度和接触强度。

6）主动小齿轮选用 16MnCr5 或 15CrNi6 材料制造，而齿条常采用 45 钢制造。为减轻质量，壳体用铝合金压铸。

9.2.4 变传动比齿轮齿条式转向器设计

1. 变传动比转向器

从轮胎接地面中心作用在两个转向轮上的合力 $2F_W$ 与作用在转向盘上的手力 F_h 之比为力传动比 $i_p=2F_W/F_h$。增大角传动比可以增加力传动比，当 F_W 一定时，增大 i_p 能减小作用在转向盘上的力 F_h，使操纵轻便。

角传动比增加后，转向轮偏转角速度对转向盘角速度的响应变得迟钝，使转向操纵时间增长，汽车转向灵敏性降低，所以“轻”和“灵”构成一对矛盾。

为解决这对矛盾，可采用变传动比转向器。齿轮齿条式、循环球式、蜗杆指销式转向器都可以制成变传动比转向器。

2. 变传动比齿轮齿条式转向器

对于相互啮合的齿轮齿条，其齿轮基圆齿距为 $p_{b1}=\pi m_1\cos\alpha_1$，齿条基圆齿距为 $p_{b1}=\pi m_2\cos\alpha_2$。它们的基圆齿距必须相等，即 $p_{b1}=p_{b2}$。当齿轮具有标准模数 m_1 和标准压力角 α_1 与一个具有变模数 m_2 和变压力角 α_2 的齿条相啮合时，只需保持 $m_1\cos\alpha_1=m_2\cos\alpha_2$，就可以啮合运转。

如果齿条中部（相当于汽车直线行驶位置）齿的压力角最大，向两端逐渐减小（模数也随之减小），则主动齿轮啮合半径也减小，转向盘转动相同角度增量时，齿条行程增量也随之减小。因此转向器的传动比是变化的。

图 9-3 所示是根据上述原理设计的变传动比齿轮齿条式转向器示例。位于齿条中部位置处的齿有较大压力角，齿轮有较大的节圆半径，而齿条齿有宽的齿根和浅斜的齿侧面；位于齿条两端的齿，齿根减薄，齿有陡斜的侧面。

3. 变传动比齿轮齿条式转向器的角传动比的选择

随转向盘转角变化，转向器角传动比可以设计成减小、增大或保持不变。影响选取角传动比变化规律的因素，主要是转向轴负荷大小和对汽车机动能力的要求。

1）若转向轴负荷小，在转向盘全转角范围内，不存在转向过于沉重的问题，应取较小的转向器角传动比。

2）装有助力转向器的汽车，因转向大部分阻力矩由助力装置克服，转向器应取较小的角传动比，减少转向盘转动的总圈数，以提高汽车的机动能力。

3）转向轴负荷大且无助力转向的汽车，转向阻力矩大致与车轮偏转角度成正比，汽车低速急转弯行驶时的操纵轻便性问题突出，故转向器应选用较大的角传动比。

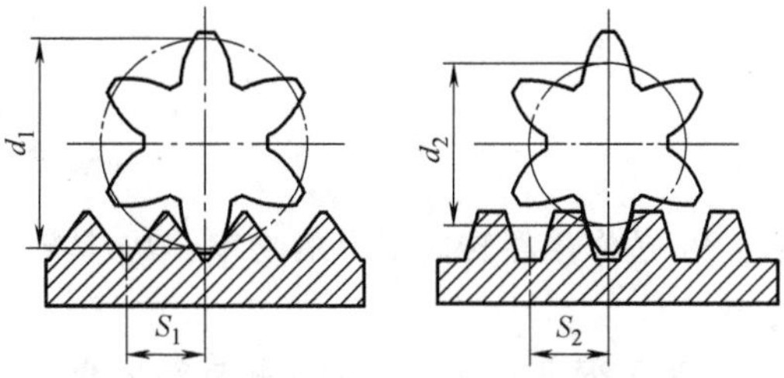

图 9-3 变传动比齿轮齿条示意图

4）汽车以较高车速转向行驶时，转向轮转角较小，转向阻力矩也小，此时要求转向轮反应灵敏，转向器角传动比应当小些。因此，转向器角传动比变化曲线应选用大致呈中间小两端大些的下凹形曲线，如图 9-4 所示。

5）转向盘在中间位置的转向器角传动比不宜过小。过小则使汽车高速直线行驶时，对转向盘转角过分敏感，并使反冲效应加大，使驾驶人难以精确控制转向轮的运动。直行位置的转向器角传动比不宜低于 15~16。

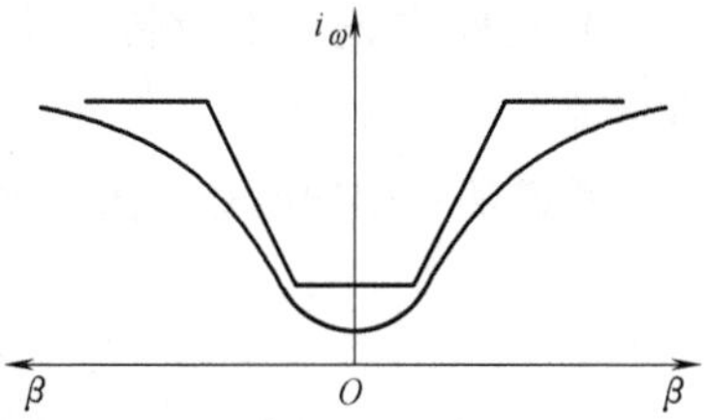

图 9-4 转向器角传动比变化特性曲线

4. 转向器的传动间隙 Δt

传动间隙是指转向器中传动副之间的间隙。传动间隙随转向盘转角的变化规律，称为转向器传动间隙特性，如图 9-5 所示。转向器传动间隙特性与直线行驶的稳定性和转向器的使用寿命有关。

汽车直线行驶时，转向器传动副若存在间隙，则转向轮受到侧向力作用时，可能造成车轮偏离原行驶方向，汽车失去稳定性。所以要求传动间隙在转向盘处于中间及其附近位置（一般是 10°~15°）时要极小，最好无间隙。

转向器在中间及其附近位置因使用频繁，磨损速度要比两端快。当传动间隙大到无法确保直线行驶的稳定性时，必须经调整消除该处间隙。调整后，要求转向盘能圆滑地从中间位置转到两端，而无卡住现象。因此，传动间隙应当设计成在离开中间位置以后呈图 9-5 所示的逐渐加大的形状。

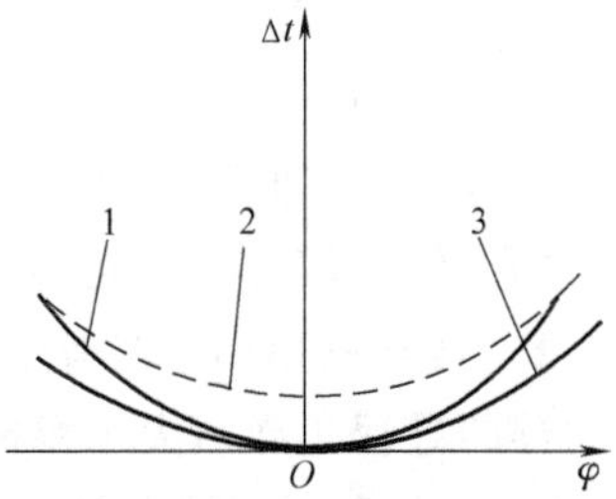

图 9-5 转向器传动间隙特性

图 9-5 中曲线 1 表示转向器在磨损前的间隙变化特性；曲线 2 表示使用并磨损后的间隙变化特性，并且在中间位置处已出现较大间隙；曲线 3 表示调整后并消除中间位置处间隙的转向器传动间隙变化特性。

9.3 机械式转向器主要性能参数

9.3.1 转向器的效率

1. 正效率与逆效率

功率 P_1 从转向轴输入经转向摇臂轴输出，所计算的效率称为转向器的正效率，用符号 η_+表示；反之称为逆效率，用符号 η_-表示。

$$\eta_{+}=\frac{P_1-P_2}{P_1} \tag{9-1}$$

$$\eta_{-}=\frac{P_3-P_2}{P_3} \tag{9-2}$$

式中，P_1 是作用在转向轴上的功率；P_2 是转向器中的摩擦功率；P_3 是作用在转向摇臂轴上的功率。

1）为了保证转向时驾驶人转动转向盘轻便，要求转向器正效率高。

2）为了减轻在不平路面上行驶时驾驶人的疲劳，车轮与路面之间的作用力传至转向盘上要尽可能小，防止“打手”，所以希望转向器逆效率尽可能低。

3）为了保证转向后汽车能自动返回到直线行驶状态，转向器又需要有一定的逆效率。

2. 转向器效率计算

（1）正效率 η_{+}　影响转向器正效率的因素有转向器的类型、结构特点、结构参数和制造质量等。

只考虑啮合副的摩擦损失，对于蜗杆和螺杆类转向器，其效率可用下式计算：

$$\eta_{+}=\frac{\tan\alpha_0}{\tan(\alpha_0+\rho)} \tag{9-3}$$

式中，α_0 是蜗杆（或螺杆）的螺线导程角；ρ 是摩擦角，$\rho=\arctan f$，其中 f 是摩擦系数。

齿轮齿条式、循环球式转向器的正效率比较高，而蜗杆指销式特别是固定销和蜗杆滚轮式转向器的正效率要明显低些。

（2）逆效率 η_{-}　只考虑啮合副的摩擦损失，转向器的逆效率可用下式计算：

$$\eta_{-}=\frac{\tan(\alpha_0-\rho)}{\tan\alpha_0} \tag{9-4}$$

式（9-3）和式（9-4）表明：

1）增加导程角 α_0 正逆效率均增大，所以 α_0 不宜取得过大。

2）当导程角小于或等于摩擦角时，逆效率为负值或者为零，为不可逆式转向器。实际转向器的导程角必须大于摩擦角。通常螺线导程角选在 8°~10°之间。

3. 逆效率转向器分类

根据逆效率大小不同，转向器又有可逆式、极限可逆式和不可逆式之分。

（1）可逆式转向器　路面作用在车轮上的力，经过转向系统可大部分传递到转向盘，这种逆效率较高的转向器属于可逆式。可逆式转向器的特点：

1）能保证转向后，转向轮和转向盘自动回正，减轻驾驶人的疲劳，提高行驶安全性。

2）车轮受到的冲击力，能大部分传至转向盘，造成驾驶人“打手”，使之精神状态紧张，如果长时间在不平路面上行驶，易使驾驶人疲劳，影响安全驾驶。

可逆式的转向器有齿轮齿条式转向器和循环球式转向器。

（2）不可逆式转向器　不可逆式转向器是指车轮受到的冲击力不能传到转向盘的转向器。不可逆式转向器的特点：

1）车轮受到的冲击力由转向传动机构的零件承受，因而这些零件容易损坏。

2）不可逆式转向器既不能保证车轮自动回正，驾驶人又缺乏路面感觉。现代汽车不采用这种转向器。

（3）极限可逆式转向器 介于前两种转向器之间。在车轮受到冲击力作用时，只有较小一部分传至转向盘，其逆效率较低。极限可逆式转向器的特点：

1）在不平路面上行驶时，驾驶人不会过分紧张。

2）转向传动机构的零件所承受的冲击力也比不可逆式转向器小。

9.3.2 转向系统传动比

1. 转向系统传动比概述

转向系统的传动比包括转向系统的角传动比 $i_{\omega 0}$ 和转向系统的力传动比 i_p。

1）从轮胎接地面中心作用在两个转向轮上的合力 $2F_W$ 与作用在转向盘上的手力 F_h 之比，称为力传动比，即

$$i_p = 2\frac{F_W}{F_h} \tag{9-5}$$

2）转向盘角速度 ω_w 与同侧转向节偏转角速度 ω_k 之比，称为转向系统角传动比

$$i_{\omega 0} = \frac{\omega_w}{\omega_k} = \frac{d\varphi/dt}{d\beta_k/dt} = \frac{d\varphi}{d\beta_k} \tag{9-6}$$

式中，$d\varphi$ 是转向盘转角增量；$d\beta_k$ 是转向节转角增量；dt 是时间增量。

3）转向系统的角传动比 $i_{\omega 0}$ 由转向器角传动比 i_ω 和转向传动机构角传动比 i'_ω 组成，即

$$i_{\omega 0} = i_\omega i'_\omega \tag{9-7}$$

4）转向盘角速度 ω_w 与摇臂轴角速度 ω_p 之比，称为转向器角传动比 i_ω，即

$$i_\omega = \frac{\omega_w}{\omega_p} = \frac{d\varphi/dt}{d\beta_p/dt} = \frac{d\varphi}{d\beta_p} \tag{9-8}$$

式中，$d\beta_p$ 是摇臂轴转角增量。此定义适用于除齿轮齿条式之外的转向器。

5）摇臂轴角速度 ω_p 与同侧转向节偏转角速度 ω_k 之比，称为转向传动机构的角传动比 i'_ω，即

$$i'_\omega = \frac{\omega_p}{\omega_k} = \frac{d\beta_p/dt}{d\beta_k/dt} = \frac{d\beta_p}{d\beta_k} \tag{9-9}$$

2. 转向系统力传动比与角传动比的关系

轮胎与地面之间的转向阻力 F_W 和作用在转向节上的转向阻力矩 M_r 之间有如下关系：

$$F_W = \frac{M_r}{a} \tag{9-10}$$

式中，a 是主销偏移距，指从转向节主销轴线的延长线与支承平面的交点至车轮中心平面与支承平面交线间的距离。

作用在转向盘上的手力 F_h 与作用在转向盘上的力矩 M_h 的关系式为

$$F_h = 2\frac{M_h}{D_{sw}} \tag{9-11}$$

式中，M_h 是作用在转向盘上的力矩；D_{sw} 是转向盘直径。

将式（9-10）、式（9-11）代入式（9-5）后得到

$$i_p = \frac{M_r D_{sw}}{M_h a} \tag{9-12}$$

通常轿车的 a 值在 0.4~0.6 倍轮胎的胎面宽度尺寸范围内选取，而货车的 a 值在 40~60mm 范围内选取。转向盘直径 D_{sw} 根据车型不同，在 380~550mm 转向盘尺寸标准中规定的系列内选取。

如果忽略摩擦损失，根据能量守恒原理可得

$$\frac{2M_r}{M_h}=\frac{d\varphi}{d\beta_k}=i_{\omega 0} \tag{9-13}$$

将式（9-13）代入式（9-12）后得到

$$i_p=\frac{i_{\omega 0}D_{sw}}{2a} \tag{9-14}$$

通过分析式（9-12）和式（9-14）可以得到以下结论：

1）当主销偏移距 a 小时，力传动比 i_p 应取大些才能保证转向轻便。

2）当主销偏移距 a 和转向盘直径 D_{sw} 不变时，力传动比 i_p 越大，虽然转向越轻，但 $i_{\omega 0}$ 也越大，表明转向不灵敏。

3. 转向系统的角传动比 $i_{\omega 0}$

转向传动机构角传动比，除用 $i'_\omega=d\beta_p/d\beta_k$ 表示以外，还可以近似地用转向节臂臂长 L_2 与摇臂臂长 L_1 之比来表示，即

$$i'_\omega=\frac{d\beta_p}{d\beta_k}\approx\frac{L_2}{L_1} \tag{9-15}$$

现代汽车结构中，L_2 与 L_1 的比值大约在 0.85~1.1 之间，可近似认为其比值为 1，则

$$i_{\omega 0}\approx i_\omega=\frac{d\varphi}{d\beta_p} \tag{9-16}$$

可见，要研究转向系统的传动比特性，只需研究转向器的角传动比 i_ω 及其变化规律即可。

9.4 助力转向机构设计

汽车采用助力转向机构的目的是提高操纵轻便性和行驶安全性。轿车、大部分商用车都采用或选装助力转向器。

9.4.1 对助力转向机构的要求

1）保持转向轮转角和转向盘的转角之间有一定的比例关系。

2）随转向轮阻力的增大（或减小），作用在转向盘上的手力必须增大（或减小）。

3）对于不同车型，当作用在转向盘上的切向力 $F_h\geqslant 25\sim 190N$ 时，助力转向器就应开始工作。

4）转向盘应能自动回正。

5）工作灵敏。

6）助力转向失灵时，仍能用机械系统操纵车轮转向。

7）密封性能好，内、外泄漏少。

9.4.2　助力转向机构布置方案分析

1. 液压式助力转向机构

该型转向机构由分配阀、转向器、助力缸、液压泵、储油罐、油管等组成。根据分配阀、转向器和助力缸三者相互位置的不同，分为整体式（图 9-6a）和分置式两类。分置式按分配阀所在位置不同又分为联阀式（图 9-6b）、连杆式（图 9-6c）和半分置式（图 9-6d）。

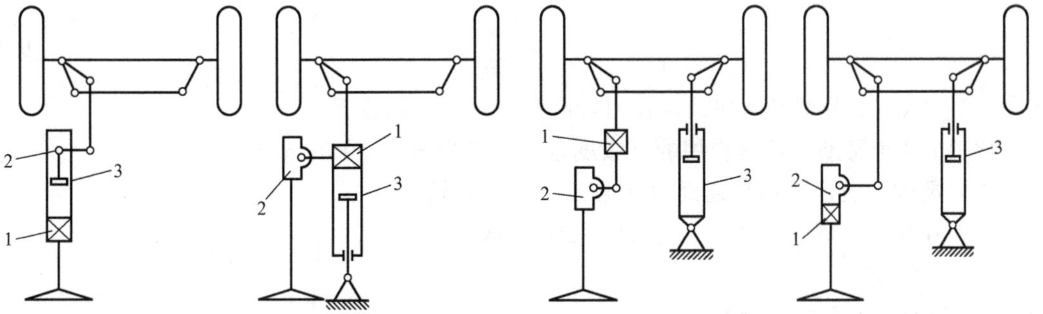

a) 整体式　　b) 联阀式　　c) 连杆式　　d) 半分置式

图 9-6　助力转向机构布置方案

1—分配阀　2—转向器　3—助力缸

在分析比较助力转向机构布置方案时，要考虑如下因素：

1）结构是否紧凑。

2）主要零件承受来自助力缸载荷的大小。

3）拆装转向器是否容易。

4）管路特别是软管管路的长短。

5）转向轮在侧向力作用下是否容易产生摆振。

6）能不能采用典型转向器等。

2. 电动助力转向机构

驾驶人在操作转向时，传感器探测转向盘产生的扭矩或转角的大小和方向，转化成数字信号输入电子控制单元（ECU）。电子控制单元运算后发出指令驱动电动机工作，输出转矩而助力，如图 9-7 所示。

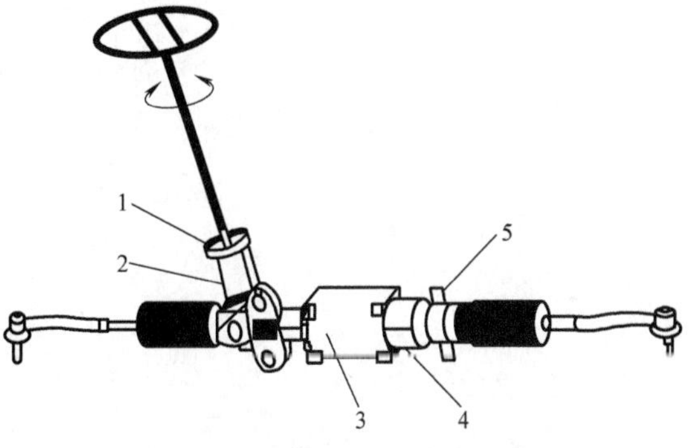

图 9-7　电动助力转向系统结构图

1—输入轴　2—扭矩传感器　3—电动机　4—循环球螺杆　5—齿条

9.4.3　液压助力转向器评价指标

1. 助力转向器的作用效能

用效能指标 $s=F_h/F'_h$来评价助力转向器的作用效能。其中，F_h 和 F'_h分别为无助力转向器和有助力转向器时，转动转向轮作用在转向盘上的力。现有助力转向器的效能指标 $s=1\sim15$。

2. 助力转向器的路感

驾驶人转动转向盘，除了要克服转向器的摩擦阻力和回位弹簧的阻力外，还要克服反映路感的液压阻力。液压阻力=反作用阀面积×工作液压压强。驾驶人的路感即来自于转动转向盘时，所要克服的液压阻力。

在最大工作压力时，对于乘用车，换算以转向盘上的力增加约 30~50N，对于货车，增加约 80~100N。

3. 转向灵敏度

转向灵敏度可以用转向盘行程与滑阀行程的比值 i 来评价，即

$$i=\frac{D_{se}\varphi}{2\delta} \tag{9-17}$$

式中，D_{se}、φ、δ 分别是转向盘直径、转向盘转角、滑阀行程。

比值 i 越小则助力转向作用的灵敏度越高。高档车的 i 值在 6.7 以下。

转向灵敏度也可以用接通助力转向时，作用到转向盘的手力和转角来评价，要求此手力在 20~50N，转角在 10°~15°范围。

4. 助力转向器的静特性

助力转向器的静特性是指输入转矩与输出转矩之间的变化关系曲线，是用来评价助力转向器的主要特性指标。可以用输入转矩 M_φ 与输出油压 p 之间的变化关系曲线来表示助力转向的静特性，如图 9-8 所示。

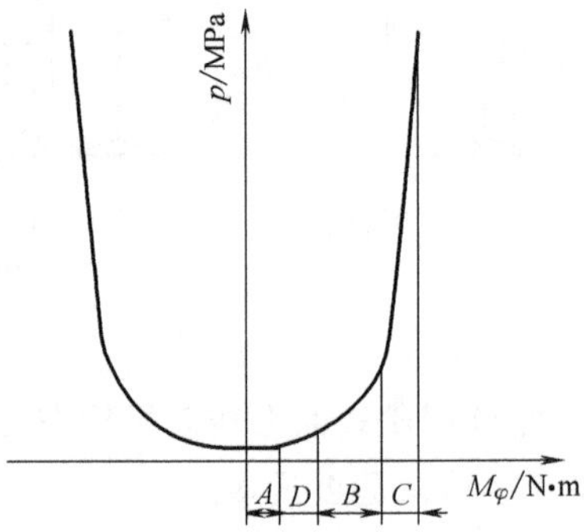

图 9-8　静特性曲线分段示意图

常将静特性曲线划分为四个区段：

A 段——输入转矩不大的时候。

D 段——是一个较宽的平滑过渡区间。

B 段——属常用快速转向行驶区段。

C 段——汽车原地转向或掉头时，输入转矩进入最大区段。

助力转向器向右转和向左转的静特性曲线应对称。对称性可以评价滑阀的加工和装配质量。要求对称性大于 0.85。

第 10 章

制动系统设计

10.1 制动系统设计要求

汽车制动系统是指对汽车某些部分（主要是车轮）施加一定的力，从而对其进行一定程度的强制制动的一系列专门装置，如图 10-1 所示。

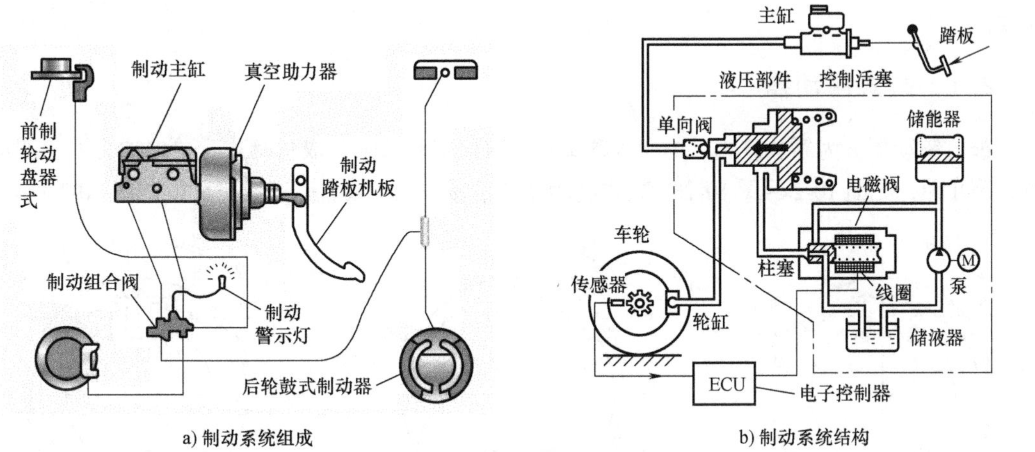

图 10-1　汽车制动系统的一般结构

10.1.1 制动系统的作用

1）使行驶中的汽车按照驾驶人的要求进行强制减速甚至停车。

2）使已停驶的汽车在各种道路条件下（包括在坡道上）稳定驻车。

3）使下坡行驶的汽车速度保持稳定。

10.1.2 对制动系统提出的设计要求

1）符合法规要求：GB 7258—2017《机动车运行安全技术条件》、GB 12676—2014《商用车辆和挂车制动系统技术要求及试验方法》、GB/T 13594—2003《机动车和挂车防抱制动性能和试验方法》。

2）产生足够的制动力。

3）行车制动系统至少有两套相互独立的驱动制动器管路。

4）在任何速度和各种载荷条件下制动，汽车都不能丧失操纵性和方向稳定性。

5）防止水和污物进入制动器工作表面，以免影响制动性能。

6）制动器的热稳定性较好。

7）操纵轻便。

8）作用滞后性，包括产生制动和解除制动所需要的时间要尽可能的短（气制动车型不得超过 0.6s，汽车列车不超过 0.8s）。

9）当制动驱动装置的任何元件产生故障，应有报警装置。

10.2 制动器的结构方案分析

制动器有摩擦式、液力式和电磁式等几种。电磁式制动器虽有作用滞后小、易于连接且接头可靠等优点，但因成本高而只在一部分重型汽车上用作车轮制动器或缓速器。液力式制动器只用作缓速器。目前广泛使用的仍为摩擦式制动器。

摩擦式制动器按摩擦副结构形式不同，分为鼓式、盘式和带式三种。带式只用作中央制动器。

10.2.1 鼓式制动器

鼓式制动器分为领从蹄式、单向双领蹄式、双向双领蹄式、双从蹄式、单向增力式、双向增力式等几种，见图 10-2a~图 10-2f。鼓式制动器的机械式张开装置一般有三种，如图 10-3 所示。

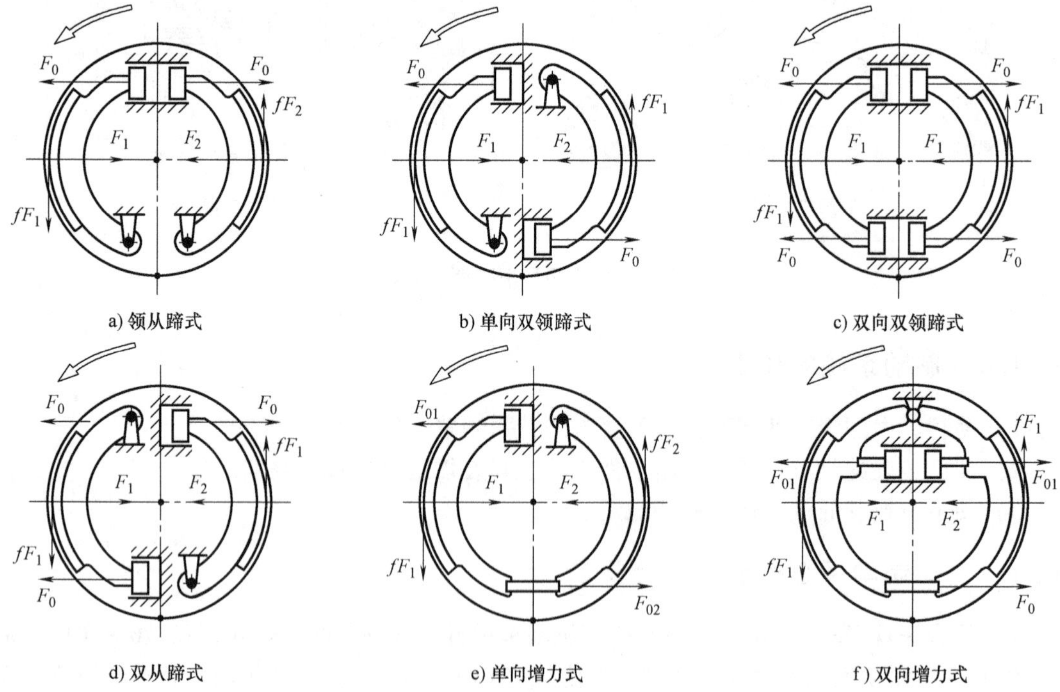

图 10-2　鼓式制动器示意图

不同形式鼓式制动器的主要区别有：

1）蹄片固定支点的数量和位置不同。

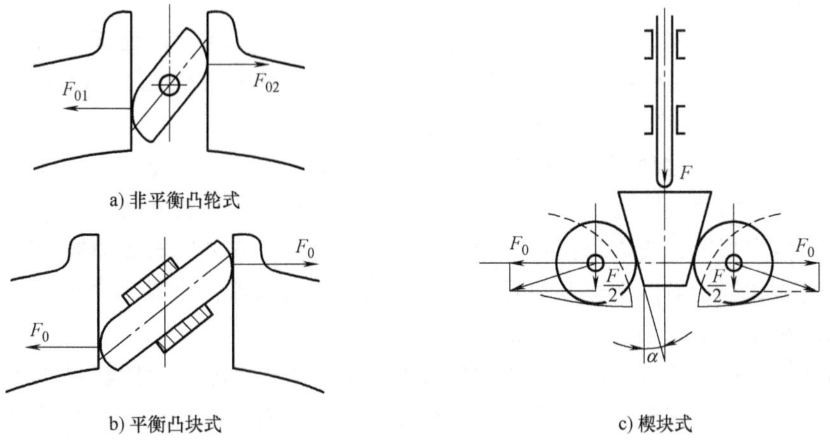

图 10-3　机械式张开装置

2）张开装置的形式与数量不同。

3）制动时两块蹄片之间有无相互作用。

因蹄片的固定支点和张开力位置不同，使不同形式鼓式制动器的领、从蹄数量有差别，并使制动效能不同。

制动器在单位输入压力或力的作用下所输出的力或力矩，称为制动器效能。在评比不同形式制动器的效能时，常用一种称为制动器效能因数的无因次指标。制动器效能因数的定义为，在制动鼓或制动盘的作用半径 R 上所得到的摩擦力（M_p/R）与输入力 F_0 之比，即

$$K=M_p/F_0R \tag{10-1}$$

式中，K 是制动器效能因数；M_p 是制动器输出的制动力矩。

制动器效能的稳定性是指其效能因数 K 对摩擦系数的敏感性（dK/df）。使用中摩擦系数随温度和水湿程度变化。要求制动器的效能稳定性好，即是其效能对摩擦系数的变化敏感性较低。

1. 领从蹄式

领从蹄式制动器的每块蹄片都有自己的固定支点，而且两固定支点位于两蹄的同一端（图 10-2a）。其张开装置有两种形式。第一种用凸轮或楔块式张开装置（图 10-3）。其中，平衡凸块式（图 10-3b）和楔块式（图 10-3c）张开装置中的制动凸轮和制动楔块是浮动的，故能保证作用在两蹄上的张开力相等。非平衡式的制动凸轮（图 10-3a）的中心是固定的，所以不能保证作用在两蹄上的张开力相等。第二种用两个活塞直径相等的轮缸（液压驱动），可保证作用在两蹄上的张开力相等。

领从蹄式制动器的效能和效能稳定性，在各式制动器中居中游；前进、倒退行驶的制动效果不变；结构简单，成本低；便于附装驻车制动驱动机构；蹄片与制动鼓之间的间隙调整容易。但领从蹄式制动器也有两蹄片上的单位压力不等（在两蹄上摩擦衬片面积相同的条件下），使两蹄衬片磨损不均匀、寿命不同的缺点。此外，因只有一个轮缸，两蹄必须在同一驱动回路作用下工作。

领从蹄式制动器得到广泛应用，特别是轿车和轻型货车、客车的后轮制动器用得较多。

2. 单向双领蹄式

单向双领蹄式制动器的两块蹄片各有自己的固定支点，而且两固定支点位于两蹄的不同端，如图 10-2b 所示，领蹄的固定端在下方，从蹄的固定端在上方。每块蹄片有各自独立的张开装置，且位于与固定支点相对应的一方。

汽车前进制动时，这种制动器的制动效能相当高。由于有两个轮缸，故可以用两个独立的回路分别驱动两蹄片。除此之外，这种制动器还有蹄片与制动鼓之间的间隙容易调整和两蹄片上的单位压力相等，使之磨损均匀，寿命相同等优点。双领蹄式制动器的制动效能稳定性，仅强于增力式制动器。倒车制动时，由于两蹄片皆为从蹄，使制动效能明显下降。与领从蹄式制动器相比，由于多了一个轮缸，使结构略显复杂。

这种制动器适用于前进制动时前轴动轴荷及附着力大于后轴，而倒车制动时则相反的汽车前轮上。它之所以不用于后轮，还因为两个互相成中心对称的轮缸，难以附加驻车制动驱动机构。

3. 双向双领蹄式

双向双领蹄式制动器的结构特点是两蹄片浮动，用各有两个活塞的两轮缸张开蹄片（图 10-2c）。

无论是前进或者是倒退制动时，这种制动器的两块蹄片始终为领蹄，所以制动效能相当高，而且不变。由于制动器内设有两个轮缸，所以适用于双回路驱动机构。当一套管路失效后，制动器转变为领从蹄式制动器。除此之外，双向双领蹄式制动器的两蹄片上单位压力相等，因而磨损均匀，寿命相同。双向双领蹄式制动器因有两个轮缸，故结构上复杂，且蹄片与制动鼓之间的间隙调整困难是它的缺点。

这种制动器应用比较广泛。若用于后轮，则需另设中央驻车制动器。

4. 双从蹄式

双从蹄式制动器的两蹄片各有一个固定支点，而且两固定支点位于两蹄片的不同端，并用各有一个活塞的两轮缸张开蹄片（图 10-2d）。

双从蹄式制动器的效能稳定性最好，但因制动器效能最低，所以很少采用。

5. 单向增力式

单向增力式制动器的两蹄片只有一个固定支点，两蹄下端经推杆连接成一体，制动器仅有一个轮缸用来产生推力张开蹄片（图 10-2e）。

汽车前进制动时，两蹄片皆为领蹄，次领蹄上不存在轮缸张开力，而且由于领蹄上的摩擦力经推杆作用到次领蹄，使制动器效能很高，居各式制动器之首。与双向增力式制动器相比，这种制动器的结构比较简单。因两块蹄片都是领蹄，所以制动器效能稳定性相当差。倒车制动时，两蹄又皆为从蹄，导致制动器效能很低。因两蹄片上单位压力不等，造成蹄片磨损不均匀，寿命不一样。这种制动器只有一个轮缸，故不适合用于双回路驱动机构；另外由于两蹄片下部联动，使调整蹄片间隙工作变得困难。少数轻、中型货车将其用作前制动器。

6. 双向增力式

双向增力式制动器的两蹄片端部各有一个制动时不同时使用的共用支点，支点下方有一轮缸，内装两个活塞用来同时驱动张开两蹄片，两蹄片下方经推杆连接成一体（图 10-2f）。

与单向增力式不同的是次领蹄上也作用有来自轮缸活塞的张开力，尽管这个张开力的作用效果较小，但因次领蹄下端受有来自主领蹄经推杆作用的张开力很大，所以次领蹄上的制动力矩能大到主领蹄制动力矩的 2~3 倍。因此，采用这种制动器以后，即使制动驱动机构中不用伺服装置，也可以借助很小的踏板力得到很大的制动力矩。这种制动器前进与倒车的制动效果不变。

双向增力式制动器因两蹄片均为领蹄，所以制动器效能稳定性比较差。除此之外，两蹄片上单位压力不等，故磨损不均匀，寿命不同。调整间隙工作与单向增力式一样比较困难。因只有一个轮缸，故制动器不适合用于有的双回路驱动机构。

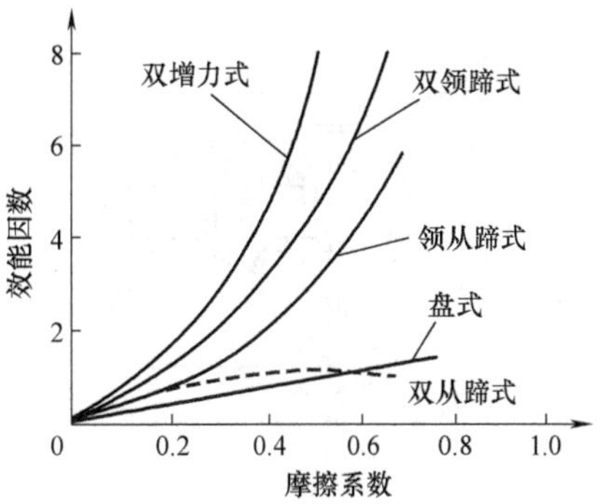

图 10-4 制动器效能因数与摩擦系数的关系

基本尺寸比例相同的各式鼓式制动器（含盘式作为参照）效能因数与摩擦系数的关系曲线，如图 10-4 所示。各类鼓式制动器性能对比见表 10-1。

由图 10-4 可见，制动器的效能因数由高至低的顺序为双增力式制动器、双领蹄式制动器、领从蹄式制动器和双从蹄式制动器。而制动器效能稳定性排序则恰好与上述情况相反。

表 10-1 各类鼓式制动器性能对比

对比项目	双从蹄式	领从蹄式	单向双领蹄式	双向双领蹄式	单向增力式	双向增力式
前进、倒退制动效果	不同	不变	不同	不变	不同	不变
制动器效能稳定性	居第一位	居第二位	仅强于增力式	仅强于增力式	差	差
两蹄片上单位压力	相等	不等	相等	相等	不等	不等
磨损	均匀	不均匀	均匀	均匀	不均匀	不均匀
轮毂轴承受力	不受力	受力	不受力	不受力	受力	受力
结构	复杂	简单	复杂	复杂	简单	复杂
调整间隙	容易	容易	容易	困难	困难	困难
适用双回路	适用	不适用	适用	适用	不适用	不适用

应该指出，鼓式制动器的效能并非单纯取决于根据制动器的结构参数和摩擦系数计算出来的制动器效能因数值，而且还受蹄与鼓接触部位的影响。蹄与鼓仅在蹄的中部接触时，输出制动力矩较小，而在蹄的端部和根部接触时输出制动力矩就较大。制动器的效能因数越高，制动效能受接触情况的影响也越大，故正确的调整对高性能制动器尤为重要。

10.2.2 盘式制动器

按摩擦副中固定元件的结构不同，盘式制动器分为钳盘式和全盘式两类。

钳盘式制动器（图 10-5）的固定摩擦元件是制动块，其装在与车轴连接且不能绕车轴轴线旋转的制动钳中。制动衬块与制动盘接触面很小，在盘上所占的中心角一般仅 30′~50′，故这种盘式制动器又称为点盘式制动器。

全盘式制动器中摩擦副的旋转元件及固定元件均为圆盘形，制动时各盘摩擦表面全部接触，作用原理如同离合器，故又称离合器式制动器。全盘式中用得较多的是多片全盘式制动器。多片全盘式制动器既可用作车轮制动器，也可用作缓行器。

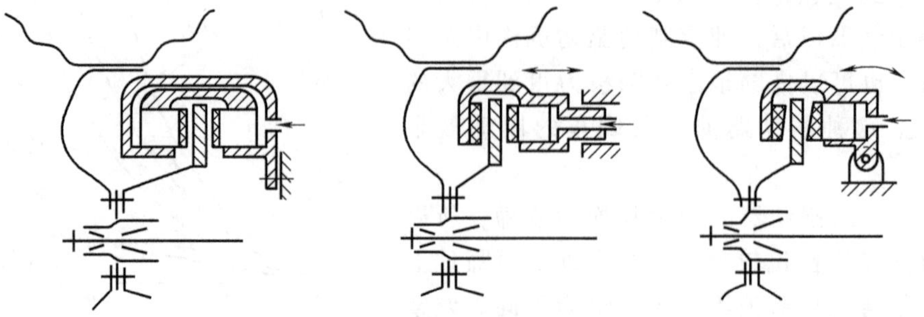

a) 固定钳式　　b) 滑动钳式　　c) 摆动钳式

图 10-5　钳盘式制动器示意图

钳盘式制动器按制动钳的结构不同，有以下几种。

1. 固定钳式制动器

如图 10-5a 所示，制动钳固定不动，制动盘两侧均有液压缸。制动时仅两侧液压缸中的制动块向盘面移动，这种形式也称为对置活塞式或浮动活塞式。

固定钳式的优点有：除活塞和制动块以外无其他滑动件，易于保证钳的刚度；结构及制造工艺与一般的制动轮缸相差不多；容易实现从鼓式到盘式的改型；适应不同回路驱动系统的要求（可采用三液压缸或四液压缸结构）。

固定钳式的缺点有：至少有两个液压缸分置于制动盘两侧，因而必须用跨越制动盘的内部油道或外部油管来连通，这一方面使制动器的径向和轴向尺寸增大，增加了在汽车上的布置难度，另一方面增加了受热机会，使制动液温度过高而汽化；固定钳式制动器要兼作驻车制动器，必须在主制动钳上另外附装一套供驻车制动用的辅助制动钳，或是采用如图 10-6 所示的盘鼓结合式制动器。辅助制动钳结构比较简单，摩擦衬块面积小。盘鼓结合式制动器中，鼓式制动器直径尺寸较小，常采用双向增力式鼓式制动器。与辅助制动钳式比较，它能产生可靠的驻车制动力矩。

2. 浮动钳式制动器

（1）滑动钳式制动器　如图 10-5b 所示，制动钳可以相对于制动盘做轴向滑动，其中只在制动盘的内侧置有液压缸，外侧的制动块固装在钳体上。制动时活塞在液压作用下使活动制动块压靠到制动盘，而反作用力则推动制动钳体连同固定制动块压向制动盘的另一侧，直到两制动块受力均等为止。

（2）摆动钳式制动器　如图 10-5c 所示，它也是单侧液压缸结构，制动钳体与固定于车轴上的支座铰接。为实现制动，钳体不是滑动而是在与制动盘垂直的平面内摆动。显然，制动块不可能全面均匀地磨损。为此，有必要将衬块预先做成楔形（摩擦面对

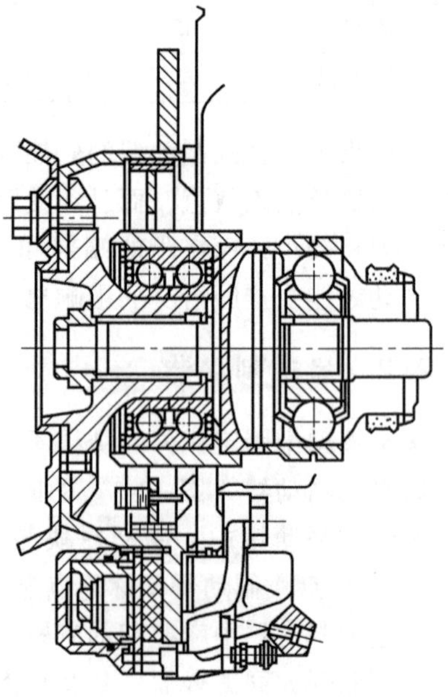

图 10-6　盘鼓结合式制动器

背面的倾斜角为6°左右）。在使用过程中，衬块逐渐磨损到各处残存厚度均匀（一般为1mm左右）后即应更换。

浮动钳式制动器的优点有：仅在盘的内侧有液压缸，故轴向尺寸小，制动器能更进一步靠近轮毂；没有跨越制动盘的油道或油管，加之液压缸冷却条件好，所以制动液汽化可能性小；成本低；浮动钳的制动块可兼用于驻车制动。

制动钳的安装位置可以在车轴之前或之后，如图10-7所示。制动钳位于轴后能使制动时轮毂轴承的合成载荷减小；制动钳位于轴前，则可避免轮胎向钳内甩溅泥污。

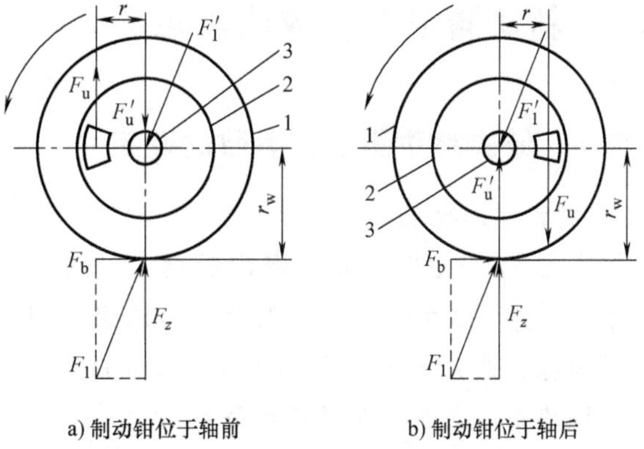

图10-7 制动时车轮、制动盘及轮毂轴承的受力示意图

1—车轮 2—制动盘 3—轮毂 F_z—路面法向反力 F_b—制动力 F_1、F_1'—F_b与F_z的合力及相应的支反力 F_u、F_u'—制动衬块对制动盘的摩擦力及相应的支反力

10.2.3 盘式制动器的特点

与鼓式制动器相比，盘式制动器有如下优点：

1）热稳定性好。原因是一般无自行增力作用，衬块摩擦表面压力分布较鼓式中的衬片更为均匀。此外，制动鼓在受热膨胀后，工作半径增大，使其只能与蹄中部接触，从而降低了制动效能，这称为机械衰退。制动盘的轴向膨胀极小，径向膨胀根本与性能无关，故无机械衰退问题。因此，前轮采用盘式制动器，汽车制动时不易跑偏。

2）水稳定性好。制动块对盘的单位压力高，易于将水挤出，因而浸水后效能降低不多；又由于离心力作用及衬块对盘的擦拭作用，出水后只需经一、二次制动即能恢复正常。鼓式制动器则需经十余次制动方能恢复。

3）制动力矩与汽车运动方向无关。

4）易于构成双回路制动系统，使系统有较高的可靠性和安全性。

5）尺寸小，质量小，散热良好。

6）压力在制动衬块上分布比较均匀，故衬块磨损也均匀。

7）更换衬块工作简单容易。

8）衬块与制动盘之间的间隙小（0.05~0.15mm），这就缩短了制动协调时间。

9）易于实现间隙自动调整。

当然，盘式制动器也有缺点，主要是：

1）难以完全防止尘污和锈蚀（封闭的多片全盘式制动器除外）。

2）兼作驻车制动器时，所需附加的驱动机构比较复杂。

3）在制动驱动机构中必须装用助力器。

4）因为衬块工作面积小，所以磨损快，使用寿命低，需用高材质的衬块。

盘式制动器在轿车前轮上得到了广泛的应用。

10.3 制动器主要参数的确定

10.3.1 鼓式制动器主要参数的确定

1. 制动鼓内径 D

输入力 F_0 一定时，制动鼓内径越大，制动力矩越大，且散热能力也越强。但增大 D（图 10-8）受轮辋内径限制。制动鼓与轮辋之间应保持足够的间隙，通常要求该间隙不小于 20mm，否则不仅制动鼓散热条件太差，而且轮辋受热后可能黏住内胎或烤坏气门嘴。制动鼓应有足够的壁厚，用来保证有较大的刚度和热容量，以减小制动时的温升。制动鼓的直径小，刚度就大，并有利于保证制动鼓的加工精度。

制动鼓直径与轮辋直径之比 D/D_r 的范围如下：

轿车：$D/D_r=0.64\sim0.74$。

货车：$D/D_r=0.70\sim0.83$。

制动鼓内径尺寸应参照国家标准 GB/T 37336—2019《汽车制动鼓》选取。

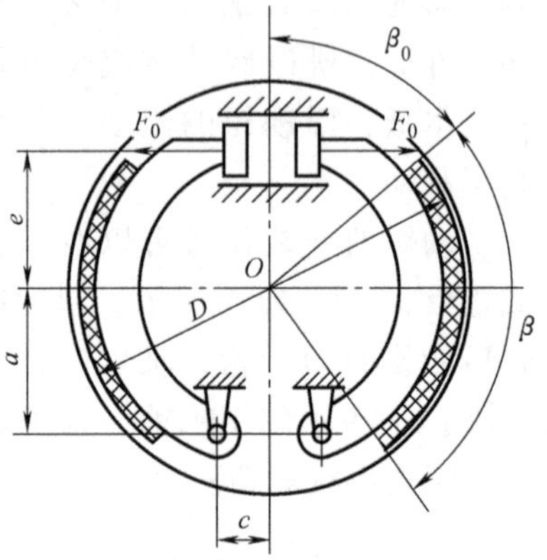

图 10-8 鼓式制动器主要几何参数

2. 摩擦衬片宽度 b 和包角 β

摩擦衬片宽度尺寸的选取对摩擦衬片的使用寿命有影响。衬片宽度尺寸取窄些，则磨损速度快，衬片寿命短；若衬片宽度尺寸取宽些，则质量大，不易加工，并且增加了成本。

制动鼓半径 R 确定后，衬片的摩擦面积为 $A_p=R\beta b$。制动器的各蹄衬片总的摩擦面积 $\sum A_p$ 越大，制动时所受单位面积的正压力和能量负荷越小，从而磨损特性越好。根据国外统计资料分析，单个车轮鼓式制动器的衬片面积随汽车总质量增大而增大。试验表明，摩擦衬片包角 β 为 90°~100°时，磨损最小，制动鼓温度最低，且制动效能最高。包角减小虽然有利于散热，但单位压力过高将加速磨损。实际上包角两端处单位压力最小，因此过分延伸衬片的两端以加大包角，对减小单位压力的作用不大，而且将使制动不平顺，容易使制动器发生自锁。因此，包角一般不宜大于 120°。

衬片宽度 b 较大可以减少磨损，但过大将不易保证与制动鼓全面接触。制动衬片宽度尺寸系列见 GB/T 37336—2019。

3. 摩擦衬片起始角 β_0

一般将衬片布置在制动蹄的中央，即令 $\beta_0=90°-\beta/2$。有时为了适应单位压力的分布情况，将衬片相对于最大压力点对称布置，以改善磨损均匀性和制动效能。

4. 制动器中心到张开力 F_0 作用线的距离 e

在保证轮缸或制动凸轮能够布置于制动鼓内的条件下，应使距离 e（图 10-8）尽可能大，以提高制动效能。初步设计时可暂定 $e=0.8R$ 左右。

5. 制动蹄支承点位置坐标 a 和 c

应在保证两蹄支承端毛面不致互相干涉的条件下，使 a 尽可能大而 c 尽可能小（图 10-8）。初步设计时，也可暂定 $a=0.8R$ 左右。

10.3.2 盘式制动器主要参数的确定

1. 制动盘直径 D

制动盘直径 D 应尽可能取大些，这时制动盘的有效半径得到增加，可以降低制动钳的夹紧力，从而减小衬块的单位压力和工作温度。受轮辋直径的限制，制动盘的直径通常选择为轮辋直径的 70%~79%，总质量大于 2t 的汽车应取上限。

2. 制动盘厚度 h

制动盘厚度 h 对制动盘质量和工作时的温升有影响。为使质量小些，制动盘厚度不宜取得很大；为了降低温度，制动盘厚度又不宜取得过小。制动盘可以做成实心的，或者为了散热通风的需要在制动盘中间铸出通风孔道。一般实心制动盘厚度可取为 10~20mm，通风式制动盘厚度取为 20~50mm，采用较多的是 20~30mm。

3. 摩擦衬块外半径 R_2 与内半径 R_1

推荐摩擦衬块外半径 R_2 与内半径 R_1 的比值不大于 1.5。若此比值偏大，工作时衬块的外缘与内侧圆周速度相差较多，磨损不均匀，接触面积减少，最终导致制动力矩变化大。

4. 制动衬块面积 A

对于盘式制动器衬块工作面积 A，推荐根据制动衬块单位面积占有的汽车质量在 1.6~3.5kg/cm^2 范围内选用，见表 10-2。

表 10-2 制动衬块面积取值范围

汽车类型	汽车总质量 m_a/t	单个制动器总的衬片摩擦面积 A_p/cm^2
轿车	0.9~1.5	100~200
	1.5~2.5	200~300
货车及客车	1.0~1.5	120~200
	1.5~2.5	150~250(多为 150~200)
	2.5~3.5	250~400
	3.5~7.0	300~650
	7.0~12.0	550~1000
	12.0~17.0	600~1500(多为 600~1200)

10.4 制动器的设计与计算

10.4.1 鼓式制动器的设计与计算

1. 制动蹄的分类

制动蹄一般分两大类，再进一步分，可分为四类，如图 10-9 所示。

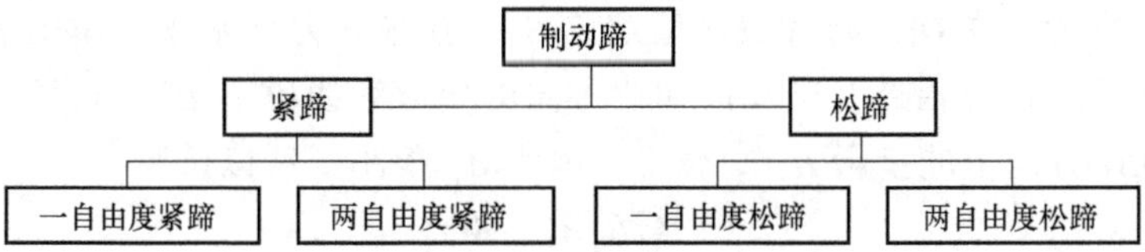

图 10-9 制动蹄的分类

2. 压力沿衬片长度方向的分布规律

假设：衬片在径向方向有变形，鼓、蹄、支撑的变形忽略不计。

（1）两自由度紧蹄的压力沿衬片长度方向的分布规律　两自由度紧蹄的压力沿衬片长度方向的分布规律如图 10-10a 所示，坐标原点取在鼓心 O 点，y_1 坐标取在 OA_1 方向，其中 A_1 为蹄片瞬时转动中心。

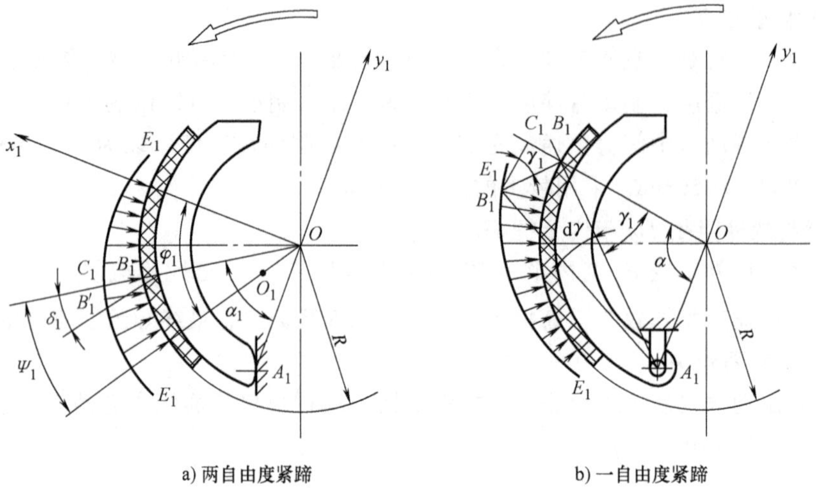

图 10-10　制动蹄的压力沿衬片长度方向的分布规律

制动瞬间蹄片移动特点是：在张开力作用下，蹄片绕 A_1 转动，蹄压到鼓上，衬片受压变形，结果蹄还要顺着摩擦力作用方向沿支撑面移动。蹄片中心移至 O_1 点，所以未变形时的衬片表面轮廓线 E_1E_1 线，沿 OO_1 方向进入制动鼓。并且，衬片表面上所有点在 OO_1 方向上的变形是相同的。

如 B_1 点在 OO_1 方向的变形为 B_1B_1'，则 B_1 点径向变形 δ_1 为

$$\delta_1 = B_1C_1 = B_1B_1'\cos\varphi_1$$

由于

$$\psi_1 \approx (\varphi_1+\alpha_1)-90°$$

$$B_1B_1' = OO_1 = \delta_{1\max}$$

故有

$$\delta_1 = \delta_{1\max}\sin(\alpha_1+\varphi_1) \tag{10-2}$$

$$p_1 = p_{\max}\sin(\alpha_1+\varphi_1) \tag{10-3}$$

式中，α_1 是 OB_1 与 y_1 轴的夹角；ψ_1 是 OB_1 与最大压力线 OO_1 之间的夹角；φ_1 是 x_1 轴与最大压力线之间的夹角。

所以，两自由度紧蹄压力沿衬片长度方向分布规律符合正弦分布规律。

（2）一自由度紧蹄的压力沿衬片长度方向的分布规律　如图 10-10b 所示，坐标原点取在 O 点，y_1 坐标在 OA_1 方向。衬片表面任意点 B_1，在张开力与摩擦力作用下，蹄片绕支承销 A_1 转动 $\mathrm{d}\gamma$ 角后，B_1 点沿蹄片转动的切线方向的变形为线段 B_1B_1'，其径向变形分量是这个线段在半径 OB_1 方向上的投影 B_1C_1 线段。因为 $\mathrm{d}\gamma$ 很小，所以认为

$$\angle A_1B_1B_1' = 90°$$

则

$$\delta_1 = B_1C_1 = B_1B_1'\sin\gamma_1 = A_1B_1\sin\gamma_1\mathrm{d}\gamma$$

考虑到
$$OA_1 \approx OB_1 = R$$
$$A_1B_1/\sin\alpha = R/\sin\gamma$$
所以衬片表面的径向变形和压力为
$$\delta_1 = R\sin\alpha\mathrm{d}\gamma \tag{10-4}$$
$$p_1 = p_{\max}\sin\alpha \tag{10-5}$$

所以，一自由度紧蹄压力沿衬片长度方向分布规律符合正弦分布规律。

（3）压力分布不均匀系数 Δ　沿衬片长度方向，压力分布的不均匀程度用不均匀系数 Δ 来评价：
$$\Delta = p_{\max}/p_{\mathrm{f}} \tag{10-6}$$
式中，p_{f} 是同一制动力矩作用下，假想压力分布均匀时的平均压力；$p_{\max}$ 是压力分布不均匀时蹄片上的最大压力。

（4）计算蹄片上的制动力矩　首先应查明蹄压紧到鼓上的力与产生的制动力矩之间的关系。计算一自由度蹄片上的力矩，如图 10-11 所示。

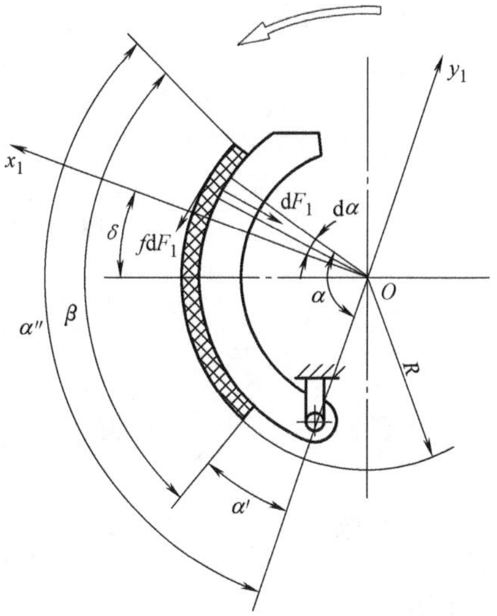

图 10-11　蹄片制动力矩计算原理图 1

1）在衬片表面取微元面积 $bR\mathrm{d}\alpha$。

2）鼓作用在 $bR\mathrm{d}\alpha$ 上的单位法向力为
$$\mathrm{d}F_1 = pbR\mathrm{d}\alpha = p_{\max}bR\sin\alpha\mathrm{d}\alpha \tag{10-7}$$

3）单位摩擦力 $f\mathrm{d}F_1$。

4）单位制动力矩
$$\mathrm{d}M_{\mu t1} = \mathrm{d}F_1 fR = p_{\max}bR^2 f\sin\alpha\mathrm{d}\alpha \tag{10-8}$$

5）从 α' 到 α'' 区段积分上式得到
$$M_{\mu t1} = p_{\max}bR^2 f(\cos\alpha' - \cos\alpha'') \tag{10-9}$$

6）法向压力均匀分布时，单位法向力和制动力矩为
$$\mathrm{d}F_1 = p_{\mathrm{f}}bR\mathrm{d}\alpha \tag{10-10}$$
$$M_{\mu t1} = p_{\mathrm{f}}bR^2 f(\alpha'' - \alpha') \tag{10-11}$$

则不均匀系数为
$$\Delta = \frac{\alpha'' - \alpha'}{\cos\alpha' - \cos\alpha''} \tag{10-12}$$

（5）制动力矩 $M_{\mu t1}$ 与张开力 F_0 的关系　紧蹄制动力矩
$$M_{\mu t1} = fF_1R_1 \tag{10-13}$$
式中，F_1 是紧蹄的法向合力；R_1 是摩擦力 $f\,F_1$ 的作用半径。

当已知 h、a、c 及法向压力值时（图 10-12），列出力平衡方程式为
$$\left.\begin{aligned}\sum X_1 = 0\\ \sum M_0 = 0\end{aligned}\right\}$$
$$\left.\begin{aligned}F_{01}\cos\alpha_0 + F_x' - F_1(\cos\delta_1 + f\sin\delta_1) = 0\\ F_{01}a - F_x'c' + fR_1F_1 = 0\end{aligned}\right\} \tag{10-14}$$
式中，δ_1 是 x_1 轴和力 F_1 的作用线之间的夹角；F_x'是支承反力在 x_1 轴上的投影。

连立上述两方程求解得到

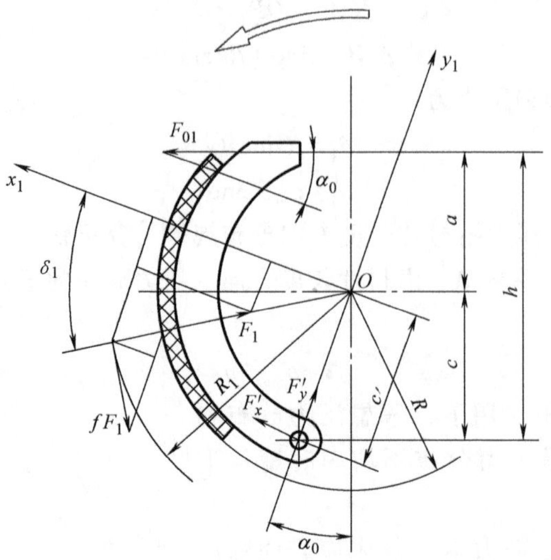

图 10-12　蹄片制动力矩计算原理图 2

$$F_1=\frac{hF_{01}}{c'(\cos\delta_1+f\sin\delta_1)-fR_1} \tag{10-15}$$

对于紧蹄
$$M_{\mu t1}=\frac{F_{01}fhR_1}{c'(\cos\delta_1+f\sin\delta_1)-fR_1}=F_{01}D_1 \tag{10-16}$$

对于松蹄
$$M_{\mu t2}=\frac{F_{02}fhR_2}{c'(\cos\delta_2-f\sin\delta_2)+fR_2}=F_{02}D_2 \tag{10-17}$$

结论
$$M_{\mu t1}\propto F_{01}$$
$$M_{\mu t2}\propto F_{02}$$

(6) 制动器上的制动力矩 M_μ

$$M_\mu=M_{\mu t1}+M_{\mu t2}=F_{01}D_1+F_{02}D_2$$

对液压驱动 $F_{01}=F_{02}$，则张开力 F_0 为

$$F_0=\frac{M_\mu}{D_1+D_2}$$

由（10-9）与（10-16）式可计算出领蹄表面最大压力为

$$p_{\max1}=\frac{F_{01}hR_1}{bR^2(\cos\alpha'-\cos\alpha'')[c'(\cos\delta_1+f\sin\delta_1)-fR_1]} \tag{10-18}$$

结论
$$p_{\max1}\propto F_{01}$$
$$p_{\max1}\propto\frac{1}{R^2}$$

10.4.2　盘式制动器的设计与计算

如图 10-13 所示，设衬块与盘之间的单位压力为 p，则微元面积 $R\mathrm{d}R\mathrm{d}\varphi$ 上的摩擦力 $fpR\mathrm{d}R\mathrm{d}\varphi$ 对中心 O 的力矩为

$$M_O=fpR^2\mathrm{d}R\mathrm{d}\varphi \tag{10-19}$$

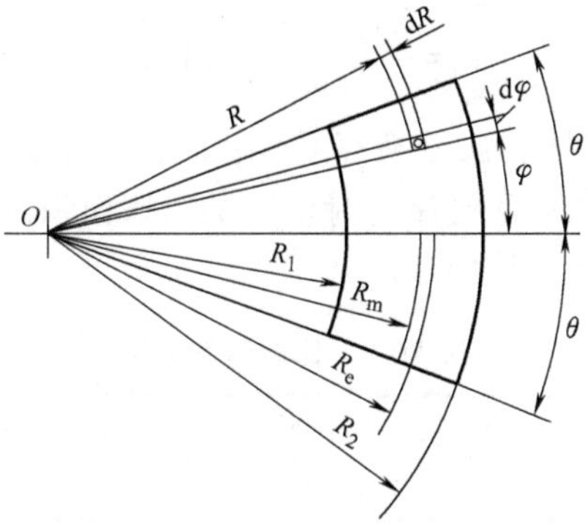

图 10-13 盘式制动器力矩计算原理图

单侧衬块在盘上产生的制动力矩为

$$\frac{M_{\mu}}{2}=\int_{-\theta}^{\theta}\int_{R_1}^{R_2} fpR^2\mathrm{d}R\mathrm{d}\varphi=\frac{2}{3}fp(R_2^3-R_1^3)\theta \tag{10-20}$$

p 是未知数时，算不出 M_{μ}。因为 M_{μ} = 力×力臂，所以要求取力臂及作用半径 R（或有效半径 R_e）。

单侧衬块加于制动盘的总摩擦力为

$$fF_O=\int_{-\theta}^{\theta}\int_{R_1}^{R_2} fpR\mathrm{d}R\mathrm{d}\varphi=fp(R_2^2-R_1^2)\theta \tag{10-21}$$

$$R_e=\frac{M_{\mu}}{2fF_O}=\frac{2}{3}\frac{(R_2^3-R_1^3)}{(R_2^2-R_1^2)} \tag{10-22}$$

R_e 也可写成

$$R_e=\frac{4}{3}\left[1-\frac{m}{(1+m)^2}\right]R_m \tag{10-23}$$

式中，$m=\dfrac{R_1}{R_2}$，$R_1<R_2$，故 $m<1$，$\dfrac{m}{(1+m)^2}<\dfrac{1}{4}$。

又因为

$$R_m=\frac{R_1+R_2}{2}$$

故有

$$R_e>R_m$$

且 m 越小，两者差值越大，且扇形径向宽度过大（R_2 与 R_1 相差得多），滑磨速度相差大，磨损不均匀，造成单位压力分布不均匀，上述计算方法与实际相差多，所以要求 $m\geqslant 0.65$。

10.4.3 衬片磨损特性计算

1. 比能量耗散率 e

汽车的动能、势能在制动时通过摩擦制动转换为热能，制动器吸收升温称之为制动器的能量负荷。能量负荷越大的制动器，磨损越严重。其评价指标为比能量耗散率。比能量耗散率定义为“单位衬片摩擦面积在单位时间内耗散的能量”，其单位为 W/mm^2。

双轴汽车单个前、后轮制动器的比能量耗散率 e_1、e_2 的计算：

$$e_1=\frac{\delta m_a(v_1^2-v_2^2)}{4tA_1}\beta \tag{10-24}$$

$$e_2=\frac{\delta m_a(v_1^2-v_2^2)}{4tA_2}(1-\beta) \tag{10-25}$$

式中，m_a 是汽车总质量；δ 是回转质量换算系数；v_1、v_2 分别是制动初速度和终速度；t 是制动时间；A_1、A_2 是前、后制动器衬片（衬块）的摩擦面积；β 是制动力分配系数。

几种车型的比能量耗散率见表 10-3。

表 10-3　比能量耗散率

车型及总质量		v_1/(m/s)	鼓式[e]/(W/mm²)	盘式[e]/(W/mm²)
轿车		27.8		6.0
货车	<3.5t	22.2	1.8	
货车	≥3.5t	18	1.8	

2. 比摩擦力 f_0

比摩擦力指单位衬片（块）摩擦面积占有的制动器摩擦力，比摩擦力 f_0 越大，磨损越严重。

单个车轮制动器的比摩擦力的计算公式如下：

$$f_0=\frac{M_\mu}{RA} \tag{10-26}$$

式中，R 是制动鼓半径（盘式用 R_m 或 R_e）；A 是单个制动器的衬片（衬块）面积。

制动减速度 $a_j=\frac{v_1-v_2}{t}$，在 $a_j=0.6g$ 时，[f_0] 不大于 0.48N/mm²。

10.4.4　前、后轮制动器制动力矩的确定

为保证汽车良好的制动效能，计算前、后轮制动力矩的比值为

$$\frac{M_{\mu1}}{M_{\mu2}}=\frac{L_2+\varphi_0h_g}{L_1-\varphi_0h_g} \tag{10-27}$$

式中，φ_0 是同步附着系数，轿车的取值范围是 0.55～0.8，货车的取值范围是 0.45～0.7；L_1、L_2 是质心至前轴和后轴的距离（由总布置给出）；h_g是质心高度（由总布置给出）。

按好路况、满载情况，紧急制动到前轮抱死并拖滑，算出 $M_{\mu1}$ 的最大值

$$M_{\mu1\max}=\frac{1}{2}G_1\varphi r_k \tag{10-28}$$

式中，G_1 是满载时的前轴静负荷。

计算 $M_{\mu2}$ 的最大值为

$$M_{\mu2\max}=M_{\mu1\max}\frac{L_1-\varphi_0h_g}{L_2+\varphi_0h_g} \tag{10-29}$$

10.4.5　应急制动和驻车制动所需要的制动力矩

1. 应急制动

应急制动时，如果控制的是后桥车轮制动器，则 $F_{B1}=0$。后轮抱死滑移（$F_{B2}=m_agj$）。

后轮制动力为

$$F_{B2}=F_2\varphi=\frac{m_a gL_1}{L+\varphi h_g}\varphi \tag{10-30}$$

所需后桥制动力矩为

$$F_{B2}r_e=\frac{m_a gL_1}{L+\varphi h_g}\varphi r_e \tag{10-31}$$

式中，F_2 是法向反力；r_e 是车轮有效半径。

2. 驻车制动

驻车制动一般情况下是指在斜坡道驻车时的制动，如图 10-14 所示。其对应的后桥附着率和极限道路倾角见表 10-4。

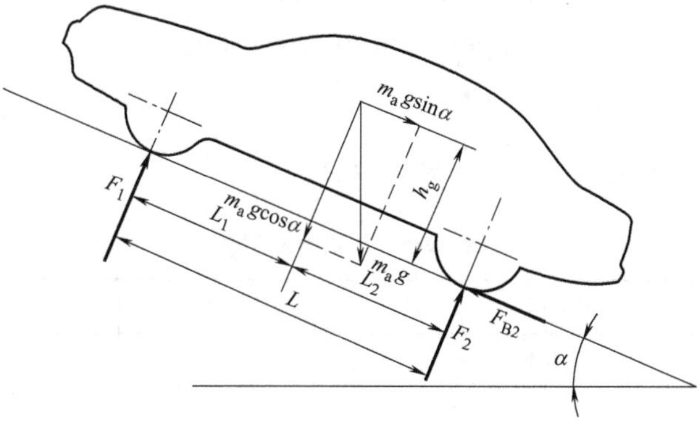

图 10-14　驻车制动受力分析图

分析表 10-4 中公式可知，影响汽车停坡角的主要因素有 φ、L 和汽车质心位置（L_1、h_g）。若 L、φ、h_g 相同，则 L_1 大的汽车的 α_1 和 α_1' 均增加，表明 4×2 汽车若是后轮驱动，其停坡角要大些。若 L、φ、L_1 相同，仅 h_g 不同，则 h_g 大的汽车其 α_1 变大，α_1' 变小。

表 10-4　坡道驻车制动力

工况	上坡路上停驻	下坡路上停驻
后桥附着力	$F_{B2}=F_2\varphi=m_a g\varphi\left(\frac{L_1}{L}\cos\alpha+\frac{h_g}{L}\sin\alpha\right)$	$F'_{B2}=F'_2\varphi=m_a g\varphi\left(\frac{L_1}{L}\cos\alpha-\frac{h_g}{L}\sin\alpha\right)$
极限道路倾角	$\alpha_1=\arctan\frac{\varphi L_1}{L-\varphi h_g}$	$\alpha_1'=\arctan\frac{\varphi L_1}{L+\varphi h_g}$

10.5　制动驱动机构与制动力调节机构

10.5.1　制动驱动机构的形式

1. 分类

制动驱动机构分简单制动、动力制动、伺服制动三大类，如图 10-15 所示。

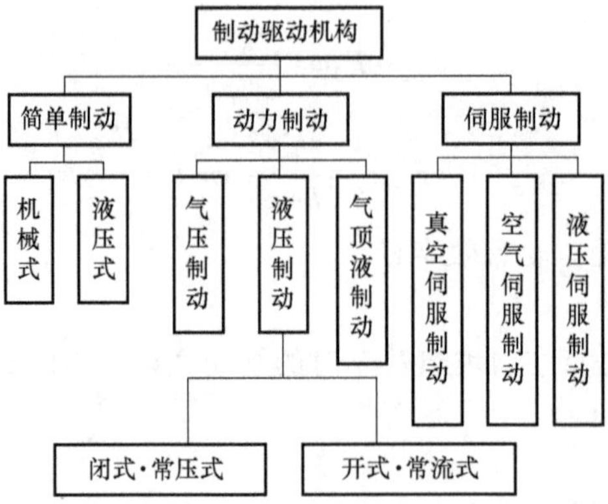

图 10-15 制动驱动机构分类

2. 结构方案分析

简单制动与动力制动结构方案对比见表 10-5。

表 10-5 制动方案对比

特点	简单制动	动力制动	备注
力与行程的关系	反比例	没有反比例	
踏板力	大	小	动力制动的踏板力仅用来操纵控制元件
结构	简单	复杂	
成本	低	高	

1）简单制动。简单制动中的机械式制动和液压式制动特点对比见表 10-6。

表 10-6 简单制动对比

特点	机械式	液压式	备注
效率	低	高	
传动比	小	大	
润滑点	多	少	
结构	简单	复杂	与气压式比，液压式简单
工作	可靠	差	汽化、漏油
成本	低	高	
保证前、后轴制动力比值	困难	容易	
保证左、右轮制动力相等	困难	容易	
用于驻车制动	可以	不可以	与气压式比，液压式还有作用时间滞后短、工作压力高、轮缸尺寸小等优点

2）动力制动。动力制动是利用发动机的动力转化成气压或液压的势能进行制动。动力制动方案特点对比见表 10-7。

表 10-7　动力制动方案对比

特点	气压制动	液压动力制动	气顶液压制动	备注
对密封要求	稍差	严格	严格	
工作	可靠	可靠	可靠	
使用故障	少	稍多	稍多	皮碗损坏,汽化
结构	复杂	复杂	复杂	快放阀、加速阀、制动凸轮
质量	大	小	大	
成本	高	中等	高	
制动作用滞后时间	长(0.3~0.95s)	短(0.1~0.35s)	短	
压力	低	高	高	0.5~0.7MPa
气室(轮缸)尺寸	大	小	小	
工作噪声	排气噪声	无	小	
应用	货、客、挂车	少用	重型车	

3）伺服制动。工作压力由动力伺服机构产生，伺服机构失效用人力驱动液压系统。伺服制动方案对比见表 10-8。

表 10-8　伺服制动方案对比

特点	真空伺服	空气伺服	液压伺服	备注
真空度(负压)	0.05~0.07MPa			
气压		0.6~0.7MPa		
气室尺寸	大	小		
结构	简单	复杂	复杂	
应用	轿、轻、中货车	中、重货车	高级轿车	

10.5.2　分路系统

采用分路系统的目的是提高工作可靠性。双轴汽车双回路方案有五种，见表 10-9。

表 10-9　分路系统对比

		方案简图				
特点		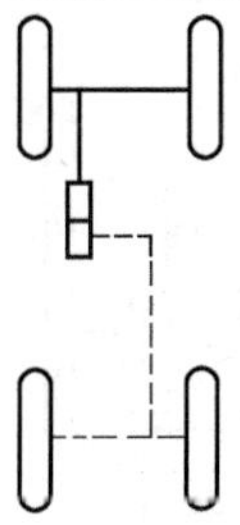 II 型	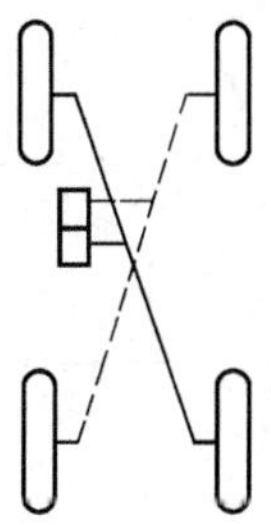 X 型	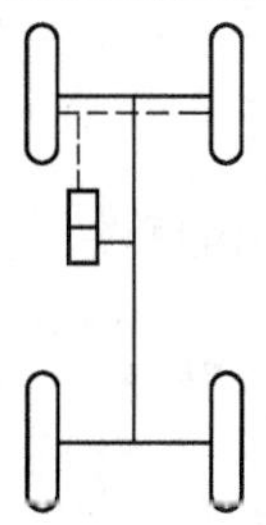 HI 型	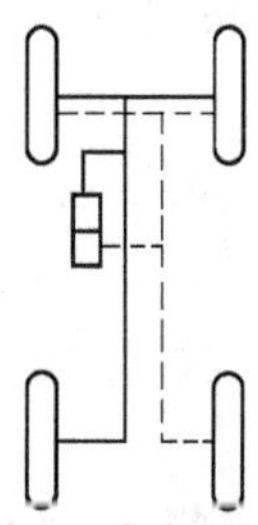 LL 型	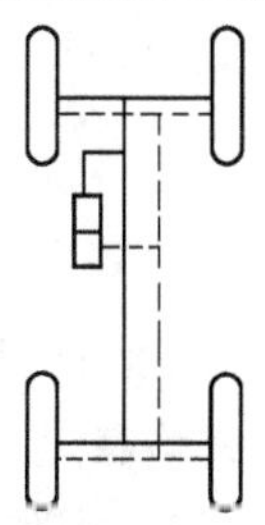 HH 型
一套管路失效后制动效果	前、后轴制动比值	变	不变	变	不变	不变

（续）

特点		方案简图				
		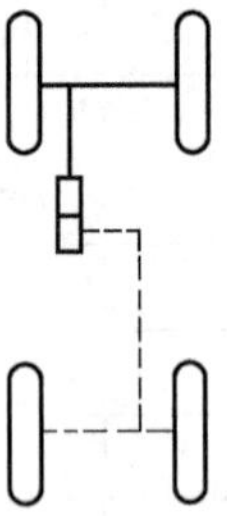 II型	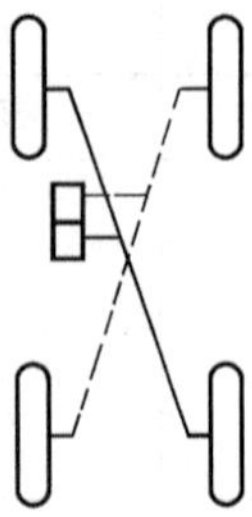 X型	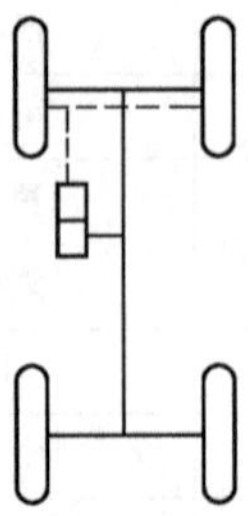 HI型	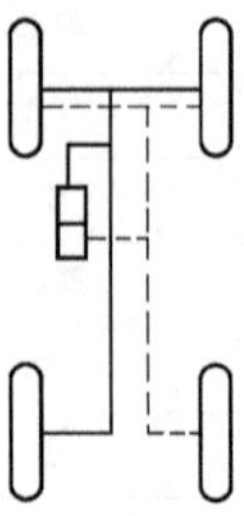 LL型	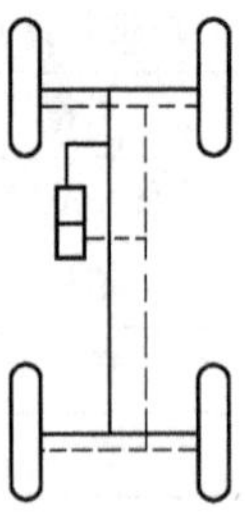 HH型
一套管路失效后制动效果	制动力变化	发动机前置前轮驱动汽车，前回路失效，剩余制动力小于正常值一半	50%	前半回路失效失去不多，一轴半回路失效失去的较多	50%	50%
	对过度、不足转向性的影响	无	转弯制动会产生过度或不足转向	无	转弯制动会产生过度或不足转向	无
	前、后轮抱死情况	后轴负荷小的汽车，若前回路失效，后轴易抱死甩尾，后回路失效前轮易抱死		前半回路失效，紧急制动，则后轮易抱死甩尾		
管路布置		简单	简单	复杂	复杂	复杂
成本		低	低	高	高	高

10.5.3 液压制动驱动机构的计算

1. 制动轮缸直径 d 的确定

制动系统示意图如图10-16所示。已知参数：液压缸作动力 F_0、液压缸内单位面积上的压力（压强）p，则

$$F_0=\frac{\pi}{4}d^2p$$

$$d=\sqrt{\frac{4F_0}{\pi p}} \qquad (10\text{-}32)$$

p 取值范围：鼓式 10～12MPa；盘式略高。

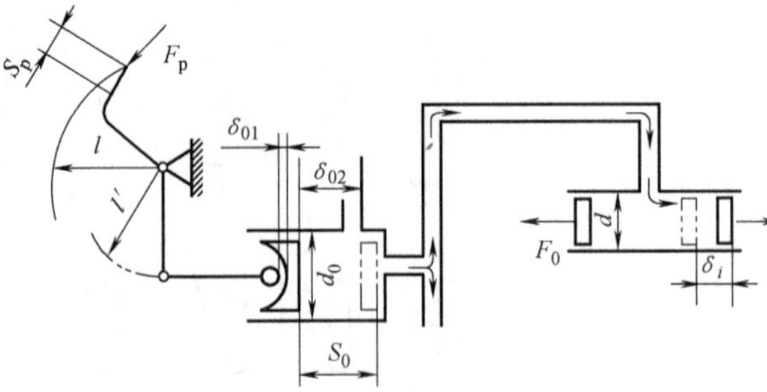

图 10-16　制动系统示意图

2. 制动主缸直径 d_0 的确定

（1）轮缸一次制动体积增量

$$V_i=\frac{\pi}{4}\sum_1^n d_i^2\delta_i$$

式中，d_i 是第 i 个轮缸直径；n 是第 i 个轮缸中活塞的数目；δ_i 是完全制动时轮缸活塞行程，鼓式 $\delta_i = 2 \sim 2.5\text{mm}$。

（2）全部轮缸一次制动体积增量

$$V = \sum_1^m V_i$$

式中，m 是轮缸数目。

（3）主缸工作容积

$$V_0 = V + V'$$

式中，V'是软管的容积变形。

$V_0 = 1.1V$（轿车）；$V_0 = 1.3V$（货车）。

（4）d_0 的确定

$$V_0 = \frac{\pi}{4} d_0^2 S_0$$

故有

$$d_0 = \sqrt{\frac{4V_0}{\pi S_0}} \tag{10-33}$$

式中，S_0 是主缸活塞行程，$S_0 = (0.8 \sim 1.2) d_0$。

3. 制动踏板力

制动踏板力的计算按下式进行。

$$F_p = \frac{\pi}{4} d_0^2 p \frac{1}{i_p} \frac{1}{\eta} \tag{10-34}$$

式中，i_p 是踏板机构传动比，$i_p = l'/l$；η 是踏板机构及主缸的机械效率，$\eta = 0.82 \sim 0.86$。

踏板制动力取值要求：轿车 $F_{pmax} = 500\text{N}$；货车 $F_{pmax} = 700\text{N}$。设计时初选 $F_p = 200 \sim 350\text{N}$。

4. 踏板行程 S_p

踏板行程计算按下式计算：

$$S_p = i_p (S_0 + \delta_{01} + \delta_{02}) \tag{10-35}$$

式中，δ_{01} 是推杆与活塞间的间隙，$\delta_{01} = 1.5 \sim 2.0\text{mm}$；$\delta_{02}$是活塞空行程。

踏板行程设计的参考取值见表 10-10。

表 10-10　踏板行程取值

车型	S_{pmax}	S_p	备注
轿车	≤100～150	(40%～60%)S_{pmax}	S_{pmax} 为衬片(块)磨损后的工作行程
货车	≤180		S_p 为新制动器踏板工作行程

10.5.4　制动力调节机构

制动时要求前轮先抱死，后轮后抱死，防止汽车甩尾，减少危险，提高行驶安全性。可供满足上述要求能采取的措施有多种：

1）选择比较大的同步附着系数 φ_0。

2）装配限压阀、比例阀、惯性阀。

3）装配防抱制动系统（ABS）。

其中限压阀结构简单，适用于装载质量相差不大的汽车上。

1. 限压阀工作原理

如图 10-17 所示，限压阀适用于轴距短且质心高，从而制动时轴荷转移较多的轻型汽车，特别是轻型和微型轿车。

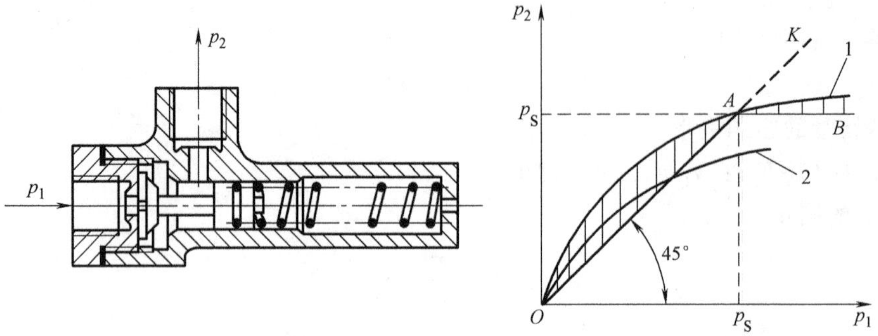

a) 限压阀示意图　　b) 静特性曲线

图 10-17　限压阀及其静特性

1）制动初期。如图 10-17 所示，活塞位于图中左侧，在预紧弹簧作用下，紧靠到接头上。接头底部有孔，油液经此孔和活塞上缺口进入限压阀的右侧与车后轮制动管路相通。所以制动初期前、后轮制动管路油压 $p_1=p_2$，并且同步增压，如同曲线中 OA 段。

2）制动后期。因为活塞本身呈阶梯状，所以油压的压力 p 也作用到活塞中部工作面上，随 p 的增加，逐渐克服弹簧预紧力。并将活塞移向右侧直至关闭阀门。以后 p 增加，则 p_1 增加但 p_2 不变。如特性线图上 AB 段所示。图中阴影线区域为前轮先抱死区域。

2. 防抱制动系统（ABS）

ABS 是附加于制动系统中的自动控制车轮与路面之间滑移程度系统。制动过程防止车轮抱死，能避免车轮在路面上滑移，提高汽车制动过程中的方向稳定性和转向操纵能力，并缩短制动距离。能提高汽车行驶的主动安全性，目前获得广泛的应用。

（1）ABS 的组成及工作原理　ABS 的组成如图 10-18 所示。其中，电子控制器功能有：

1）计算车轮速度，滑动率，车轮加、减速度。

2）对压力调节器发出控制指令。

3）压力调节器由电磁阀、油泵、电动机组成，用来调节管路中压力的变化。

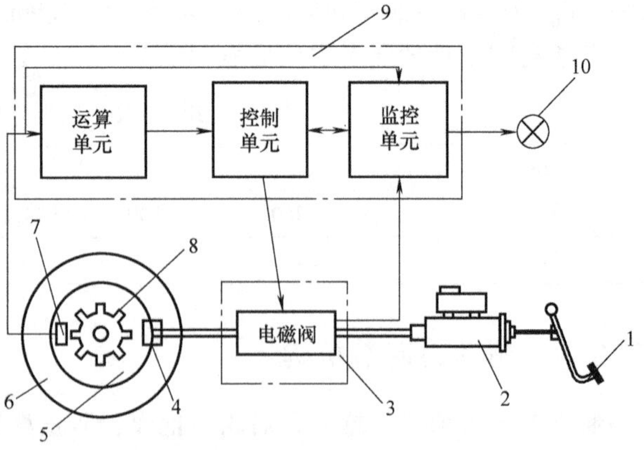

图 10-18　ABS 的组成

1—踏板　2—主缸　3—压力调节器　4—轮缸　5—制动盘　6—车轮　7—轮速传感器　8—回轮齿圈　9—电子控制器　10—报警灯

车轮的滑移率 S 保持在 0.2 左右时，纵向附着系数达到最大，制动效能最好。ABS 的工作原理即通过使趋于抱死车轮的制动压力反复的经过保持到减小到增大的过程，而将趋于抱死车轮的滑移率控制在峰值附着系数滑移率的附近范围内，直至汽车速度减小到很低或者制动主缸的输出压力不再使车轮趋于抱死状态为止。

（2）ABS的控制方法　目前，常见的ABS的控制方法有：逻辑门限制控制、最优控制和滑动模态变结构控制。

（3）ABS构型及控制原则　在ABS系统中，能够独立进行制动压力调节的制动管路称为控制通道。因此，汽车ABS系统可以分为单通道、双通道、三通道和四通道四类，而根据通道的布置不同，又可以分为多种构型。

不同通道控制方案的特点见表10-11。从控制原则上，又可分为车轮独立控制和车轮一同控制。如果车轮的制动压力可以进行单独调节，称该车轮为独立控制。

如果两个（或两个以上）车轮的制动压力是一同进行调节的，称该两车轮为一同控制。当两个车轮一同控制时，如果以保证附着力较大的车轮不发生制动抱死为原则进行制动压力调节，称这两个车轮是按高选原则一同控制。

当两个车轮一同控制时，如果以保证附着力较小的车轮不发生制动抱死为原则进行制动压力调节，称这两个车轮是按低选原则一同控制。

对两轮一同控制时可根据附着条件进行高选或低选的转换。

表10-11　不同控制通道ABS对比

特点		控制通道			
		四通道	三通道	双通道	单通道
转速传感器		每轮一个	前轮各一个或者后轮各一个或共一个	前轮各一个或一个后轮共一个、两个或没有	后轮共一个
制动压力调节装置		每轮一个	前轮两个，后轮一个	前后轴每轴各一个或前轮各一个	后轮一个共用
结构		复杂	复杂	稍简单	简单
成本		高	高	略低	低
制动时附着利用率		最高	前轮利用率高，因为后轮按低选原则控制，所以利用率差	前轮高选控制，利用率高；后轮低选，利用率低	后轮按低选原则控制，利用率差
左右轮附着力相近时	左右轮制动力	相等并等于附着力极限值	相等	相等	
	制动距离	短	后轮低选，略长	前、后低选略长；前高、后低选稍短	
	方向稳定性	良好	良好	良好	
左右轮附着力相差较大时	左右轮制动力	差别大	前轮差别大，因为后轮低选差别小	表10-9中Ⅱ型、X型和HI型前轮高选时制动力差别大	
	制动距离	与前一工况相比增长	略长	长	
	方向稳定性	不好	因为两后轮制动力差别小，所以方向稳定性良好	不好	
应用		极少	四轮车用的多	少用	轻型货车、轿车

同时，需要说明的是：

1）制动时前轮附着重量变大，前置前驱车制动时前轮附着力约占总附着力的 70%～80%，所以对前轮独立控制，可充分利用前轮附着力产生的制动力，缩短制动距离。因为后轮按低选原则控制，制动时后轮附着重量又小，所以制动力损失不大，制动距离增长不明显。因为前轮独立控制，所以制动力差别可能很大，对方向稳定性有影响，但影响较小，并可通过转向操纵予以修正。

2）假设一侧车轮在 φ 低的道路上，另一侧在 φ 高的路面上，若前轮按高选原则一同控制，则位于低 φ 路面上的车轮会因管路压力高而抱死，制动力不大，而位于高 φ 路面上的车轮不会抱死，附着力又得以充分利用，所以制动力大许多，结果对汽车质心处产生的力矩不等，方向稳定性变坏。

因为表 10-11 中，II 型、X 型、HI 型三种方式后轮按低选原则一同控制，所以后轮制动力相等。对反应灵敏的驾驶人，可通过转动转向轮，使车轮与地面之间产生一横向力，使之与不平衡的制动力抗衡，改善方向稳定性。当两轮都驶入好路面瞬间，原制动力小的一侧车轮制动力突然增大，两前轮制动力相等。因驾驶人来不及回正转向盘，汽车仍按转向轮给定的方向行驶。高速行驶时，这种状况属非常危险工况。

10.6 鼓式制动器的主要结构元件

10.6.1 制动鼓

1. 制动鼓设计要求

1）足够大的强度。

2）足够大的刚度。

3）足够大的热容量。

4）耐磨损性能良好。

5）较高的摩擦系数。

2. 制动鼓分类

制动鼓分为铸造式和组合式两类，如图 10-19 所示。图 10-19a 为铸造式，图 10-19b 圆

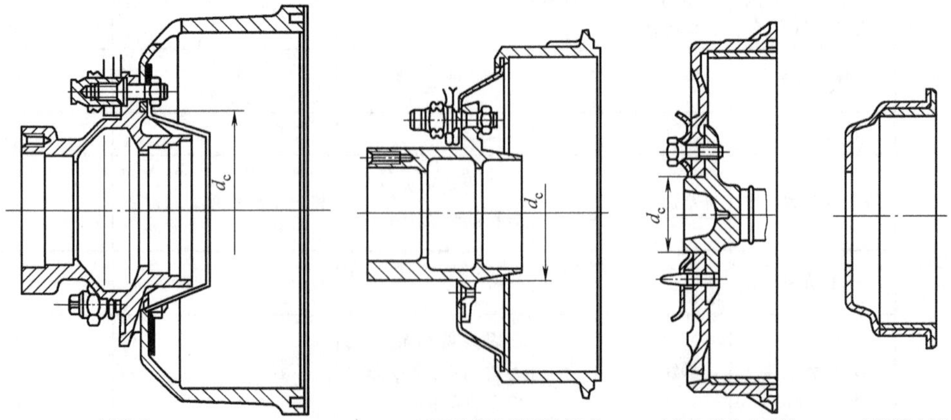

a) 铸造式　b)圆柱铸造腹板冲压式　c)主体铝合金铸造　d)钢板冲压

图 10-19　制动鼓

柱部分用铸铁铸造加腹板部分用钢板冲压，图 10-19c 主体用铝合金铸造加内镶灰铸铁，图 10-19d 制动鼓用钢板冲压加内镶合金铸件。

3. 方案分析

以上几种制动鼓方案特点见表 10-12。

表 10-12 制动鼓方案对比

特点	铸造式	组合式			备注
		b	c	d	
工艺	容易	困难	困难	困难	
耐磨性	良好	良好	良好	良好	
摩擦系数	大	大	大	大	
热容量	大	小	小	小	
质量	大	小	小	小	
刚度	大	大	小	大	c 没有加强肋
应用	各式汽车	轻型汽车	轿车	中、重型货车	

10.6.2 制动蹄

1. 设计要求

1）足够的刚度。货车制动蹄刚度应足够大；小型汽车用钢板制成的制动蹄，弯曲刚度可小些，以保证制动时蹄与鼓接触良好，并减小噪声（方法：腹板上开 1~2 条径向槽）。

2）质量小。

3）足够的使用寿命。

4）效率高。

2. 分类

分钢板焊接、铸造（铸铁、铸钢）两类。

3. 方案分析

不同制动蹄方案对比见表 10-13。

表 10-13 不同制动蹄方案对比

特点	钢板焊接	铸造	备注
刚度	小	大	铸造蹄断面有 I、山、Π 形，所以刚度大
质量	小	大	
效率	低	断面用滚轮的效率高	
寿命	低	断面用滚轮或镶垫片的寿命提高	
应用	轿车、轻型汽车	中、重型车	

10.6.3 摩擦衬片

1. 摩擦衬片（块）的材料应满足的诸项要求

1）有稳定的摩擦系数，即时间 t、压力 p、工作速度 v 变化时，摩擦系数 f 变化小。

2）耐磨损性能良好。

3）要求有尽可能小的压缩率和膨胀率。压缩率大，则主缸排量大，踏板行程变大，制动灵敏度下降；热膨胀率大，衬块与盘会拖磨，鼓式会“咬死”。

4）无噪声污染。

5）采用对人体无害的材料。

6）较高的耐挤压强度和冲击强度，足够的抗剪切能力。

7）摩擦衬块热传导率应控制在下述范围：

衬块在300℃加热板上作用30min后，背板温度不超过190℃，用来防止防尘罩、密封圈过早老化和制动液温度迅速升高。

2. 摩擦衬片材料种类

1）石棉摩阻材料——增强材料（石棉、其他纤维）加黏结剂加摩擦性能调节剂。

2）半金属摩阻材料——金属纤维加黏结剂加摩擦性能调节剂。

3）金属摩阻材料——粉末冶金无机质。

3. 特点对比

不同材料摩擦衬片特性对比见表10-14。

表10-14　不同材料摩擦衬片特性对比

特点	石棉摩阻材料	半金属摩阻材料	金属摩阻材料	备注
制造	容易	复杂	复杂	
成本	低	高	高	
刮伤对偶	困难	容易	容易	
耐热特性	差	良好	良好	
摩擦系数稳定性	差	良好	良好	时间↑、石棉摩擦系数↓
磨损性能	差	良好	良好	时间↑石棉耐磨下降
对环境影响	有污染	没有	没有	石棉致癌
应用	开始淘汰	前途广泛	目前不广泛	

第3篇　汽车底盘现代设计方法

第 11 章 汽车结构抗疲劳与可靠性设计

疲劳强度是影响车辆、航空、航天、造船和原子能等尖端工业产品使用可靠性和寿命的一个重要因素。

机械零件的破坏 50%~90%为疲劳破坏。例如，轴、曲轴、连杆、齿轮、弹簧、螺栓和焊接结构等，很多机械零部件和结构件的主要破坏方式都是疲劳。

11.1 材料的疲劳强度

11.1.1 疲劳的基本概念

1. 疲劳的定义

材料在循环应力或循环应变的作用下，由于某点或某些点产生了局部的永久结构变化，从而在一定的循环次数以后形成裂纹或发生断裂的过程。

2. 交变载荷与疲劳寿命

交变载荷又称为循环载荷、疲劳载荷，它是指载荷的大小、方向随时间作周期性或不规则、随机性的变化。

疲劳失效以前所经历的应力或应变循环次数叫疲劳寿命，用 N 表示。

$$N=N_0+N_P \tag{11-1}$$

式中，N 是总寿命；N_0 是产生规定长度的初始可测裂纹所消耗的循环次数（裂纹起始寿命）；N_P 是由初始可测裂纹扩展到临界长度所需要的循环次数（裂纹扩展寿命）。

通过分析断口，研究疲劳破坏机理，往往能找到破坏原因，从而提出防止事故的措施。

3. 材料的 *S-N* 曲线

表示外加应力水平和标准试样疲劳寿命之间关系的曲线称为材料的 *S-N* 曲线，简称为 *S-N* 曲线。

这种曲线通常都是表示中值疲劳寿命（导致疲劳破坏的概率为 50%）与外加应力间的关系，所以也称为中值 *S-N* 曲线，又称为沃勒曲线，如图 11-1 所示。

S-N 曲线在线性坐标下可分为三段：①低循环疲劳段（LCF），宏观屈服，非线性段；②高循环疲劳段（HCF），线性段，$N=10^4\sim10^6$；③疲劳极限段（SF），$N>10^7$。

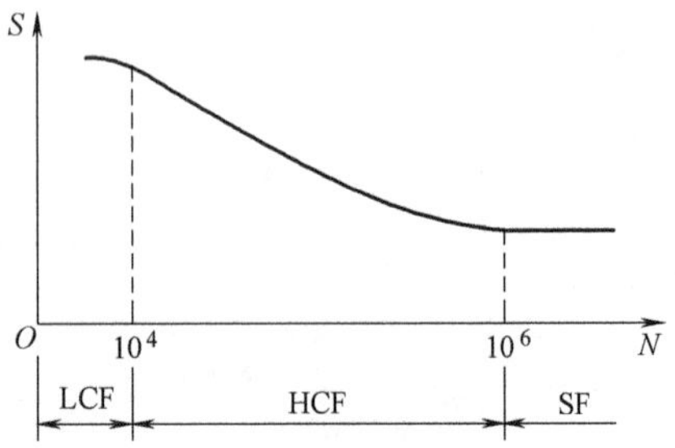

图 11-1 *S-N* 曲线的绘制

通常把 *S-N* 曲线的坐标转换成对数坐标，简化成“左支”“右支”两条直线，左支在双对数坐标系中一般是一条斜直线，故在单对数坐标系中也简化成直线。右支或者为水平直线，或者为斜直线。

在汽车零件中，有些构件属于高循环破坏，如齿轮的轮齿、螺栓、传动轴；有些构件属低循环破坏，或是高、低周复合破坏，如车架、各种壳体。

11.1.2　材料的疲劳极限

1. 材料疲劳极限的定义

1）疲劳极限——疲劳寿命无穷大时的中值疲劳强度。

结构钢和钛合金等材料的 *S-N* 曲线上具有水平段，与此水平段相应的最大应力 σ_{max} 称为材料疲劳极限，简称疲劳极限。

S-N 曲线上的水平段，意味着在与它相应的应力水平下，试样可以承受无限多次循环而永不破坏。因此，把疲劳极限定义为疲劳寿命无穷大时的中值疲劳强度。

结构钢 *S-N* 曲线的转折点一般都在 10^7 次以前，因此一般认为，结构钢试样只要经过 10^7 次循环不破坏，就可以承受无限多次循环而永不破坏。

2）条件疲劳极限——对于有色金属和腐蚀疲劳，其 *S-N* 曲线没有水平段，因此不存在真正的疲劳极限。一般以 10^7 或 10^8 次循环时的最大应力 σ_{max} 作为条件疲劳极限。

3）循环基数——材料失效时的循环数称为循环基数。循环基数取为 10^7 次循环时，可以不特别注明。循环基数为其他循环次数时，必须注明其循环基数。

2. 疲劳极限的表示方法

材料的对称弯曲疲劳极限用 σ_{-1} 表示，对称拉压疲劳极限用 σ_{-1t} 表示，对称扭转疲劳极限用 τ_{-1} 表示。符号中的下标-1 表示应力比 $r=-1$。因三者中以对称弯曲疲劳试验最为方便，且与旋转弯曲下的疲劳极限接近相等，所以一般都以对称弯曲疲劳极限来表征材料的基本疲劳性能。

3. 测定疲劳极限的小子样升降法

测定疲劳极限的方法有很多。由于疲劳性能的分散性，用常规试验方法测出的疲劳极限值是很不精确的。要想测得精确的疲劳极限，常用升降法（包括小子样升降法、大子样升降法）测定疲劳极限。小子样升降法比大子样升降法经济，应用广泛。

小子样升降法的试验步骤如下：

1）先估算出一个疲劳极限值 σ_{-1}（$\sigma_{-1}=0.5\sigma_b$）并估算应力差级 $\Delta\sigma_{-1}$[$\Delta\sigma_{-1}=(4\%\sim6\%)\sigma_{-1}$]。

2）第一个试样在略高于 σ_{-1} 应力下试验。

若在循环基数 N_0 以前破坏，下一根试样的试验降低一个级差。

若在循环基数 N_0 以后破坏，下一根试样的试验增加一个级差。

3）由试验结果得到升降图，如图 11-2 所示。

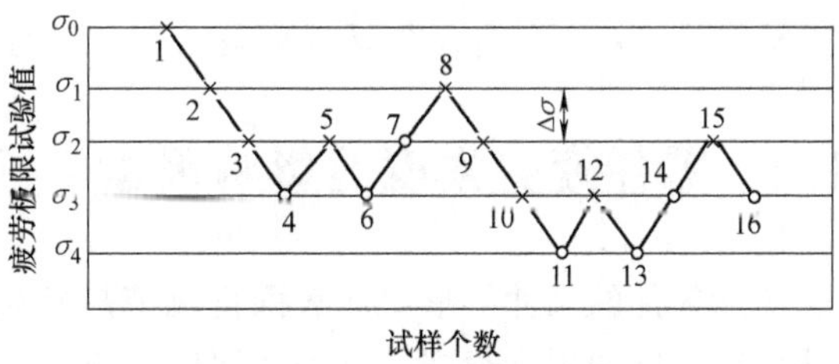

图 11-2　小子样升降法升降图示例

×—破坏　○—越出（指定寿命 $N\geq10^7$）

4）进行数据处理（找对子、配对、求值）。每两个升、降点配为一对，出现第一对相反结果前的数据不用，舍弃。

如图 11-2 所示，取 16 个样本进行试验，其中的点 3 和点 4 是第一对出现趋势方向相反的结果，简称为“相反结果”。因此，数据点 1 和点 2 均舍弃。而第一次出现的相反结果点 3 和点 4 的应力平均值 $(\sigma_2+\sigma_3)/2$，就是常规疲劳试验法给出的疲劳极限值。同理，第二对出现的相反结果点 5 和点 6 的应力平均值，也相当于常规疲劳试验法给出的疲劳极限。如此，把所有邻近出现相反结果的数据点都配成对子：7 和 8、10 和 11、12 和 13、15 和 16。最后，对于不能直接配对的数据点 9 和点 14，也可以凑成一对，总计共有七个对子。

由这七对应力求得的七个疲劳极限的平均值，即可作为疲劳极限的精确值 σ_r，即

$$\sigma_r=\frac{1}{7}\left(\frac{\sigma_2+\sigma_3}{2}+\frac{\sigma_2+\sigma_3}{2}+\frac{\sigma_1+\sigma_2}{2}+\frac{\sigma_3+\sigma_4}{2}+\frac{\sigma_3+\sigma_4}{2}+\frac{\sigma_2+\sigma_3}{2}+\frac{\sigma_2+\sigma_3}{2}\right)$$

$$\sigma_r=\frac{1}{14}(\sigma_1+5\sigma_2+6\sigma_3+2\sigma_4)$$

由上式可以看出，括号内各级应力前的系数，恰好代表在各级应力下试验的次数（点 1 和 2 除外）。值得注意的是，用小子样升降法测定疲劳极限值时，试样数一般为 14~20 个。

11.1.3 材料的 *P-S-N* 曲线

P-S-N 曲线的定义是，将各级应力水平下疲劳寿命分布曲线上存活率相等的点用曲线连接起来，就得到给定存活率的一组 *S-N* 曲线，称为 *P-S-N* 曲线，如图 11-3 所示。其中每一条曲线代表某一可靠度 $R=P$ 下的应力-寿命关系曲线。图 11-3 所示各条曲线的含义是：

AB——中值寿命，即常规疲劳设计中通常给出的 *S-N* 曲线；

CD——可靠度为 99.9%的 *P-S-N* 曲线，使用期内零件不发生破坏的概率为 99.9%；

GH——可靠度为 90%的 *P-S-N* 曲线，使用期内零件不发生破坏的概率为 90%；

EF——可靠度为 1%的 *P-S-N* 曲线，不能用于疲劳强度设计。

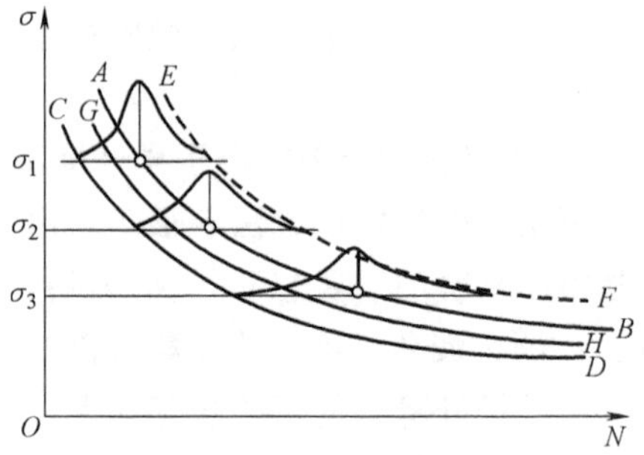

图 11-3 *P-S-N* 曲线

基于正态分布的 6σ 可靠性分析中，−3σ 对应的 $P=99.865\%$。

在可靠性设计中必须考虑 *P-S-N* 曲线。*P-S-N* 曲线可用单对数坐标表示，也可以用双对数坐标表示。*P-S-N* 曲线在双对数坐标上一般为一条直线。

11.2 零件疲劳强度的影响因素

实际零件的尺寸、形状和表面情况都是各式各样的，与标准试样有很大差别。影响机械零件疲劳强度的因素很多，其中主要因素有应力集中、零件尺寸、表面状态、平均应力、符合应力、加载频率、应力波形、停歇、腐蚀介质和温度等。

11.2.1　应力集中对疲劳强度的影响

汽车上的结构都不可避免地存在台阶、开孔、榫槽等截面突变的地方。当结构受力时，在这些地方会出现局部应力增大的现象，称为应力集中。

大量疲劳破坏事故和试验结果表明，疲劳源总是出现在应力集中的地方，应力集中使结构的疲劳强度降低。应力集中对静力强度的影响与材料的性质有关。对脆性材料影响较大，对塑性材料影响较小。

应力集中对疲劳强度的影响，用有效应力集中系数 K_f 表示（也称材料的疲劳缺口系数）。

$$K_f = 1+q(K_t-1) \tag{11-2}$$

式中，K_t 是理论应力集中系数，又称为形状系数。它是在应力集中处的最大局部应力 σ_t 与该截面处的名义应力 σ_n 的比值 $K_t=\sigma_t/\sigma_n$，查手册上的图表可得到；q 是疲劳缺口敏感系数，它是材料对应力集中敏感性的一种程度，$q=0\sim1$，它与材料性能 σ_b 有关，与缺口半径 r 有关，可以用一些经验公式和图表求得。

1）当 $q=1$ 时，表示材料对应力集中非常敏感，塑性较差的高强度钢就接近于1。

2）当 $q=0$ 时，表示材料对应力集中没有任何反应，此时 $K_f=1$。铸铁属于这种情况。因为铸铁内含有大量的石墨杂质，相当于很尖锐的裂纹，这种裂纹的影响几乎完全掩盖了其他应力集中因素的影响。

q 值的确定方法有多种，工程上也有许多计算公式和曲线，《机械工程手册》中推荐的 Neuber 公式为

$$q=\frac{1}{1+\sqrt{A/r}} \tag{11-3}$$

式中，r 是缺口半径；A 是参数，可以从图 11-4 所示中查出$\sqrt{A}$值。

相应的 q 值也可以从图 11-5 所示中查出。

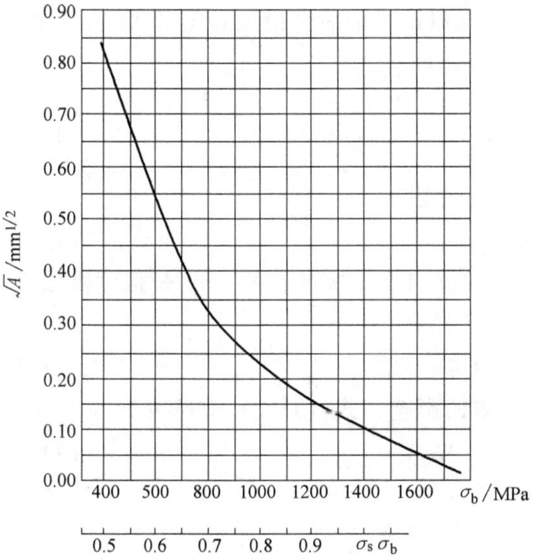

图 11-4　$\sqrt{A}$值曲线

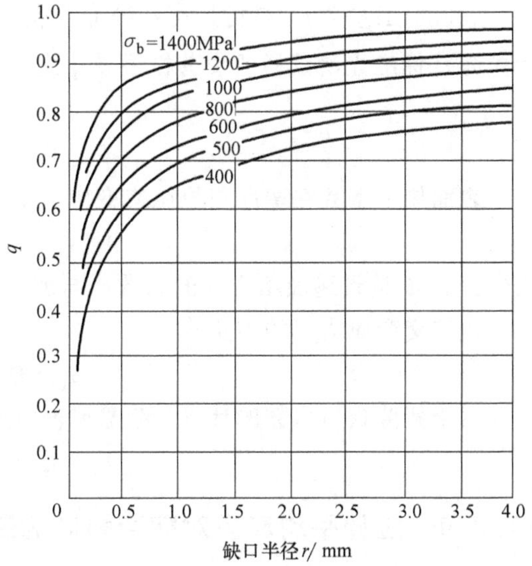

图 11-5　疲劳缺口敏感系数曲线

11.2.2 零件尺寸对疲劳强度的影响

零件尺寸对其疲劳强度影响极大。一般来说，零件或试样的尺寸增大，则疲劳强度就降低，这种疲劳强度随尺寸增大而降低的现象称为尺寸效应。

尺寸系数 ε 定义为：当应力集中与终加工情况相同时，尺寸为 d 的试样或零件的疲劳极限与标准直径试样的疲劳极限之比，即

$$\varepsilon=\frac{\sigma_{-1d}}{\sigma_{-1}}\text{(对称弯曲)} \quad \text{或} \quad \varepsilon_{\tau}=\frac{\tau_{-1d}}{\tau_{-1}}\text{(对称扭转)} \tag{11-4}$$

式中，σ_{-1d}、τ_{-1d} 是直径为 d 的无缺口光滑大试样对称弯曲疲劳极限和对称扭转疲劳极限；σ_{-1}、τ_{-1} 是直径为 d_0 的标准尺寸试样对称弯曲疲劳极限和对称扭转疲劳极限。

小试样直径 $d_0=6\sim10$mm。中低强度钢，d_0 取 9.5mm；高强度钢，d_0 取 7.5mm 或 6mm。

尺寸系数 ε 的数据很分散，目前主要用试验曲线来确定尺寸系数 ε。钢试样尺寸系数的统计参数见表 11-1。在拉压疲劳试验中，当直径≤50mm 时，无尺寸效应。所以一般取 $\varepsilon=1$。

表 11-1 钢试样的尺寸系数 ε 的统计参数

钢种	尺寸 d/mm	试样数 n	ε 的统计参数			钢种	尺寸 d/mm	试样数 n	ε 的统计参数		
			均值 $\bar{\varepsilon}$	标准差 s_t	变异系数 $v=s_t/\varepsilon$				均值 $\bar{\varepsilon}$	标准差 s_t	变异系数 $v=s_t/\varepsilon$
碳素钢	30~150	8	0.8562	0.08895	0.10388	结构钢	30~150	11	0.79	0.0690	0.08734
	150~250	8	0.8025	0.04773	0.05948		150~250	12	0.7667	0.07487	0.09765
	250~350	9	0.7911	0.03444	0.04353		250~350	15	0.678	0.06834	0.10079
	350 以上	14	0.73	0.04188	0.05737		350 以上	22	0.6718	0.07202	0.10720

11.2.3 表面状态对疲劳强度的影响

表面加工系数 β_1 是指具有某种加工表面的标准光滑试样的疲劳极限 $\sigma_{-1\beta}$ 与磨光（国外为抛光）标准光滑试样的疲劳极限 σ_{-1} 之比。其定义表达式为

$$\beta_1=\frac{\sigma_{-1\beta}}{\sigma_{-1}}<1 \tag{11-5}$$

表面加工系数在弯曲与拉压交变应力下的计算公式是

$$\beta_1=a+b\sigma_b \tag{11-6}$$

式中，a、b 是最终加工方法的系数，与加工方法有关，与循环次数有关；σ_b 是强度极限。

扭转交变应力下的表达式为

$$\beta_{1\tau}=0.6\beta_1+0.4 \tag{11-7}$$

对于疲劳缺口系数的计算，考虑到表面加工系数的影响，式（11-2）应修改为

$$K_{\sigma}=K_f=1+q(K_t-1)\beta_1 \tag{11-8}$$

11.2.4 拉伸平均应力对疲劳强度的影响

对于拉伸平均应力的影响，许多学者提出了多种极限应力线，如图 11-6 所示，其中主

要的有：

古德曼直线

$$\sigma_a=\sigma_{-1}(1-\sigma_m/\sigma_b) \qquad (11\text{-}9)$$

莫罗（Morrow）直线

$$\sigma_a=\sigma_{-1}(1-\sigma_m/\sigma_f) \qquad (11\text{-}10)$$

式中，σ_m 是平均应力；σ_a 是极限应力幅；σ_{-1} 是材料疲劳极限；σ_b 是强度极限；σ_f 是真断裂应力，其估算式为

$$\sigma_f=\sigma_b+350\text{MPa} \qquad (11\text{-}11)$$

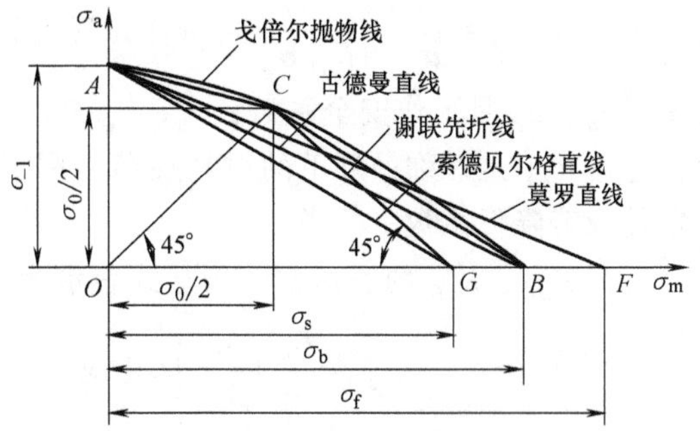

图 11-6　极限应力线图

σ_0—初选疲劳极限值　σ_s—屈服极限

目前常用的是古德曼直线，它适用于脆性材料，对延性材料偏于保守。而莫罗直线也与试验数据比较符合，比古德曼直线精确，在近代疲劳设计中使用的越来越多。

11.3　零部件的抗疲劳设计方法简介

现行的抗疲劳设计方法很多，大致可分为以下四种：

1）名义应力疲劳设计法：以名义应力为基本设计参数，以 *S-N* 曲线为主要设计依据的抗疲劳设计法称为名义应力疲劳设计法。这种设计方法历史最悠久，分为无限寿命设计法和有限寿命设计法。

2）局部应力应变分析法：是在低周疲劳的基础上发展起来的一种疲劳寿命估算方法，其基本设计参数为应变集中处的局部应变和局部应力。

3）损伤容限设计法：是在断裂力学基础上发展起来的一种抗疲劳设计方法。这种设计方法的思想是以承认材料内有初始缺陷为依据，并把这种初始缺陷看作裂纹，根据材料在使用载荷下的裂纹扩展性质，估算其剩余寿命。

4）疲劳可靠性设计法：是概率统计方法和疲劳设计方法相结合的产物，因此也称为概率疲劳设计。这种设计方法考虑了载荷、材料疲劳性能和其他疲劳设计数据的分散性，可以把破坏概率限制在一定的范围之内，因此其设计精度比其他抗疲劳设计方法高。

目前在汽车结构设计上用得最多和最成熟的是无限寿命设计法。

11.3.1　无限寿命设计法

1. 无限寿命设计法的基本概念

无限寿命设计法的出发点是，零件在低于疲劳极限的应力下具有无限寿命（也就是 *S-N* 曲线的水平部分），零件能够长期安全使用。无限寿命设计法的设计条件：

1）等幅加载时，工作应力 $\sigma_{max}<\sigma_{-1}$（疲劳极限）。

2）变幅、交变应力中，如果超过疲劳极限的过载应力数值不大、作用次数又很少时，可忽略，而按作用次数较多的最大交变应力 $\sigma_{max}<\sigma_{-1}$（疲劳极限）进行设计。

该方法是先用静强度设计确定出零件尺寸，再用该方法的设计条件进行疲劳强度校核。

2. 对称循环（循环特性 $R=-1$）设计计算公式

（1）强度条件

$$n_\sigma=\frac{\sigma_{-1D}}{\sigma_a}=\frac{\sigma_{-1}}{K_{\sigma D}\sigma_a}\geqslant[n](\text{正应力}),\ n_\tau=\frac{\tau_{-1D}}{\tau_a}=\frac{\tau_{-1}}{K_{\tau D}\tau_a}\geqslant[n](\text{切应力}) \tag{11-12}$$

式中，n_σ、n_τ 是工作安全系数；σ_a、τ_a 是应力幅；σ_{-1D}、τ_{-1D} 是对称循环下的零件疲劳极限；τ_{-1}、σ_{-1} 是对称循环下的材料疲劳极限；$[n]$ 是许用安全系数；$K_{\sigma D}$、$K_{\tau D}$ 是对称循环下零件疲劳降低系数。

（2）$K_{\sigma D}$、$K_{\tau D}$ 的表达式　表达式表示为

$$K_{\sigma D}=\frac{K_\sigma}{\varepsilon}+\frac{1}{\beta_1}-1(\text{正应力}),\ K_{\tau D}=\frac{K_\tau}{\varepsilon_\tau}+\frac{1}{\beta_{1\tau}}-1(\text{切应力}) \tag{11-13}$$

式中，K_σ、K_τ 是疲劳缺口系数；ε、ε_τ 是尺寸系数；β_1、$\beta_{1\tau}$是表面加工系数。

3. 简单的非对称循环（R=常数）设计计算公式

当极限应力线用直线形式时，使用以下强度条件：

正应力
$$n_\sigma=\frac{\sigma_{aD}}{\sigma_a}=\frac{\sigma_{-1}}{K_{\sigma D}\sigma_a+\varphi_\sigma\sigma_m}\geqslant[n] \tag{11-14a}$$

切应力
$$n_\tau=\frac{\tau_{aD}}{\tau_a}=\frac{\tau_{-1}}{K_{\tau D}\tau_a+\varphi_\tau\tau_m}\geqslant[n] \tag{11-14b}$$

式中，σ_{aD}、τ_{aD} 是应力比为 r 时，零件的疲劳极限幅值；σ_m、τ_m 是材料（试样）的平均应力；φ_σ、φ_τ 是平均应力折算系数。

$$\varphi_\sigma=(2\sigma_{-1}-\sigma_0)/\sigma_0\approx\sigma_{-1}/\sigma_f \tag{11-15}$$

式中，σ_0 是脉动循环下的材料疲劳极限。

4. 计算实例

例 11.1　如图 11-7 所示的梯形圆截面合金钢杆，D=42mm，d=30mm，过渡圆弧半径 r=3.5mm。已知杆表面精车加工，凹槽的理论应力集中系数为 K_t=3.5，表面加工系数 β_1=0.92，σ_b=1300MPa，σ_{-1}=400MPa。在 p_{max}=45000N、p_{min}=450N 的轴向交变载荷作用下工作。设安全系数 $[n]$=2，试校核其强度。

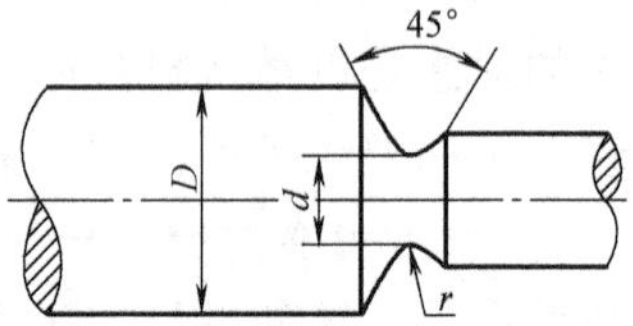

图 11-7　梯形圆截面合金钢杆

（1）基本思路　这是一个非对称循环载荷作用的疲劳设计。

校核公式用式（11-14a）：$n_\sigma=\dfrac{\sigma_{aD}}{\sigma_a}=\dfrac{\sigma_{-1}}{K_{\sigma D}\sigma_a+\varphi_\sigma\sigma_m}\geqslant[n]$

也用到式（11-13）：$K_{\sigma D}=\dfrac{K_\sigma}{\varepsilon}+\dfrac{1}{\beta_1}-1$

求出 K_σ、ε、β_1、$K_{\sigma D}$、φ_σ，然后求零件的应力 σ_{max}、σ_{min}、σ_a、σ_m，代入式（11-14）校核强度。

（2）求解　用敏感系数法求 K_σ。

1）对应 σ_b=1300MPa，由图 11-4 查得$\sqrt{A}$= 0.13。

2）已知 r=3.5mm，所以由式（11-3）计算疲劳缺口敏感系数：

$$q=\frac{1}{1+\sqrt{A/r}}=\frac{1}{1+0.13/1.87}=0.935$$

3）由式（11-8）计算 K_σ：$K_\sigma=1+q(K_t-1)\beta_1$

因为已知 $K_t=3.5$，$\beta_1=0.92$，所以

$$K_\sigma=1+0.935(3.5-1)\times0.92=3.1505$$

当然，也可以用世界通用方法，即式（11-2）计算：$K_\sigma=1+q(K_t-1)$。

（3）计算尺寸系数 ε　由于在拉压疲劳试验中，直径 $D=42\text{mm}\leqslant50\text{mm}$，无尺寸效应，所以取 $\varepsilon=1$。

（4）计算 $K_{\sigma D}$　由式（11-13）计算得到：

$$K_{\sigma D}=\frac{K_\sigma}{\varepsilon}+\frac{1}{\beta_1}-1=\frac{3.1505}{1}+\frac{1}{0.92}-1=3.2375$$

（5）计算缺口试样的平均应力折算系数 φ_σ

1）计算真断裂强度 σ_f 可用式（11-11）：　$\sigma_f=\sigma_b+350\text{MPa}=1650\text{MPa}$

2）因为 $\sigma_{-1}=400\text{MPa}$，所以由式（11-15）得到平均应力折算系数：

$$\varphi_\sigma=\sigma_{-1}/\sigma_f=400/1650=0.2424$$

（6）计算 σ_{max}、σ_{min}、σ_m、σ_a

$$\sigma_{max}=\frac{p_{max}}{\pi d^2/4}=\frac{45000}{0.25\times3.14\times0.03^2}\text{MPa}=63.6943\text{MPa}$$

$$\sigma_{min}=\frac{p_{min}}{\pi d^2/4}=\frac{450}{0.25\times3.14\times0.03^2}\text{MPa}=0.636943\text{MPa}$$

$$\sigma_m=(\sigma_{max}+\sigma_{min})/2=32.1656\text{MPa}$$

$$\sigma_a=(\sigma_{max}-\sigma_{min})/2=31.5287\text{MPa}$$

（7）校核　将已知量和计算结果代入校核公式的左边得

$$n_\sigma=\frac{\sigma_{-1}}{K_{\sigma D}\sigma_a+\varphi_\sigma\sigma_m}=\frac{400}{3.2375\times31.5287+0.2424\times32.1656}$$
$$=400/(102.074+7.7969)=400/109.871=3.64$$

由已知条件：$[n]=2$

所以 $n_\sigma>[n]$，满足强度要求，可以长期使用。

11.3.2　名义应力有限寿命设计法

有限寿命设计法常称为安全寿命设计法，要求零部件在一定的使用期限内不破坏，其主要设计依据是 *S-N* 曲线的斜线部分。

进行有限寿命设计时，零件的设计应力一般都高于疲劳极限。因此这时就不能只考虑最高应力，而需要按照一定的累积损伤理论估算总的疲劳损伤。

1. 疲劳累积损伤理论及其应用

疲劳过程可看作为达到一个临界值的累积过程，也可看作固有寿命消耗的过程，当损伤累积到临界值时，零件就会发生破坏。

（1）线性累积损伤　线性累计损伤理论简单实用，用得最多的是著名的帕尔姆格伦-迈因纳（Palmagram-Miner）法则，其基本假设是：

1）试件能够吸收的能量达到极限值，导致疲劳破坏。

2）疲劳损伤可以分别计算，然后再线性叠加。

若试件的加载历史由 σ_1，σ_2，…，σ_r 等 r 个不同的应力水平构成，各应力水平下的寿命分别为 N_1，N_2，…，N_r，各应力水平下的循环数分别为 n_1，n_2，…，n_r，则可得出

$$\sum_{i=1}^{r}\frac{n_i}{N_i}=1 \tag{11-16}$$

式（11-16）是帕尔姆格伦-迈因纳法则的基本表达式。

3）损伤正比于循环比（损伤比）：$D\propto n_i/N_i$；当损伤为 1 时，零件发生破坏。

4）加载次序不影响损伤和寿命，即损伤的速度与以前的载荷历程无关。

例 11.2 某一运动机械零件运行得到的 *S-N* 曲线如图 11-8a 所示。在一次运行中，该零件经历的应力历程见表 11-2。求一次运行造成的损伤及零件破坏前可以运行的次数。

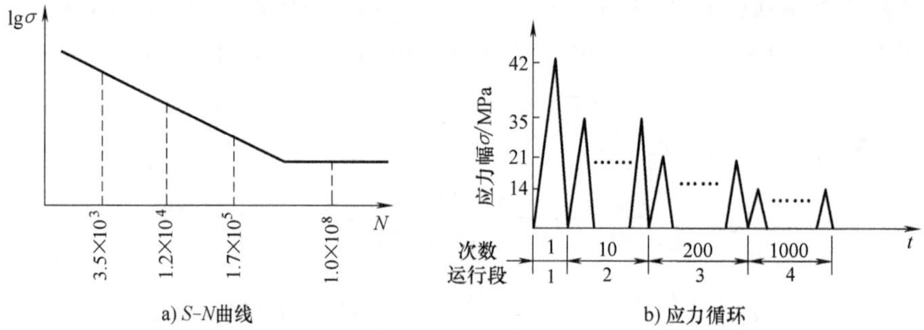

图 11-8 某一运动机械零件运行得到的 *S-N* 曲线与应力循环

表 11-2 某零件在一次运行中经历的应力历程

运行段	1	2	3	4
应力大小	0~42MPa	0~35MPa	0~21MPa	0~14MPa
应力历程次数	1 次	10 次	200 次	1000 次
对应的寿命	3.5×10^3	1.2×10^4	1.7×10^5	1.0×10^8

解：由 *S-N* 曲线得，$N_1=3.5\times10^3$，$N_2=1.2\times10^4$，$N_3=1.7\times10^5$，$N_4>>1.0\times10^8$，所以：

1）损伤：$\sum\frac{n_i}{N_i}=\frac{1}{3.5\times10^3}+\frac{10}{1.2\times10^4}+\frac{200}{1.7\times10^5}+\frac{1000}{10^8}=2.305\times10^{-3}$

2）设零件破坏前能运行 L 次，则 $L\sum\frac{n_i}{N_i}=1$，由此得：$L\times2.305\times10^{-3}=1$

解得 $L=433$ 次，即可运行 433 次。

线性累积损伤理论有如下特点：

优点：线性累积损伤方程很简单，运用方便，故在工程中得到广泛应用。

缺点：线性累积损伤假设第二项不符合所有情况，因此线性累积损伤理论的预测结果存在很大分散性。

（2）修正线性累积损伤法 我国科学家提出了修正的线性累积损伤法。该方法提出了损伤极限（用 σ_D 表示）的概念，认为低于疲劳极限 σ_{-1} 的应力可引起损伤。

1）损伤极限的取值：对中、低碳钢 $\sigma_D=0.8\sigma_{-1}$；对高强度钢 $\sigma_D=0.5\sigma_{-1}$。

2）该方法提出了修正累积损伤公式

$$\sum_{i=1}^{n}\frac{n_i}{N_i}=\alpha \tag{11-17}$$

式中，α 的取值所考虑的几个方面如下：

① 对中、低碳钢以及高碳钢的周期弯曲，取 $\alpha=0.3$。

② 各种钢材的周期载荷平均值取 $\alpha=0.68$。

2. 对称循环下的有限寿命设计

零件的 S-N 曲线是名义应力有限寿命设计法的基础。通常是利用材料的 S-N 曲线估算出零件的 S-N 曲线。采用这种方法进行疲劳设计按如下步骤进行。

（1）做对称循环下材料的 S-N 曲线　可以用简化方法估算材料的 S-N 曲线：

当 $N\leqslant10^3$ 次时，$\sigma_{-1N}=0.9\sigma_b$。

当 $N\geqslant N_0$ 次时，$\sigma_{-1N}=\sigma_{-1}$。

当 N 在 $10^3\sim N_0$ 之间时，在双对数坐标上直线连接如上两点，得到 S-N 曲线，如图 11-9 所示。其表达式为

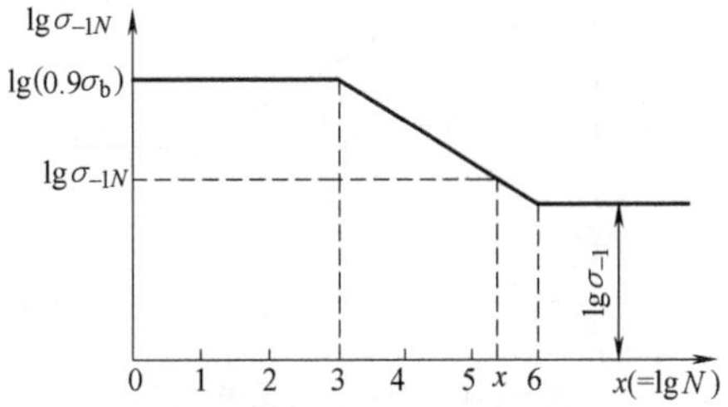

图 11-9　材料简化 S-N 曲线的画法

$$\lg\sigma_{-1N}=\lg\sigma_{-1}+\frac{\lg N_0-\lg N}{\lg N_0-3}[\lg(0.9\sigma_b)-\lg\sigma_{-1}] \tag{11-18}$$

式中，N_0 是转折寿命，即与 S-N 曲线上的转折点相对应的寿命。

一般情况下取 $N_0=10^6$，$\sigma_{-1}=0.5\sigma_b$。

（2）求修正系数

1）尺寸系数 ε_N。如图 11-10 所示，当 $N\geqslant N_0$ 时：

对于弯曲、扭转：$\varepsilon_N=\varepsilon$。

对于拉伸：$\varepsilon_N=1$。

其中，ε 为无限寿命设计中的尺寸系数。

当 $N\leqslant10^3$ 时，$\varepsilon_N=1$。在 $N=10^3\sim N_0$ 范围内，由 10^3 时的 1 与 N_0 时的 ε 在对数坐标上直线相连得到斜直线，由比例关系得到相应寿命对应的 ε_N。

2）疲劳缺口系数 $K_{\sigma N}$。如图 11-11 所示，当 $N\leqslant10^3$ 时，$K_{\sigma N}=1$。

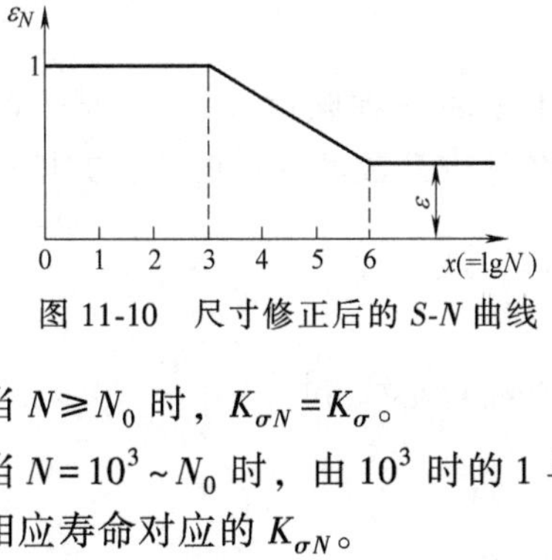

图 11-10　尺寸修正后的 S-N 曲线

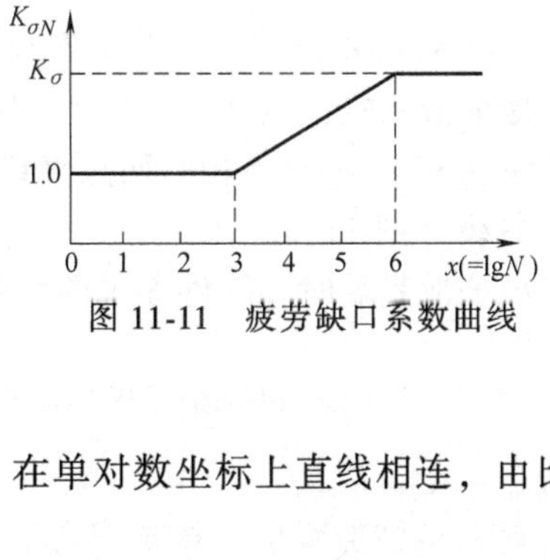

图 11-11　疲劳缺口系数曲线

当 $N\geqslant N_0$ 时，$K_{\sigma N}=K_\sigma$。

当 $N=10^3\sim N_0$ 时，由 10^3 时的 1 与 N_0 时的 K_σ，在单对数坐标上直线相连，由比例关系得到相应寿命对应的 $K_{\sigma N}$。

3）表面加工系数 β_{1N}。如图 11-12 所示，当 $N \leqslant 10^3$ 时，$\beta_{1N}=1$。

当 $N \geqslant N_0$ 时，$\beta_{1N}=\beta_1$。

当 $N=10^3 \sim N_0$ 时，由 10^3 时的 1 与 N_0 时的 β_1，在单对数坐标上直线相连，由比例关系得到相应寿命对应的 β_{1N}。

4）分散系数 K_{sN}。材料性能、热处理、加工、加载等都有误差，因而要考虑其分散性的影响。

如图 11-13 所示，当 $N \leqslant 10^4$ 时，$K_{sN}=K_{s1}$。

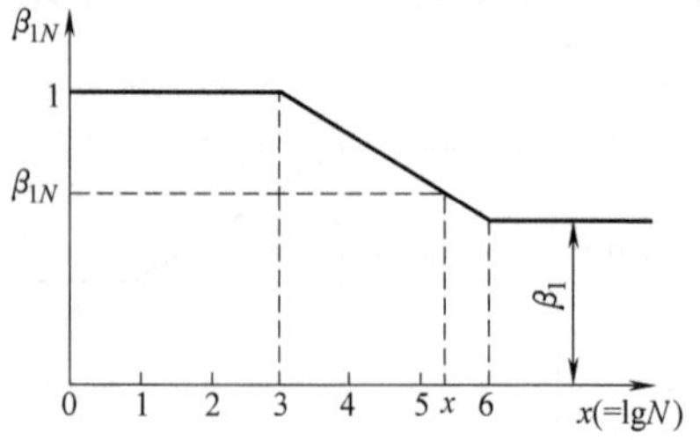

图 11-12　表面加工系数曲线

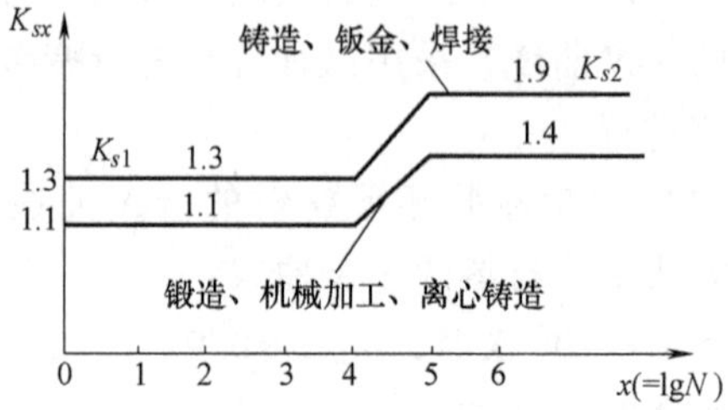

图 11-13　分散系数曲线

当 $N \geqslant 10^5$ 时，$K_{sN}=K_{s2}$。

当 $N=10^4 \sim 10^5$ 时，K_{s1}、K_{s2} 在单对数坐标上直线相连，由比例关系得到相应寿命对应的 K_{sN}。

推荐数据：对于铸造、钣金和焊接表面，$K_{s1}=1.3$，$K_{s2}=1.9$；对于锻造、机加工、离心铸造，$K_{s1}=1.1$，$K_{s2}=1.4$。

（3）作对称循环下的零件 S-N 曲线　在材料的 S-N 曲线上，考虑尺寸系数 ε_N、疲劳缺口系数 $K_{\sigma N}$、表面加工系数 β_{1N} 和分散系数 K_{sN} 的影响，得出带系数的 S-N 曲线，即为对称循环下零件的 S-N 曲线，如图 11-14 所示。

若暂不考虑分散系数，由材料的 S-N 曲线得到零件的 S-N 曲线。

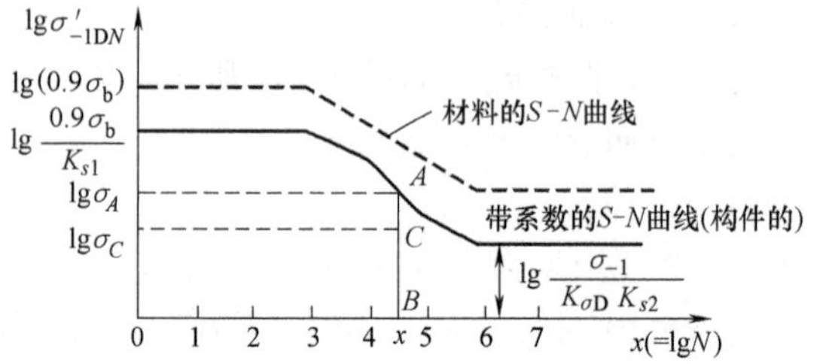

图 11-14　带系数的 S-N 曲线

在双对数坐标上：

$N=1$、10^3 时，σ 不修正。

$N=N_0$ 时，σ 值除以 $K_{\sigma D}$，其中，$K_{\sigma D}=K_\sigma/\varepsilon+1/\beta_1-1$。

在 $10^3<N \leqslant N_0$ 范围内，将相邻两点直线相连。

若考虑分散系数，当 $N=1$、10^3、10^4 时，将上述得出的 σ 值除以 K_{s1}；当 $N=10^5$、N_0 时，σ 值除以 K_{s2}。再将各相邻两点直线相连，即得出零件带系数的 S-N 曲线，亦即简化的零件 S-N 曲线（图 11-14）。

不考虑分散系数时，零件 S-N 曲线的表达式为

$$\lg\sigma_{-1DN}=\lg\sigma_{-1D}+\frac{\lg N_0-\lg N}{\lg N_0-3}[\lg(0.9\sigma_b)-\lg\sigma_{-1D}] \tag{11-19}$$

式中，$\sigma_{-1D}=\sigma_{-1}/K_{\sigma D}$。

（4）零件的疲劳强度校核与寿命估算

1）疲劳强度校核。在给定使用寿命 N 与工作应力 σ_a 时，可根据给定的使用寿命 N，在零件的 S-N 曲线上找出相应的条件疲劳极限 σ_{-1DN}，用下式求出工作安全系数 n_σ 为

$$n_\sigma=\frac{\sigma_{-1DN}}{\sigma_a} \tag{11-20}$$

当工作安全系数 n 大于许用安全系数 $[n]$ 时，零件在指定的使用期内能够安全使用。许用安全系数的确定方法与无限寿命设计时相同。

2）疲劳寿命估算。当给定零件的尺寸或工作应力 σ 时，估算安全寿命的方法为先确定出许用安全系数 $[n]$，再用下式求出与工作应力 σ 相应的计算应力 σ_g 为

$$\sigma_g=[n]\sigma \tag{11-21}$$

在零件的 S-N 曲线上与 σ_g 相对应的循环数 N 即为零件的安全寿命。

（5）计算实例

例 11.3　有一阶梯轴，材料为 34CrNi3Mo，已知 $\sigma_b=800\text{MPa}$，危险截面处 $K_\sigma/\varepsilon=2$，工作应力 $\sigma_a=150\text{MPa}$，$R=-1$，终加工方法为磨光，$\beta_{1N}=1$，要求使用寿命为 10^5 循环，$[n]=1.2$。试验算其疲劳强度，并估算在此工作应力下的疲劳寿命。

解：

1）材料的 S-N 曲线。

当 $N=10^3$ 时，$\sigma_{-1N}=0.9\sigma_b=720\text{MPa}$。

当 $N=10^6$ 时，$\sigma_{-1N}=\sigma_{-1}=0.44\sigma_b=352\text{MPa}$。

作出材料的 S-N 曲线，图 11-15 所示的上面一条曲线。

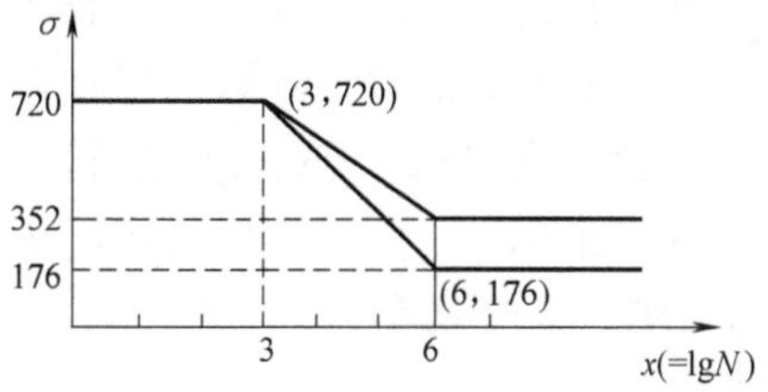

图 11-15　材料和零件的 S-N 曲线

2）零件的 S-N 曲线。

已知 $K_\sigma/\varepsilon=2$，$\beta_{1N}=1$，故对称循环下零件疲劳强度降低系数为

$$K_{\sigma DN}=\frac{K_{\sigma N}}{\varepsilon_N}+\frac{1}{\beta_{1N}}-1=2+1-1=2$$

3）斜线段方程。

首先计算出，在 $N=10^6$ 处有

$$\sigma_{-1D}=\sigma_{-1N}/K_{\sigma DN}=352/2\text{MPa}=176\text{MPa}$$

作出零件的 S-N 曲线，如图 11-15 所示下面一条折线。所以有

$$\lg\sigma_{-1DN}=\lg\sigma_{-1D}+\frac{\lg N_0-\lg N}{\lg N_0-3}[\lg(0.9\sigma_b)-\lg\sigma_{-1D}]$$

$$=\lg 176+\frac{6-\lg N}{6-3}(\lg 720-\lg 176)=3.469-0.2039\lg N$$

当 $\lg N=5$ 时，$\sigma_{-1DN}=281.5\text{MPa}$。

4）考虑分散系数。

采用机加工方式，则分散系数 $K_{s2}=1.4$。用 $N=10^5$ 次时的 σ 值除以 K_{s2} 得

$$\sigma'_{-1DN}=281.5/1.4\text{MPa}=201.1\text{MPa}$$

10^5 时零件的疲劳极限。

5）安全系数。

由式（11-20）得 $n_{\sigma}=\frac{\sigma'_{-1DN}}{\sigma_a}=\frac{201.1}{150}=1.34>[n]=1.2$

所以，此轴在 10^5 次使用期内能够安全使用。

6）寿命估算。

由式（11-21）得到 $\sigma_g=[n]\sigma=[n]\sigma_a=1.2\times150\text{MPa}=180\text{MPa}$

考虑分散系数的影响有 $\sigma_g=[n]\sigma K_{s2}=180\times1.4\text{MPa}=252\text{MPa}$

根据 $N=10^6$ 和 $N=10^3$ 处的 σ 值，由零件的 S-N 曲线，进行线性插值，得到安全疲劳寿命为 1.72×10^5 次循环。

11.3.3 局部应力应变分析法

1. 循环应力-应变曲线

对材料试件首先拉伸加载到 A 点，然后卸载到 O 点，再然后压缩加载到 B 点，再加载到 C 点（与 A 点重合），这样加载和卸载的应力应变迹线 ABC 形成一个闭环，称为迟滞回线或迟滞环，如图 11-16 所示。

材料在这种循环载荷作用下得到的应力应变迹线，称为应力-应变迟滞回线。迟滞回线一开始不稳定，随着循环数的增加而趋于稳定。

在应变比 $R=\varepsilon_{min}/\varepsilon_{max}=-1$ 下，对不同的应变幅值，可得到不同的稳定循环迟滞回线。以 ε 为横坐标、σ 为纵坐标连接起来的这些迟滞环顶点的曲线称为材料的循环应力-应变曲线，如图 11-17 所示。

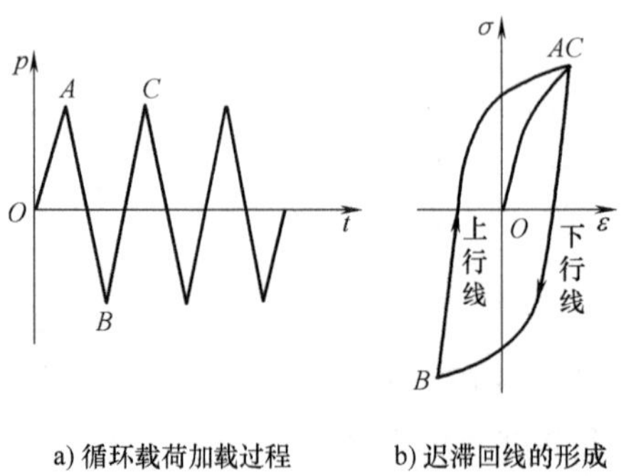

a) 循环载荷加载过程　　b) 迟滞回线的形成

图 11-16　迟滞回线的加载过程与形成

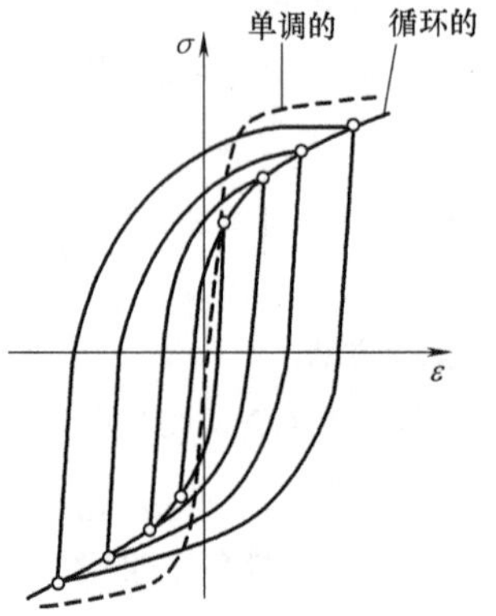

图 11-17　循环应力-应变曲线

循环应力-应变曲线表达式，可以用与单调应力-应变曲线相似的公式来表达：

$$\varepsilon=\frac{\sigma}{E}+\left(\frac{\sigma}{K'}\right)^{1/n'}=\frac{\sigma}{E}+\varepsilon'_f\left(\frac{\sigma}{\sigma'_f}\right)^{1/n'} \tag{11-22}$$

式中，σ 是应力幅，$\sigma=K'(\varepsilon_p)^{n'}$；$\varepsilon_p$ 是塑性应变，$\varepsilon_p=\varepsilon'_f(\sigma/\sigma_f)^{1/n'}$；$K'$是循环强度系数，$K'=\sigma'_f/(\varepsilon'_f)^{n'}$；$\sigma'_f$是疲劳强度系数，$\sigma'_f=\sigma_f=\sigma_b+350\text{MPa}$，其中 σ_f 为静拉伸断裂时的真断裂强度；n'是循环应变硬化指数，其取值范围为 $n'=0.10\sim0.20$，平均值接近于 0.15；ε'_f是疲劳延性系数，$\varepsilon'_f\approx\varepsilon_f=\ln(A_0/A)=\ln[1/(1-\varphi)]$，其中 ε_f 是真断裂延性，为静拉伸断裂时的真

应变。

n'表达式为
$$n'=b/c$$
式中，b是疲劳强度指数，弹性线的斜率，一般情况下，$b=-0.05\sim-0.12$；c是疲劳延性指数，塑性线的斜率，一般情况下，对于延性材料$c=-0.6$。

大多数工程材料的稳定迟滞回线（图11-16b）与放大一倍的单轴循环应力-应变曲线形状相似。因此，其迟滞回线的方程可表示为

$$\frac{\Delta\varepsilon}{2}=\frac{\Delta\sigma}{2E}+\left(\frac{\Delta\sigma}{2K'}\right)^{1/n'} \tag{11-23}$$

同循环应力-应变曲线一样，迟滞回线也是随循环数变化的。通常以循环稳定后的迟滞回线来代表材料的迟滞回线。

2. 应变-寿命（ε-N）曲线

在高应力循环范围内，用ε-N曲线比σ-N曲线更有效。这是因为在高应变情况下，材料进入塑性状态，应力已不再是最有意义的量，而应变显得就更重要。

（1）曼森-科芬（Manson-Coffin）关系式　一点的总应变等于该点的弹性应变加上塑性应变，即$\Delta\varepsilon=\Delta\varepsilon_e+\Delta\varepsilon_p$。在双对数坐标上，弹性应变$\Delta\varepsilon_e$、塑性应变$\Delta\varepsilon_p$与循环疲劳寿命$N$的关系成一直线，表示为

$$\frac{\Delta\varepsilon}{2}=\frac{\Delta\varepsilon_e}{2}+\frac{\Delta\varepsilon_p}{2}=\frac{\sigma_f'}{E}(2N)^b+\varepsilon_f'(2N)^c \tag{11-24}$$

式中，$2N$是到破坏的反复次数疲劳寿命。

式（11-24）称为曼森-科芬方程（M-C方程）。其中：

弹性线
$$\frac{\Delta\varepsilon_e}{2}=\frac{\sigma_f'}{E}(2N)^b \tag{11-25}$$

塑性线
$$\frac{\Delta\varepsilon_p}{2}=\varepsilon_f'(2N)^c \tag{11-26}$$

将式（11-24）、式（11-25）、式（11-26）画在一个双对数坐标图上，得到通用斜率法的应变-寿命曲线，如图11-18所示。

弹性线和塑性线的交点所对应的寿命N称为转变寿命N_T，$N_T=10^4\sim10^5$。

寿命N低于转变寿命，$N<N_T$时，塑性应变占优势，属于低循环疲劳范围。

寿命N高于转变寿命，$N>N_T$时，弹性应变占优势，属于高循环疲劳范围。

（2）莫罗公式——考虑平均应力的影响　M-C方程是指平均应变为零的情况，如果计及平均应力σ_m和平均应变ε_m的影响，必须对M-C方程进行修正。莫罗提出了较简单、工程实用的只对平均应力σ_m进行修正的公式：

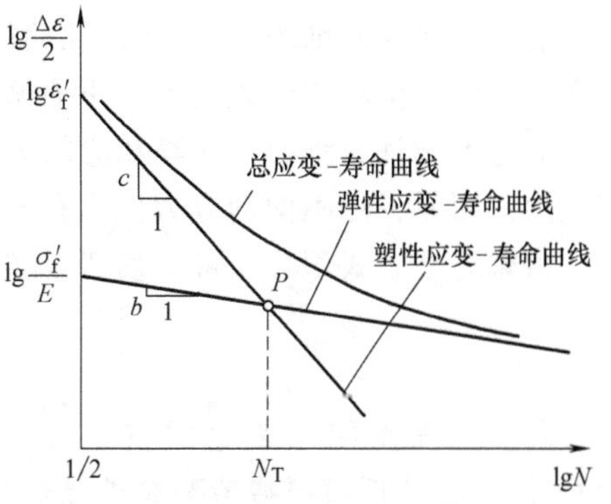

图11-18　通用斜率法的应变-寿命曲线

$$\frac{\Delta\varepsilon}{2}=\frac{\sigma_f'}{E}\left(1-\frac{\sigma_m}{\sigma_f'}\right)(2N)^b+\varepsilon_f'(2N)^c \tag{11-27}$$

式中，σ_m 是应变集中处的平均应力。

11.3.4 损伤容限设计法

损伤容限设计是以断裂力学理论为基础的一种疲劳设计方法。它允许零件有初始缺陷或在使用寿命中出现裂纹，发生破损，但是在下次检修前要保持一定的剩余强度，能正常使用，直至下次检修时能够发现，予以修复或更换。

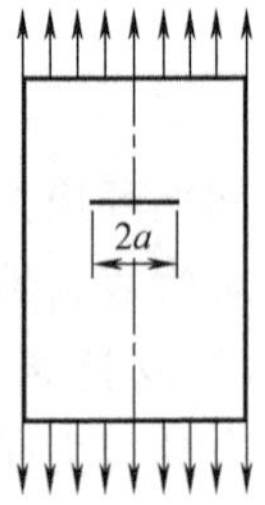

图 11-19 无限板受均匀拉力

1. 应力强度因子

当物体内存在裂纹时，裂纹尖的应力在理论上为无穷大，用应力场强度因子 K 来表达。

应力强度因子 K 可以分为 K_1、K_2 与 K_3，分别代表张开型、平面内剪切型和出平面剪切型。其中使用最多的是 K_1。

无限大平板中有一贯穿裂纹，承受垂直于裂纹方向的均匀拉伸（图 11-19）为其最简单情况，其应力强度因子表达式为

$$K_1=\sigma\sqrt{\pi a} \tag{11-28}$$

式中，σ 是外加的均匀拉伸应力；a 是裂纹长度的一半。

对于一般情况，其应力强度因子表达式的普遍形式为

$$K=F\sigma\sqrt{\pi a} \tag{11-29}$$

式中，F 是决定于裂纹体形状、裂纹形状、裂纹位置与加载方式的系数，它可能是常数，也可能是 a 的函数；a 是裂纹尺寸，对内部裂纹和贯穿裂纹而言为裂纹长度的一半，对表面裂纹而言为裂纹深度。

2. 等幅应力下疲劳裂纹扩展的寿命估算

在等幅应力的脉动疲劳循环和其他循环下，都可使用帕里斯公式进行寿命估算。

帕里斯公式表示为

$$\frac{da}{dN}=C(\Delta K)^m \tag{11-30}$$

式中，ΔK 是应力强度因子范围，$\Delta K=K_{max}-K_{min}$；C、m 是材料的可变常数。

裂纹扩展速率则均以 $R=0$ 的脉动循环为基础。这是由于应力使裂纹闭合，对其扩展不起作用所致。但在变幅载荷下，压缩循环对裂纹扩展有着重要作用，其影响不可忽略。

对每种循环，都要使用其相应的 da/dN 表达式。也就是说，帕里斯公式中的 C 和 m 值随应力比而异，在不同的应力比下有不同的数值，需要由试验确定。

将帕里斯公式积分，可得疲劳裂纹扩展寿命为

$$N=\int_{N_0}^{N_f}dN=\int_{a_0}^{a_c}\frac{da}{(\Delta K)^m} \tag{11-31}$$

若应力强度因子表达式（11-29）中的系数 F 与 a 无关，则将式（11-29）代入式（11-31），积分后可得疲劳裂纹扩展寿命的表达式为

当 $m\neq2$ 时

$$N=\frac{a_c^{1-m/2}-a_0^{1-m/2}}{(1-m/2)C(\Delta\sigma)^m\pi^{m/2}F^m} \tag{11-32a}$$

当 $m=2$ 时
$$N=\frac{1}{C}\frac{1}{\pi F^2(\Delta\sigma)^2}\ln\frac{a_c}{a_0} \tag{11-32b}$$
式中，$\Delta\sigma$ 是应力变化范围；a_0、a_c 是初始裂纹尺寸和临界裂纹尺寸。

11.4 载荷谱设计方案

11.4.1 载荷谱设计的一般考虑

1. 载荷谱的设计概念

根据疲劳寿命曲线和工作应力谱的关系，有三种设计概念：

第一种是静态设计，第二种是无限寿命设计，第三种是考虑工作强度的载荷谱设计。

如图 11-20 所示的情况 c 是载荷谱设计，汽车的大部分构件都可运用这种概念，即工作应力谱与疲劳寿命曲线不相交，最高工作应力可以大大高于疲劳极限。此时构件的寿命可以高于 2×10^6，寿命比 N_D 高得多。N_D 是常幅加载的应力（相当于 c 谱最高应力）时的寿命。

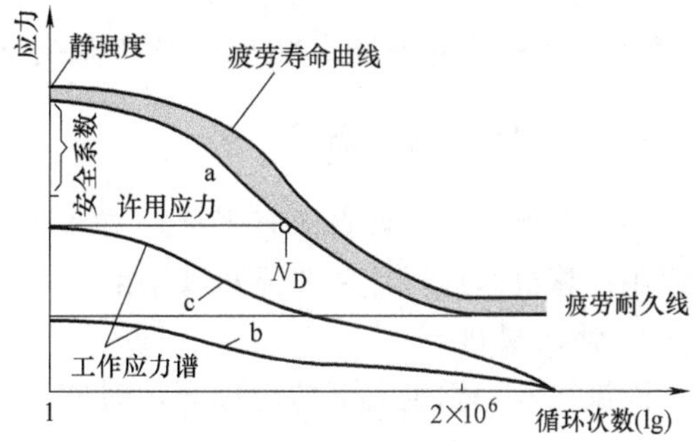

图 11-20 三种设计概念

由此可见，除了疲劳寿命曲线之外，工作应力谱的准确制订是抗疲劳设计的关键。

2. 汽车的载荷谱设计需求

根据重要性不同，可以将汽车的各部件划分为 A、B、C 三种，如图 11-21 所示。

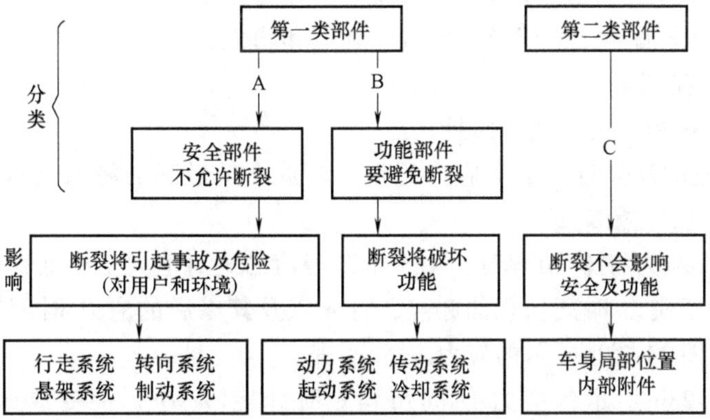

图 11-21 两类三种汽车部件

1）第一类部件中的 A 类，如车轮、轮毂、轴承、转向节等称为安全部件，它们的断裂对用户或环境都将是十分危险的，因此在这些部件的整个使用寿命期间不允许发生断裂。

2）第一类部件中的 B 类，如连杆、曲轴、起动杆等称为功能部件，它们的断裂将破坏汽车的功能，因此要避免发生断裂。

3）汽车的第二类部件，如车身的局部位置、汽车的一些内部附件，它们的断裂不会影响安全及功能，进行设计时主要考虑美观、舒适性、成本等其他因素。

3. 设计谱的主要参数

如果载荷谱（累积频次分布的形式）包括了各种可能的实际使用情况，就可用于结构设计，称之为“设计谱”。如图 11-22 所示，一个设计谱的主要参数包括：

1）最大应力幅值 σ_a，通常用直线坐标。

2）循环次数 N，对数坐标。

3）应力比 $r=\sigma_{min}/\sigma_{max}$。

4）应力幅值的分布函 $\sigma_{a,i}=f(N)$。

5）可靠度（存活概率）$R=P$。

6）应力的全部循环次数 N_0，分布曲线与水平坐标轴的交点。

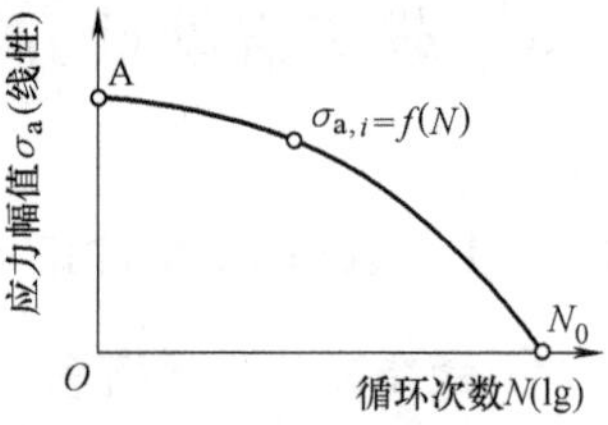

图 11-22 设计谱

11.4.2 雨流计数法

在疲劳评价中，计数法有多种。雨流计数法是目前常用的一种双参数计数方法。现在一般都用计算机来进行计数并显示其结果。

1. 计数规则

雨流法取一垂直向下的坐标表示时间，横坐标表示应力。这时，应力-时间历程与雨点从宝塔顶向下流动的情况相似。雨流法的计数规则为：

1）重新安排应力-时间历程，以最高峰值或最低谷值（视二者的绝对值哪一个更大）为起点。

2）雨流依次从每个峰（或谷）的内侧向下流，在下一个峰（或谷）处落下，直到对面有一个比其起点更高的峰值（或更低的谷值）停止。

3）当雨流遇到来自上面屋顶流下的雨流时，即行停止。

4）取出所有的全循环，并记录下各自的幅值和均值。

2. 雨流计数法实例

一个如图 11-23a 所示的应力-时间历程。

1）在进行雨流法计数时，由于应力历程的起点不是最高的峰值（或最低的谷位），因此需要将应力-时间历程重新安排。

2）在重新安排应力-时间历程时，由于最高峰值的绝对值大于最低谷值的绝对值，因此以最高峰值点 a 为新应力-时间历程的起点，将 a 点及其以后的应力-时间历程移到 c 点的前面。这样便变成如图 11-23b 所示的应力-时间历程。

3）把如图 11-23b 所示的应力-时间历程顺时针旋转 90°，便变成如图 11-23c 所示的情况。

4）如图 11-23c 所示，第一个雨流从最高峰值 a 点起始向下流动，到 b 点后落至 b' 点，再从 b' 点流到 d 点，然后下落。

5）第二个雨流从 b 点的内侧起始，向下流至 c，到 c 点后落下，由于 d 点的谷值比 b 的谷值为低，故 c 点的雨流停止于 d 点对侧的对应处。这表示 c 点下落的雨流不能构成一个完整的循环。

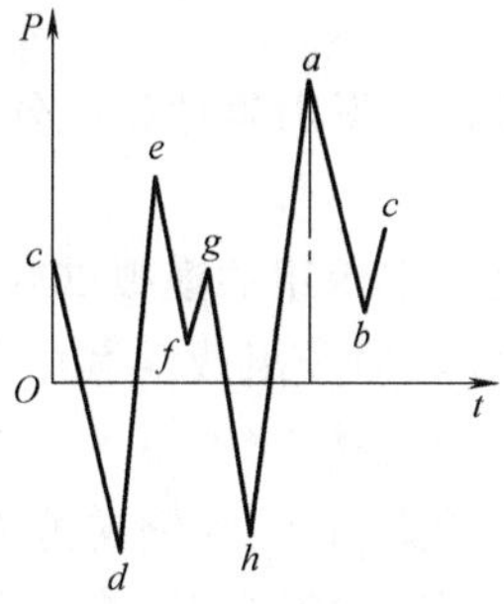

a) 应力-时间历程

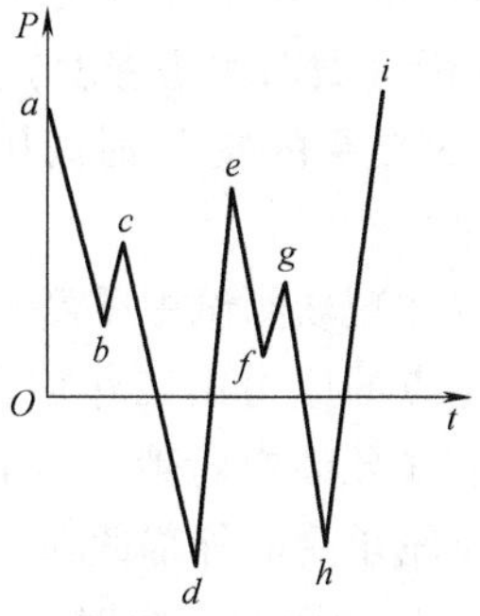

b) 重新安排应力-时间历程

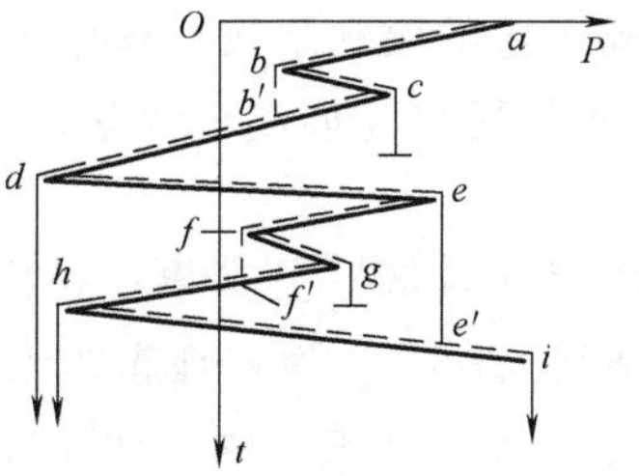

c) 应力-时间历程顺时针旋转90°

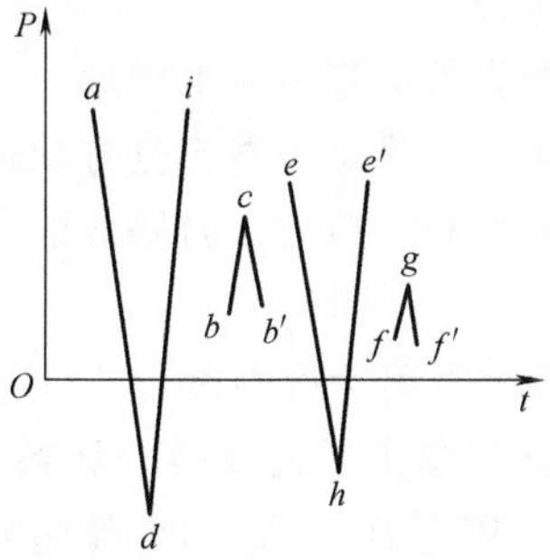

d) 计数得到的4个全循环

图 11-23　雨流计数法

6）第三个雨流自 c 点内侧起始，流到 b'后遇到来自上面的雨流 $abb'd$，故停止在 b'点。

7）bc 与 cb'构成一个全循环 bcb'。

8）第四个雨流自 d 点的内侧起始，向下流到 e 点后下落到 e'点，再流到 i 点下落。

9）第五个雨流自 e 点起始，向下流到 f 点以后，下落到 f'点，再向下流到 h 点下落。

10）第六个雨流自 f 点的内侧起始，向下流到 g 点后下落。由于 h 点的谷值比 f 点为低，因此 g 点雨流停止于 h 点对侧的对应处。这表示 g 点下落的雨流不能构成一个完整的循环。

11）第七个雨流自 g 点的内侧起始，向下流到 f'处，遇到雨流 $eff'h$，故停止在 f'点，取出全循环 fgf'。

12）第八个雨流自 h 点的内侧起始，向下流到 e'点后，遇到雨流 $dee'i$，停止于 e'点，取出全循环 $eff'he'e$。

13）$abb'd$ 与 $dee'i$ 组成全循环 $abb'dee'i$，取出 $abb'dee'i$。

至此，已对全部的应力-时间历程进行了循环个数计数，形成如图 11-23d 所示的 4 个全循环。

雨流法的计数过程，可以用计算机程序在计算机或专用的计数仪器上自动完成。

11.4.3　典型设计谱

作用在汽车构件或总成上的各载荷来自不同的物理因素，不同结构的设计谱考虑的因素也不同。如果用现场测试得到的数据进行设计谱的推导，一般要进行如下分析：

1）对短时间测试的结果进行外延以求得极端值。

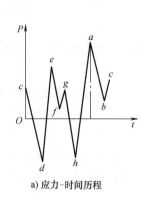

2）对某些载荷信号（如车轮承受的侧向力 F_y 及垂直力 F_z）进行相关分析。

3）进行频率分析（做功率谱密度）。

4）对长时间测试结果的应力-时间历程进行计数，得出累计频次分布。

1. 车轮的设计谱

车轮的应力可以在现场测试中得到，或在试验室中专用的模拟试验机上得到。

车轮中某一给定点的应力由工作应力及预应力两部分组成，其中预应力是来自制造过程、装配过程（如将车轮装在轮毂上）和轮胎的充气压力。

工作应力来自车轮承受的外部载荷，而其中以垂直力 F_z 和侧向力 F_y 为最重要。纵向力 F_x、制动力 $F_{x,b}$ 和车轮承受的力矩对于一般有轮盘的车轮可以忽略不计，但对于带辐条的车轮必须予以考虑。

工作应力可以被看作由两部组成，基本应力 $S_{z,stat}$ 及叠加应力。

其中，基本应力是来自静态垂直载荷 $F_{z,stat}$（即车轮的额定承载）作用下，车轮在光滑的路面上转动；而叠加应力来自路面的粗糙度和汽车的驾驶（如左右转弯），其出现频次和相位都在变化。

图 11-24 所示为车轮这两部分工作应力-时间历程（左部）及其累积频次分布（右部）的示意原理图（只画出了直线行驶和转弯行驶的情况）。$S_{z,stat}$ 为在理想的光滑路面上行驶的应力（基本工作应力），H_t 为全部应力循环次数，一般等于在车辆设计寿命期间的车轮总转数，为 $2×10^8$，是无限寿命。$\overline{S}_{a,s}$ 为直线行驶时垂直动态力 $F_{a,s}$ 引起的应力；$\overline{S}_{a,c}$ 为转弯行驶时垂直动态力 $F_{a,c}$ 引起的应力，都叠加在基本工作应力上面。

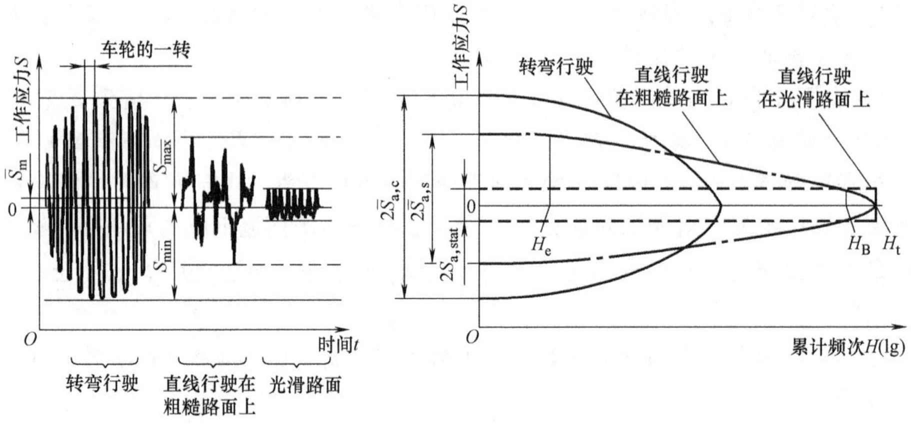

图 11-24　车轮工作应力-时间历程及其累积频次分布

车轮直线行驶时产生最大应力是在通过坑洼、沟、平交铁路道岔的时候。

把汽车看作一个双质量系统，垂直动态力（$F_{z,s}$ 和 $F_{z,c}$）主要受路面不平度和轮胎弹性系数的影响。设载荷因子 $n_{z,s}$ 代表直线行驶时垂直动态力和垂直静态力之比，即

$$n_{z,s}=F_{z,s}/F_{z,stat}=1+\Delta F_z/F_{z,stat}=1+K(C_1/F_{z,stat}) \tag{11-33}$$

将直线行驶、转弯行驶等各种运行条件下的累积频次分布加起来，就得到车轮应力的总累积频次分布。图 11-25 所示为一辆小型客车车轮的总设计谱。在需要的时候，还可考虑上制动、加速、非道路行驶等的应力累积频次分布。

如图 11-25 所示，$S_{a,stat}$ 为静态垂直力 $F_{z,stat}$ 引起的应力幅值；

$\overline{S}_{a,s}$ 为直线行驶时的最大应力幅值；

$\overline{S}_{a,c}$ 为转弯行驶时的最大应力幅值；

$H_{\beta,s}$ 为直线行驶应力累积频次分布的总循环（总累积频次）；

$H_{e,s}$ 为最大应力 $\overline{S}_{a,s}$ 的累积频次数；

$H_{\beta,c}$ 为转弯行驶应力累积频次分布的总累积频次数；

$H_{e,c}$ 为最大应力 $\overline{S}_{a,c}$ 的累积频次数。

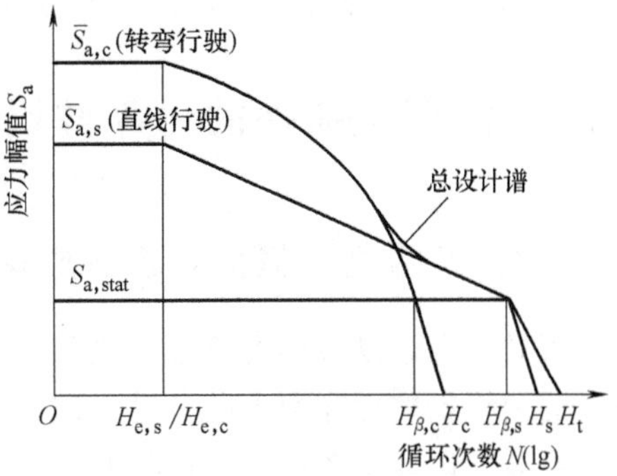

图 11-25 车轮的设计谱

2. 轮轴的设计谱推导

假设一辆汽车的设计寿命为 500000km，前轴上的设计承载为 70kN，分析推导前车轮轮轴的设计谱的方法按下面步骤推导。

1）因前轴有两个车轮，各承载 50%，所以轮轴承受的静态垂直力 $F_{z,stat}$ 为 70/2kN = 35kN。

2）直线行驶时的最大动态力：

① 垂直动态力 $F_{z,s}$：取 $n_{z,s}=2.28$，则 $F_{z,s}=n_{z,s}F_{z,stat}=80kN$。

② 侧向动态力 $F_{y,s}$：取 $n_{y,s}=\pm0.35$，则 $F_{y,s}=n_{y,s}F_{z,stat}=\pm12kN$。

③ 纵向动态力 $F_{x,s}$：取 $n_{x,s}=\pm0.50$，则 $F_{x,s}=n_{x,s}F_{z,stat}=\pm18kN$。

3）转弯行驶时的最大动态力（垂直力 $F_{z,c}$、侧向力 $F_{y,c}$）：

① 外边车轮：取 $n_{z,c,a}=1.5$，得 $F_{z,c,a}=52kN$；取 $n_{y,c,a}=0.9$，得 $F_{y,c,a}=31kN$。

② 内边车轮：取 $n_{z,c,1}=0.5$，得 $F_{z,c,1}=17kN$；取 $n_{y,c,1}=0.4$，得 $F_{y,c,1}=14kN$。

4）制动时的最大动态力：

① 制动时最大垂直力：取 $n_{z,b}=2.2$，得 $F_{z,b}=77kN$。

② 制动时最大纵向力：取 $n_{x,b}=1.4$，得 $F_{x,b}=49kN$。

5）在上述力作用下，确定轮轴的关键部位的最大应力幅值及应力比。

① 直线行驶 $\overline{S}_{a,s}=\pm260MPa$，$r=-0.6$。

② 转弯行驶 $\overline{S}_{a,c}=\pm420MPa$，$r=-0.6$。

③ 制动时 $\overline{S}_{a,b}=\pm180MPa$，$r=-0.7$。

6）计算各种行驶状态的累积频次。

由于设计寿命 500000km，每公里轮轴转动 300 次，故总循环次数 $H_t=500000\times300=1.5\times10^8$。

① 直线行驶时：取直线行驶所占循环次数的比重为 96%，则 $H_s=0.96H_t=0.96\times1.5\times10^8=1.44\times10^8$。

保持最大应力的累积频次 $H_{e,s}$ 为总循环次数的 $1/10^6$：$H_{e,s}=1.44\times10^8/10^6=144$。

② 转弯行驶时：由于是轮轴，应力循环次数比车轮少，占 4%，$H_c=0.04\times H_t/20=3\times10^5$，保持最大应力的累积频次可定为 $H_{e,c}=50$。

③ 制动时的应力累积频次可定为 $H_b=5\times10^5$；最大制动应力累积频次可定为 $H_{e,b}=10^4$。

11.5 汽车零部件的可靠性设计

11.5.1 可靠性的概念及设计原理

可靠性设计是应用可靠性理论和设计参数的统计数据，对零件、部件、设备或系统等在保证达到给定的可靠程度的条件下进行设计的一种设计方法。

可靠性设计所考虑的与设计有关的参数，主要有载荷、强度、尺寸和寿命等，实际上都是随机变量。对这些随机变量在大量的试验基础上进行统计处理，通过建立数学模型，进行可靠性分析和计算，能将零件等在使用中的失效概率限制在某一给定的很小的值下。通过对不同设计方案的比较，反复进行可靠性设计计算，能得到一个较优的设计方案。

1. 可靠性设计步骤

1）确定系统的可靠度指标：按需要、技术水平、研制时间、成本等确定系统可靠度指标。

2）从可靠性的角度进行失效形式分析、影响分析、可靠度预测，估算系统的可靠度。

3）对一些缺乏经验的部分需进行必要的试验。在本阶段要注意了解各部分间可靠性的关系和薄弱环节。

4）进行可靠度分配，赋予各部分直到基本单元的合理的可靠度指标。

当预测的结果未能满足拟定的要求时，应根据差距修改初步方案，改进薄弱环节，必要时采用储备（并联冗余）措施。

5）根据不同的计算准则，进行零件的可靠性设计计算。

试制新产品很少一次就成功，通常需经多次改进设计逐步提高以达到可靠性目标值。在新产品开发过程中，以不同阶段的可靠性指标增长为目标，进行一系列产品开发工作，以某种货车新产品研制为例，整车可靠性目标值平均故障间隔时间 MTBF 为 330h，各系统的可靠性指标分配如下：发动机 1700h，传动系统 2500h，液压系统 1200h，底盘 1250h，驾驶室 2400h。

6）在初步设计和技术设计告一段落，还需再进行可靠性预估，做必要的可靠性试验；对重要的部分用故障模式、效应及危害度分析（FMECA）、故障树分析（FTA）等方法进行可靠性、安全性分析；进行可靠性评议审查，进行改进设计，逐步完成可靠性设计。

2. 衡量可靠性的尺度

常用的可靠性特征量有可靠度、失效率、寿命等。衡量可靠性的指标分为概率指标和寿命指标。

概率指标包括：可靠度、不可靠度，或分为故障概率、失效概率及破坏概率。

寿命指标包括：失效前平均时间（MTTF）、平均故障间隔（MTBF）。

（1）可靠度　可靠度是产品在规定条件下和规定时间内，完成规定功能的概率，一般记为 R。它是时间的函数，故也记为 $R(t)$，称为可靠度函数。

生产厂在生产过程中根据产品的设计、制造工艺以及材料、零件的选择等因素所确定的可靠度称为产品的固有可靠度。另一方面，产品的可靠度与使用有关，因此提高设备的管理技术是提高使用可靠度的重要保证。

用随机变量 T 表示产品从开始工作到发生失效或故障的时间，其概率密度为 $f(t)$，如图 11-26 所示。用 t 表示某一指定时刻，则该产品在该时刻的可靠度为

$$R_t = P(T > t) = \int_t^{\infty} f(t)\,\mathrm{d}t \qquad (11\text{-}34)$$

可靠度的观测值是指对于不可修复的产品，直到规定的时间区间终了为止，能完成规定功能的产品数与在该区间开始时投入工作产品数之比，即

$$\hat{R}(t) = \frac{N_s(t)}{N} = 1 - \frac{N_f(t)}{N} \qquad (11\text{-}35)$$

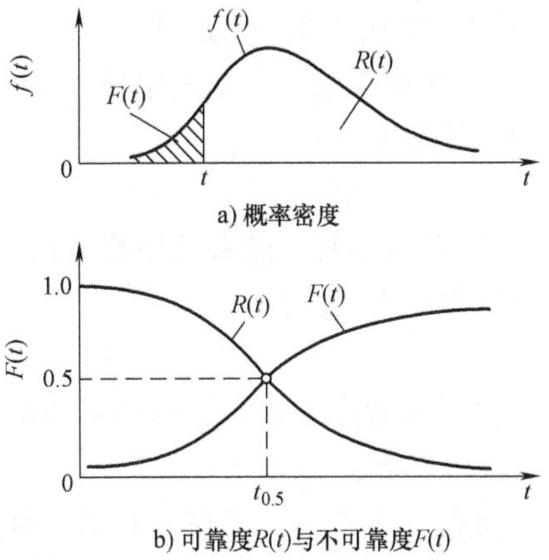

图 11-26　概率密度与可靠度、不可靠度

式中，N 是开始投入工作产品数；$N_s(t)$ 是到 t 时刻完成规定功能产品数，即残存数；$N_f(t)$ 是到 t 时刻未完成规定功能产品数，即失效数。

例如，对某产品 100 件的观测结果见表 11-3。

表 11-3　对某产品 100 件观测结果

寿命 t/h	0~500	>500~1000	>1000~1500	>1500~2000	>2000
失效数 $N_f(t)$	4	14	43	31	8
残存数 $N_s(t)$	96	82	39	8	0

若需求 $t=500$h 的可靠度观测值，则按式（11-35）计算为

$$\hat{R}(500) = \frac{96}{100} = 0.96$$

（2）任务可靠度　上述可靠度 $R(t)=P(t)$ 的时间 t 是由 0 算起的，实际使用中常需知道工作过程中某一段执行任务时间的可靠度，即需要知道已经工作 t_1 后再继续工作 t_2 的可靠度。

从时刻 t_1 工作到时刻 t_1+t_2 的条件可靠度称为任务可靠度，计为 $R\ (t_1+t_2 \mid t_1)$。有条件概率关系可得

$$R(t_1+t_2 \mid t_1) = P(T>t_1+t_2 \mid T>t_1) = \frac{R(t_1+t_2)}{R(t_1)} \qquad (11\text{-}36)$$

如已知寿命概率密度 $f(t)$，则

$$R(t_1 + t_2 \mid t_1) = \frac{\int_{t_1+t_2}^{\infty} f(t)\,\mathrm{d}t}{\int_{t_1}^{\infty} f(t)\,\mathrm{d}t} \qquad (11\text{-}37)$$

根据子样观测值，得到任务可靠度的观测值为

$$\hat{R}(t_1+t_2 \mid t_1) = \frac{N_s(t_1+t_2)}{N_s(t_1)} \qquad (11\text{-}38)$$

可靠性设计可以应用于一个零件、一台机器、一个机组或整个生产系统，以上统称为

“系统”。由几个部分组成的系统，各部分的可靠度分别为 R_1，R_2，…，R_n。

1）串联系统：若系统中任一部分的失效会导致系统失效，就称之为串联系统。串联系统的可靠度 R_s 为

$$R_s = R_1 R_2 \cdots R_n \tag{11-39}$$

2）并联系统：若系统中所有部分都失效，系统才会失效，就称之为并联系统。并联系统的可靠度 R_s 为

$$R_s = 1-(1-R_1)(1-R_2)\cdots(1-R_n) \tag{11-40}$$

（3）失效率　产品工作到某一时刻时，在单位时间内发生故障的概率叫失效率，用符号 $\lambda(t)$ 表示。

设有 N 个产品，工作到时刻 t 的失效数为 $n(t)$，再工作到时刻 $t+\Delta t$ 的失效数为 $n(t+\Delta t)$，则失效率 $\lambda(t)$ 可用下面的公式表示：

$$\lambda(t) = \frac{n(t+\Delta t)-n(t)}{[N-n(t)]\Delta t} \tag{11-41}$$

失效率的单位用时间表示时，多用“$\%/10^3\text{h} = 10^{-5}/\text{h}$”为单位。对于失效率特别小的零件，也可采用 Fit 为单位：$\text{Fit} = 10^{-9}/\text{h}$。

失效率 $\lambda(t)$ 随时间而变化，是时间的函数。失效率有三种：递减失效率、等值失效率和递增失效率。

在实际产品或系统中，在不进行预防性维修时或对于不可修复的产品，其失效率随时间的变化如图 11-27 所示（浴盆曲线）。

图中，Ⅰ期叫作失效早期，是失效率下降的时期。失效率下降的原因，主要是设计和制造存在缺陷。随着时间的推移，就会稳定下来。

图中，Ⅱ期叫作偶然失效期。在这期间，故障的发生是随机的。

图中，Ⅲ期叫作耗损失效期。

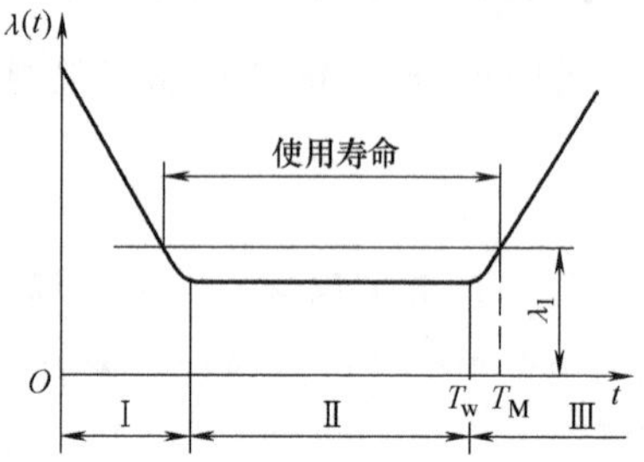

图 11-27　失效率曲线

（4）寿命

1）平均寿命。平均寿命是寿命的平均值。对于不可修复的产品，用失效前的平均时间 MTTF 表示。对于可修复的产品，则用平均故障间隔 MTBF 来表示。

失效前平均时间——发生故障就不能修复的产品，从开始使用到发生故障的平均时间。不能修复的产品一般是指元件和材料。

平均故障间隔——产品出现故障的平均时间间隔，用于边修理边使用的产品，一般是设备或系统等。

对于可修复的产品，失效前平均时间与平均故障间隔，可以说两者是等效的，都采用 MTBF。不论哪种情况，它都是代表产生失效的平均时间或平均寿命。对于系统来讲，两次相继失效不必是由于相同的元件失效。

无论 MTTF 还是 MTBF，它们都表示无故障工作时间 T 的期望 $E(t)$，或简记为 $\bar{t}$。

如已知 T 的概率密度 $f(t)$，则

$$\bar{t}=E(t)=\int_0^{\infty} tf(t)\,\mathrm{d}t \tag{11-42}$$

经分部积分后也可求得

$$\bar{t}=\int_0^{\infty} R(t)\,\mathrm{d}t \tag{11-43}$$

对于不可修复产品，平均寿命或平均无故障工作时间的观测值均可用下式来求，即

$$\hat{t}=\frac{1}{r}\sum t \tag{11-44}$$

式中，Σt 是总工作时间；r 是失效或故障次数。

2）可靠寿命和中值寿命。可靠寿命是给定的可靠度所对应的时间，一般记为 $t(R)$。

如图 11-28 所示，一般可靠度随着工作时间 t 的增大而下降，对给定的不同 R，则有不同的 $t(R)$，即

$$t(R)=R^{-1}(R) \tag{11-45}$$

式中，R^{-1} 是 R 的反函数，即由 $R(t)=R$ 反求 t。

例如，对 100 个产品进行寿命试验，指定可靠度 $R=0.9$，若当第 10 个产品失效时的时间为 250h，则 $\tilde{t}(0.9)=250\text{h}$。

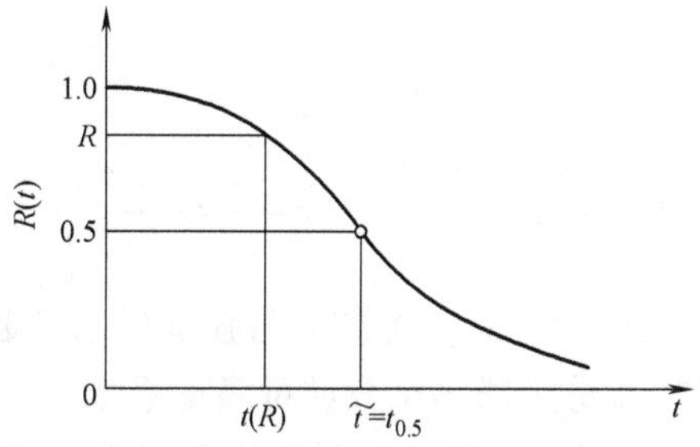

图 11-28　可靠性寿命与中位寿命

当指定 $R=0.5$，即 $R(t)=F(t)=0.5$ 时的寿命称为中值寿命，记为 $\tilde{t}$ 或 $t_{0.5}$、$t(0.5)$。

11.5.2　疲劳强度的可靠性设计方法

1. 疲劳强度概率分布图

图 11-3 所示的 *P-S-N* 曲线中，对于不同的应力比 r，都可得到在给定寿命下试样破坏时的应力水平的概率分布。

将各种应力比 r 和给定寿命下试样破坏时的应力水平的概率分布，画成如图 11-29 所示的疲劳强度（疲劳极限）的概率分布线图。

可见，疲劳极限在各应力比 r 下不是单一值，而是一个概率分布，形成一个三维分布曲面。由于 r 不是常数，所以可靠性设计计算是十分复杂的。

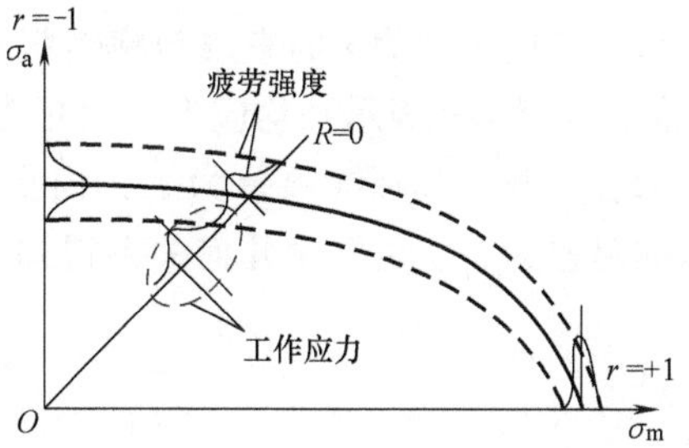

图 11-29　疲劳强度的概率分布线图

2. 可靠度计算

对于应力比 r 为常数的简单情况，强度分布和应力分布都在同一平面上。当应力 x_1 和强度 x_s 都是正态分布时，其概率密度函数分别为

应力 x_1 的概率密度函数

$$f(x_1)=\frac{1}{s_1\sqrt{2\pi}}\mathrm{e}^{-(x_1-\bar{x}_1)^2/2s_1^2} \tag{11-46}$$

强度 x_s 的概率密度函数

$$f(x_s)=\frac{1}{s_s\sqrt{2\pi}}\mathrm{e}^{-(x_s-\bar{x}_s)^2/2s_s^2} \tag{11-47}$$

式中，$\bar{x}_1$ 和 $\bar{x}_s$ 分别是应力和强度的子样均值；s_1 和 s_s 分别是应力和强度的子样标准离差。

以$f(\delta)$表示x_s与x_1之差的概率密度函数，因为$f(x_s)$和$f(x_1)$都是正态分布，所以$f(\delta)$也是正态分布，即

$$f(\delta)=\frac{1}{s_\delta\sqrt{2\pi}}\mathrm{e}^{-(\delta-\bar{\delta})^2/2s_\delta^2} \tag{11-48}$$

式中，$\bar{\delta}=\bar{x}_s-\bar{x}_1$；$s_\delta=\sqrt{s_s^2+s_1^2}$。

由δ为正值的概率给出可靠度R，即

$$R=\frac{1}{s_\delta\sqrt{2\pi}}\int_0^\infty \mathrm{e}^{-(\delta-\bar{\delta})^2/2s_\delta^2}\mathrm{d}\delta \tag{11-49}$$

把式（11-49）化为标准正态分布函数，并考虑其对称性，得到

$$R=\frac{1}{\sqrt{2\pi}}\int_{-\infty}^{z}\mathrm{e}^{-t^2/2}\mathrm{d}t \tag{11-50}$$

式中，积分限

$$z=\frac{\bar{\delta}}{s_\delta}=\frac{\bar{x}_s-\bar{x}_1}{\sqrt{s_s^2+s_1^2}} \tag{11-51}$$

式（11-51）把应力与强度联系了起来，称为“联结方程”。z称为联结系数或可靠度系数。

图11-30所示为可靠度的计算，图中阴影线部分的面积表示破坏概率，曲线下面其余部分的面积表示可靠度R，即式（11-50）的积分数值。

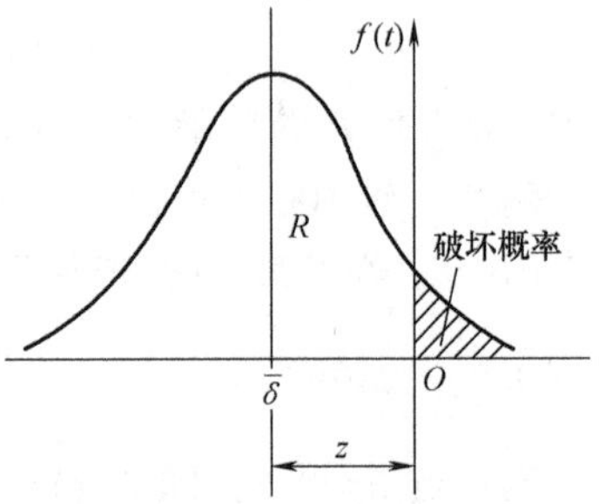

图11-30 可靠度的计算

当可靠度R给出后，可靠度系数z可以由《机械工程手册》中的相关表格查出。

3. 不同应力比r对应的疲劳极限

在常规疲劳强度设计中，所用的疲劳极限线图是用各种应力比下的均值画出的，是一条曲线。而在可靠性设计中，疲劳极限线图是一条曲线分布带，如图11-31所示。

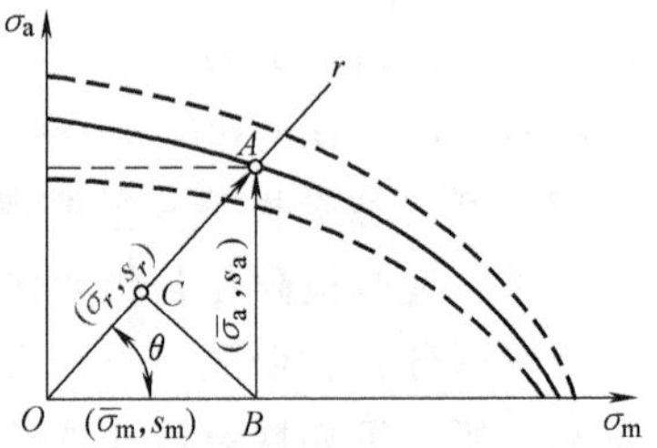

图11-31 疲劳极限分布带

（1）强度极限的平均值$\bar{\sigma}_r$和标准差s_r　如图11-31所示，设应力比为r的直线与疲劳极限的均值图线相交于A点，向量OB表示平均应力，其标准离差为s_{m}；向量BA表示应力幅，其标准离差为s_{a}；向量OA是合成向量，其标准离差为s_r。由图中几何关系得知

$$\bar{\sigma}_r=\sqrt{\bar{\sigma}_{\mathrm{a}}^2+\bar{\sigma}_{\mathrm{m}}^2} \tag{11-52}$$

$$s_r=\left(\frac{\bar{\sigma}_{\mathrm{a}}^2s_{\mathrm{a}}^2+\bar{\sigma}_{\mathrm{m}}^2s_{\mathrm{m}}^2}{\bar{\sigma}_{\mathrm{a}}^2+\bar{\sigma}_{\mathrm{m}}^2}\right)^{1/2} \tag{11-53}$$

（2）应力的平均值与标准差

平均应力：$$\bar{\sigma}_{\mathrm{m}}=\frac{\bar{\sigma}_{\max}+\bar{\sigma}_{\min}}{2}$$

应力幅：$$\bar{\sigma}_{\mathrm{a}}=\frac{\bar{\sigma}_{\max}-\bar{\sigma}_{\min}}{2}$$

当 r 为常数时，应力幅 $\overline{\sigma}_a$ 的标准离差 s_a 为

$$s_a=\frac{1-r}{2}s_\sigma \tag{11-54}$$

平均应力 $\overline{\sigma}_m$ 的标准离差 s_m 为

$$s_m=\frac{1+r}{2}s_\sigma \tag{11-55}$$

式中，s_σ 是最大应力 σ_{max} 的标准离差。在疲劳试验中，σ_{max} 就是疲劳极限。

4. 零件的疲劳极限

用标准试样由试验测得材料的疲劳极限（$\overline{\sigma}'_r$，s_σ）。设零件的疲劳极限为（$\overline{\sigma}_r$，s_r），它由材料的疲劳极限并考虑各影响因素求得，即

$$(\overline{\sigma}_r,s_r)=\frac{(\overline{\varepsilon},s_\varepsilon)(\overline{\beta},s_\beta)}{(\overline{K}_\sigma,s_K)}(\overline{\sigma}'_r,s_\sigma) \tag{11-56}$$

式中，（$\overline{\varepsilon}$，s_ε）是尺寸系数的分布；（$\overline{\beta}$，s_β）是表面加工系数的分布；（$\overline{K}_\sigma$，s_K）是有效应力集中系数的分布。

当这些系数的分布已知后，即可求得零件的疲劳极限分布。

5. 安全系数的确定

常规的疲劳强度设计中，所用的 S-N 曲线相当于可靠度 $R=50\%$的应力-寿命曲线，即强度分布的均值曲线。工作应力也取分布均值。

（1）安全系数 n 的定义

$$n=\frac{\text{强度均值}}{\text{应力均值}}=\frac{\overline{x}_s}{\overline{x}_1} \tag{11-57}$$

（2）许用安全系数　许用安全系数［n］可表达为可靠性安全系数与附加安全系数的乘积，即

$$[n]=n_1n_R \tag{11-58}$$

式中，n_R 是可靠性安全系数；n_1 是附加安全系数，$n_1=1.1\sim1.3$。

$$n_R=\frac{\overline{x}_s}{\overline{x}_s-z\sqrt{s_s^2+s_1^2}} \tag{11-59}$$

（3）强度判据

$$n>[n]$$

11.5.3　汽车零部件的可靠性设计

1. 拉杆的可靠性设计

拉杆是一种承受拉压载荷作用的零部件，按截面可分为圆形和管形等几种。圆形拉杆应用最广，管形拉杆可以合理地利用材料。

（1）拉杆的可靠度计算　若用 Q 代表拉杆承受的载荷；用 d_0、d_1 分别代表管形截面的内、外径。则管形直拉杆的拉应力为

$$\sigma=\frac{Q}{\pi(d_1^2-d_0^2)} \tag{11-60}$$

求出式（11-60）中各随机变量的均值和标准离差，代入可靠度表达式（11-49），根据二元正态分布函数的运算法则，可计算得出拉杆的可靠度 R。

（2）拉杆的可靠性设计

例 11.4 某中吨位货车转向直拉杆是受拉压载荷作用的管形截面构件，管形截面的内径 d_0 为 $(\mu_{d0}, s_{d0}) = (25, 0.125)$ mm，外径 d_1 为 $(\mu_{d1}, s_{d1}) = (35, 0.175)$ mm，受载荷 Q 为 $(\mu_Q, s_Q) = (170, 2.6)$ kN，材料的拉伸强度值 s 为 $(\mu_s, s_s) = (400, 11)$ MPa。可以认为载荷、强度和截面直径分别独立服从正态分布。根据二元正态分布函数运算法则有

1）正态分布函数平方差运算：

均值
$$\mu_z = \sqrt{\mu_x^2 - \mu_y^2} \tag{11-61}$$

标准离差
$$s_z = \sqrt{(\mu_x^2 s_x^2 - \mu_y^2 s_y^2)/(\mu_x^2 - \mu_y^2)} \tag{11-62}$$

2）两个正态分布函数的除法运算：

均值
$$\mu_z = \mu_x / \mu_y \tag{11-63}$$

标准离差
$$s_z = \sqrt{\mu_x^2 s_y^2 - \mu_y^2 s_x^2} / \mu_y^2 \tag{11-64}$$

由式（11-60）计算拉压应力，再由式（11-50）和（11-51）计算得到此拉杆的可靠性系数和可靠度分别为

$$z = 2.767, \quad R = 0.9972$$

例 11.5 给定圆形截面的拉杆的可靠度 $R = 0.989$，可靠性系数 $z = 2.323$。已知受载荷 Q 为 $(\mu_Q, s_Q) = (200, 3)$ kN，材料的抗拉强度值 s 为 $(\mu_s, s_s) = (1076, 30)$ MPa。试设计此拉杆的最小直径。

由给出的数据，根据二元正态分布函数的运算法则，求得拉杆设计处的最小直径 d 为

$$d = 16\text{mm}, \quad s_d = 0.88\text{mm}$$

2. 半轴的可靠性设计

半轴是差速器与驱动轮之间传递动力的实心轴，其首要任务是传递转矩。但由于轮毂的安装结构不同，有全浮式、半浮式、3/4 浮式三种形式。后两种半轴除受转矩外还与轴壳一起构成支承梁，承受部分汽车质量与侧向力，故半轴除传递发动机的转矩外还承受弯矩。

（1）受纯转矩作用的轴类零件的可靠性设计　受纯转矩作用的半轴可靠度计算按下面方法进行。直径为 d 的半轴所传递的转矩为 T，则轴上所承受的扭转应力为

$$\tau = \frac{16T}{\pi d^3} \tag{11-65}$$

求出式（11-65）中各随机变量均值和标准离差，代入式（11-50）和式（11-51），根据二元正态分布函数的运算法则，可计算出拉杆的可靠度 R 和可靠性系数 z。

例 11.6 某货车的半轴所传递的转矩 T 为 $(\mu_T, s_\text{T}) = (11760, 980)$ N · m，半轴材料的扭转强度 s 为 $(\mu_s, s_s) = (1050, 40)$ MPa，半轴的设计直径 d 为 $(\mu_d, s_d) = (48, 0.24)$ mm。

考虑正态分布函数的立方运算：

均值
$$\mu_z = \mu_x^3 \tag{11-66}$$

标准离差
$$s_z = 3\mu_x^2 s_x \tag{11-67}$$

以及两个正态分布函数的除法运算法则式（11-63）和式（11-64），由式（11-50）和式（11-51）计算得到半轴的可靠性系数和可靠度分别为

$$z=8.354,\quad R=1.000$$

例 11.7　如果给定半轴的可靠度 $R=0.999$，可查得可靠性系数 $z=3.092$，计算可得半轴的最小直径的均值和标准差为

$$\mu_d=42\text{mm},\quad s_d=0.211\text{mm}$$

（2）受弯扭复合载荷作用的轴类零件的可靠性设计

1）半轴的可靠度计算。受弯扭复合载荷作用的半轴，轴上所受的扭转应力和弯曲应力分别为

$$\tau=\frac{16T}{\pi d^3}\qquad \sigma=\frac{32M}{\pi d^3}\tag{11-68}$$

式中，T 是半轴所传递的转矩；M 是半轴危险截面的弯矩；d 是半轴的直径。

根据第四强度理论，得合成应力为

$$s=\sqrt{\sigma^2+3\tau^2}=\frac{16}{\pi d^3}\sqrt{4M^2+3T^2}\tag{11-69}$$

根据二元正态分布函数平方和运算法则：

均值
$$\mu_z=\sqrt{\mu_x^2+\mu_y^2}\tag{11-70}$$

标准离差
$$s_z=\sqrt{(\mu_x^2s_x^2+\mu_y^2s_y^2)/(\mu_x^2+\mu_y^2)}\tag{11-71}$$

和式（11-63）、式（11-64），以及式（11-66）、式（11-67），可代入式（11-50）和式（11-51）计算得到半轴的可靠性系数和可靠度。

2）半轴的可靠性设计。

例 11.8　某型汽车的半轴所传递的转矩 T 为 $(\mu_T,s_T)=(113500,9200)\text{N}\cdot\text{mm}$，半轴危险截面的弯矩 M 为 $(\mu_M,s_M)=(14300,1300)\text{N}\cdot\text{mm}$，危险处的截面直径 d 为 $(\mu_d,s_d)=(12,0.06)\text{mm}$。半轴材料的强度 s 为 $(\mu_s,s_s)=(820,32)\text{MPa}$。

计算得到半轴的可靠性系数和可靠度分别为　　$z=4.10$，　　$R=0.99998$

例 11.9　如果给定半轴的可靠度 $R=0.99$。可查得可靠性系数 $z=2.33$，可得半轴的最小直径的均值和标准离差为　　$\mu_d=11.46\text{mm},s=0.057\text{mm}$

3. 零部件疲劳强度的可靠性设计

前面讨论了零部件静强度的可靠性设计，但当许多零部件承受动载荷的作用时，疲劳破坏是零部件的主要失效形式。因而，必须进行疲劳强度的可靠性设计。

从静强度的可靠性设计实例中已经看到，设计的思路或步骤与常规设计相类似。不同之处仅在于，把设计变量（如载荷、材料强度、零件尺寸以及其他影响因素）都视为随机变量，并服从某一分布规律。零件的疲劳强度设计也如此，设计的思路与步骤也与常规设计相类似，不同之处仅在于把载荷和强度等参数视为随机变量。

第 12 章

汽车结构的计算机辅助设计

目前，计算机辅助设计在汽车、电子、航空航天、土木工程、石油等行业得到广泛应用。相应的软件类型主要包括通用前/后处理软件、通用有限元求解软件和行业专用软件。在国外，汽车行业是有限元软件的主要应用行业，它所涉及的专业领域相当广泛，应用成熟度相对较高。初期的计算机辅助设计主要用 CAD（computer aided design）表示，但随着有关 CAD 软件中计算机辅助绘图应用的广泛推广，“CAD”的概念趋向于计算机辅助绘图（computer aided drawing），而用 CAE（computer aided engineering）的概念来表示计算机辅助设计。

12.1 CAE 技术

12.1.1 CAE 技术简介

1. 基本概念

CAE 是用计算机进行辅助求解复杂工程和产品结构强度、刚度、屈曲稳定性、动力响应、热传导、三维多体接触、弹塑性等力学性能的分析计算，以及结构性能的优化设计等问题的一种近似数值分析方法。其基本思想是将一个形状复杂的连续体的求解区域分解为有限的、形式简单的子区域，即将一个连续体简化为由有限个单元组合的等效组合体；通过将连续体离散化，把求解连续体的场变量（应力、位移、压力和温度等）问题简化为求解有限的单元节点上的场变量值的问题。此时求解的基本方程将是一个代数方程组，而不是原来的描述真实连续体场变量的微分方程组，这样得到的是近似的数值解，求解的近似程度取决于所采用的单元类型、数量以及对单元的插值函数。

CAE 系统的核心思想是结构的离散化，就是将实际结构离散为有限数目的规则单元组合体。实际结构的物理性能可以通过对离散体进行分析，进而用得出的满足工程精度的近似结果来替代对实际结构的分析，这样可以解决很多实际工程需要解决而理论分析又无法解决的复杂问题。

采用 CAD 技术来建立 CAE 的几何模型和物理模型，完成分析数据的输入的过程，通常称为 CAE 的前处理。

同样，CAE 的结果呈现也需要用 CAD 技术生成形象的图形进行输出，如生成位移图，以及应力、温度、压力分布的等值线图，表示应力、温度、压力分布的彩色明暗图，随机械载荷和温度载荷变化生成凸显机械载荷和温度载荷变化的位移、应力、温度、压力等分布的动态显示图等，此过程通常被称为 CAE 的后处理。

在不同应用层次，同样可用 CAE 模拟零件、部件、装置（整机）乃至生产线、工厂的运动或运行状态，在 CAE 的应用过程中，前、后置处理是很重要的工作。

2. CAE 软件主要包含的模块

1）前处理模块：对实体建模与参数化建模，包括构件的布尔运算、单元自动剖分、节点自动编号与节点参数自动生成、载荷与材料参数直接输入、节点载荷自动生成、有限元模型信息自动生成等。

2）有限元分析模块：包括有限单元库、材料库及相关算法，如约束处理算法，有限元系统组装模块，静力、动力、振动、线性与非线性解法库。将存在的大型通用问题的物理、力学和数学特征，分解成若干个子问题，由不同的有限元分析子系统完成。一般有如下子系统：线性静力分析子系统、动力分析子系统、振动模态分析子系统、热分析子系统等。

3）后处理模块：包括有限元分析结果的数据平滑，各种物理量的加工与显示，针对工程或产品设计要求的数据检验与工程规范校核，设计优化与模型修改等。

4）其他模块：包括用户界面模块、数据管理系统与数据库、专家系统等。

3. CAE 分析的三个步骤

应用 CAE 软件对工程或产品进行性能分析和模拟时，一般要经历以下三个过程：

1）前处理：对工程或产品进行建模，建立合理的有限元分析模型。

2）有限元分析：对有限元模型进行单元特性分析、有限元单元组装、有限元系统求解和有限元结果生成。

3）后处理：根据工程或产品模型与设计要求，按照客户要求对有限元分析结果进行加工、检查，并以图形方式提供给用户，辅助用户判定计算结果与设计方案的合理性。

12.1.2 计算机辅助图形设计

计算机辅助图形设计或称为计算机辅助绘图（CAD），其最基本的功能是定义所设计产品的二维、三维几何模型。产品的计算机几何模型是产品生命周期中后续各项工作的基础，计算机辅助图形设计主要就是用来创建结构的几何模型。因此，计算机辅助绘图功能是计算机辅助设计中最重要的组成部分。

典型的计算机辅助图形设计系统可以分为两类：一类是二维系统，设计者在二维平面中绘制物体的投影图来表达自己的设计构想（图 12-1）；另一类是三维系统，设计者在三维空间中构造三维形体来表达设计构想（图 12-2）。计算机绘图软件提供了丰富的机械结构图形

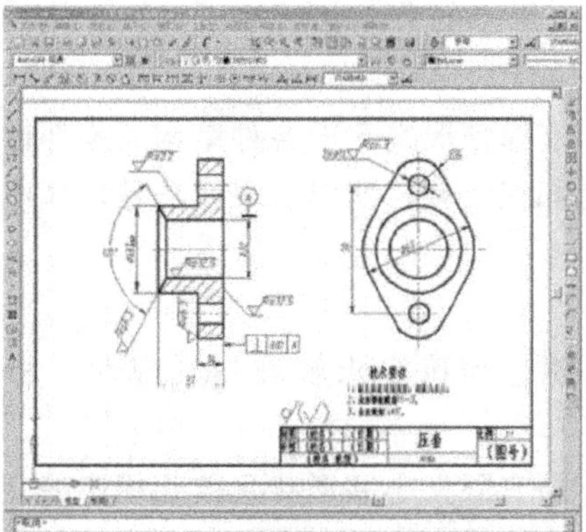

图 12-1 计算机辅助二维绘图

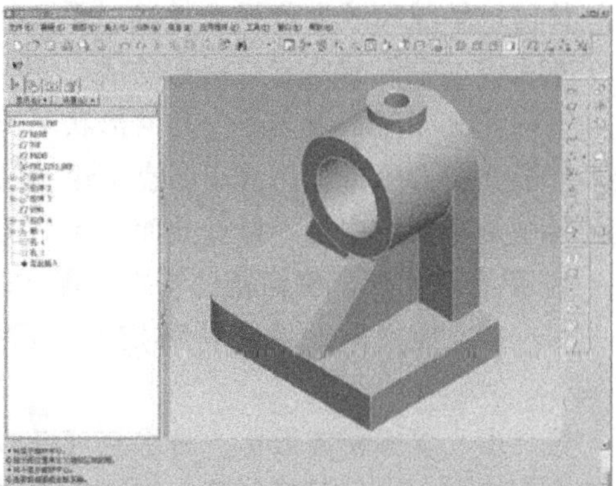

图 12-2 计算机辅助三维建模

绘制功能，它们不但操作方便、绘图准确，而且具有强大的图形编辑功能，不仅可对现有图形进行编辑，还有许多辅助绘图功能，使绘图工作变得简单、方便。

实现基于计算机方法的辅助设计过程，需要一定的计算机硬件和软件，而实现交互式图形处理的硬件和软件正是计算机辅助设计系统的重要组成部分。用户以二维或三维的方式实现对产品几何模型进行交互式的操作和分析的软件包，是构成计算机辅助设计系统的主要软件部分。

工作中的应用软件通常指一些商业二维、三维的 CAD 系统，有些 CAD 系统是作为 CAD/CAE/CAM 集成系统的一个模块提供给用户。表 12-1 列出了一些广泛应用于 CAD/CAE 领域的商业软件。表中右栏列出的是集成系统，这些系统均提供了许多可选模块，以根据用户的选择，配置具有不同功能的 CAD、CAE 系统。

表 12-1　广泛应用于 CAD/CAE 领域的一些商业软件

应用领域	软　件	集成系统
CAD 二维绘图	AutoCAD、CAXA 电子图板、AutoCADExpressTools	Pro/Engineer Unigraphics CATIA I-DEAS
CAD 三维绘图	SolidEdge、SolidWorks、Inventor、MechanicalDesktop、SolidWorks	
CAE	NASTRAN、ANSYS、PATRAN、ADAMS、HyperWorks	

12.2　有限元辅助设计方法

有限元法（finite element method，FEM），也称有限单元法。在 20 世纪 70 年代，美国汽车工程师协会就开展了有限单元法在车辆设计中的应用研究，我国汽车行业的有限元计算工作起步于 20 世纪 70 年代中期。随着计算机条件的改善和大型商业软件的应用，汽车有限元计算技术有了很大进步，极大促进了汽车设计水平的提高。

12.2.1　有限元法与有限元分析

有限元法的基本思想是：将求解区域离散为一组有限个且按一定方式相互连接在一起的单元的组合体，即用一组离散化的单元组集来代替连续体结构进行分析，将一个表示机构或连续体的求解域离散为若干个子域（单元），并通过边界上的节点相互结成为组合体，同时各个单元通过它们的角节点相互联结。

有限元法能对工程实际中几何形状不规则、载荷支撑情况复杂的各种结构及零部件进行变形计算和应力分析，而汽车底盘不论形状还是载荷都很复杂，所以有限元法是计算汽车底盘，特别是车架结构的一种有效而实用的工具。

1. 用有限元法求解问题的基本步骤

第一步，定义问题及求解域定义。根据实际问题近似确定求解域的物理性质和几何区域。

第二步，求解域离散化。将求解域近似为具有不同有限大小和形状且彼此相连的有限个单元组成的离散域，习惯上称为有限元网络划分。显然，单元越小（网络越细），则离散域的近似程度越好，计算结果也越精确，但计算量及误差都将增大。因此，求解域的离散化是有限元法的核心技术之一。

第三步，确定状态变量及控制方法。一个具体的物理问题通常可用一组包含问题状态变量边界条件的微分方程式表示。为适合有限元求解，通常将微分方程转化为等价的泛函形式。

第四步，单元推导。对单元构造一个适合的近似解，即推导有限单元的列式，其中包括选择合理的单元坐标系，建立单元试函数，以某种方法给出单元各状态变量的离散关系，从而形成单元矩阵（结构力学中称刚度阵或柔度阵）。

为保证问题求解的收敛性，单元推导有许多原则要遵循。对工程应用而言，重要的是应注意每一种单元的解题性能与约束。例如，单元形状应以规则为好，畸形时不仅精度低，而且有缺秩的危险，将导致无法求解。

第五步，总装求解。将单元总装形成离散域的总矩阵方程（联合方程组），反映对近似求解域的离散域的要求，即单元函数的连续性要满足一定的连续条件。总装是在相邻单元节点进行，状态变量及其导数（可能的话）连续性建立在节点处。

第六步，联立方程组求解和结果解释。有限元法最终导致联立方程组，联立方程组的求解可用直接法、迭代法和随机法，求解结果是单元节点处状态变量的近似值。对于计算结果的质量，将通过与设计准则提供的允许值比较来评价并确定是否需要重复计算。

简言之，有限元分析可分成三个阶段，前处理、处理和后处理。前处理是建立有限元模型，完成单元网格划分；后处理则是采集处理分析结果，使用户能简便提取信息，了解计算结果。

2. 有限元方法的常用单元类型

在底盘车架的单元类型上，早期的有限元分析模型大多采用梁单元模型，其优点是划分的单元数目和节点数目少，计算速度快。但是梁单元模型难以模拟底盘的许多构件，难以反映焊接、铆接等连接形式，而且也无法分析底盘中各个部件的应力集中问题。

薄壳单元也是分析中常常采用的单元。薄壳单元模型的精度高于梁单元，它避免了梁模型连接点的不易确定问题，可以反映连接点位置变化。汽车底盘的各种壳体部件、局部加强板、各种附属支架等情况，可以采用薄壳单元进行分析，试验证明其精度较高。但薄壳单元模型所占的空间要远远大于梁单元，前处理的工作量比较大而且计算时间也比较长。许多学者进行了多种探索，后来将底盘分析建模发展成用梁单元和薄壳单元混合建模。

最能体现实体几何原型的单元是实体单元，实体单元基于几何结构生成。从理论上讲，只要构成的图形足够精确、实体单元尺寸足够小、建成的有限元模型就可无限接近实际模型。但这种有限元模型占用的硬件空间最大，计算时间较长。

（1）壳体单元特性　板壳单元模型是采用板壳单元进行离散。车架的纵、横梁及连接板，动力总成的壳体是由一系列薄壁件组成的结构，而且形状复杂，比较适合离散成板壳单元的组集，用板壳单元的厚度描述零件的厚度。这种结构单元准确地描述了形状复杂的结构，大大提高了有限元分析的精度，能够处理连接部位的应力问题。但是这种结构的几何形状和变形现象都很复杂，控制方程的求解相当困难，有限元法自然就成为壳体结构分析的有力工具。

壳体单元的基本理论假设是：当薄壳发生微小变形时，忽略沿壳体厚度方向的挤压变形，且认为直法线假设成立，即变形后中面法线保持为直线且仍为中面的法线。与薄板不同的是，壳体变形时中面不但发生弯曲，而且也将产生面内伸缩变形。采用有限元法分析壳体时，主要有三种类型：平板型壳单元、曲面型壳单元和退化型壳单元。图 12-3 所示为平板型矩形壳单元示意图。平板型壳单元是采用平面应力和弯曲应力状态组合而得到的，在平面和垂直方向上都有挠度和膜力特性。该单元每个节点都有六个自由度，即 x、y、z 方向上的位移自由度和绕 x、y、z 轴的旋转自由度。

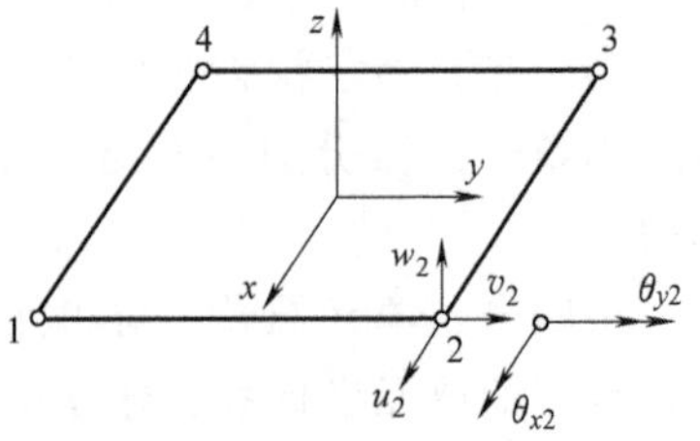

图 12-3　平板型矩形壳单元示意图

（2）梁单元特性　梁单元模型是将结构简化为由一组两节点的梁单元组成的框架结构，以梁单元的截面特性来反映实际结构的特性。其优点是划分的单元数目和节点数少，计算速度快，而且模型前处理工作量不大。但是用梁单元模型简化的结构计算精度低，而且不能处理应力集中问题。用梁单元模型简化的构件一般横截面尺寸与长度相比要小得多，它们承受的主要是弯曲和扭转，因此从理论上可以将这些构件看作为梁，可以采用空间梁单元来建立有限元计算模型。汽车车架的许多结构可采用空间梁单元。梁单元的每个节点有六个位移分量，如图 12-4 所示，即沿三个单元坐标方向的线位移 u、v、w 和绕三个轴的转角 θ_x、θ_y、θ_z。

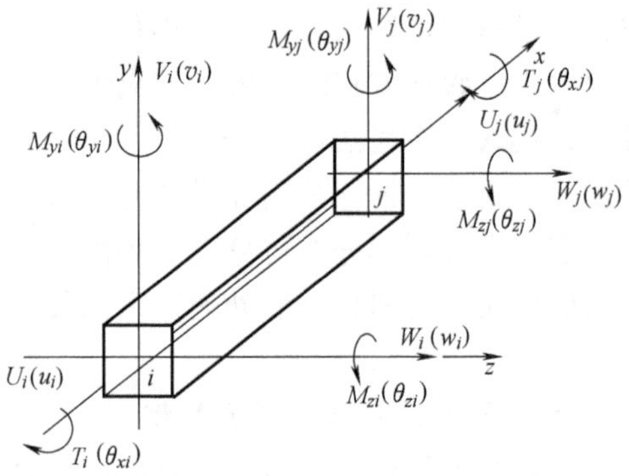

图 12-4　梁单元示意图

（3）实体单元特性　实体单元是一种最能表达实际零件信息的单元。因为实体单元不但可以表达零件的质量、惯性、材料等特性，而且实体单元可以从空间的角度来真实地逼近实体几何形状，尤其是基于几何的有限元模型，几乎能反映全部的几何变化。其缺点是对计算机硬件要求较高。

实体单元种类很多，一般单元有八个节点，每个节点有六个自由度，即沿 x、y、z 方向的平动自由度和沿 x、y、z 轴的转动自由度。其几何描述、节点位置、坐标系等如图 12-5 所示。该单元有各向异性或者正交各向异性材料特性。通过节点 M、N、O 和 P 或 K、L 可以生成四面体单元，同理也可以生成楔形体和锥形体。

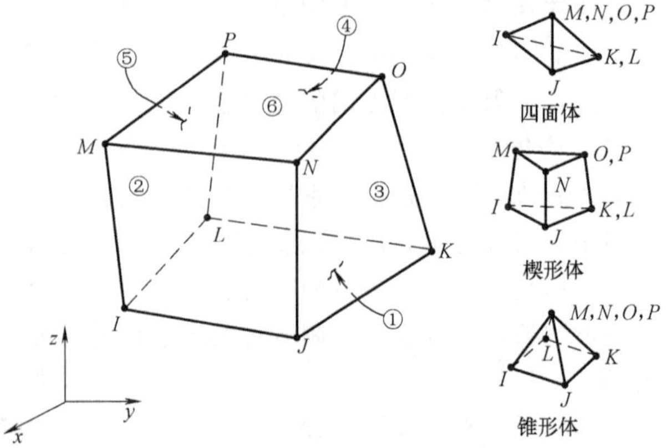

图 12-5　实体单元几何示意图

3. 有限元网格的划分

网格数量的多少将影响计算结果的精度和计算规模的大小。一般来讲，网格数量增加，计算精度会有所提高，但同时计算规模也会增加。在选择网格数量时，还应考虑到分析数据的类型和特点，遵循一定的原则：

1）进行静力分析时，如果仅仅是变形的计算，则网格可以取得较少，如果是需要计算应力或应变，在保持相同的精度的前提下，则应取相对较多的网格。

2）在分析动态特性时（见“第 14 章汽车结构动力学设计”），如果仅仅计算少数低阶模态，可以选择较少的网格；如果需要计算高阶模态，由于高阶振型较为复杂，所以应选择较多的网格。此外，选择网格数量时还应考虑质量矩阵的形式，一致质量矩阵的计算精度高于集中质量矩阵，所以在采用一致质量矩阵计算时可以划分较少的网格，而采用集中质量矩阵时则应选择较多的网格。

3）在结构的响应分析中，如果仅仅是计算某些位置的位移响应，则网格数量可以少一些；如果需要计算应力响应，则应选择相对多的网格。

4）很多单元都有低阶和高阶形式，在保证相同精度的前提下，需要的高阶单元数要远远小于低阶单元的单元数。

有限元网格生成方法有拓扑分解法、节点连元法、网格模板法、映射法和几何分解法等。目前，往往将上述方法混合使用并综合应用现代技术。如在有限元网格的自动生成方面，前期的研究提供了自适应网格划分、智能划分等网格自动生成方法，对于形状比较规则的结构还可通过映射和扫掠的方法生成比较规则的网格。另外还可通过控制单元边长或网格数量等方法进行局部细化。

网格质量是指网格几何形状的合理性。网格质量的好坏直接影响结果精度，质量太差的网格甚至会中止计算过程。因此网格划分以后，还需要对模型进行必要的检查和处理，一方面提高网格质量，消除畸形单元，另一方面检查重合节点，在计算前予以消除。

12.2.2 汽车底盘有限元建模方法

1. 结构有限元模型的建立过程

建好有限元模型是进行有限元分析的基础，也是前处理部分的主要任务，有限元模型的精度对问题的求解规模和准确性有很大影响。建立有限元模型的过程主要包括：模型的简化、几何模型的建立、建模单元的选择、网格划分等。图 12-6 所示为汽车底盘零、部件有限元模型的建立过程框图。建模的关键是选择合适的单元来模拟零、部件结构，使计算模型的各个单元的力学特性近似等于真实结构在这个区域的力学特性。

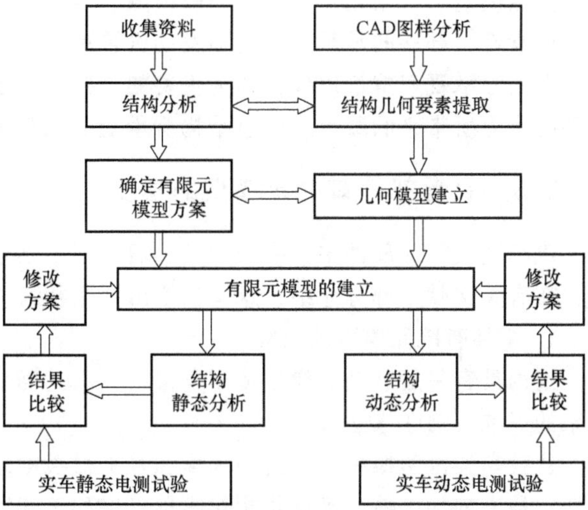

图 12-6 结构有限元模型的建立和分析过程

2. 结构有限元模型的简化原则

模型简化得正确与否直接影响有限元计算结果的正确性。通常，建立有限元模型必须遵循的总原则有两点。

1）计算模型必须具有足够的准确性。所建计算模型的几何特征应能反映对象的实际结构，它的物理性质必须具备对象的材料特性和能够最大限度地保留对象的主要力学特性，即必须考虑实际结构与所建模型的一致性、支撑情况和边界约束条件的一致性、载荷和实际情况的一致性。

2）计算模型要具有良好的经济性。建立过分精确的计算模型，会相应地花费更多的时间、人力、物力进行前处理的数据准备、求解计算、后处理的数据分析，并使计算周期加长，费用大大增加。计算模型的精度应该根据工程要求决定。因此，计算模型不总是越精确就越好。

根据上述总原则，在建立汽车底盘车架的有限元模型时，所遵循的简化原则有如下几个方面：

1）功能件和非承载件的应力水平对计算结果影响小，忽略不计。

2）构件表面光顺化——构件表面上的孔、凸台、凹部和翻边尽量给予光顺，包括通线路的小孔、流水槽、连接处翻边、凹槽等，若干非连接工艺孔都可以忽略。

3）过渡圆弧及大圆弧以直代曲处理，小过渡圆弧以直角代替。

4）车架纵、横梁是交叉连接的，按主承载性能等效原则简化为一个节点；对两个靠得很近但并不重合的交叉连接点，将其合并到一起，简化成一个节点。

5）微曲梁，将其简化成直梁来处理。

6）对于两同向焊接梁，因其焊接处强度近似于材料内部强度，故可将其视为一根梁来简化，但相应地加大其截面积。

7）取约束、载荷作用点，以及两根梁之间的交点作为梁单元的节点。

8）约束处理方面，一方面需要足够的约束以消除对象的刚体位移，以消除刚度矩阵的奇异性，获得位移的确定解；另一方面，不得有多余的约束，多余约束会使结构产生实际不存在的附加约束力。

3. 结构材料的物理参数及承受载荷

分析车型的底盘零、部件所用材料及相应的材料特性，主要包括如下几个方面：材料牌号、弹性模量、泊松比、密度、屈服极限、强度极限等。

底盘零、部件的承载包括传递发动机转矩所需要的各个弯曲载荷、扭转载荷、轴向载荷等。车架除承受载重量以外，作为主要的连接件，还承受驾驶室、发动机、油箱、蓄电池等附件的重力所带来的载荷。底盘结构所承受的载荷大多数是动态载荷。

12.2.3 底盘部件有限元模型的建立

汽车底盘零、部件中，有关齿轮、杆、轴、板及其构成的箱体、轴承、螺旋弹簧等零件，在有关文献中都有介绍，这里仅给出几个相对复杂的组合体的有限元模型。

1. 车架有限元模型的建立

选用具有一般意义的梯形货车车架（又称边梁式车架）进行研究。图 12-7 所示为一个车架的三维（3D）模型。

这种车架由两根相互平行的纵梁和若干根横梁组成。纵梁是车架的主要承载元件，也是车架中最大的加工件，其形状相对简单。这种车架纵梁的断面形状一般为开口朝内的槽形或焊接成方管形（图 12-8）。为满足车架强度和刚度要求，这种车架采用主副梁结构。主纵梁和副纵梁通过铆钉和螺栓相互连接；横梁将左、右纵梁连在一起，构成一完整的车架，保证车架主要的扭转刚度，限制其变形和降低某些部位的应力。

该车架由设计长为 8.5m 的左右分开的两个纵梁和 8 根横梁组成，第 1、2、6、7 横梁均

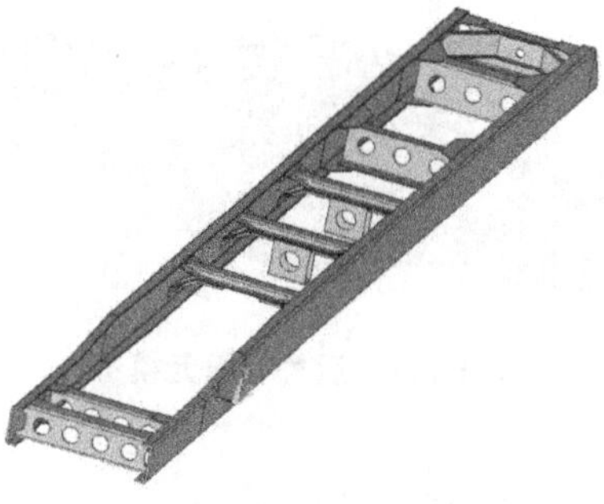

图 12-7　车架几何模型

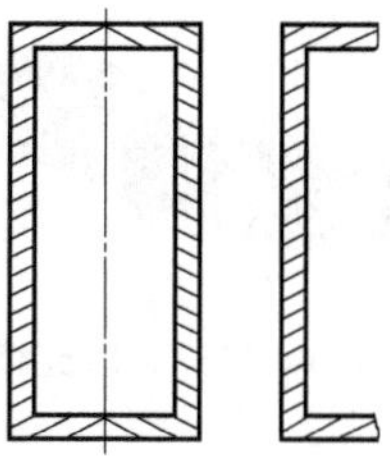

图 12-8　主副车架纵梁截面图

为槽形横梁，3、4、5 横梁为 K 形横梁，第 8 跟横梁是由槽形横梁和角撑横梁组合组成，前后端宽为 0.865m。纵梁断面为槽形，有两层，外层厚度 8mm，内层为 5mm，通过螺栓连接在一起。横梁与纵梁之间是用螺栓连接。

车架有限元模型的建立应该保持原车的主要结构特征，同时需要在此基础上进行忽略或简化处理一些对车架影响微小的细部几何特征，比如对分析影响不大的螺栓孔、焊接螺母等可忽略不计，对结构变形影响很小的部件也可略去等。

用 ANSYS 软件建立以六面体为基本单元的主车架有限元模型。采用软件中的 SOLID45 体单元对模型进行分网。划分网格要避免畸形，保证长、宽、高的比例。同时要保证三棱柱的网格单元比例小于 10%。网格划分要细，但是过密的计算网格会导致计算效率的下降，要合理控制单元尺寸，以提高计算效率。纵梁和横梁之间采用铆接，铆接处刚性连接，在铆钉连接处将节点连接。有限元建模中，整个车架共划分 77610 个单元，127551 个节点。三棱柱单元所占的比例为 1.2%。依实际结构确定钢材的弹性模量、泊松比及材质密度分别为 207GPa、0.3 及 7850kg/m。图 12-9 所示为车架有限元模型。

图 12-9　车架有限元模型

2. 车桥有限元模型的建立

车桥作为汽车底盘总成的主要部件，是汽车的主要承载构件之一，其形状复杂，而且汽车的行驶条件又复杂多变，因此要精确计算汽车行驶时车桥上各处的应力大小比较困难。以前我国主要靠对桥壳样品进行台架试验和整车行驶试验来考核其强度和刚度，这样将花费大量的人力和物力，不利于产品的开发和改进。随着有限元技术的不断进步，利用有限元计算车桥的强度和刚度，成为发展的必然趋势。

利用有限元前处理软件 HyperMesh 中三维网格划分功能，结合车桥的三维 UG 数模建立有限元模型。建立有限元模型时选用 SOLID45 单元，三维单元选用四面体，这样能有效模拟车桥的受力状况。图 12-10 和图 12-11 所示分别为前桥和后桥的有限元模型。

3. 钢板弹簧有限元模型的建立

钢板弹簧在工作中存在大变形、叶片间的接触等多种非线性因素，多年来一直没有形成一个比较切合实际的完善设计与分析方法。有限元技术可以同时考虑到大变形、摩擦、簧片

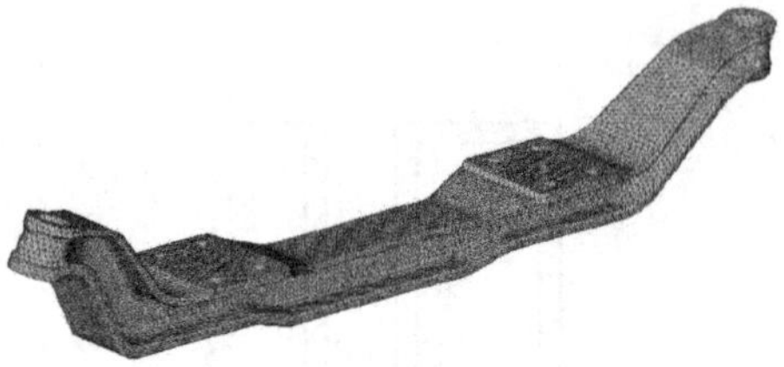

图 12-10 前桥有限元模型

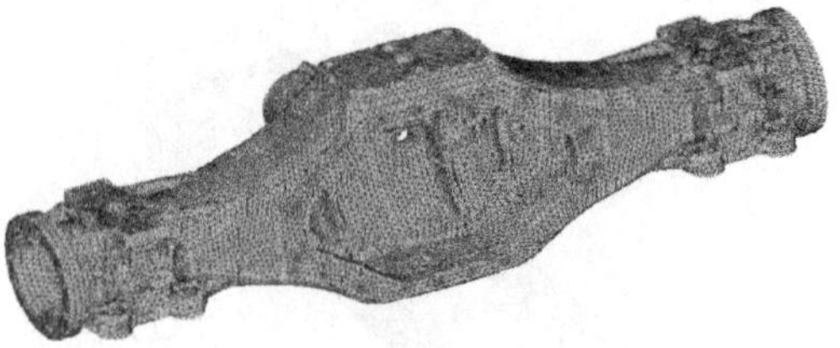

图 12-11 后桥有限元模型

间的接触以及组装时的预应力，从而能够实现对钢板弹簧的精确设计。

以货车前悬架钢板弹簧为例，进行有限元建模和分析。设所分析汽车前悬架钢板弹簧共 9 片，规格见表 12-2。

表 12-2 前悬架钢板弹簧规格

片别	1	2	3	4	5	6	7	8	9
片长/mm	1800	1800	1590	1380	1170	960	750	540	330
(厚/mm)×(宽/mm)	16×90								

利用 ANSYS 前处理模块建立钢板弹簧的有限元模型，由于钢板弹簧的对称性，故取模型的四分之一进行建模，以减少非线性计算所需的计算时间。对模型进行网格划分，单元类型为三维实体单元 SOLID45，整个模型包含实体单元个数为 3069 个。定义三维接触单元，把钢板弹簧工作时叶片间相摩擦的两个面中面积较大的面作为目标面，其单元采用 CONTAL170，另一面则定义为接触面，单元采用 CONTAL174。由于模型为四分之一模型，故在约束时采用对称约束，将中间压紧螺栓位置自由度约束，载荷加载在板簧吊耳处。图 12-12 所示为钢板弹簧有限元模型。

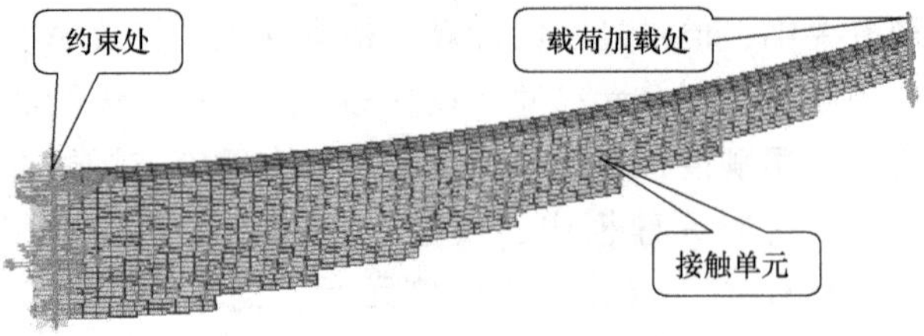

图 12-12 钢板弹簧有限元模型

12.3 计算机辅助车架静力设计

静力分析是用来计算结构在固定不变载荷（如反力、位移、应变、应力等）作用下的响应，也就是探讨结构受到外力后变形、应力、应变的大小。所谓固定不变的载荷作用，指结构受到的外力大小、方向均不随时间变化，与固定不变的载荷对应，结构静力分析中结构的响应也是固定不变的。静力分析中固定不变的载荷和响应是一种假定，即假定载荷和结构的响应随时间的变化非常缓慢。一般来讲，静力分析所施加的载荷包括外部施加的作用力和压力、稳态的惯性力（如重力和离心力等）、位移载荷（如支座位移等）、温度载荷等。这是汽车设计中最常用的设计方法。

在各种分析类型中，静力分析是最简单的形式。静力分析主要从静力学（静力平衡条件)、几何学（位移协调条件)、物理学（胡克定理）三方面对结构进行分析。对应的力学知识主要是材料力学、结构力学、弹性力学等。

静力分析既可以是线性的也可以是非线性的。常见的非线性静力分析包括大变形、塑变、蠕变、应力刚化、接触（间隙）分析等。这里主要介绍用计算机分析底盘构件的线性静力学问题，即常载荷、小变形、弹性变形、常应力、常位移所对应的问题。

12.3.1 典型工况的确定与评价指标

1. 典型工况的确定

车架作为整个汽车的基体，主要有两个功用，一是支撑连接汽车的各零部件，如发动机、驾驶室、传动系统、悬架、转向系统等；二是承受来自汽车行驶工况下的内、外的各种载荷。

汽车行驶状况按工况分类可分为静弯曲、弯扭、加速、紧急制动、急速转弯等，与车架的强度密切相关的是弯曲工况和弯扭联合工况。静弯曲工况和弯扭工况是车架分析的典型工况。

2. 强度评价指标

汽车底盘的车架材料一般采用碳素钢，结构的破坏形式一般为塑性屈服。因而在强度设计中采用第三强度理论或者第四强度理论。但是第三强度理论未考虑主应力 σ_2 的影响，它虽然可以较好地表现塑性材料塑性屈服现象，但只适用于拉伸屈服极限和压缩屈服极限相同的材料。第四强度理论考虑了主应力 σ_2 的影响，与第三强度理论相比更接近实际情况。因而在强度评价中通常采用第四强度理论导出的等效应力 σ_e（又称 VonMises 应力）来评价。

3. 刚度评价指标

车架刚性是车架结构的基本特性之一，车架不但要有足够的强度，也要有足够的刚度。如果车架整体刚度低，将使整车的承载能力降低；局部刚度低，将使车架的局部变形增大，导致各部件之间相互干涉以及车身的振动和噪声。另外，车身各结构件和连接件的刚性不足时，会导致应力集中，产生裂纹，降低车身的耐久性等。通过对汽车车架刚度的分析，可以改进车身结构的设计。在现代汽车的设计中，在尽可能减小其质量的前提下，应最大限度地提高汽车的刚度。

4. 各工况计算

对结构进行静力分析的目的，在于计算结构在最大载荷下的应力与变形，以便进行强度与刚度的检验。因此，应对车架可能承受的最大载荷进行分析。直接关系车架强度的主要是弯曲和扭转两种工况及它们的组合。

(1) 弯曲工况　水平弯曲工况下，车架承受的载荷主要是车身、动力总成、随机附件、货物等的重量，该工况模拟汽车在平坦路面上以匀速行驶时产生的对称垂直载荷。它是汽车在公路上行驶的主要工况，能代表车架的一般运行情况。进行有限元计算时，在与悬架连接处施加约束。在多悬架支撑的车架上，如要避免超静定支撑，则可只在前面一个铰支端加三个方向位移约束。

(2) 扭转工况　整车满足水平放置，后轮固定，左前轮约束释放，并加一个向上的强制位移，相当于货车单轮悬空的极限受力情况，用于模拟汽车在崎岖不平道路上低速行驶时产生的斜对称垂直载荷。扭转工况下的动载，在实践上变化得很慢，因此惯性载荷也较小。

所以，车身的扭转特性可近似地看作是静态的。因此，可以用静态扭转时骨架上的大应力点来评定动载的大应力点。

（3）弯扭组合工况　弯扭组合工况是由于汽车在崎岖不平的路面上行驶，汽车四个车轮不在一个平面内，即会因某车轮抬起或经过洼坑产生扭转。所以该工况是考虑弯曲工况和扭转工况的组合情况。

（4）制动工况　制动工况主要考虑货车以最大制动减速度制动时，地面制动力对骨架的影响。载荷处理除了同弯曲工况外，因最大制动减速度与地面附着系数成正比，还要考虑最大附着系数和惯性力。制动工况的约束处理与弯曲工况相同。作用在货物的重心上的纵向惯性力简化为纵向载荷和扭矩，纵向载荷作用在纵梁上，扭矩用作用在纵梁上相反方向的拉力作用来等效。需要强调的是，还有一种工况——加速工况。加速工况与制动工况的分析方法相同，只是载荷方向相反。

（5）转弯工况　转弯工况主要考虑当汽车以最大转向速度转弯时，惯性力对车架的影响。载荷处理除了同弯曲工况外，还要考虑水平方向的离心力。约束处理同弯曲工况，只是作用在水平方向上。作用在车架上的横向惯性力简化为水平力和扭矩。扭矩利用作用在左、右纵梁上相反方向的拉力作用来等效。

12.3.2　弹性元件和约束的处理

汽车的车架是连同悬架系统一起工作的，不同的悬架系统对车架的强度、刚度影响很大。为了使计算更符合实际工况，在汽车设计中，常把悬架元件与车架组合起来一起计算，因此可将路面的参数直接作为工况处理。汽车悬架系统的主要部件为钢板弹簧。仅就悬架和车架之间的力而言，悬架传递到车架的垂直力是影响车架结构强度的主要因素，纵向力和横向力则是次要因素，所以在建立车架有限元计算模型时，把钢板弹簧理想化为两根垂直的弹簧和一根刚度大的平衡梁，如图 12-13 所示。

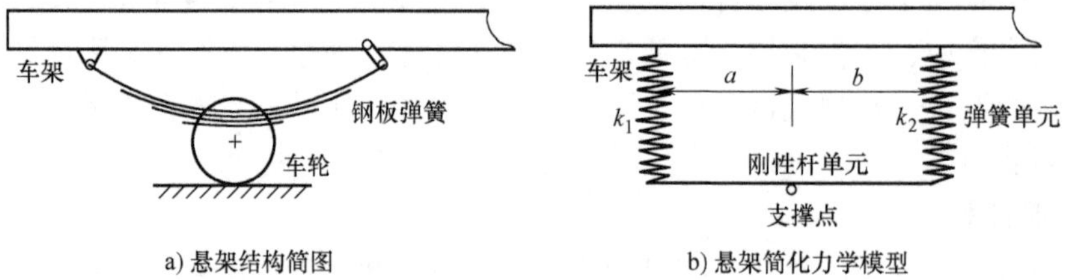

图 12-13　钢板弹簧悬架简化示意图

两弹簧的轴向刚度分别为 $k_1=bk/(a+b)$ 和 $k_2=ak/(a+b)$，则 $k_1+k_2=k$，其中 k 为钢板弹簧的垂直刚度。前、后弹簧由具有极大抗弯刚度的水平刚性梁相连。

对于水平刚性梁，其截面形状可取矩形，则截面面积 $A=bh$，如取 $b=h/2$，则水平刚性梁截面高度 h 应用下式计算：

$$h=\sqrt[4]{\frac{k(a+b)^3}{2E}} \tag{12-1}$$

其中，k 是钢板弹簧的垂直刚度；E 是材料弹性模量。

对于双后桥的汽车，通常采用平衡悬架。平衡悬架是将两个车桥装在平衡杆的两端，而将平衡杆中部与车架作铰链式的连接，则一个车桥抬高将使另一个车桥下降，而且平衡臂等长、两个车桥的垂直载荷在任何情况下都相等。图 12-14a 所示为一般情况下平衡悬架的结构简图。图中钢板弹簧为等长臂的平衡杆，中部借助毂与车架连接，毂可以绕轴转动。

在有限元分析中，可以将其力学模型进行简化，如图 12-14b 所示。图中钢板弹簧的减振作用采用弹簧单元来模拟，平衡杆用刚性杆单元来模拟，毂和弹簧单元的连接用耦合自由度的方法处理，即节点 1 和节点 2 重合，其中 1 为毂上的节点，2 为刚性杆上的节点。

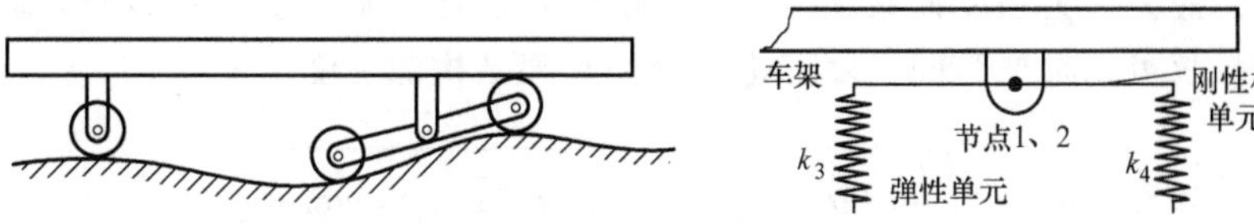

a) 平衡杆中部与车架铰链式连接　　b) 简化力学模型

图 12-14　双后桥的汽车悬架简化示意图

12.3.3　静态分析理论基础

结构静力分析用于计算由那些不包括惯性和阻尼效应的载荷作用于结构或部件上引起的位移、应力和应变。固定不变的载荷和响应是一种假定，即假定载荷和结构的响应随时间变化得非常缓慢。静力分析所施加的载荷包括外部施加的作用力和压力、稳态的惯性力（如重力和离心力）、位移载荷等。通过结构强度和刚度的有限元静力分析，可以找到车架在各种工况下各零部件变形和应力的最大值以及分布情况。以此为依据，通过改变结构的形状尺寸或者改变材料的特性来调整质量和刚度分布，使车架各部位的变形和受力情况尽量均衡。同时可以在保证结构强度和刚度满足使用要求的前提下，最大限度地降低材料用量，使车架的自重减轻，从而节省材料和降低油耗，提高整车性能。

在有限元分析程序中，静力分析的控制方程表示为

$$\boldsymbol{KU}=\boldsymbol{F} \tag{12-2}$$

式中，$\boldsymbol{K}$ 是结构刚度矩阵；$\boldsymbol{U}$ 是位移列向量；$\boldsymbol{F}$ 是载荷列向量。

将单元位移函数代入应变分量与位移分量之间的关系式，得

$$\varepsilon_x=\frac{\partial u}{\partial x},\quad \varepsilon_y=\frac{\partial u}{\partial y},\quad \varepsilon_z=\frac{\partial u}{\partial x}+\frac{\partial u}{\partial y} \tag{12-3}$$

即可用单元节点位移表示单元应变。将单元节点位移和单元应变之间的关系式代入材料的本构方程有

$$\sigma=D\varepsilon \tag{12-4}$$

由此可得出单元节点位移和单元应力之间的关系。

用有限元法进行车架结构的静态分析，其基本原理是一样的，即求解用矩阵形式表示的整个结构的平衡方程，得出

$$\boldsymbol{K\delta}=\boldsymbol{R} \tag{12-5}$$

式中，$\boldsymbol{K}$ 是整体刚度矩阵，由单元刚度阵组集而成；$\boldsymbol{\delta}$ 是整体物体的节点位移列阵，由单元节点位移列阵组集而成；$\boldsymbol{R}$ 是载荷列阵，由作用于单元上的节点力列阵组集而成。

利用上式解出节点位移 $\boldsymbol{\delta}$，然后根据虚位移原理和已求出的节点位移来计算各单元的

力，并加以整理得出所要求的结果为

$$\boldsymbol{\delta}=\boldsymbol{D\varepsilon\delta}^{e} \tag{12-6}$$

式中，$\boldsymbol{D}$ 是与材料有关的弹性矩阵；$\boldsymbol{\varepsilon}$ 是单元应变矩阵；$\boldsymbol{\delta}^{e}$ 是单元节点位移矩阵。

经过计算得到车架应力和变形的结果，变形可通过后处理中模型的变形图直观地反映出来，应力的分布则以应力云图或在应力图中以等高线的形式表示。节点处的应力是与之相连的单元的应力在节点位置的算术平均。根据强度要求和材料的特性可以选择最大拉应力、最大切应力或综合应力作为强度校核基准，材料的失效以材料发生塑性变形为标志，因此对车架的静态强度校核可以根据第四强度理论来判断车架结构的强度，即

$$\sigma_{e}=\sqrt{\frac{1}{2}[(\sigma_{1}-\sigma_{2})^{2}+(\sigma_{2}-\sigma_{3})^{2}+(\sigma_{3}-\sigma_{1})^{2}]} \tag{12-7}$$

强度条件为

$$\sigma_{e}<[\sigma] \tag{12-8}$$

式中，$[\sigma]$ 是材料的许用应力。

12.3.4 静力分析在 ANSYS 上的实现

基于 ANSYS 进行静力分析可以采用下面的三个步骤描述。

1. 建模

第一步建模又可分为如下过程：

1）确定工作文件名（jobname）、分析标题（title）。

实际分析中，这一步可以酌情省略或者在分析结束后根据需要添加。

2）进入前处理器（/PREP7），定义单元类型、实常数、材料属性。

3）构建结构模型，划分网络。

对于杆系结构、组合梁结构，也就是利用材料力学、结构力学知识求解的问题，多采用直接法（通过连接节点形成单元）构建有限元模型；对实体结构（如板、壳等），多采用间接法（先构建结构实体模型，再调用 ANSYS 的内置程序自动划分网格形成有限元模型）。

2. 施加载荷并求解

静力所施加的载荷包括最常见的外力作用、稳态的惯性力（如重力等）、位移载荷（如支座的初始位移等）、温度载荷（温度的变化引起结构响应的变化）等。

3. 评价和分析结果

首先，检查计算结果的完善性；其次，分析结果的准确性，对可疑的计算结果要用一个信得过的可靠结构（甚至是 ANSYS 帮助文件中的算例）进行计算调试；然后对 ANSYS 计算结果进行误差分析，如百分比误差、单元应力偏差、上下限偏差等，要满足对误差范围的要求。

12.4 底盘结构的计算机辅助设计

12.4.1 车架的静态计算分析

以图 12-9 所示的车架有限元模型为例进行分析与计算。

1. 约束情况

车架是通过三个悬架支撑在车桥上，因此要在与悬架连接处施加约束。把车架的悬架简化成一端铰支，一端滑槽，因此要在铰支端加三向位移约束，在滑槽端只释放车架纵向位移约束。为了避免车架的超静定，只在前面一个铰支端加三个方向位移约束，在另外两个铰支端施加纵向和左右方向的位移约束。图 12-15 所示为约束后车架的有限元模型。

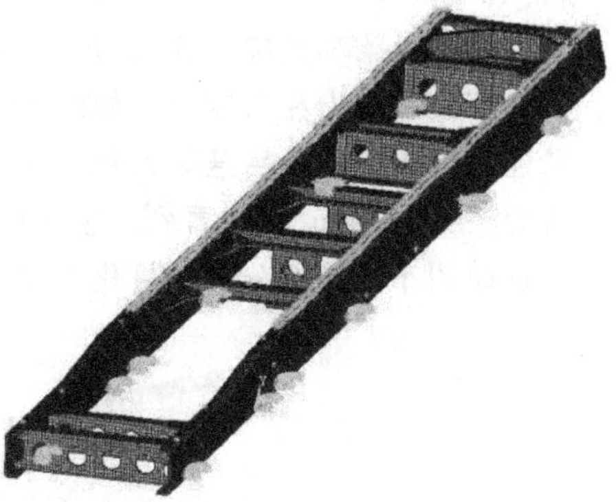

图 12-15　车架约束有限元模型

2. 计算载荷的选择

在对车架进行实际计算时，按如下两种载荷工况进行：

1）额定载荷工况下，汽车的载货质量 20×10^3kg。

2）使用载荷工况下，汽车的载货质量 40×10^3kg。

使用 HyperWorks 和 ANSYS 软件对上述两种载荷工况进行计算分析、对比分析以考察车架的材料与载荷之间的线性关系。

3. 计算结果分析

1）在额定载荷下（加载 20×10^3kg）的弯曲工况，车架变形量为 5.3mm，最大变形位置在车架的尾部，这是由于加载主要区域在车架纵梁后部。图 12-16 所示为车架变形的位移云图。最大静应力为 82.9MPa，位置在加强板与后悬架平衡轴连接处，最大静应力位置如图 12-17 所示。强度校核满足车架设计的要求，并有很大的裕量。考虑由于板簧的约束位置在这一区域，而且载荷主要加载在纵梁后部，这一区域的应力相对其他部分都比较大。

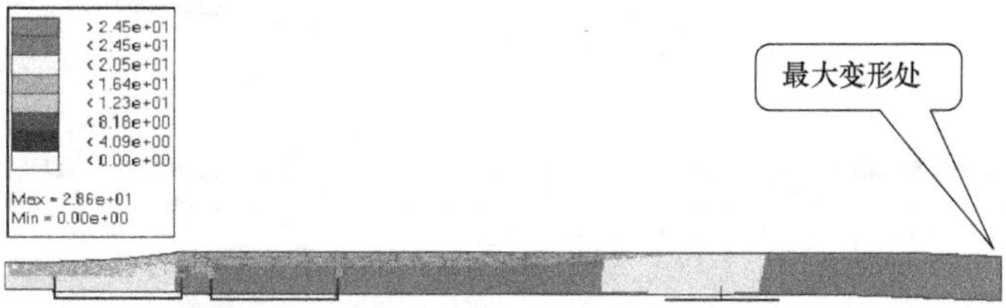

图 12-16　车架在水平弯曲工况下的位移云图

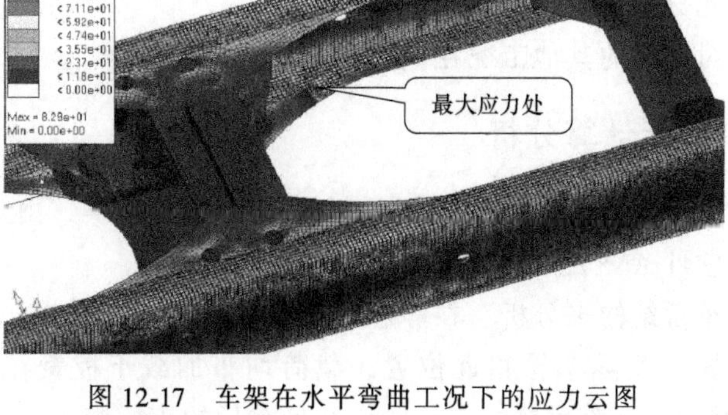

图 12-17　车架在水平弯曲工况下的应力云图

2）在载货质量为 40×10^{3}kg 时静态弯曲工况下，车架最大应力为 160.236MPa，位于车架后悬架的主纵梁和横梁的连接处。水平弯曲的高应力区域集中在车厢与纵梁接触的纵梁上，其余部位的应力相对较小，如图 12-18 所示。其主要原因是：整车后部载荷比较大，总体重量通过纵梁传递给后悬架系统，因此纵梁承受的力量很大（造成普遍的应力偏大是符合正常现象的）。同时可以看到，整车除个别高应力区外，车架的应力水平大部分在 50MPa 以下，这说明车架有充分的轻量化空间（见第 13 章内容）。

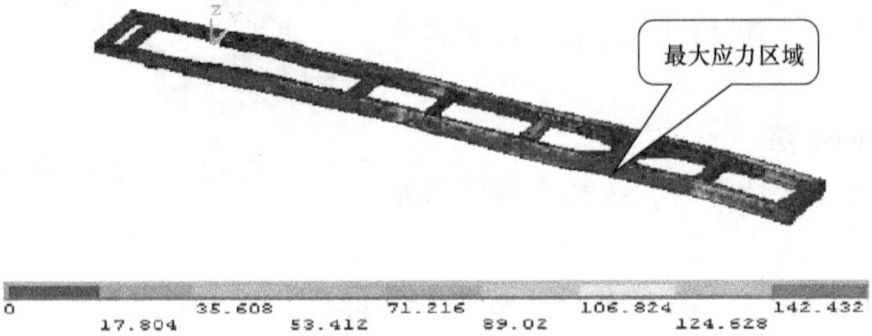

图 12-18　水平弯曲工况下的应力云图

图 12-19 所示为车架结构在水平弯曲工况下的位移云图。由图可以看出，水平弯曲工况下，车架最大的垂直位移产生于车架最后部。这是由于整车大部分载荷施加在纵梁的后部，车架位移的最大部分自然产生在车架的最后端，其位移为 9.259mm，满足货车车架设计要求，并有充分的刚度裕量。

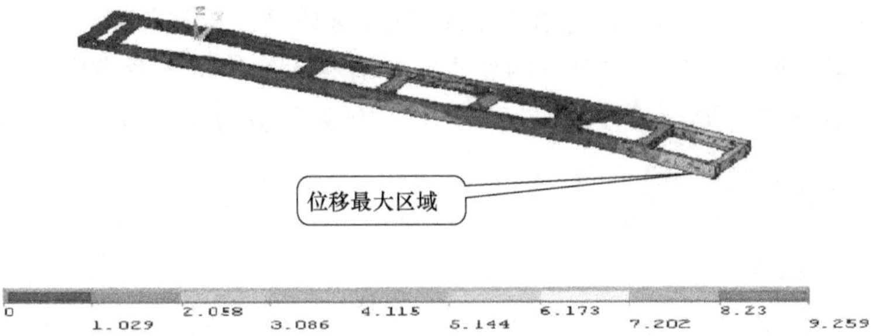

图 12-19　水平弯曲工况下的位移云图

由以上两种载荷工况下的静态水平弯曲计算结果表明：在两种载荷工况下，车架的应力和位移之间的变化情况与载荷情况基本呈线性变化关系，说明车架的材料特性在弹性力学的范畴之内，符合有限元分析的基本思想。

通过验证之后，对车架的其他工况在额定载荷下进行了计算。

12.4.2　车桥的有限元计算分析

对前处理软件建立的前、后车桥的有限元模型进行数据转换，由 .hm 格式转化为 .db 格式，可以在有限元软件 ANSYS 中进行静态计算。

通过计算前、后车桥结构来分析。在静态时后桥实轴荷为 20000kg，对车桥进行约束和载荷处理，约束的位置为实际车轮相近位置，载荷均布加载于板簧在车桥上的固定位置。图 12-20 和图 12-21 所示分别为后桥、前桥约束和加载后的车桥模型。

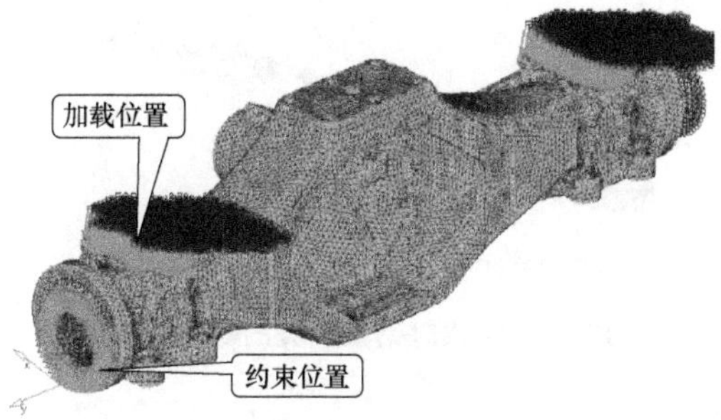

图 12-20 后桥实际约束和加载情况

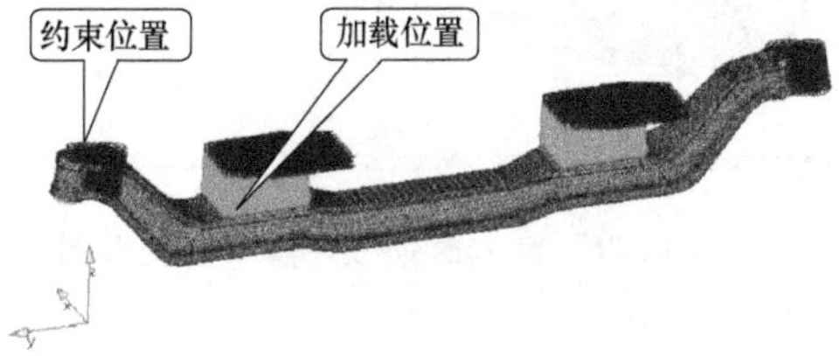

图 12-21 前桥实际约束和加载情况

图 12-22 和图 12-23 所示为后桥计算分析结果；图 12-24 和图 12-25 所示为前桥计算分析结果。

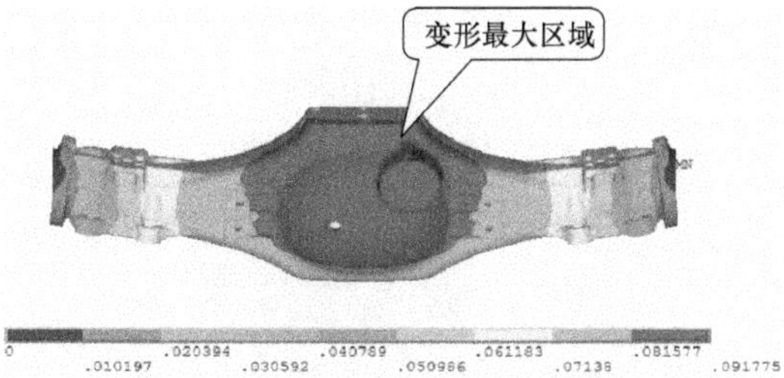

图 12-22 后桥静态弯曲工况下变形云图

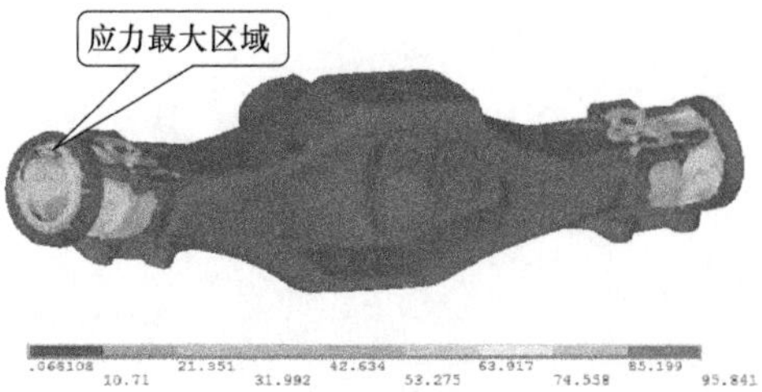

图 12-23 后桥静态弯曲工况下应力云图

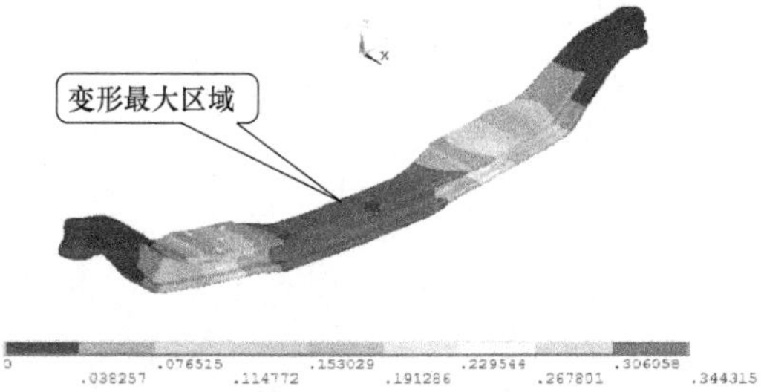

图 12-24 前桥静态弯曲工况下变形云图

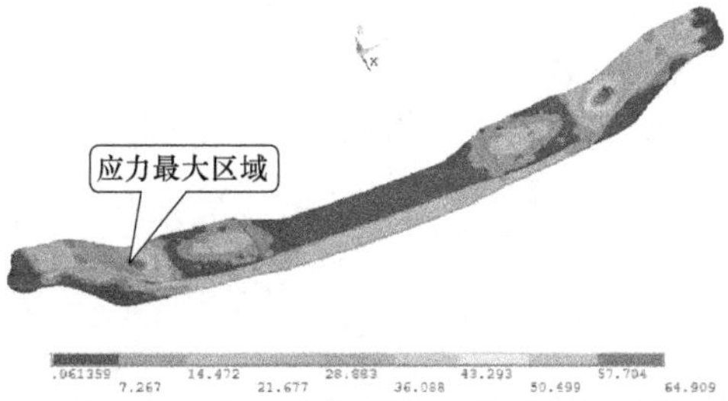

图 12-25 前桥静态弯曲工况下应力云图

由上述云图显示可知，后桥最大变形约为 0.092mm，最大应力为 95.841MPa；前桥最大变形约为 0.344mm，最大应力为 64.909MPa，车桥材料在车桥的刚度和强度方面均满足整车的承载要求，并有一定的裕量。

12.4.3 钢板弹簧的有限元计算分析

图 12-26 和图 12-27 所示分别为钢板弹簧总成在满载时的变形图和等效应力云图。由图 12-26 可见，第一片自由端的向下位移量为 16.992mm，载荷为 5760N（载荷大小为动静态满载试验时的实测载荷），钢板弹簧组的平均工作刚度为 338.98N/mm，在标准提供刚度值（320±32）N/mm 的范围之内。由图 12-27 可见，各片应力分布规律不尽相同。其中，最大应力集中在主片上为 225.61MPa，其他各片应力相对较小，而应力较大区域都出现在加载端。钢板弹簧的材料为 50CrVA，抗拉强度大于 1200MPa，屈服强度大于 1100MPa，说明此车钢板弹簧在满载状况下刚度较足，安全系数足够，满足汽车的承载设计要求。

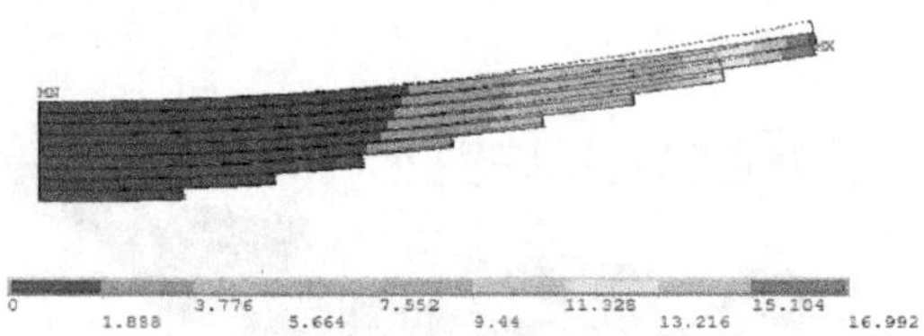

图 12-26　满载时钢板弹簧节点变形图

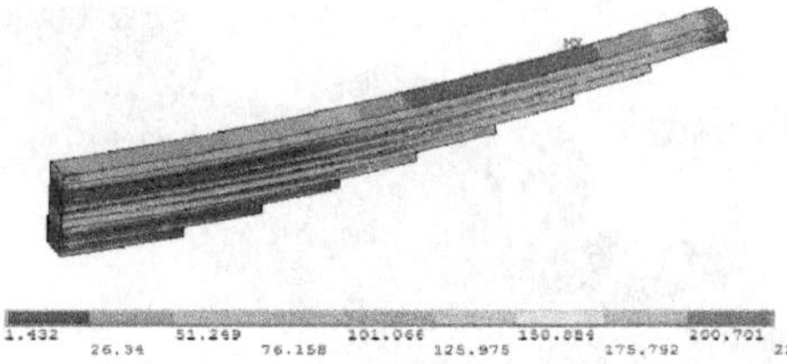

图 12-27　满载时钢板弹簧的等效应力云图

第 13 章

汽车结构轻量化设计

13.1　汽车结构轻量化的途径

汽车轻量化的内涵，是在保持汽车原有的性能不受影响的前提下，有目标地减轻汽车自身的重量，同时避免汽车本身造价的提高。汽车结构的轻量化对汽车节能和环保具有重要意义。减轻汽车自身的重量，一方面节约了原材料，降低了汽车的生产成本，另一方面也降低了燃油消耗，有利于环保。通常汽车结构的轻量化主要有两种途径：

1）应用轻金属、现代复合材料等低密度材料，达到减重目标。

2）对结构进行优化，设计更合理的车身结构，使零部件薄壁化、中空化、小型化、复合化，以及对车身零部件进行结构和工艺改进等，在保证承载能力的前提下减轻重量。

其中，第一种途径减重效果尤其明显，但存在材料成本高，研发时间长，工艺不成熟等问题，目前在汽车的主要大型承载结构上使用还比较困难。后一种途径能够在使用现有材料（主要是钢材）、工艺条件基本不变的条件下或新工艺技术易于获得的情况下有效地减轻重量，因而更具有实际意义。

13.1.1　结构优化设计

在现代汽车工业中，CAD/CAE 一体化技术起着非常重要的作用，涵盖了汽车结构设计和分析的各个环节。利用 CAD/CAE 技术进行结构优化设计，在确保结构性能的前提下，消除多余或无用材料，寻求各部件壁厚的减薄、数量的精简和结构的整体化与合理化，以达到结构最轻的目的。

利用 CAD/CAE 技术，可以准确实现车架实体结构设计和布局设计，对各构件的布置位置、板材厚度进行分析，并可从数据库中提取由系统直接生成的有关该车的相关数据进行工程分析和刚度、强度计算。还可以进行布局分析和运动干涉分析等，使不同材料的结构能够满足车身设计的各项要求。此外，利用 CAD/CAE 技术可以用仿真模拟的方法对轻量化设计的汽车底盘进行振动、疲劳和碰撞分析。

现代计算机辅助工程在汽车生产上的运用，大大缩短了汽车开发周期，同时显著提高了轻量化汽车的开发效率和制造水平。

汽车结构轻量化研究主要可分为四类：

第一类：提出先进的设计理念，发展先进的制造工艺并通过尺寸参数优化而得到新的轻量结构。

第二类：将拓扑优化和形状优化引入到结构轻量化过程中。

第三类：利用硬件优势，大量考虑动态过程（如碰撞、振动过程）中的各种约束，对尺寸参数进行优化而得到轻量结构，主要强调安全性。

第四类：提出和应用新的现代优化算法，并引入到结构轻量化过程中。

13.1.2 选用轻质材料

采用轻质材料取代传统的钢铁材料是汽车轻量化的重要手段。可供选择的主要轻质材料及其性能参数见表 13-1。

表 13-1 轻量化材料的性能参数

材料性能	铝合金	镁合金	钛合金	陶瓷	复合材料
密度/(g/cm^3)	2.7	1.8	4.4	3.2	1.8
拉伸/抗弯强度/MPa	246	280	1000	899	240
弹性模量/MPa	70500	45000	108500	230000	51020
硬度(HB)	106	84	313(HV)	1530(HK)	—
比强度	9.1	15.5	22.7	27.2	13.3

汽车工业运用最多的轻质材料是铝合金。运用形变铝材制造车身面板的技术已经比较成熟，包括发动机机体、缸盖、行李舱盖、车门、翼子板等。保险杠、轮毂和汽车底盘结构零件也广泛使用铝合金材料。铝合金密度约为钢铁的 1/3，用铝合金代替钢铁大约可减重 50%。但运用铝合金也面临不少问题，铝合金加工难度比钢材高，成形性还需继续改善。另外，铝合金零部件成本比传统钢材零部件要高很多，这大大降低了铝合金零部件的市场竞争力。分别以铸铁和低碳钢作为比较基准的常用轻量化材料减重效果见表 13-2。

表 13-2 常用轻量化材料减重效果

比较基准	用途	轻量化方式	减重幅度(%)
铸铁	零部件	铝铸件	50~60
		镁铸件	65~75
低碳钢		铝合金	40~50
		复合材料	25~35
	结构	高强度钢	10~12

镁合金具有与铝合金相似的性能，但是镁的密度更低，其密度只有 $1.8g/cm^3$，其尺寸稳定性、机加工性、铸造性、吸振性都很好。用镁合金取代钢铁制造某些汽车零部件，可获得 60%的减重效果。目前镁合金在汽车上一般用于发动机的部分气缸体、曲轴箱、汽油和空气滤清器壳体、进气歧管、油泵、配电器、风扇等。汽车底盘上离合器和变速器的壳体、车架，以及转向盘和转向器、轮毂、座椅等也可以应用，但是镁合金面临的最大问题还是成本太高。

高强度钢板力学性能优越，在汽车轻量化中运用也越来越多。高强度钢板与其他材料相比，价格低，具有优越的经济性。采用高强度钢板在等强度设计条件下可以减少板厚，但是车身零件选定钢板厚度大都以元件刚度为基准，且由于板厚减小可能带来稳定性降低，因此实际板厚减少率不一定能达到钢板强度的增加率，不可能大幅度地减轻车重。

塑料具有密度小、成型性好、耐腐蚀、防振、隔声隔热等性能，同时又具有金属钢板不具备的外观色泽和触感，因此塑料在汽车上的运用越来越多。

目前，塑料大都使用在汽车的内外饰件上，如仪表板、侧围内衬板、车门防撞条、扶手、车窗、挡泥板、行李舱盖等，推动汽车饰件向软饰化、高档化、舒适化方向发展。另外塑料在汽车功能件和车身覆盖件上的运用也逐渐增多。

复合材料作为新型轻质材料，也越来越多地运用于汽车生产。复合材料作为汽车材料具有很多优点：密度小、设计灵活美观、易设计成整体结构、耐腐蚀、隔热隔电、耐冲击、抗振等。但是也存在生产效率偏低、可靠性差、耐热耐燃性差等缺点。目前复合材料在汽车上运用的比例很低，范围很小。在汽车轻量化研究中，新型材料还包括精细陶瓷、蜂窝夹层材料等其他轻量化材料。

13.1.3　提高制造工艺

在优化设计和更换材料实现汽车减重时，常常需要革新制造工艺，而新工艺的开发也为优化设计和更换材料创造了条件。

铝合金的加工方法有铸造、压铸、轧制、挤压、锻造等。其中 80%~90% 由压铸法生产，普通压铸法的一个重大弊病是当金属液在高压下以 5~50m/s 的高速注入型腔时，型腔内的气体很难排除，必然被压缩并卷入制品内部，形成小气孔，致使制品强度波动大，可靠性差，在热处理加热或高温下使用时，因气体膨胀常使制品表面不平或变形。所以制品不能进行热处理，不能用在温度较高的部位。这些缺点严重限制了铝合金在汽车中的应用。

镁合金以前用作汽车零部件一直不多，主要是因为镁合金存在着耐蚀性差，蠕变强度不足、废旧材料循环利用困难等问题。近年来，随着镁合金制造工艺的进步，高强度、高屈服极限、高延伸率和高疲劳强度镁合金的生产，镁合金也更多地运用于汽车生产。

当前与轻量化结构相适应的制造工艺主要有如下几个方面：

1）开发推广内高压成形技术（图 13-1）。内高压成形件具有重量轻、刚度好等优点，而且碳钢、不锈钢、铝合金、钛合金、铜合金及镍合金等都可用该技术成形。原则上适用于冷成形的材料均适用于内高压成形工艺。目前，在汽车上应用有排气系统异型管件及副车架总成等。

2）发展管件液压成形技术来制造空心轻体构件的制造技术。目前，发动机系统零件如进气歧管、齿轮轴等，悬架系统零件如传动轴组件等，车身结构件如底盘、侧门横梁等，其他类如散热器支架等汽车零件，都可以应用液压成形技术。

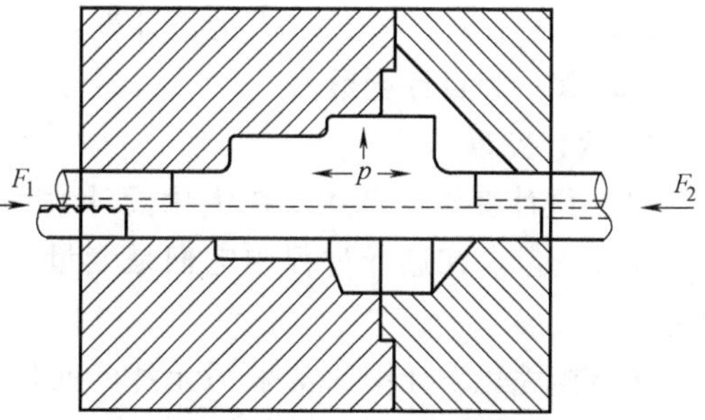

图 13-1　内高压成形技术原理图

3）金属材料的激光拼焊、半固态金属铸造、喷射铸造和不同种类材料的焊接、粘接与铆接技术等新技术也将推动汽车轻量化发展。在塑料和复合材料方面，推广塑料/金属复合材料工艺、低压注射成形、气体辅助注射成形技术等，也不断完善满足汽车轻量化的新工艺。

利用新技术可使新型材料的生产量得到极大的提高，同时也能够降低新型材料的成本和价格，使它们在汽车量化中的应用越来越广泛，从而推动汽车轻量化的发展。

13.2 汽车结构优化设计的概念与方法

结构的优化设计是相对于传统的结构设计而言的。传统的结构设计首先是凭借经验和判断做出结构的初始方案，包括总体布置、材料选择、结构尺寸和制造工艺等，然后进行结构分析，最后在力学分析的基础上检验其可行或不可行，必要时则进行一、二次修改。在这样的结构设计中，结构分析只起到一种求其安全可行的校核作用。因而，传统的结构设计方法只是被动地重复分析产品的性能，而不是主动地设计产品的参数。从这个意义上讲它没有真正体现“设计”的含义。作为一项设计不仅要求方案可行、合理，而且应该是某些指标达到最优的方案。对于一般工程优化问题的求解，需要采用数学规划理论并借助于计算机才能完成。计算机和计算技术的迅速发展为优化设计的发展创造了条件。

13.2.1 结构优化设计的数学模型

结构优化设计是20世纪70年代初发展起来的一门新学科，也是一项新的设计技术。它将数学规划理论与计算机技术应用于设计领域，按照预定的设计目标，以计算机及计算程序作为设计手段，寻求最优设计方案的有关参数，从而获得较好的技术经济效果。

对机械结构进行优化设计，首先要将机械结构的设计问题转化成数学模型，即用优化设计的数学表达式描述机械结构设计问题。然后按照数学模型的特点选择合适的优化方法和计算程序，运用计算机求解，获得最优设计方案。

一个优化问题必须要用一个数学模型进行描述，这种描述必须能够把该问题的基本目标及其所受的各种限制和约束列举清楚，表示明确。数学模型一般由三个要素构成设计变量、目标函数、约束条件，一般可以描述为：

求 $\boldsymbol{X}=(x_1,x_2,\cdots,x_n)^{\mathrm{T}}$

使 $\min F(\boldsymbol{X})$

满足 $g_i(\boldsymbol{X})\leqslant 0,\quad i=1,2,\cdots,m$

$h_j(\boldsymbol{X})=0,\quad j=1,2,\cdots,i$

其中，$\boldsymbol{X}=(x_1,\ x_2,\ \cdots,\ x_n)^{\mathrm{T}}$ 为设计变量，$g_i(\boldsymbol{X})$ 为不等式约束函数，$h_j(\boldsymbol{X})$ 为等式约束函数，$F(\boldsymbol{X})$ 为目标函数。

1. 设计变量

（1）设计变量的概念　在优化设计过程中进行选择并最终必须确定的各项独立参数，称为设计变量。在选择过程中它们是变量，但这些变量一旦确定后，则设计对象也就完全确定。

在结构优化设计中，常采用元件的几何尺寸作为设计变量，如杆元件的长度、横截面积，抗弯元件的惯性矩，板元件的厚度等。

设计变量的全体可以用一个列向量 $\boldsymbol{X}=(x_1,\ x_2,\ \cdots,\ x_n)^{\mathrm{T}}$ 来表示，称作设计变量向量。在优化设计时，一旦定义了向量的物理意义，其中任意改变一个或几个参数构成的一个特定向量都为一个“设计”。由 n 个设计变量为坐标所组成的实空间称作设计空间。

（2）设计变量的选取　选取设计变量时，要选择可以实现优化设计的变量，变量要能明显影响系统状态的变化，从而影响目标函数。要使用尽可能少的设计变量并对每个设计变量定义一个合理的范围，以降低迭代次数，提高设计效率。

（3）设计变量个数的选取 一般来讲，设计的变量数目越多，优化的效果可能更好更明显。但同时设计向量及设计空间的维数也就越多，目标函数的元数也越多，可能的设计方案也就越多，因而可变可选择的余地也就越大，求解运算的复杂程度也越高，计算量随之相应增大。因而应当慎重地认真地加以研究和推敲，尽量减少设计变量的总数，把那些变化不大的、影响较小的变量作为给定条件或转化为约束条件，予以必要的限制和保证。但是，对于设计方案有重大影响，关系到系统和过程全局的参数，则无论多少均应以恰当的方式和关系列入函数的表达式，以便真实地反应事物和系统的本质和特点。

2. 目标函数

（1）目标函数的建立 设计者总是希望所设计的产品或工程设施具有最好的使用性能、最小的质量或最紧凑的体积、最小的制造成本及最大的经济效益。在优化设计中，可将所追求的设计目标用设计变量的函数形式表达出来，这一过程称为建立目标函数，即目标函数是设计中预期要达到的目标。

（2）目标函数表达式 表达为各设计变量的函数表达式为 $F(\boldsymbol{X})=F(x_1, x_2, \cdots, x_n)$，它代表设计的某项最重要的特征。最常见的情况是以质量作为目标函数，因为质量大小最易进行定量描述和量度。

（3）目标函数个数的选择 目标函数是设计变量的标量函数。最优化设计的过程就是优选设计变量使目标函数达到最优值，或找出目标函数的最小值的过程。在优化设计时，可以只有一个目标函数，也可以在同一设计中提出多个目标函数。

目标函数越多，设计的综合效果越好，但问题的求解亦越复杂，所需的计算时间越长。在探索和解决实际工程问题时，应尽量把要解决的目标集中，不要同时设定几个目标。这是关系到优化获得成功与否的重要战略，必须慎重考虑。

3. 约束条件

（1）约束条件的概念 在优化设计过程中，设计变量不断改变其取值，使其趋向目标函数的最小值，但设计变量在该设计中的取值范围、上下边界都必须有一定限制。问题本身对于设计变量的一些限制条件，构成对设计变量的约束条件。

（2）约束条件的分类 按照物理特点及其作用，可将约束条件分为两种：性能约束和边界约束（即区域约束）。

在机械设计中，性能约束多表现为强度、稳定性、振动频率，对机构设计则表现为存在运动、运动条件和运动参数间的关系。

按照数学形式的不同，约束可以分为等式约束和不等式约束，分别表示为

$$g_i(\boldsymbol{X}) \leqslant 0, \qquad i=1,2,\cdots,m$$

$$h_j(\boldsymbol{X})=0, \qquad j=1,2,\cdots,i$$

（3）约束条件的辩证设置 在解决实际工程问题时，对于约束条件的研究极为重要。必要的约束条件是要严格遵守的，否则不能得出正确的设计方案来。但不必要的过严的约束，会使得寻找可行点非常困难，往往在设计变量较多时，在众多的设计约束条件下寻找优化解很困难，消耗很长的计算时间也得不到理想的结果。

13.2.2 结构优化设计的分类

结构优化的目的是以最少的材料和最低的造价实现结构性能的最优，包括强度和刚度等目标。实践表明，将优化方法应用于设计，不仅可以大大地缩短设计周期，显著地提高设计质量，而且还可以解决传统设计方法无法解决的复杂设计问题，具有明显的经济效益和社会效益。按照设计变量类型和优化层次，结构优化可以分为尺寸优化、形状优化和拓扑优化。

1. 结构尺寸优化

(1) 尺寸优化的概念　尺寸参数优化设计是在给定结构的类型、材料、拓扑布局和几何外形的情况下，通过具体优化算法确定结构的截面尺寸，使结构重量、体积或造价最小。尺寸优化是结构优化设计中最基本的优化方法，已广泛应用于各种结构的设计过程中。

(2) 尺寸优化中设计变量的选取　尺寸优化中的设计变量可以是杆的横截面积、惯性积、板的厚度或是复合材料的分层厚度和材料方向角度等。因此，应用有限元计算结构的位移和应力时，尺寸优化过程既不改变单元的形状，也不改变结构的拓扑关系，只改变截面尺寸，利用合适的优化算法就能完成尺寸优化。

(3) 尺寸优化的约束条件　可以是应力约束、位移约束、局部稳定、频率约束、动响应约束等。常用的尺寸参数优化算法有准则法和数学规划法两种，优化的对象已涵盖杆系结构和板壳结构。

尺寸参数优化不仅可对拓扑优化后的结构确定具体的构件尺寸参数，更重要的作用是对现有已知结构进行轻量化设计。选择最优的尺寸参数使结构在满足技术要求的情况下达到重量最轻。

2. 结构形状优化

(1) 结构形状优化的概念与分类　在形状优化过程中既可改变结构单元的尺寸，又可改变结构的形状。

常用的形状优化设计有两类，一类是通过设计边界控制点来改变结构的形状，在优化过程中，设计变量是控制点的坐标；另一类是用某种函数描述结构的边界，常常采用一组适当的基函数并附加一些可以自由变化的参数来描述，此时，形状优化的设计变量就可以选择这些自由参数。

优化过程中在满足工程设计要求的前提下，通过修改设计边界控制点或者基函数的参数来改变结构的边界形状，从而改善结构性能，达到节省材料的目的。

(2) 杆系结构形状优化　一般选择杆件边界处的节点坐标位置作为设计变量。

(3) 连续体结构形状优化　结构的边界形状常采用适当的曲线、曲面方程描述，也可用一组基函数，再附加可以自由变化的参数来描述，此时形状优化就可以选择这些自由参数作为设计变量。

连续体结构形状优化方法大体可归纳为两类：解析法和数值法。亦有二者结合，先用解析法将优化问题公式化，再用数值法对简化了的问题搜索寻优。

(4) 组合优化　由于单独进行形状优化对结构的优化效果有限，通常要同时考虑截面尺寸与结构形状的组合优化。这时存在结构尺寸与结构几何形状两类设计变量，它们的解空间存在着尺度上的差异。对于这类问题，一般有两种处理方法：

一种是同时处理两类变量。这类方法的优点是可以同时考虑两类变量的耦合效应；缺点是设计变量数量多，计算量大。另外形状优化的设计空间可能是非连通的，构造同时优化两类变量的近似问题，求解时有可能无法寻找到全局最优解。

另一种方法是把尺寸变量与几何变量分成两个设计空间，分别对两类变量交替优化。这类方法的优点是可以避免两类不同的变量可能产生的数值病态，每步计算规模小，易于求解；缺点是此方法对两类变量的耦合关系考虑不足，对优化结果有一定影响。

3. 结构拓扑优化

（1）结构拓扑优化的概念　结构拓扑优化是探讨结构构件的拓扑形式及各构件间的拓扑关系，使结构在满足有关强度、刚度和稳定性等约束条件下，某种性能指标如刚度、重量达到最优。

结构拓扑优化设计可在给定材料品质和设计域内，通过优化设计方法得到满足约束条件又使目标函数最优的结构布局形式。拓扑设计的初始约束条件更少，设计者只需要提出设计域而不需要知道具体的结构拓扑形态。拓扑设计方法是一种创新性的设计方法，能提供一些新颖的结构拓扑。

（2）结构拓扑优化的分类　拓扑优化可分为连续拓扑优化设计和离散拓扑优化设计两大类。

1）连续拓扑优化设计过程是首先建立结构的拓扑优化设计空间，即确定哪些结构区域参与优化，哪些结构区域不参与优化，并施加上相应的载荷和边界条件，接着选择一种有效的拓扑优化算法进行优化设计，优化设计过程中将无效或低效的材料通过采取某种措施使其逐渐去掉，剩下的结构将逐渐趋于最优结构。

2）离散拓扑优化设计过程中，通常首先选择一个基结构，然后通过优化搜索方法确定基结构中构件的最佳布置位置，或确定哪些构件是需要保留的，哪些构件是可以去掉的。在此基础上，还可以利用尺寸优化方法对其进一步进行优化。与连续拓扑优化设计相比，此方法有一定的局限性。

（3）拓扑优化的应用　拓扑优化初始计算结果一般不能直接拿来进行生产制造，还需要技术人员对初始计算结果进行整理，以使其接近可制造的方案。

结构拓扑优化方法比较灵活，效果比较好，但相对于结构尺寸优化和结构形状优化计算规模比较大，而且在对初始的拓扑优化结果进行整理过程中，需要工程师具有较丰富的设计经验。另外，为了保证设计结果更好，需要对整理后的结果进一步进行形状优化和尺寸优化，从而得到更好的设计结果。该方法一般用于结构的研发过程，不适用于对现有结构进行改进设计。

13.2.3　结构优化设计的常用方法

前面介绍的结构优化方法属于求解思路与策略，它们最后往往要与具体的优化算法相结合进行优化计算。优化设计根据讨论问题的不同方面，有不同的分类方法。如根据是否存在约束条件，可分为有约束优化和无约束优化；根据目标函数和约束条件的性质，可分为线性规划和非线性规划；根据优化目标的多寡，可分为单目标优化和多目标优化等。

最常用的搜索最优解的方法大致可以归纳为三类：最优准则法、数学规划法和仿生学方法。

1. 最优准则法

最优准则法是根据工程经验、力学概念以及数学规划的最优性条件，预先建立某种准则，通过迭代获得满足这一准则的设计方案，作为问题的最优解或近似最优解。

（1）满应力准则法　满应力准则法是常见的最优准则法之一。所谓满应力就是构件中应力达到了材料的容许应力，材料能够得到充分利用。如果结构承受了多个独立载荷的作用简称多个工况，满应力设计的任务就是要使结构中每一个构件至少在一种工况下达到满应力。

以桁架为例，取各杆件截面面积 $\boldsymbol{X}=(x_1, x_2, \cdots, x_n)^{\mathrm{T}}=(A_1, A_2, \cdots, A_n)^{\mathrm{T}}$ 为设计变量，则结构重量和满应力准则可表示为

$$f(\boldsymbol{X}) = \sum_{i=1}^{n} x_i l_i \rho_i \tag{13-1}$$

$$f_i(A) = -A_i + \overline{F}_i / [\sigma] = 0, \quad i = 1, 2, \cdots, n \tag{13-2}$$

式中，A_i、l_i、ρ_i 分别是杆件的截面积、长度和密度；n 是杆件数；$\overline{F}_i$ 和 $[\sigma]$ 分别是第 i 根杆件最大的轴向力和材料的容许应力。

满应力法迭代步骤如下

1）试选初始截面　$\boldsymbol{X}^0=(x_1^0, x_2^0, \cdots, x_n^0)^{\mathrm{T}}=(A_1^0, A_2^0, \cdots, A_n^0)^{\mathrm{T}}$　（13-3）

2）按下式求出第 $k+1$ 次迭代时各杆件截面：

$$A_i^{k+1} = A_i^k \frac{\sigma_i^k}{[\sigma_i]} \tag{13-4}$$

式中，σ_i^k 是第 i 杆在第 k 次迭代时的计算应力，$i=1, 2, \cdots, n$。

3）当 $\boldsymbol{X}^{k+1}$ 和 $\boldsymbol{X}^k$ 充分靠近时便停止迭代。

（2）最优准则法应用　除满应力法外，还有以能量为准则的其他方法。

最优准则法利用了结构优化问题的物理特性，聚焦于最优解处的已知或假设的状态。最优准则法的优点是收敛快，计算量小，要求重分析的次数一般与设计变量的数目没多大关系，适合于大型结构的优化设计。但由于不同性质的约束有不同的准则，而且最优准则法往往缺乏严格的数学理论依据，得到的解并不一定是最优解，所以最优准则法在应用上局限性较大。

2. 数学规划法

数学规划法就是采用一定的数值分析方法搜索下降最迅速的方向和最优极值点。数学规划法可分为搜索型方法和序列规划方法。

（1）搜索型方法　搜索型方法包括直接搜索法和解析搜索法。

1）直接搜索法不需要计算目标函数和约束的导数值，如可行方向法，适合于函数导数难以计算的问题，但收敛速度慢，不适用于设计变量较多的场合。

2）解析搜索法需要敏度信息，如简约梯度法，收敛快，效率高，但对隐函数的分析困难，限制了其使用。因此搜索型方法一般不适用于拓扑优化问题的求解。

（2）序列规划方法　序列规划方法是用一系列简单的优化问题来逐步逼近复杂的优化问题，把一个非线性程度较高的优化问题通过变换或近似，转换为一个较低阶次线性或两次函数构成的优化问题来渐进求解，适用于复杂结构的优化计算。这类方法主要有序列线性规划法、基于约束变尺度法和广义简约梯度法的序列二次规划法和序列凸规划算法等。用传统的序列规划方法求解拓扑优化问题时，由于变量多，计算量大，计算效率不如优化准则

方法。

3. 仿生学方法

近年来一些特别适用于并行计算并且对于函数性态要求较低的全局搜索算法开始越来越多地被用来进行结构优化设计，这些算法大多模拟自然界过程和自然界结构，主要有遗传算法、模拟退火算法和神经网络算法等。

（1）遗传算法　遗传算法模拟自然生物种群的进化过程，将设计变量经过编码构成称为染色体的数串，以一批设计点作为设计种群，将优化目标定义为种群的适应性，通过遗传算子有组织地、随机地交换信息来重新结合得到适应性更好的数串，进而取得适应性最好的个体，即最优解。遗传算法同时对多个计算点进行操作，优化后的结果是作为对象系统或全局的最优解，具有很强的通用化能力，不需要梯度信息，也不需要函数的凸性和连续性。但这种方法存在结构重分析的次数很多、收敛速度慢等问题，不利于大型结构的应用。

（2）模拟退火算法　模拟退火算法是一种启发式算法，模拟固体退火过程，用一组称为冷却速度进度表的参数控制算法的进程，它不断地在当前点附近随机生成新的试探点，如果新的点不满足约束就抛弃，如新点的目标函数值高于当前的最优值，则计算其可接受的效率，若概率高于某个随机数，就将该点作为新的设计点，否则就予以抛弃。模拟退火法不要求函数的连续性和可微性，适用于离散变量优化设计问题，也很适合求解组合优化问题。模拟退火法在搜索过程中需要确定目标值的下降比率，但如何降低没有一定的标准；另外试探数达到多少开始降低目标限值也难以确定，通常是靠经验确定，这是该法的两个难点。

（3）神经网络算法　神经网络是由大量简单的神经元按各种不同的拓扑结构相互连接而形成的复杂网络系统，尽管每个神经元的结构和功能十分简单，但由大量神经元构成的网络系统可以实现各种复杂功能。基于神经网络的结构优化方法可分为两类：

1）将优化问题的目标函数与神经网络中某种能量函数对应起来，神经网络系统的初始状态对应着优化问题的初始解，稳定状态对应着结构优化问题的最优解，求得网络的稳定状态即求得原优化问题的最优解。

2）充分利用神经网络的非线性映射函数逼近能力，对设计变量和目标函数之间的非线性关系进行拟合，再结合其他优化算法进行优化设计。

具体到优化过程的数学计算方法有若干种，如一维搜索法（0.618 法、分数法、二次插值法）、坐标轮换法（又称降维法）、单纯形法、罚函数法、鲍威尔（Powell）法、梯度法（又称一阶导数法）等。这些算法适用于不同结构的优化中，可根据具体设计内容选用。考虑到优化的速度、精度等因素，还有一些新的计算方法出现，像模糊算法、小波变换法、分形几何法等。

13.3 汽车底盘结构优化设计

13.3.1 离合器结构优化设计

1. 离合器基本参数的优化

设计离合器要确定离合器的性能参数和尺寸参数，这些参数影响着离合器的结构尺寸和工作性能。

（1）设计变量　后备系数 β 取决于离合器工作压力 F 和离合器的主要尺寸参数 D 和 d。而单位压力 p_0 也取决于 F、D 及 d。因此离合器基本参数的优化设计变量选为

$$X=(x_1,x_2,x_3)^{\mathrm{T}}=(F,D,d)^{\mathrm{T}} \tag{13-5}$$

（2）目标函数　离合器基本参数优化设计追求的目标是，在保证离合器性能要求条件下，使其结构尺寸尽可能小，也就是达到质量最小的目的，即目标函数为

$$f(x)=\min[\pi(D^2-d^2)/4] \tag{13-6}$$

（3）约束条件

1）摩擦片外径 D 的选取应使最大圆周速度 v_D 不超过 65~70m/s，即

$$v_D=\frac{\pi}{60}n_{\mathrm{emax}}d\times10^{-3}\leqslant65\sim70\mathrm{m/s} \tag{13-7}$$

2）摩擦片的内外径比 c 应在 0.53~0.70 范围内，即 $0.53\leqslant c\leqslant0.70$。

3）不同车型的后备系数 β 值应在一定范围内，最大范围 β 为 1.2~4.0，即 $1.2\leqslant\beta\leqslant4.0$，以保证离合器可靠传递发动机的转矩，并防止传动系统过载。

4）为了保证扭转减振器的安装，摩擦片内径 d 必须超过减振器弹簧位置直径 $2R_0$ 约 50mm，即

$$d>2R_0+50\mathrm{mm} \tag{13-8}$$

5）为反映离合器传递转矩并保护过载的能力，单位摩擦面积传递的转矩应小于其许用值，即

$$T_{c0}=\frac{4T_c}{\pi Z(D^2-d^2)}\leqslant[T_{c0}] \tag{13-9}$$

式中，T_{c0} 是单位摩擦面积传递的转矩（N·m/mm²），$[T_{c0}]$ 为其允许值，按表 13-3 选取。

表 13-3　单位摩擦面积传递转矩的许用值　（单位：N·m/mm²）

离合器规(D/mm)	≤210	211~250	251~325	>325
$[T_{c0}]\times10^2$	0.28	0.30	0.35	0.4

6）为降低离合器滑磨时的热负荷，防止摩擦片损伤，单位压力 p_0 对于不同车型，根据所用的摩擦材料在一定范围内选取，p_0 取值范围为

$$0.10\mathrm{MPa}\leqslant p_0\leqslant1.50\mathrm{MPa}$$

7）为了减少汽车起步过程中离合器的滑磨，防止摩擦片因表面温度过高而发生烧伤，每一次接合的单位摩擦面积滑磨功应小于其许用值，即

$$w=\frac{4W}{\pi Z(D^2-d^2)}\leqslant[w] \tag{13-10}$$

式中，w 是单位摩擦面积滑磨功（J/mm²）；$[w]$ 为其许用值，对于乘用车 $[w]=0.40\mathrm{J/mm^2}$，对于最大总质量小于 6.0t 的商用车取 $[w]=0.33\mathrm{J/mm^2}$，对于最大总质量大于 6.0t 的商用车取 $[w]=0.25\mathrm{J/mm^2}$；W 是汽车起步时离合器接合一次所产生的总滑磨功（J），可根据下式计算

$$W=\frac{\pi^2n_e^2m_ar_r^2}{1800i_0^2i_g^2} \tag{13-11}$$

式中，n_e 是发动机转速（r/min）；m_a 是汽车总质量（kg）；r_r 是轮胎滚动半径（m）；i_g 是汽车起步档位的传动比；i_0 是主减速器传动比。

2. 膜片弹簧的优化设计

汽车膜片弹簧离合器的压紧弹簧（膜片弹簧）实际上是一个在普通碟形弹簧锥体内缘上开有许多径向槽的特殊结构的碟形弹簧，真正起作用的是其碟簧部分，即具有完整锥体的外缘部分，开槽的内缘部分构成了弹性杠杆，起分离杠杆的作用，其结构形状及参数见第4章图4-4及式（4-16）的解释。

（1）设计变量　考虑第4章图4-3中，内截锥高度 H；膜片弹簧钢板厚度 h；自由状态下碟簧部分大端半径 R；自由状态下碟簧部分小端半径 r；自由状态时碟簧部分的圆锥底角 α；分离指数目 n。针对膜片弹簧载荷-变形特性曲线（图13-2），碟簧部分外半径（大端半径）R，碟簧部分内半径 r，膜片弹簧与压盘接触半径 R_1，支撑环平均半径 r_1（见图4-5）。

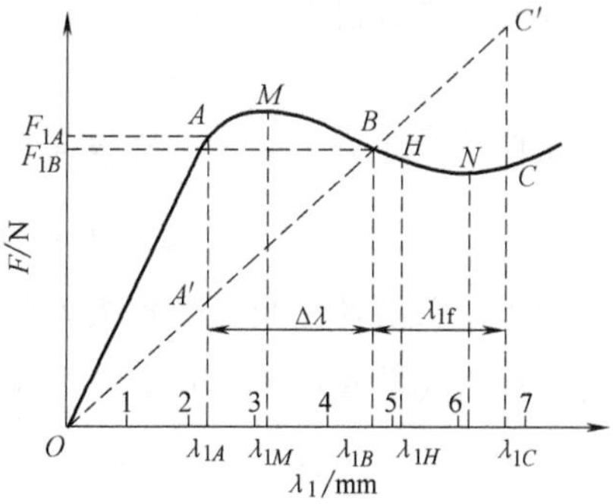

图13-2　膜片弹簧的载荷-变形曲线

M—曲线峰值点　H—曲线拐点

N—曲线谷值点

经灵敏度分析，选择 H，h，r，λ_{1B} 共4个参数为优化设计变量，有

$$\boldsymbol{X}=(x_1,x_2,x_3,x_4)^{\mathrm{T}}=(H,h,r,\lambda_{1B})^{\mathrm{T}} \quad (13\text{-}12)$$

（2）优化目标函数的确定　为了保证弹簧在工作中可靠地传递转矩，希望摩擦片在磨损过程中弹簧的压紧力不降低，并且变化尽可能小，因此取摩擦片新旧状态时压紧力差 $|p_a-p_b|$ 尽可能小作为目标函数，即

$$\min F(\boldsymbol{X})=|F_{1A}-F_{1B}| \quad (13\text{-}13)$$

式中，

$$F_{1A}=p(\lambda_{1A})=\frac{\pi Eh\lambda_{1A}\ln\frac{R}{r}}{6(1-\mu^2)(R_1-r_1)^2}\left[\left(H-\frac{R-r}{R_1-r_1}\lambda_{1A}\right)\left(H-\frac{1}{2}\frac{R-r}{R_1-r_1}\lambda_{1A}\right)+h^2\right] \quad (13\text{-}14)$$

$$F_{1B}=p(\lambda_{1B})=\frac{\pi Eh\lambda_{1B}\ln\frac{R}{r}}{6(1-\mu^2)(R_1-r_1)^2}\left[\left(H-\frac{R-r}{R_1-r_1}\lambda_{1B}\right)\left(H-\frac{1}{2}\frac{R-r}{R_1-r_1}\lambda_{1B}\right)+h^2\right] \quad (13\text{-}15)$$

其中，$\lambda_{1A}=\lambda_{1B}-\Delta\lambda=\lambda_{1A}-\Delta S$，$\Delta S$ 是摩擦片允许的最大磨损量，一般取为1.6~2.2mm；μ 是泊松比。

（3）约束条件　取不同的高厚比 H/h 会使特性曲线发生很大的变化，而且只有当它被控制在一定范围内，才具有负刚度，选取

$$1.5\leqslant H/h\leqslant 2.6 \quad (13\text{-}16)$$

膜片弹簧外、内径比 R/r 对特性曲线影响也比较重要，必须控制在一定范围之内，选取

$$1.2\leqslant R/r\leqslant 1.35 \quad (13\text{-}17)$$

为满足离合器使用性能的要求，弹簧初始锥底角 $\alpha=H/(R-r)$ 应取在一定范围之内，选取

$$9° \leqslant \alpha \leqslant 15° \tag{13-18}$$

如图 13-2 所示，为了保证各工作点 A、B、C 有较合适的相对位置（A 点在凸点 M 左边，B 点在拐点 H 附近，C 点在凹点 N 附近），应正确选择 λ_{1B} 相对于拐点 λ_{1H} 的位置，即接合工作点变形比 $\lambda_{1B}/\lambda_{1H}$ 应控制在一定范围内。其中 $\lambda_{1H}=H\dfrac{R_1-r_1}{R-r}$，选取

$$0.90 \leqslant \frac{\lambda_{1B}}{H}\frac{R-r}{R_1-r_1} \leqslant 1.05 \tag{13-19}$$

为保证离合器正常工作，膜片弹簧接合状态时压紧力的大小应控制在一定范围内，选取

$$F_1 \leqslant F_{1B} \leqslant F_2 \tag{13-20}$$

摩擦片寿命要求压强不能过高，必须低于许用应力 $[q]$，选取

$$q_{1B}=F_{1B}(\boldsymbol{X})/\pi(R^2-r^2) \leqslant [q] \tag{13-21}$$

因为疲劳破坏是膜片弹簧失效的主要原因，研究发现，分离指窗孔底部、近似中间部位的下表面角点处是产生疲劳破坏的危险部位，因此应对该处的应力进行校核，选取

$$\sigma_1 \leqslant [\sigma_1] \tag{13-22}$$

在载荷 F_{1B} 作用下，膜片弹簧大端的工作变形 λ_{1B} 应符合要求，选取

$$3\text{mm} \leqslant \lambda_{1B} \leqslant 5\text{mm} \tag{13-23}$$

由式（13-12）~式（13-23）综合，可建立起一个由 14 个不等式组成的约束条件方程为

$$\left.\begin{aligned}
&g_1(\boldsymbol{X})=x_1/x_2-1.5 \geqslant 0\\
&g_2(\boldsymbol{X})=2.6-x_1/x_2 \geqslant 0\\
&g_3(\boldsymbol{X})=R/x_3-1.2 \geqslant 0\\
&g_4(\boldsymbol{X})=1.35-R/x_3 \geqslant 0\\
&g_5(\boldsymbol{X})=x_1/(R-x_3)-0.157 \geqslant 0\\
&g_6(\boldsymbol{X})=0.262-x_1/(R-x_3) \geqslant 0\\
&g_7(\boldsymbol{X})=\frac{x_4 R-r}{(R_1-r_1)H}-0.9 \geqslant 0\\
&g_8(\boldsymbol{X})=1.05-\frac{x_4 R-r}{(R_1-r_1)H} \geqslant 0\\
&g_9(\boldsymbol{X})=p_b-p_1 \geqslant 0\\
&g_{10}(\boldsymbol{X})=p_2-p_b \geqslant 0\\
&g_{11}(\boldsymbol{X})=[q]-p_b/\pi(R^2-r^2) \geqslant 0\\
&g_{12}(\boldsymbol{X})=[\sigma_1]-\sigma_1 \geqslant 0\\
&g_{13}(\boldsymbol{X})=x_4-3 \geqslant 0\\
&g_{14}(\boldsymbol{X})=5-x_4 \geqslant 0
\end{aligned}\right\} \tag{13-24}$$

由于设计变量只有 4 个，是单目标函数优化，属于小型优化，所以可以采用约束随机方向法，通过迭代，得到约束最优解。

13.3.2 汽车动力传动系统参数优化匹配

1. 设计变量

优化设计方案是用一组设计参数来表达的，这些参数中，有些是给定的，称为已知量，另一些是在设计中确定的，称为设计变量。设计变量是能够用来描述设计方案特征的独立变量。

设计变量选取一般规则：

1）应选取对目标函数影响比较大，与目标函数有直接或间接关系的变量作为设计变量。

2）设计变量应是相互独立的。如果选取不独立的变量作为设计变量，实际上是令其孤立，而丢掉了它们之间的联系，结果将不符合实际要求。

3）尽量选取有实际意义的无量纲为一的量作为设计变量。

4）在满足描述设计问题的前提下，应充分分析各设计变量的主次，减少设计变量的数目，使优化问题简化。

传动系统主要设计参数就是各档传动比，对传动系统而言，在其他条件相同的情况下，最终影响汽车动力性及燃油经济性的参数是传动系统的总传动比，即变速器各档的传动比与主减速器传动比的乘积。以五档变速器为例，优化模型的设计变量选为

$$\boldsymbol{X}=(x_1,x_2,x_3,x_4,x_5)^{\mathrm{T}}=(i_{g1},i_{g2},i_{g3},i_{g5},i_0)^{\mathrm{T}} \tag{13-25}$$

式中，i_{gj} 是变速器第 j 档传动比；i_0 是主减速器传动比。

2. 目标函数

传动系统参数的选择，一般的优化原则是在满足一定的动力性的前提下，使燃油经济性达到最佳，即以车动力性为约束条件，燃油经济性为目标函数来进行传动系统参数的优化，但这样做是把燃油经济性的改善建立在牺牲动力性的基础上，具有一定的局限性。所以本节以动力性和燃油经济性为双目标函数，采用线性加权组合的方法将其转换成单一目标函数，建立了汽车传动系统参数优化数学模型，此法对提高汽车的动力性和燃油经济性都取得了良好的效果。

1）动力性分目标函数。采用能综合评价汽车动力性能的原地起步连续换档加速时间作为动力性分目标函数，即

$$T=T_0+\int_{u_{\min}}^{u_t}\frac{\delta G}{3.6g[F_t-(F_f+F_w)]}\mathrm{d}u \tag{13-26}$$

式中，T 是加速时间；T_0 是起步时间，可由试验确定；G 是整车重力（N），$G=mg$；$u_{\min}$ 是起步过程到起步结束时，汽车的最低车速（m/s）；u_t 是汽车加速结束时的车速（m/s）；δ 是计入旋转质量惯性力偶矩后的汽车质量换算系数；F_t 是汽车驱动力；F_f 是滚动阻力；F_w 是空气阻力。

2）经济性分目标函数。衡量汽车燃油经济性的分目标函数，采用能全面反映汽车油耗情况的多工况循环使用油耗。对于由等速、等加速、等减速、怠速停车等行驶工况组成的循环，其整个试验循环的百公里燃油消耗量 $Q_{多}$（L/100km）为

$$Q_{多}=\frac{\sum Q}{s}=\frac{\sum Q_1+\sum Q_2+\sum Q_3+\sum Q_4}{s}\times 100 \tag{13-27}$$

式中，$\sum Q$ 是所有过程油耗之和（L）；s 是整个循环的行驶距离（km）；$\sum Q_1$ 是所有等速过程油耗之和（L）；$\sum Q_2$ 是所有加速过程油耗之和（L）；$\sum Q_3$ 是所有减速过程油耗之和（L）；$\sum Q_4$ 是所有怠速过程油耗之和（L）。

3）双目标函数转换成单一目标函数。

$$F(\boldsymbol{X})=\omega_1 f(\boldsymbol{X}_1)+\omega_2 f(\boldsymbol{X}_2) \tag{13-28}$$

式中，ω_1 是动力性加权因子；ω_2 是经济性加权因子，$\omega_1+\omega_2=1$；$f(\boldsymbol{X}_1)$ 是动力性分目标函数，原地起步连续换档加速时间（s），$f(\boldsymbol{X}_1)=T$；$f(\boldsymbol{X}_2)$ 是经济性分目标函数，多工况循环使用油耗（L/100km），$f(\boldsymbol{X}_2)=Q_{多}$。

3. 约束条件的建立

1）变速器速比约束条件。由变速器公比 $T=\sqrt[n-1]{i_{g1}/i_{gn}}$（$n$ 为变速器档数），得五档变速器的变速器公比 $T=\sqrt[5-1]{i_{g1}/i_{g5}}$，$T$ 值确定后则有

$$g_1(\boldsymbol{X})=0.85T-i_{g1}/i_{g2}\leqslant 0$$
$$g_2(\boldsymbol{X})=i_{g1}/i_{g2}-1.15T\leqslant 0$$
$$g_3(\boldsymbol{X})=0.80T-i_{g2}/i_{g3}\leqslant 0$$
$$g_4(\boldsymbol{X})=i_{g2}/i_{g3}-1.10T\leqslant 0$$
$$g_5(\boldsymbol{X})=0.75T-i_{g3}/i_{g4}\leqslant 0$$
$$g_6(\boldsymbol{X})=i_{g3}/i_{g4}-1.05T\leqslant 0$$
$$g_7(\boldsymbol{X})=0.70T-i_{g4}/i_{g5}\leqslant 0$$
$$g_8(\boldsymbol{X})=i_{g4}/i_{g5}-1.0T\leqslant 0$$
$$g_9(\boldsymbol{X})=i_{g2}/i_{g3}-0.95i_{g1}/i_{g2}\leqslant 0$$
$$g_{10}(\boldsymbol{X})=i_{g3}/i_{g4}-0.95i_{g2}/i_{g3}\leqslant 0$$
$$g_{11}(\boldsymbol{X})=i_{g4}/i_{g5}-0.95i_{g3}/i_{g4}\leqslant 0$$

2）整车基本性能要求约束条件：

$$g_{12}(\boldsymbol{X})=u_{amax}^*-u_{amax}\leqslant 0$$
$$g_{13}(\boldsymbol{X})=\alpha_{max}^*-\alpha_{max}\leqslant 0$$
$$g_{14}(\boldsymbol{X})=D_{1max}^*-D_{1max}\leqslant 0$$
$$g_{15}(\boldsymbol{X})=D_{0max}^*-D_{0max}\leqslant 0$$

式中，u_{amax}^*、α_{max}^*、D_{1max}^*、D_{0max}^* 分别是所要求的最高车速、最大爬坡度、一档最大动力因数和直接档最大动力因数值；u_{amax}、α_{max}、D_{1max}、D_{0max} 分别是最高车速、最大爬坡度、一档最大动力因数和直接档最大动力因数的计算值。

4. 优化数学模型的建立

综上所述，可得优化问题的数学模型如下：

$$\min F(\boldsymbol{X}),\boldsymbol{X}\in\{g_i(\boldsymbol{X})\leqslant 0, i=1,2,\cdots,15\}$$
$$\boldsymbol{X}=(x_1,x_2,x_3,x_4,x_5)^{\mathrm{T}}=(i_{g1},i_{g2},i_{g3},i_{g4},i_{g5})^{\mathrm{T}}$$

13.3.3 汽车机械式变速器齿轮系统的多目标优化设计

1. 选取设计变量

机械式变速器齿轮系统的设计牵涉到的设计参数很多。除齿轮模数、齿数、螺旋角和齿

宽外，还有齿轮变位系数、压力角和齿顶高系数等。如果将所有参数都作为设计变量，那么问题将会很复杂。本节只取变速器各档的变速比，常啮合齿轮齿数，各对啮合齿轮模数、螺旋角和齿宽作为优化设计的设计变量，即

$$\boldsymbol{X}=(x_1,x_2,\cdots,x_{17})^{\mathrm{T}}=(i_1,i_2,i_3,z_1,z_2,m_{n1},m_{n2},m_{n3},m_{n4},\beta_1,\beta_2,\beta_3,\beta_4,b_1,b_2,b_3,b_4)^{\mathrm{T}} \tag{13-29}$$

2. 建立目标函数

变速器在满足可靠性和汽车动力性要求的情况下，应该尽量减小体积、节省材料以降低成本。所以，选取变速器体积最小化作为第一设计目标。由于汽车机械式变速器的整体尺寸主要取决于其齿轮系统，故本节以变速齿轮体积之和最小化作为第一目标函数。

变速齿轮是空心的，其孔径大小由变速器轴径决定。在对齿轮系统进行可靠性优化设计时暂将变速齿轮考虑为实心，因为优化结果和原始值之间的比较是相对的，所以把它当作实心齿轮进行优化对优化效果影响不大。等变速器轴径设计完成后，变速齿轮的实际体积可由实心体积减去孔的体积即可。

实心斜齿圆柱齿轮的体积计算公式为

$$V=\pi\left(\frac{m_n z}{2\cos\beta}\right)^2 b \tag{13-30}$$

式中，m_n 是斜齿轮法向模数（mm）；z 是斜齿轮齿数；β 是斜齿轮螺旋角（°）；b 是斜齿轮法向齿宽（mm）。

假设设计四档变速器，各档传动比分别为 i_1、i_2、i_3 和 i_4。结合图 13-3 所示得

$$i_1=\frac{z_2}{z_1}\frac{z_7}{z_8},\quad i_2=\frac{z_2}{z_1}\frac{z_5}{z_6},\quad i_3=\frac{z_2}{z_1}\frac{z_3}{z_4},\quad i_4=1(\text{直接档})$$

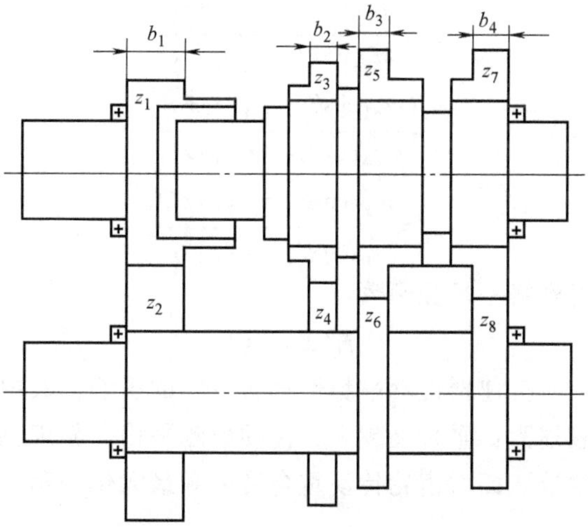

图 13-3　某三轴四档机械式变速器前进档位示意图

令各齿轮齿数分别为 $z_1 \sim z_8$；各对啮合齿轮的法向模数分别为常啮合齿轮副 m_{n1}，三档齿轮副 m_{n2}，二档齿轮副 m_{n3}，一档齿轮副 m_{n4}；各对啮合齿轮螺旋角分别为常啮合齿轮副 β_1，三档齿轮副 β_2，二档齿轮副 β_3，一档齿轮副 β_4；各对啮合齿轮齿宽分别为常啮合齿轮副 b_1，三档齿轮副 b_2，二档齿轮副 b_3，一档齿轮副 b_4。

根据式（13-30），得到前进档位变速齿轮系统的总体积为

$$V=\pi b_1\left(\frac{m_{n1}z_1}{2\cos\beta_1}\right)^2+\pi b_1\left(\frac{m_{n1}z_2}{2\cos\beta_1}\right)^2+\pi b_2\left(\frac{m_{n2}z_3}{2\cos\beta_2}\right)^2+\pi b_2\left(\frac{m_{n2}z_4}{2\cos\beta_2}\right)^2+\pi b_3\left(\frac{m_{n3}z_5}{2\cos\beta_3}\right)^2$$
$$+\pi b_3\left(\frac{m_{n3}z_6}{2\cos\beta_3}\right)^2+\pi b_4\left(\frac{m_{n4}z_7}{2\cos\beta_4}\right)^2+\pi b_4\left(\frac{m_{n4}z_8}{2\cos\beta_4}\right)^2=\frac{\pi}{4}\sum_{i=1}^{4}\frac{m_{ni}^2(z_{2i-1}^2+z_{2i}^2)b_i}{\cos^2\beta_i}\tag{13-31}$$

各对啮合齿轮的中心距的计算公式为

$$A_i=\frac{m_{ni}(z_{2i-1}+z_{2i})}{2\cos\beta_i},i=1,2,3,4\tag{13-32}$$

汽车机械式变速器是在平行轴之间进行换档的多对齿轮啮合系统，所以各档齿轮的中心距 a_i 相等，即

$$\frac{m_{n1}(z_1+z_2)}{2\cos\beta_1}=\frac{m_{n2}(z_3+z_4)}{2\cos\beta_2}=\frac{m_{n3}(z_5+z_6)}{2\cos\beta_3}=\frac{m_{n4}(z_7+z_8)}{2\cos\beta_4}\tag{13-33}$$

根据上式得

$$z_3=\frac{m_{n1}\cos\beta_2}{m_{n2}\cos\beta_1}\frac{z_1i_3(z_1+z_2)}{i_3z_1+z_2}\tag{13-34}$$

$$z_4=\frac{m_{n1}\cos\beta_2}{m_{n2}\cos\beta_1}\frac{z_2(z_1+z_2)}{i_3z_1+z_2}\tag{13-35}$$

$$z_5=\frac{m_{n1}\cos\beta_3}{m_{n3}\cos\beta_1}\frac{z_1i_2(z_1+z_2)}{i_2z_1+z_2}\tag{13-36}$$

$$z_6=\frac{m_{n1}\cos\beta_3}{m_{n3}\cos\beta_1}\frac{z_2(z_1+z_2)}{i_2z_1+z_2}\tag{13-37}$$

$$z_7=\frac{m_{n1}\cos\beta_4}{m_{n4}\cos\beta_1}\frac{z_1i_1(z_1+z_2)}{i_1z_1+z_2}\tag{13-38}$$

$$z_8=\frac{m_{n1}\cos\beta_4}{m_{n4}\cos\beta_1}\frac{z_2(z_1+z_2)}{i_1z_1+z_2}\tag{13-39}$$

代入式（13-31），即可得到第一目标函数：

$$f_1(\boldsymbol{X})=V\tag{13-40}$$

齿轮的各种设计参数对变速器传动平稳性都有一定的影响，其中齿轮传动重合度的影响最为显著。可以简单地表述为：重合度越大，传动就越平稳，噪声就越小，对降低传动过程中的动载荷就越有利。故选取四对齿轮传动重合度之和最大化为第二优化目标，也即是它的相反数最小为目标函数。

斜齿圆柱齿轮传动的重合度计算公式如下：

$$\varepsilon_{r1}=\left[1.88-3.2\left(\frac{1}{z_1}+\frac{1}{z_2}\right)\right]\cos\beta_1+\frac{b_1\sin\beta_1}{\pi m_{n1}}\tag{13-41}$$

$$\varepsilon_{r2}=\left[1.88-3.2\left(\frac{1}{z_3}+\frac{1}{z_4}\right)\right]\cos\beta_2+\frac{b_2\sin\beta_2}{\pi m_{n2}}\tag{13-42}$$

$$\varepsilon_{r3}=\left[1.88-3.2\left(\frac{1}{z_5}+\frac{1}{z_6}\right)\right]\cos\beta_3+\frac{b_3\sin\beta_3}{\pi m_{n3}} \tag{13-43}$$

$$\varepsilon_{r4}=\left[1.88-3.2\left(\frac{1}{z_7}+\frac{1}{z_8}\right)\right]\cos\beta_4+\frac{b_4\sin\beta_4}{\pi m_{n4}} \tag{13-44}$$

$$\varepsilon_{r总}=\varepsilon_{r1}+\varepsilon_{r2}+\varepsilon_{r3}+\varepsilon_{r4} \tag{13-45}$$

将 $z_i(i=3, 4, 5, 6, 7, 8)$ 的表达式代入上式，即可得到第二目标函数：

$$f_2(\boldsymbol{X})=\varepsilon_{r总}=-\varepsilon_{r1}-\varepsilon_{r2}-\varepsilon_{r3}-\varepsilon_{r4} \tag{13-46}$$

3. 约束条件的确定

（1）变速器最大传动比约束　汽车传动系统的最大传动比是变速器一档传动比 i_1 与主减速器传动比 i_0 的乘积。它受到路面附着力以及汽车最大爬坡度的约束。

根据驱动轮与路面的附着条件得到

$$i_1\leqslant\frac{G_2\varphi r_r}{T_{emax}i_0\eta_T} \tag{13-47}$$

于是得到约束条件为

$$g_{13}(\boldsymbol{X})=i_1-\frac{G_2\varphi r_r}{T_{emax}i_0\eta_T}\leqslant 0 \tag{13-48}$$

由最大爬坡度要求得到

$$i_1\leqslant\frac{mg(f\cos\alpha_{max}+\sin\alpha_{max})r_r}{T_{emax}i_0\eta_T} \tag{13-49}$$

于是得到约束条件为

$$g_{14}(\boldsymbol{X})=\frac{mg(f\cos\alpha_{max}+\sin\alpha_{max})r_r}{T_{emax}i_0\eta_T}-i_1\leqslant 0 \tag{13-50}$$

式中，α_{max} 是汽车最大爬坡度，一般取值为 16.7°；f 是道路滚动阻力系数，一般取 $f=0.0165+0.0001(v_{max}+50)$；$\varphi$ 是道路的附着系数，一般取值为 0.5～0.6；η_T 是传动系统机械效率，取值为 0.835；G_2 是汽车满载时驱动轮上的载荷（N）；m 是汽车总质量（kg）；T_{emax} 是发动机最大转矩（N·mm）；r_r 是驱动车轮滚动半径（mm）。

（2）变速器各档传动比比值约束　在实际变速器的设计中，应考虑实际使用率和传动效率的不同，合理分配各档速比，使发动机功率得到最大限度发挥。一般认为比值不宜大于 1.8，不应小于 1.5。于是，得到各档速比比值关系如下：

$$1.5\leqslant\frac{i_3}{i_4}\leqslant\frac{i_2}{i_3}\leqslant\frac{i_1}{i_2}\leqslant 1.8 \tag{13-51}$$

将 $i_4=1$ 代入式（13-51）中，得到以下约束条件：

$$g_{15}(\boldsymbol{X})=1.5-i_3\leqslant 0 \tag{13-52}$$

$$g_{16}(\boldsymbol{X})=i_3^2-i_2\leqslant 0 \tag{13-53}$$

$$g_{17}(\boldsymbol{X})=i_2^2-i_1\leqslant 0 \tag{13-54}$$

$$g_{18}(\boldsymbol{X})=i_1-1.8i_2\leqslant 0 \tag{13-55}$$

$$g_{19}(\boldsymbol{X})=i_3^2-i_1\leqslant 0 \tag{13-56}$$

（3）变速器中心距约束　变速器的中心距是衡量变速器的关键指标，它对变速器的体积和质量有很大的影响。在保证传递发动机最大转矩、变速器具有最大传动比和具有足够强度的条件下，应尽量减小中心距 a（mm）。中心距计算公式为

$$a=K_a\sqrt[3]{T_{\text{emax}}i_1\eta_{\text{g}}} \tag{13-57}$$

式中，K_a 是中心距系数，对于轿车，$K_a=8.9\sim9.3$，对于货车，$K_a=8.6\sim9.6$；T_{emax} 是发动机最大转矩（N·mm）；i_1 是变速器的一档变速比；η_{g} 是变速器的传动效率，机械式变速器取为 0.96。

即可得到中心距约束条件：

$$g_{20}(\boldsymbol{X})=K_{a\min}\sqrt[3]{0.96T_{\text{emax}}i_1}-\frac{m_{\text{n1}}(z_1+z_2)}{2\cos\beta_1}\leqslant0 \tag{13-58}$$

$$g_{21}(\boldsymbol{X})=\frac{m_{\text{n1}}(z_1+z_2)}{2\cos\beta_1}-K_{a\min}\sqrt[3]{0.96T_{\text{emax}}i_1}\leqslant0 \tag{13-59}$$

（4）中间轴轴向力平衡约束　将斜齿圆柱齿轮用在变速器中，可以减小变速器体积，提高传动平稳性和降低噪声，但同时也带来了一些问题。比如，由于斜齿轮螺旋角较大时，会产生很大的轴向力。为此，中间轴上的斜齿轮一律取右旋，而第一、第二轴上的斜齿轮取左旋，如图 13-4 所示。这样设计可以使两斜齿轮的轴向力相互抵消一部分，余下部分经轴承盖由变速器箱体承受。

为了尽量减小变速器箱体受力，在选择斜齿轮的螺旋角时应力求使变速器中间轴上的轴向力大致相互抵消：

$$\|Q_1-Q_2\|\leqslant\delta \tag{13-60}$$

δ 为设计时给定的值（N），δ 值过大时会使变速器轴承承受较大的载荷，而且会减小传动效率。Q_1、Q_2 的计算公式可参考第 5 章图 5-3 和式（5-3）。

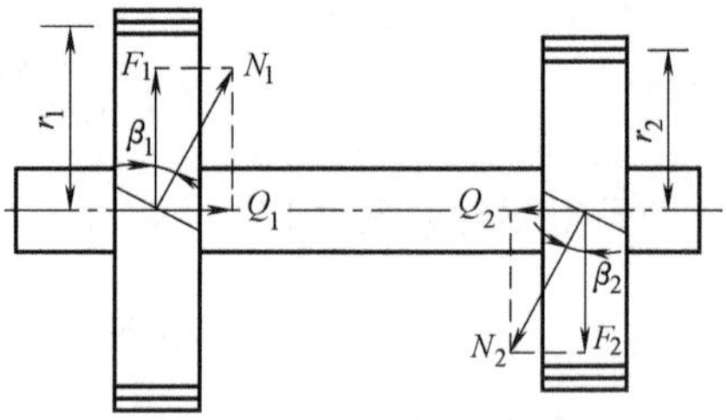

图 13-4　中间轴轴向力的平衡图解

对式（13-60）进行化简整理得到

$$\|m_{\text{n2}}z_2\tan\beta_1-m_{\text{n1}}z_1\tan\beta_2\|\leqslant\delta' \tag{13-61}$$

δ'应根据设计经验数据选取，本节取 $\delta'=10\text{N}$。于是得到一档传动时，齿轮 2 和齿轮 8 的轴向力平衡约束条件为

$$g_{22}(\boldsymbol{X})=m_{\text{n1}}z_2\sin\beta_4-m_{\text{n4}}z_8\sin\beta_1-10\leqslant0 \tag{13-62}$$

$$g_{23}(\boldsymbol{X})=m_{\text{n4}}z_8\sin\beta_1-m_{\text{n1}}z_2\sin\beta_4-10\leqslant0 \tag{13-63}$$

二档传动时，齿轮 2 和齿轮 6 的轴向力平衡约束条件为

$$g_{24}(\boldsymbol{X})=m_{\text{n1}}z_2\sin\beta_3-m_{\text{n3}}z_6\sin\beta_1-10\leqslant0 \tag{13-64}$$

$$g_{25}(\boldsymbol{X})=m_{\text{n3}}z_6\sin\beta_1-m_{\text{n1}}z_2\sin\beta_3-10\leqslant0 \tag{13-65}$$

三档传动时，齿轮 2 和齿轮 4 的轴向力平衡约束条件为

$$g_{26}(\boldsymbol{X})=m_{\text{n1}}z_2\sin\beta_2-m_{\text{n2}}z_4\sin\beta_1-10\leqslant0 \tag{13-66}$$

$$g_{27}(\boldsymbol{X})=m_{\text{n2}}z_4\sin\beta_1-m_{\text{n1}}z_2\sin\beta_2-10\leqslant0 \tag{13-67}$$

（5）斜齿轮轴向重叠系数约束　为了保证斜齿轮传动的平稳性，要求斜齿轮传动时轴向重叠系数不小于 1，即 $\varepsilon_\beta=b\sin\beta/(\pi m_{\text{n}})\geqslant1$。于是得到以下约束条件：

$$g_{28}(\boldsymbol{X})=\pi m_{\text{n1}}-b_1\sin\beta_1\leqslant0 \tag{13-68}$$

$$g_{29}(\boldsymbol{X})=\pi m_{\text{n2}}-b_2\sin\beta_2\leqslant0 \tag{13-69}$$

$$g_{30}(\boldsymbol{X})=\pi m_{n3}-b_3\sin\beta_3\leqslant 0 \tag{13-70}$$

$$g_{31}(\boldsymbol{X})=\pi m_{n4}-b_4\sin\beta_4\leqslant 0 \tag{13-71}$$

(6) 边界约束条件　模数约束，对于轻型车，通常取 $2.25\leqslant m_n\leqslant 3.0$。于是得到相应约束条件：

$$g_{32}(\boldsymbol{X})=2.25-m_{n1}\leqslant 0 \tag{13-72}$$

$$g_{33}(\boldsymbol{X})=m_{n1}-3.0\leqslant 0 \tag{13-73}$$

$$g_{34}(\boldsymbol{X})=2.25-m_{n2}\leqslant 0 \tag{13-74}$$

$$g_{35}(\boldsymbol{X})=m_{n2}-3.0\leqslant 0 \tag{13-75}$$

$$g_{36}(\boldsymbol{X})=2.25-m_{n3}\leqslant 0 \tag{13-76}$$

$$g_{37}(\boldsymbol{X})=m_{n3}-3.0\leqslant 0 \tag{13-77}$$

$$g_{38}(\boldsymbol{X})=2.25-m_{n4}\leqslant 0 \tag{13-78}$$

$$g_{39}(\boldsymbol{X})=m_{n4}-3.0\leqslant 0 \tag{13-79}$$

螺旋角约束，一般中间轴式变速器取 $22°\leqslant\beta\leqslant 34°$。于是得到相应约束条件：

$$g_{40}(\boldsymbol{X})=22°-\beta_1\leqslant 0 \tag{13-80}$$

$$g_{41}(\boldsymbol{X})=\beta_1-34°\leqslant 0 \tag{13-81}$$

$$g_{42}(\boldsymbol{X})=22°-\beta_2\leqslant 0 \tag{13-82}$$

$$g_{43}(\boldsymbol{X})=\beta_2-34°\leqslant 0 \tag{13-83}$$

$$g_{44}(\boldsymbol{X})=22°-\beta_3\leqslant 0 \tag{13-84}$$

$$g_{45}(\boldsymbol{X})=\beta_3-34°\leqslant 0 \tag{13-85}$$

$$g_{46}(\boldsymbol{X})=22°-\beta_4\leqslant 0 \tag{13-86}$$

$$g_{47}(\boldsymbol{X})=\beta_4-34°\leqslant 0 \tag{13-87}$$

齿宽约束，对于轻型车，一般取 $7.0m_n\leqslant b\leqslant 8.6m_n$。于是得到相应约束条件：

$$g_{48}(\boldsymbol{X})=7m_{n1}-b_1\leqslant 0 \tag{13-88}$$

$$g_{49}(\boldsymbol{X})=b_1-8.6m_{n1}\leqslant 0 \tag{13-89}$$

$$g_{50}(\boldsymbol{X})=7m_{n2}-b_2\leqslant 0 \tag{13-90}$$

$$g_{51}(\boldsymbol{X})=b_2-8.6m_{n2}\leqslant 0 \tag{13-91}$$

$$g_{52}(\boldsymbol{X})=7m_{n3}-b_3\leqslant 0 \tag{13-92}$$

$$g_{53}(\boldsymbol{X})=b_3-8.6m_{n3}\leqslant 0 \tag{13-93}$$

$$g_{54}(\boldsymbol{X})=7m_{n4}-b_4\leqslant 0 \tag{13-94}$$

$$g_{55}(\boldsymbol{X})=b_4-8.6m_{n4}\leqslant 0 \tag{13-95}$$

齿轮根切约束，对于中间轴一档小齿轮齿数，一般要求 $15\leqslant z_8\leqslant 17$。于是得到相应约束条件：

$$g_{56}(\boldsymbol{X})=15-z_8\leqslant 0 \tag{13-96}$$

$$g_{57}(\boldsymbol{X})=z_8-17\leqslant 0 \tag{13-97}$$

常啮合齿轮副一直处于传动状态（直接档除外），为了提高传动的平稳性和齿轮寿命，要求其齿宽大于等于其他齿轮副齿宽。于是得到相应的约束条件：

$$g_{58}(\boldsymbol{X})=b_2-b_1\leqslant 0 \tag{13-98}$$

$$g_{59}(\boldsymbol{X})=b_3-b_1\leqslant 0 \tag{13-99}$$

$$g_{60}(\boldsymbol{X})=b_4-b_1\leqslant 0 \tag{13-100}$$

13.3.4 汽车悬架弹簧优化设计

汽车悬架弹簧的主要作用是传递车轮或车桥与车架或车身之间的垂直载荷，并依靠其形变来吸收能量。现在常用的金属悬架弹簧主要是钢板弹簧和螺旋弹簧。空气弹簧等新型悬架弹簧，基于可调阻尼和电磁控制的主、被动悬架也得到应用。

1. 圆柱压缩螺旋弹簧优化设计

（1）圆柱压缩螺旋弹簧的分析　圆柱螺旋弹簧有等节距螺旋弹簧、不等节距螺旋弹簧、变径螺旋弹簧、中凸形螺旋弹簧、钢丝直径连续变化的螺旋弹簧等形式。常用的等节距等直径的圆柱螺旋弹簧的弹性特性呈线性。

汽车用的等节距等直径的圆柱螺旋弹簧多承受压缩作用，因此，本节将以承受压缩作用的等节距等直径的圆柱螺旋弹簧为对象进行讨论，并将其简称为圆柱压缩螺旋弹簧。

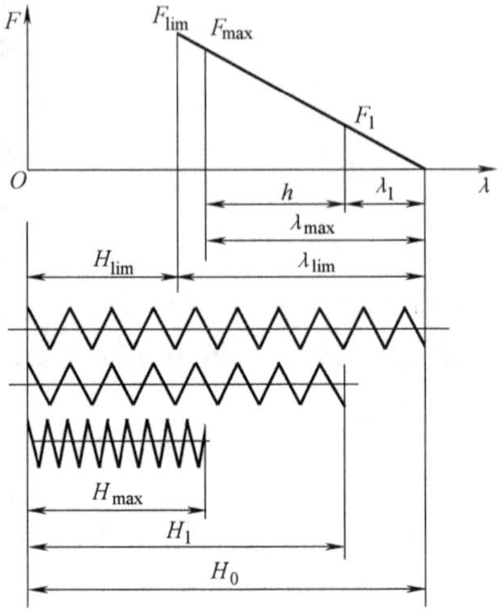

图 13-5　圆柱压缩螺旋弹簧的弹性曲线

弹簧特性曲线是表示弹簧所受载荷与变形关系的曲线。圆柱压缩螺旋弹簧的弹性曲线如图 13-5 所示。图中，F_1 为最小工作载荷（预加载荷）；F_{lim} 为弹簧的工作极限载荷，在 F_{lim} 作用下簧丝切应力达到材料的剪切弹性极限；F_{max} 为最大工作载荷，$F_{max} \leqslant 0.8F_{lim}$；$H_1$、$H_{lim}$、$H_{max}$ 分别为在上述载荷作用下圆柱压缩螺旋弹簧的高度；λ_1、λ_{lim}、λ_{max} 分别为在上述载荷作用下圆柱压缩螺旋弹簧的变形；$h=\lambda_{max}-\lambda_1$ 为弹簧的工作行程。

（2）圆柱压缩螺旋弹簧的受力分析　圆柱压缩螺旋弹簧的工作状况及截面上的应力分布，如图 13-6a 所示。作用在弹簧上的最大力为

$$F_{max}=\frac{\lambda_{max}Gd^4}{8D_2^3n} \tag{13-101}$$

式中，λ_{max} 是最大工作载荷 F_{max} 下的变形（mm）；G 是弹簧材料的剪切弹性模量（MPa）；d 是弹簧钢丝直径（mm）；D_2 是弹簧的中径（mm）；n 是弹簧的工作圈数。

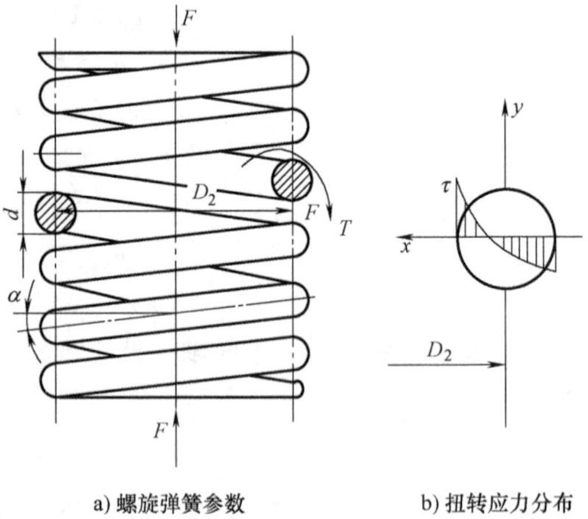

a) 螺旋弹簧参数　　b) 扭转应力分布

图 13-6　圆柱压缩螺旋弹簧材料截面上的应力分布

由图 13-6b 可知，圆柱压缩螺旋弹簧在最大工作载荷作用下钢丝截面内侧所产生扭转应力最大，其强度条件为

$$\tau_{max}=K\frac{8F_{max}D_2}{\pi d^3}\leqslant[\tau] \tag{13-102}$$

$$K=\frac{4C-1}{4C-4}+\frac{0.615}{C}\approx 1.66\left(\frac{d}{D_2}\right)^{0.16},C=\frac{D_2}{d} \tag{13-103}$$

式中，τ_{max} 是最大工作载荷，F_{max} 作用下钢丝截面内侧所产生的最大扭转应力；[τ] 是许

用扭转应力，视弹簧材料及受载情况而定；K 是曲度系数。

（3）圆柱压缩螺旋弹簧的稳定性　当圆柱压缩螺旋弹簧的高径比 $b=H_0/D_2$ 较大时，轴向载荷超过一定限度，就会发生较大的侧向弯曲而失去稳定性，这是不容许发生的情况。

稳定性还与弹簧的支承情况有关，不同支承方式允许的高径比 b 的推荐值见表 13-4。

表 13-4　弹簧高径比 $b=H_0/D_2$ 的允许范围

弹簧两端支承方式	两端固定	两端回转	一端固定	一端回转
b 的允许范围	$b<5.3$	$b<2.6$	$b<3.7$	$b<3.7$

若 b 大于表 13-4 中的数值，应按下式进行稳定性校核

$$F_c=C_B kH_0>F_{max} \tag{13-104}$$

式中，F_c 是保持弹簧稳定的临界载荷（N）；C_B 是不稳定系数，与高径比 b 和支承情况有关，如图 13-7 所示；H_0 是弹簧的自由高度（mm）；k 是弹簧的刚度（N/mm）。

若式（13-104）不满足，则应重新选择参数，如增大弹簧丝直径 d 或减少弹簧旋绕比 C，从而减小 b，增大 F_c。如果受条件限制不能改变参数，则应加导杆和导套以保证弹簧的稳定性。设计圆柱压缩螺旋弹簧时，除选择材料及规定热处理要求外，主要是根据最大工作载荷、最大变形以及结构要求等，确定弹簧的中径 D_2、簧丝直径 d、工作圈数 n、弹簧的自由高度 H_0、弹簧的螺距 t 等。通常将 d、D_2、n 作为设计变量，其余参数可根据设计手册和结构要求选取，即

$$\boldsymbol{X}=(x_1,x_2,x_3)^{\mathrm{T}}=(d,D_2,n)^{\mathrm{T}} \tag{13-105}$$

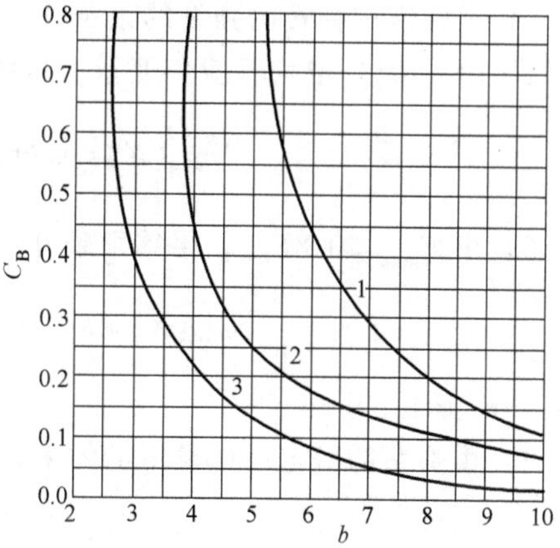

图 13-7　不稳定系数 C_B

1—两端固定　2—一端固定、一端回转

3—两端回转

（4）目标函数的建立　优化设计的目的是为了改善圆柱压缩螺旋弹簧的性能，而在圆柱压缩螺旋弹簧外形尺寸满足要求，以及保证弹簧足够承载能力的前提下，使其质量越小越好。因此，对于圆柱压缩螺旋弹簧，通常以质量或钢丝体积最小作为优化设计目标，目标函数可表达为

$$f(\boldsymbol{X})=\frac{\pi^2}{4}d^2D_2(n+n_1)\rho \tag{13-106}$$

式中，ρ 是弹簧材料的密度，取 $\rho=7.64\times10^{-6}\mathrm{kg/mm^3}$；$n_1$ 是拼合圈数，现取 $n_1=1$。

将设计变量代入上式，整理得

$$f(\boldsymbol{X})=0.18851\times10^{-4}x_1^2x_2(x_3+1) \tag{13-107}$$

（5）约束条件的确定

1）由簧丝直径范围 $d_{min}\leqslant d\leqslant d_{max}$，得约束条件为

$$g_1(\boldsymbol{X})=d_{min}-x_1\leqslant0 \tag{13-108}$$

$$g_2(\boldsymbol{X})=x_1-d_{max}\leqslant0 \tag{13-109}$$

式中，d_{min} 是簧丝最小直径；d_{max} 是簧丝最大直径。

2）由簧丝中径范围 $D_{2min}\leqslant D_2\leqslant D_{2max}$，得约束条件为

$$g_3(\boldsymbol{X})=D_{2\min}-x_2\leqslant 0 \tag{13-110}$$

$$g_4(\boldsymbol{X})=x_2-D_{2\max}\leqslant 0 \tag{13-111}$$

式中，$D_{2\min}$ 是最小簧丝中径；$D_{2\max}$ 是最大簧丝中径。

3）由工作圈数 n 的规定范围 $n_{\min}\leqslant n\leqslant n_{\max}$，得约束条件为

$$g_5(\boldsymbol{X})=n_{\min}-x_3\leqslant 0 \tag{13-112}$$

$$g_6(\boldsymbol{X})=x_3-n_{\max}\leqslant 0 \tag{13-113}$$

式中，$n_{\min}$ 是最小工作圈数；$n_{\max}$ 是最大工作圈数。

4）圆柱螺旋弹簧的旋绕比 $C=D_2/d$ 的约束条件。弹簧旋绕比 $C=D_2/d$ 是反映弹簧特性的一个重要指标。如果 $C<4$，会使卷绕弹簧困难，弹簧工作时其内侧将产生过大的应力。反之，C 太大，弹簧圈直径 D_2 越大，会使弹簧不稳定。设计弹簧时，一般选取范围为 $4\leqslant C\leqslant 16$。由此，得约束条件为

$$g_7(\boldsymbol{X})=4-x_2/x_1\leqslant 0 \tag{13-114}$$

$$g_8(\boldsymbol{X})=x_2/x_1-16\leqslant 0 \tag{13-115}$$

5）圆柱螺旋弹簧的强度约束条件。将式（13-101）和式（13-103）代入式（13-102），再以式（13-105）取代相应各变量，得约束条件为

$$g_9(\boldsymbol{X})=1.66\left(\frac{x_1}{x_2}\right)^{0.16}\frac{8F_{\max}x_2}{\pi x_1^3}-[\tau]\leqslant 0 \tag{13-116}$$

6）由 $F_{\max}\leqslant 0.8F_{\lim}$，得约束条件为

$$g_{10}(\boldsymbol{X})=F_{\max}-0.8F_{\lim}=F_{\max}-\frac{\pi d^3}{10KD_2}\tau_{\lim}\leqslant 0 \tag{13-117}$$

式中，$\tau_{\lim}=1.67[\tau]$。

7）由弹簧的稳定条件确定的约束条件为

$$b=\frac{H_0}{D_2}=\frac{nt+1.5d}{D_2}=0.5n+1.5\left(\frac{d}{D_2}\right)\leqslant b_c \tag{13-118}$$

引入设计变量，有

$$g_{11}(\boldsymbol{X})=1.5\left(\frac{x_1}{x_2}\right)+0.5x_3-b_c \tag{13-119}$$

式中，b_c 是临界高径比，根据弹簧的支承方式不同而异，见表 13-4。

8）根据承受高速交变载荷的弹簧不发生共振的要求，弹簧的自振频率 f 应远离其受载的载荷变化频率 f_r，应满足：

$$\text{对减振弹簧}\quad f\geqslant 10f_r \tag{13-120}$$

$$\text{对阀门弹簧}\quad f\leqslant f_r/2 \tag{13-121}$$

弹簧的 1 阶自振频率为

$$f=\frac{1}{2}\sqrt{\frac{k}{m}}=\frac{d}{2\pi nD_2^2}\sqrt{\frac{G}{2\rho}} \tag{13-122}$$

对于圆截面钢丝弹簧，其 1 阶自振频率为

当两端固定时，有

$$f=3.56\times 10^5\frac{d}{nD_2^2} \tag{13-123}$$

一端固定，一端可转动时，有

$$f=1.78\times10^{5}\frac{d}{nD_2^2} \tag{13-124}$$

当支承一质量 m_c 时，有

$$f=\frac{1}{2\pi}\sqrt{\frac{k}{m_c+\frac{1}{3}m}} \tag{13-125}$$

将有关弹簧的自振频率值代入式（13-115），则可得约束条件为

$$g_{12}(\boldsymbol{X})=\begin{cases} f_r-\dfrac{f}{10}\leqslant 0 & \text{对阀门弹簧} \\ f-\dfrac{f_r}{2}\leqslant 0 & \text{对减振弹簧} \end{cases} \tag{13-126}$$

根据以上分析，以弹簧质量为目标的优化设计问题，是一个 3 维 12 个约束的非线性优化问题。

（6）适应度函数的描述　本节的目标函数是弹簧质量最小值，其倒数可作为适应度函数，则有

$$F(\boldsymbol{X})=\begin{cases} \dfrac{1}{f(x)}=\dfrac{4}{\rho\pi^2}x_1^{-2}x_2^{-1}x_3^{-1} & x\in D \\ 0 & x\notin D \end{cases} \tag{13-127}$$

式中，D 是各个变量的设计域。

2. 少片变截面钢板弹簧优化设计

少片钢板弹簧是指只有 1~4 片的变截面钢板弹簧，它与多片钢板弹簧相比除了减少噪声和摩擦外，还可以节省材料，减轻重量，便于布置，降低整车高度，具有良好的平顺性。因此，在承载量不是很大的汽车上，采用少片钢板弹簧，以消除多片钢板弹簧的缺陷，现在一些大中型客车也趋向于使用这一类钢板弹簧。

目前汽车上使用的少片变截面弹簧，多数是等宽度的，弹簧厚度沿长度方向变化有两种，即抛物线形和直线形。抛物线形弹簧接近于等强度梁，充分发挥了材料的性能，但不宜加工制造，所以，实际上目前在实际使用中多用直线形变厚断面弹簧，每个簧片都采用相同的尺寸，有利于弹簧的系列化生产，可以用最少规格的簧片组合成不同形式的弹簧，以满足不同车型的需要。

（1）直线形变截面弹簧刚度和应力　直线形变截面弹簧几何形状如图 13-8 所示，弹簧在 A—B 区间的厚度按直线形变化。弹簧刚度 K 的计算公式为

$$K=\frac{6EJ_2\zeta}{l^3}\frac{1}{\eta} \tag{13-128}$$

$$J_2=\frac{nbh_2^3}{12},\quad \eta=1+\left(\frac{l-l_3}{4}\right)^3\left[1-2\left(\frac{l_1}{l-l_3}\right)^{\frac{3}{2}}\right]+\left(\frac{l_1}{l}\right)^3\frac{h_2}{h_1} \tag{13-129}$$

式中，ζ 是修正系数，取为 0.92；J_2 是弹簧根部断面惯性矩；E 是材料的弹性模量。

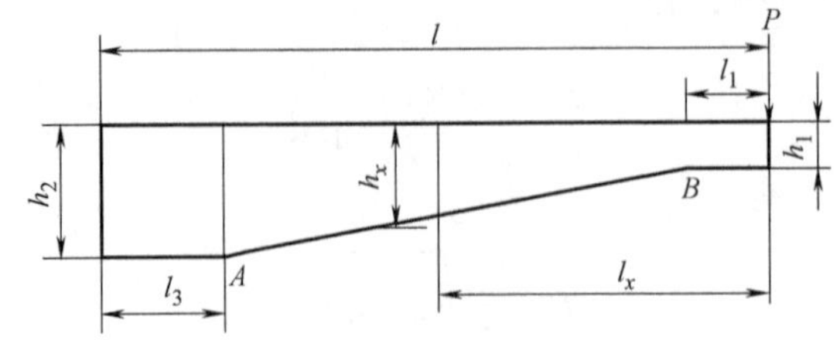

图 13-8 直线形变截面钢板弹簧

弹簧应力 σ_x 计算公式为

当 $l_1>(l-l_3)\left(\dfrac{2h_1}{h_2}-1\right)$ 时

$$\sigma_{\max}=\frac{3P(h_2-h_1)}{2nb[h_1(l-l_3)-h_2l_1]}\left[\frac{(l-l_3)-l_1}{h_2-h_1}\right]^2 \tag{13-130}$$

当 $l_1\leqslant(l-l_3)\left(\dfrac{2h_1}{h_2}-1\right)$ 时

$$\sigma_{\max}=\frac{6P(l-l_3)}{nbh_2} \tag{13-131}$$

（2）设计变量的选取　设计少片变截面弹簧时，通常采用试凑法。先根据经验选择尺寸参数，再验算刚度和强度，经过几轮反复调整参数，直到满足设计要求为止。这种方法既费时又费力，而且难以得到最佳方案。为了克服上述缺点，用计算机对少片变截面弹簧进行优化设计可解决这个问题。

汽车直线形变厚断面弹簧的设计参数包括：长度尺寸 l、l_1、l_3，厚度尺寸 h_1、h_2，簧片宽度 b 和簧片数 n。l_3 一般取决于弹簧在汽车上的装夹情况，一般是预先确定的，即为常数；宽度 b 取决于整车布置和弹簧扁钢的尺寸规格，在弹簧设计之前可以选定一合适的值；簧片数 n 一般小于或等于 4，在设计中可将其作为常数。因此，优化设计少片变截面弹簧时，设计变量共有 4 个，即

$$\boldsymbol{X}=(h_1,h_2,l_1,l)^{\mathrm{T}}=(x_1,x_2,x_3,x_4)^{\mathrm{T}} \tag{13-132}$$

（3）目标函数的建立　设计少片变截面钢板弹簧，一方面是为了满足车辆轻量化要求，这就要求在满足钢板弹簧性能要求的条件下，尽量减小其质量，另一方面，要求设计的钢板弹簧的刚度与悬架要求的理论刚度尽可能接近。从这两点出发，少片变截面钢板弹簧的设计属于两目标优化设计问题。通过采用权值的方法，可以将两目标化为单目标问题求解；也可以通过增加一个保证设计的弹簧刚度与悬架要求的理论刚度相接近约束条件，化为单目标问题求解。本节采取后一种处理方法，则目标函数就成为质量最小控制函数，即

$$f(\boldsymbol{X})=2\rho bn[x_1x_3+0.5(x_4-x_3-l_3)(x_1+x_2)+x_2l_3] \tag{13-133}$$

（4）约束条件的确定　考虑到弹簧的总体布置、刚度、强度、材料、尺寸规格以及钢板弹簧制造工艺方面的要求，可建立下列约束方程：

1）钢板弹簧卷耳处应力复杂，同时受弯曲和拉（压）作用，为使弹簧卷耳具有足够的强度，弹簧端部等厚部分的厚度 h_1，应大于由卷耳强度计算公式求出的最小允许厚度 H_1，由此得约束条件为

$$g_1(\boldsymbol{X})=H_1-x_1\leqslant 0 \tag{13-134}$$

2）为了保证弹簧材料淬透性，弹簧中部的最大厚度 h_2 应不超过由材料的淬透性决定的允许厚度 H_2，由此得约束条件

$$g_2(\boldsymbol{X})=x_2-H_2\leqslant 0 \tag{13-135}$$

3）根据弹簧厚度 h_1 和 h_2 不相等，且两者之差大于 $H_{12}=1\text{mm}$ 的要求，由此得约束条件为

$$g_3(\boldsymbol{X})=x_1-x_2+1\leqslant 0 \tag{13-136}$$

4）由卷耳的尺寸要求，得约束条件为

$$g_4(\boldsymbol{X})=-x_3\leqslant 0 \tag{13-137}$$

5）弹簧主片的最大伸直长度应不超过弹簧总布置时确定的长度 $2L$，由此得约束条件为

$$g_5(\boldsymbol{X})=x_4-L/2\leqslant 0 \tag{13-138}$$

6）为了保证汽车具有良好的行使平顺性，弹簧刚度 K 对于设计要求的刚度 K_c 的误差应小于某个精度值 K_e，由此得约束方程为

$$g_6(\boldsymbol{X})=\left|\frac{K-K_c}{K_c}\right|-K_e\leqslant 0 \tag{13-139}$$

弹簧刚度 K 计算公式为

$$K=\frac{6EJ_2\zeta}{x_4^3}\frac{1}{\eta},\quad J_2=\frac{nbx_2^3}{12} \tag{13-140}$$

$$\eta=1+\left(\frac{x_4-l_3}{4}\right)^3\left[1-2\left(\frac{x_3}{x_4-l_3}\right)^{\frac{3}{2}}\right]+\left(\frac{x_3}{x_4}\right)^3\frac{x_2}{x_1} \tag{13-141}$$

7）考虑弹簧的应力分布和其在 l_1 段内的强度，最大应力应小于允许应力［σ_1］，由此得约束条件为

$$g_7(\boldsymbol{X})=\frac{6Px_3}{nbx_1^2}-[\sigma_1]\leqslant 0 \tag{13-142}$$

8）按钢板弹簧的强度要求，弹簧在载荷的作用下，在其他长度内，其计算应力应小于材料的许用应力［σ_2］。根据最大应力的位置不同，得不同的约束条件为

$$x_3>(x_4-l_3)\left(\frac{2x_1}{x_2}-1\right),\quad g_8(\boldsymbol{X})=\frac{3P(x_2-x_1)}{2nb[x_1(x_4-l_3)-x_2x_3]}\left[\frac{(x_4-l_3)-x_3}{x_2-x_1}\right]^2-[\sigma_2]\leqslant 0 \tag{13-143}$$

$$x_3\leqslant(x_4-l_3)\left(\frac{2x_1}{x_2}-1\right),\quad g_8(\boldsymbol{X})=\frac{6P(x_4-l_3)}{nbx_2}-[\sigma_2]\leqslant 0 \tag{13-144}$$

（5）适应度函数的描述　质量最小控制函数为本文的目标函数，其倒数可作为适应度函数，则有

$$F(\boldsymbol{X})=\begin{cases}\dfrac{1}{f(\boldsymbol{X})}=\dfrac{1}{2\rho bn[x_1x_3+0.5(x_4-x_3-l_3)(x_1+x_2)+x_2l_3]} & x\in D\\ 0 & x\notin D\end{cases} \tag{13-145}$$

13.3.5　车架结构优化设计

以往对车架结构进行的静力分析表明，许多没有进行优化的车架，除个别构件应力水平

较高外，大多数车架构件的应力水平较低，强度有富余，且各个构件的应力水平相差较大，很不均匀，因此很有必要进行该车架结构的优化设计。

1. 纵梁截面优化

汽车车架由横梁和纵梁组成，用分部优化法进行优化。首先对车架的各种工况进行整体分析，得到它的内力分布，再根据各部分的受力状态进行分部优化，修改各部分的设计变量，然后将各部分重新组合成新的结构方案，这样就完成了一次循环或迭代。接着继续进行下一次循环或迭代，直到前后进行的两次结构方案的变化在预定的误差范围内为止。最后还应做一次结构分析，检验这个收敛的方案是否可行。

图 13-9 所示为根据某型车架尺寸建立的梁单元有限元计算模型。

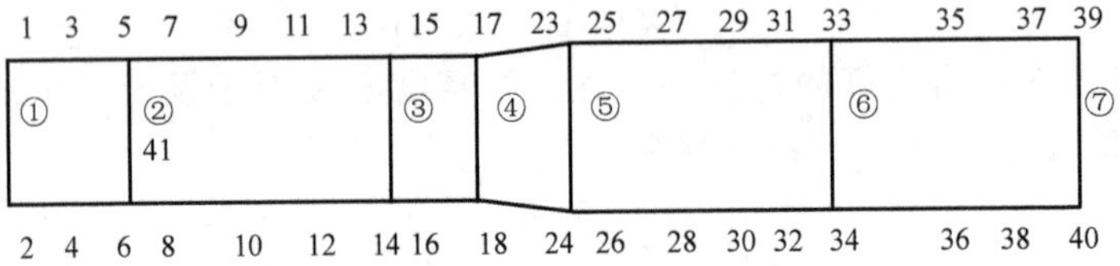

图 13-9　某车架梁单元有限元计算模型

（1）设计变量的选取　目前国产汽车的车架，车架纵梁的剖面大多数为槽形截面和矩形截面，也有个别用圆环形截面的（图 13-10），故设计变量 $\boldsymbol{X}$ 选为截面各部分尺寸，用 x_1、x_2 分别表示 H、B 或 D，图中，T 为钢板或圆形钢管壁厚度，可按国家标准 GB/T 3273—2015 选取。

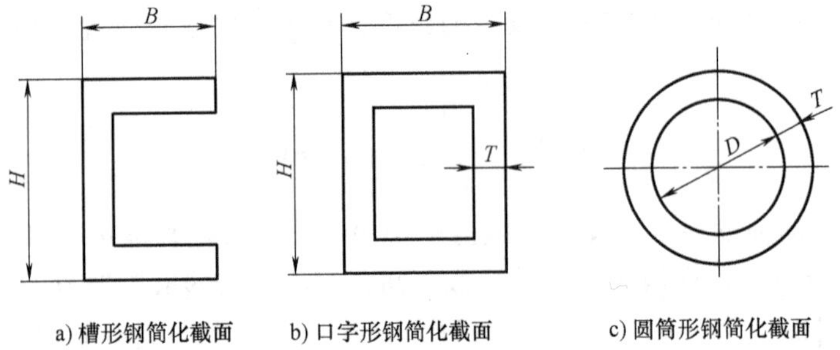

a) 槽形钢简化截面　b) 口字形钢简化截面　c) 圆筒形钢简化截面

图 13-10　汽车车架截面简化形状及参数

（2）目标函数　传统的设计方法是以对一侧纵梁进行强度和刚度校核。有限元计算结果表明，纵梁强度富余很多，因而自重较大。如果取车架纵梁的质量为目标函数，就能达到减轻汽车自重，节省金属材料，从而改善汽车的综合性能目的。

由此槽形截面纵梁的目标函数可取为

$$F(\boldsymbol{X}) = L\rho T(x_1+2x_2) \tag{13-146}$$

式中，L 是有限元计算时单元长度（mm）；ρ 是材料密度，对于钢材 $\rho=7.85\times10^{-6}\text{kg/mm}^3$；$T$ 是钢板厚度（mm）。

（3）约束条件

1）强度约束。应确保在使用中的各种工况下，车架的最大应力小于许用应力，即

$$\sigma_{\max}<[\sigma_{-1}],\quad i=1,2,3 \tag{13-147}$$

其中，$i=1$ 为纯弯工况；$i=2$ 为纯扭工况；$i=3$ 为弯扭组合工况。

$$\sigma=\frac{6dM_{\max}}{(H+6B)TH}=\frac{6\times 6.58M_{\max}}{(x_1+6x_2)Tx_1}\leqslant[\sigma_{-1}] \tag{13-148}$$

式中，$M_{\max}$ 是有限元计算出的最大弯矩（N·mm）；$[\sigma_{-1}]$ 是车架材料的疲劳极限（常用的 16Mn 钢 $[\sigma_{-1}]=220\sim226\text{N/mm}^2$）；$T$ 是钢板厚度，取为 5mm。

经计算整理得

$$g_1(\boldsymbol{X})=1-\frac{610}{x_1(x_1+6x_2)} \tag{13-149}$$

2）临界弯曲应力。当纵梁变形时，翼缘可能受力而破裂。因此应按薄板理论进行校核。此时临界弯曲应力 σ_{cr} 为

$$\sigma_{\text{cr}}=0.4\frac{E}{1-\mu^2}\left(\frac{T}{B}\right)^2<350\text{N/mm}^2 \tag{13-150}$$

式中，E 和 μ 分别是材料的弹性模量和泊松比。可推算得 $B<16T$。

经计算整理得

$$g_2(\boldsymbol{X})=8-x_2 \tag{13-151}$$

3）刚度约束。为了保证整车和其他装配件的正常工作，对纵梁的最大弯曲挠度应加以限制。根据经验，车架纵梁中点受力为 1.0kN 集中载荷时变形量不能超过 0.85mm。由材料力学关于简支梁的挠度公式可求得：$J_x/L^3>12$，即抗弯刚度 J_x 必须大于 $12L^3$，L 为轴距（m），所以得到

$$g_3(\boldsymbol{X})=0.002x_1^2(x_1-6x_2)-12 \tag{13-152}$$

4）变量的边界条件。从汽车车架的设计和工艺出发，各设计变量应遵循一定的设计规范，即边界条件：

$$g_4(x)=x_1-12 \tag{13-153}$$

$$g_5(x)=x_2-4.5 \tag{13-154}$$

$$g_6(x)=15-x_1 \tag{13-155}$$

$$g_7(x)=5.5-x_2 \tag{13-156}$$

（4）纵梁优化方法　将汽车车架结构的优化问题转化为非线性规划问题，用复合形法进行优化。复合形法的基本思路是在 p 维空间中的可行域上，选取 k 个可行点（$p+1<k<2p$）作为顶点构成 p 维空间的超多面体，即复合形；然后比较复合形各顶点处的函数值，不断去掉目标函数中最大的点（最坏点），代以目标函数值较小的可行点，构成新复合形，使其顶点处的函数值逐步下降，顶点逐步逼近问题的最优解。

2. 横梁截面优化

（1）设计变量　设计变量与优化纵梁的变量相同。

（2）目标函数　在车架有限元结构分析中采用薄壁梁单元，对于开口截面的梁单元，抗扭惯性矩 $J_{\text{k}}=ST^3/3$，其中 S 是截面周长，T 是薄壁厚度，当单元长度、截面周长和厚度一定时，J_{k} 为常数。约束抗扭刚度系数随截面的扇性惯性矩 J_ω 变化，调节 H 和 B 的值，使 J_ω 加大，则可提高抗扭刚度系数。扇性惯性矩 $J_\omega=\int F\omega^2\text{d}F=\sum F_i\omega_iT_i$。其中，$\omega$ 和 ω_i 表示单元坐标，F 代表总面积，F_i 代表单元面积，T_i 代表单元壁厚。

取目标函数为

$$F(\boldsymbol{X})=\frac{1}{J_{\omega}}=\frac{12(x_1+6x_2)}{Tx_1^2x_2^3(2x_1-3x_2)} \tag{13-157}$$

对于闭口截面，分别以抗扭断面模量为目标函数，使其达到最大值：

矩形截面

$$F(\boldsymbol{X})=\frac{1}{x_1x_2} \tag{13-158}$$

圆环形截面

$$F(\boldsymbol{X})=\frac{5.1x_1}{x_1^4-(x_1-2x_2)^4} \tag{13-159}$$

（3）约束条件

1）不等式约束条件。对于开口槽形截面有

$$g_1(\boldsymbol{X})=x_1-1\geqslant 0 \tag{13-160}$$

$$g_2(\boldsymbol{X})=x_2-1\geqslant 0 \tag{13-161}$$

式（13-160）和式（13-161）的值表示槽形截面的 H 和 B 值都不得小于 1，这既考虑了实际情况，又避免了变量 x_1 和 x_2 出现零值。

2）等式约束条件。对于开口槽形截面有

$$g_3(\boldsymbol{X})=x_1+x_2-F/T \tag{13-162}$$

上式表示 H、B 和 T 值与截面积 F 的关系，即表示横梁长度一定时，横梁质量不变。

闭口截面的等式约束条件分别为：

矩形

$$g_3(\boldsymbol{X})=2(x_1+x_2)-F/T \tag{13-163}$$

圆环形

$$g_3(\boldsymbol{X})=0.685[x_1^2-(x_1-2x_2^2)]-F \tag{13-164}$$

（4）横梁优化方法　在横梁优化问题中，约束条件既有等式约束又有不等式约束，可以采用不用求导的非线性规划方法即混合惩罚函数法进行优化。

3. 车架结构轻量化设计一般流程

车架结构优化设计方案流程如图 13-11 所示。

首先，利用三维建模软件建立车架的几何模型，然后再对车架进行有限元网格划分，根据车架的实际工况进行连接处理和边界条件分析，接着建立车架有限元模型，进行典型工况的有限元计算，通过分析结果评价车架是否满足刚度要求。如果满足刚度要求就可以对车架进行优化，如果不满足刚度要求则需要重新建立有限元车架模型进行有限元计算，直到满足刚度要求。进行车架轻量化时，首先要定义优化问题：定义目标、定义设计约束、设计变量初始化，接着进行尺寸优化计算，若结果收敛则优化结束，若结果不收敛则要经过灵敏度分析、逼近、优化、更新设计变量后重新进行尺寸优化计算，直到结果收敛，轻量化设计结束。根据轻量化的设计要求，应保证结构的强度和刚度要求，因而选取满载弯曲工况和满载扭转工况作为分析工况，选取两种工况下的应力和变形位移作为组合约束函数。

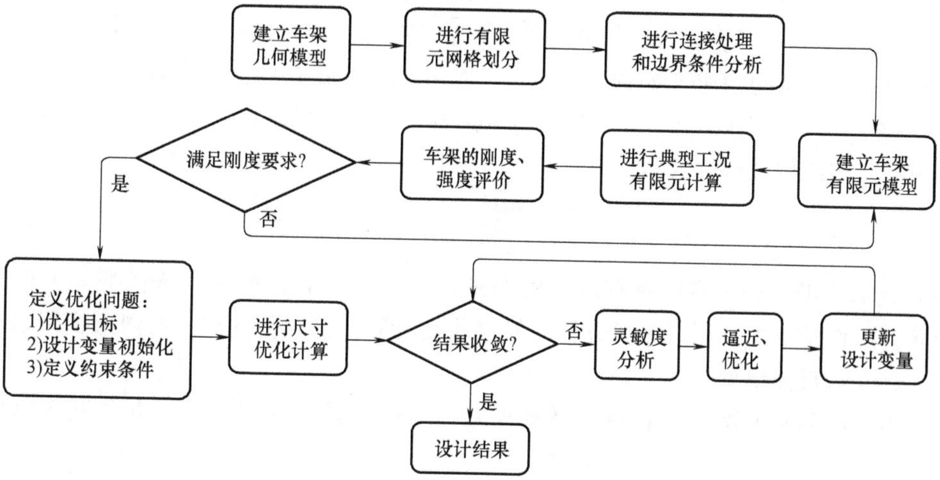

图 13-11 汽车车架结构优化设计方案流程

综上所述可以得到车架结构轻量化的数学模型为：

目标函数 $$\min M = \rho \sum_{i=1}^{n} v_i$$

应力约束 $$\sigma_{\max} \leqslant \sigma_e$$

位移约束 $$\delta_{\max} \leqslant \delta_e$$

设计变量约束 $$\boldsymbol{X}_i^{L} \leqslant \boldsymbol{X}_i \leqslant \boldsymbol{X}_i^{U}$$

式中，M 是车架总质量；ρ 是材料密度；v_i 是单元体积；n 是单元的个数；$\sigma_{\max}$ 是有限元分析中单元节点的最大 Von Mises 应力值；σ_e 是材料的屈服极限；$\delta_{\max}$ 是有限元分析中单元节点的最大位移；δ_e 是许用最大位移；$\boldsymbol{X}_i$ 是设计变量；$\boldsymbol{X}_i^{L}$ 是取值下限；$\boldsymbol{X}_i^{U}$ 是取值上限。

（1）设计灵敏度分析　在整个优化设计计算过程中，把结构的优化设计转化成数学优化过程的最重要的一环是设计变量结构响应的灵敏度分析。

灵敏度分析是研究与分析一个系统（或模型）的状态或输出变化对系统参数或周围条件变化的敏感程度的方法。在最优化方法中，经常利用灵敏度分析来研究原始数据不准确或发生变化时最优解的稳定性。通过灵敏度分析还可以决定哪些参数对系统或模型有较大的影响。

设计灵敏度是目标函数和约束条件对设计变量的偏导数以及二阶偏导数，即结构响应对设计变量的变化率，也可以称为结构响应的梯度。

对于有限元方程：

$$\boldsymbol{KU}=\boldsymbol{P} \tag{13-165}$$

式中，$\boldsymbol{K}$ 是刚度矩阵；$\boldsymbol{U}$ 是单元节点的位移矢量；$\boldsymbol{P}$ 是单元节点的载荷矢量。

两边对设计变量 $\boldsymbol{X}$ 求偏导数得

$$\frac{\partial \boldsymbol{K}}{\partial \boldsymbol{X}}\boldsymbol{U}+\boldsymbol{K}\frac{\partial \boldsymbol{U}}{\partial \boldsymbol{X}}=\frac{\partial \boldsymbol{P}}{\partial \boldsymbol{X}} \tag{13-166}$$

则

$$\frac{\partial \boldsymbol{U}}{\partial \boldsymbol{X}}=\boldsymbol{K}^{-1}\left(\frac{\partial \boldsymbol{P}}{\partial \boldsymbol{X}}-\frac{\partial \boldsymbol{K}}{\partial \boldsymbol{X}}\boldsymbol{U}\right) \tag{13-167}$$

一般情况下，结构响应（如约束函数 g）能用位移矢量 $\boldsymbol{U}$ 的函数来描述：

$$g=\boldsymbol{Q}^{\mathrm{T}}\boldsymbol{U} \tag{13-168}$$

因此结构响应的灵敏度可以表示为

$$\frac{\partial g}{\partial \boldsymbol{X}}=\frac{\partial \boldsymbol{Q}^{\mathrm{T}}}{\partial \boldsymbol{X}}\boldsymbol{U}+\boldsymbol{Q}^{\mathrm{T}}\frac{\partial \boldsymbol{U}}{\partial \boldsymbol{X}} \tag{13-169}$$

（2）近似模型拟合　直接对有限元模型进行优化求解时，每一次迭代都需要很多次有限元计算，工作量巨大，同时为了方便后续的优化计算，必须将隐式的有限元模型通过显式近似建立起显式近似模型。

对结构响应应用灵敏度信息进行泰勒展开，以得到显式近似模型。近似方法包括线性近似：

$$\tilde{g}_j(\boldsymbol{X})=g_{j0}-\sum_{i=0}^{N}\frac{\partial g_j}{\partial \boldsymbol{X}_i}(\boldsymbol{X}_i-\boldsymbol{X}_{i0}) \tag{13-170}$$

倒近似：

$$\tilde{g}_j(\boldsymbol{X})=g_{j0}-\sum_{i=0}^{N}\frac{\partial g_j}{\partial \boldsymbol{X}_i}X_{i0}^2\left(\frac{1}{\boldsymbol{X}_i}-\frac{1}{\boldsymbol{X}_{i0}}\right) \tag{13-171}$$

凸近似：

$$\tilde{g}_j(\boldsymbol{X})=g_{j0}+\sum_{i=0}^{N}\frac{\partial g_j}{\partial \boldsymbol{X}_i}c_{ji}(\boldsymbol{X}_i-\boldsymbol{X}_{i0}) \tag{13-172}$$

式中，若 $\frac{\partial g_j}{\partial \boldsymbol{X}_i}\geqslant 0$，$c_{ji=1}=1$；若 $\frac{\partial g_j}{\partial \boldsymbol{X}_i}<0$，$c_{ji}=\frac{\boldsymbol{X}_{i0}}{\boldsymbol{X}_i}$。

13.4　新型材料的选择设计

13.4.1　高强度钢的设计运用

1. 应用情况

目前，钢材仍是汽车工业的主要原材料。平均来看，在一辆汽车中钢材约占 65%左右。专家认为，作为用于制造汽车的传统材料的钢，在汽车轻量化方面还具有相当大的潜力。以前，车身材料采用的多是普通碳钢板，虽然其价格低廉，能吸收撞击能量，但是其重量大，增加了燃油消耗。最近几年来，高强度钢和超高强度钢逐渐成为汽车工业中发展最快的金属轻质材料之一，在汽车上的应用比例不断增加。

目前，世界多家大汽车公司均已掌握了应用超轻高强度钢板制造汽车部件的相关工艺技术，使超轻高强度钢板的应用范围向制造附件（车门、发动机舱盖、行李舱盖等）延伸。

2. 高强度钢的优势

高强度钢最小抗屈服强度不小于 240MPa，最小抗拉强度可达 690MPa，超高强度钢最小抗拉强度不小于690MPa。利用材料厚度小的高强度钢及超高强度钢钢板代替普通钢钢板可减轻汽车重量约20%左右。以德国保时捷公司为首的国际小组研究出用超高强度钢板来制造轿车超轻钢车身（ULSAB）的工艺技术。ULSAB使用电镀锌高强度钢和超高强度钢钢板制造，材料厚度范围为0.65~2.00mm。其与普通类型车身相比，重量减小25%，而抗扭刚度则提高80%，抗弯刚度提高52%。

用于汽车制造的高强度钢主要有无间隙原子钢（IF钢）、烘烤硬化钢（BH钢）以及相变诱异塑性钢（TRIP钢）。尤其是TRIP钢具有较好的成形性，极高的屈服和抗拉强度而备受汽车制造商的青睐。目前世界上用于制造汽车所用高强度钢薄钢板的比例在60%以上。

3. 高强度钢在车用弹簧中的应用

为了使汽车满足轻量化的要求，汽车制造商还力求减小车用螺旋弹簧或钢板弹簧的质量。

1）汽车螺旋弹簧轻量化主要靠提高研制簧钢丝的强度，以提高弹簧的设计应力。德国雷特曼-杰克公司生产出的新型高性能弹簧钢，其强度比目前弹簧钢丝提高200~400MPa，使悬架重量减小20%。美国、日本等发达国家为了使轿车用弹簧轻量化，也研究开发出新的高强度弹簧钢并取得了很大成效。

2）车用钢板弹簧轻量化采取的方法主要有两种：一是开发高性能新型弹簧钢，使之能提高板簧的设计应力；二是采用少片变截面板簧代替多片等截面板簧。

汽车板簧主要用于客车和货车上，国外客车凡使用板簧的，几乎全部采用变截面板簧，我国客车采用这种板簧的也越来越多。我国货车板簧使用弹簧钢的数量约占汽车使用总量的80%左右。

13.4.2　铝合金的应用

铝合金具有高强度、耐侵蚀、热稳定性好、易成形、再生性好和可简化结构等一系列优点。这使得铝合金在汽车上被大量应用，现代轿车使用铝材日益广泛，已经成为一种趋势。美国福特、德国奥迪、日本本田等著名的汽车公司在汽车生产中扩大了铝的使用量。其中，美国2017年铝用量为186kg/辆，预计2020年增长到211kg/辆，到2025年将达到235kg/辆。据美国埃克斯科公司（EXCO）的测算，2025年美国汽车工业的用铝量可比2012年增加40%。2019年汽车研究机构Duckerfrontier发布欧洲乘用车用铝量报告，样本车型覆盖了欧盟28个国家的近95%的产量。报告中提到，2019年欧洲乘用车单车用铝量179.2kg/辆，2019年欧盟地区乘用车总用铝量将接近300万吨，预计到2025年，平均单车用铝量将增加约20~200kg/辆。欧洲乘用车铝的总用量将达到363.5万t，增长21%，年均增长率3.3%。预计2028年乘用车消费铝将达到416万t，年均增长率4.62%。在20款铝密集型车型中，有8款属于捷豹路虎集团。单车用铝量最高的车型是奥迪e-tron，用铝量为804kg/辆。我国主要是在新红旗等品牌的中、高档乘用车和大型客车的车身的设计上采用铝合金，我国国产发动机的若干部件也采用了铝合金。但这些用量还不够多，还有巨大的发展空间。目前我们正在设计商用货车的钢铝混合底盘。

当然铝合金材料在汽车应用上还存在一些难题。首先，铝合金的加工难度比钢材要大得多。轿车车身大部分的工件是靠冲压成形，由于铝合金不是很平直，如果用冲压钢板的方法去冲压铝合金板，会出现裂缝和褶皱。其次，轿车车身大部分的工件是焊接组装，由于铝是热的良导体，在焊接时需要用相当于钢板焊接时5倍的电流消耗量才能熔化它。另外，在防腐处理和喷漆工艺上铝合金材料也有自己的特殊要求。尽管如此，铝合金材料在汽车上的应用范围仍在不断扩大。据预测，随着汽车技术的发展，汽车的主要制造材料将由钢材转为铝合金材料，轿车的平均质量将会减小35%。铝合金材料在汽车上的应用主要有以下几个方面。

1. 车身

汽车车身重量约占汽车总重量的30%，车身的重量减小，对于汽车轻量化具有很大的帮助。奥迪公司A8型高级轿车的整个车身均用铝合金材料制造，框架采用立体构架式结构，覆盖件为铝板冲压而成。这种车身与钢车身相比，重量减小30%~50%。德国宝马汽车公司在一份研究报告中指出，现代无骨架车身，可使汽车的重量降低20%。近年来各国制造商推出的概念车，在车体结构上大多采用无骨架式结构和空间框架式结构，而且大多数以铝型材料为主。这种结构适用多品种小批量生产，改型容易，车型、车身多样化；不需要大型冲压设备，可节省投资；能减少部件数量，可选任意断面铝材；可以减少工时，缩短生产时间；能大幅度减轻重量，节约燃料。

2. 底盘

目前汽车底盘也广泛使用铝合金材料，如高位控制臂、低位控制臂、转向节、定位臂、上置臂、垂直连杆等。特别是铝合金制动盘的使用，虽然费用较高，但寿命却是铸铁盘的3倍，重量是铸铁的1/3。奔驰汽车公司新一代S系列轿车有好几种底盘部件都是使用铝合金材料制造的。例如，其前桥拉杆和横向导臂等就是铝合金材料通过触变铸造法制成的，前桥整体支承结构也是铝合金材料，其工艺为真空压力铸造，这种部件的质量只有10.5kg，与钢件相比轻35%。奔驰S系列轿车的后桥支承结构也是铝合金制造的，原材料为铝板，通过相应的工艺成形，需要连接的部件则通过焊接而实现。

3. 发动机

很多汽车制造商在发动机的活塞、散热器、油底壳、缸体和缸盖等部件上采用铝合金材料。现在西欧各轿车厂家只使用铝缸盖，日、美分别有100%、85%的轿车缸体已经采用铝合金。全铝发动机一度被大量的车型采用，国外有罗孚K系列发动机、宝马M52直列6缸发动机、德国大众的路波（TDI）涡轮增压直喷式柴油机等。国内采用铝合金制造的多为小排量发动机，如国产铃木系列G13、K14等。由于具有质量小、散热好、性能高和耗能低等特点，高强度轻结构铝合金主要应用在气缸体、气缸盖、进气歧管、摇臂、部件底座等复杂构件，以及冷却系统散热器、中冷器中。汽车空调器在日本、美国已全部采用铝合金材料。欧洲散热器几乎都使用铝合金材料，美国已达到60%~70%，日本则只有大约25%~35%。

4. 车轮

占车轮重量70%的轮毂重量减少，将有助于增加有效载重，而且铝轮毂散热性能较好，可延长车轮的使用寿命。在车轮制造业中，已有越来越多的厂家采用铝制轮毂。目前铝合金车轮的安装达到65%左右，铝轮毂正朝厚度更薄，形状更复杂，重量较小，安全性更高的方向发展。

13.4.3 镁合金的应用

由于镁合金比铝合金轻，其在汽车上的应用呈上升趋势。

在性能上，镁合金零件的尺寸稳定性高于铝合金零件，减振性能也好于铝合金和钢。20世纪90年代初汽车上的镁合金主要用于生产离合器、手动变速器壳及支架等部件。预计不久，座椅架、油泵外壳及门把手等也将使用镁合金。

菲亚特汽车公司在其Bravo和Marea轿车上使用镁合金仪表板横梁，AlfraRomeo156车中使用4种镁合金部件（仪表板横梁、转向杆构架、座椅架、转向柱支架），与原先使用的钢部件相比，重量减小了30%~50%，并且具备较好的刚性，尺寸精确，并具有减噪性能。大众公司的帕萨特轿车变速器壳体、奥迪公司的A8型轿车仪表盘外壳、奔驰公司的SLK系列轿车燃油箱盖和保时捷公司的高速轿车车轮都改用镁合金制造。大众公司的路波牌3L车尾箱盖，其内板材为高纯度镁合金，外板材为铝合金。近几年北美汽车制造商大大增加了镁在汽车上的应用。大众、奥迪及其他欧洲汽车制造商目前也都致力于开发镁合金内门框、镁合金发动机缸体、镁合金发动机舱盖以及镁合金车身立柱，以减小汽车重量。

13.4.4 钛的应用

在汽车用轻质金属材料中，钛的强度大大高于其他材料，钛合金可以达到与合金钢相当的高强度，因此历来受到汽车工业的极大关注。特别是在一些恶劣的工作条件下，铝、镁合金材料无法满足汽车的性能要求，钛合金将是取代钢铁的最佳轻量化材料。其主要优点有：密度小，钛的密度4.5g/cm^3，仅为钢的58%；储量大，钛资源丰富，地壳中金属蕴藏量仅次于铝、铁和镁，居第四位；强度高，与钢相当，密度较低，因而比强度很高；耐腐蚀、抗氧化性强，高、低温性能好。

但在另一方面，钛合金材料成本高，加工条件复杂，同钢相比，对钛的材料特性和加工工艺还没有很好掌握，也没有一个很好的回收体系，极大限制了钛合金在汽车上的应用和推广。汽车行业一直在寻找适合的廉价合金元素，以获得经济型钛合金，并通过改进加工工艺降低钛合金零件的制造成本。

汽车中使用钛的部件主要包括如下几个部分：

1. 排气系统

传统的尾喷管/回气管组件是采用不锈钢制备的，而钛具有良好的耐含盐和含硫的排放废气的性能，在Chevrolet Corvette Z206中使用。其排气系统避免了点蚀，在焊接处也不会出现锈蚀，同时质量是传统材料的60%，可提高加速能力，并具备较短的制动距离。美国最大的钛材制造商Timet一直与北美排气系统制造商ArvinMcritor合作制造和开发排气系统部件。富士重工株式会社采用钛材生产车用排气管。

2. 发动机部分

在日本，1998年丰田一种轿车上采用Ti6Al4V/TiB材料粉末冶金法制得的进气阀，采用Ti-Al-Zr-Sn-Nb-Mo-Si/TiB材料制得的排气阀，在质量上减少了一半，这类材料在加入Nb和Si后提高了抗氧化性和抗蠕变性能，并且密度小，导热性能良好，强度高于常用合金，有良好的耐磨性。与钢相比，钛的弹性模量低，密度小，适应于制作弹簧，美国与德国大众公司协作开发制作发动机用钛制阀簧。意大利的新型法拉利315LV8与讴歌的NXS发动机首次使用了钛合金连杆，比钢制连杆轻15%~20%，0~100km/h加速时间为2.9s。

3. 传动与减振部分

国际上钛制造商们与汽车制造商联合对汽车中的传动与减振部分使用钛的可行性进行了

研究并投入批量生产，先后在减振缓冲器用弹簧和中心杆、从动轴、驱动齿轮配件和传动连杆上使用。

4. 车体框架部分

钛具有高的比强度、良好的耐蚀性以及低的密度，是制作车体框架的良好材料。在日本，一些汽车制造商采用纯钛级的焊接管制作框架。本田 V6NSX 运动车使用钛合金制造发动机的连杆部件。

此外，钛合金板材和管材还可用作消音器及车轮。虽然钛合金具有可以减小往复式发动机质量，提高发动机速度，减少曲轴应力、NVH 及活塞侧向推力等优点，但仅使其在赛车得到广泛应用。随着材料技术的进步，钛合金材料的生产和加工成本将不断降低，钛合金有望在汽车领域得到更广泛的应用。

13.4.5 塑料的应用

塑料质量轻，耐腐蚀，成型工艺简单，而其低廉的价格更具有显著的优势。

当前在汽车工业领域已大量使用塑料代替各种昂贵的有色金属和合金钢材料，提高了汽车造型的美观与设计的灵活性，降低了零部件加工、装配与维修的费用，同时减小了汽车质量，减少了汽车的使用能耗。汽车的塑料化程度已成为衡量汽车工业发展水平的标志之一。

汽车的轻量化趋势加快了塑料在汽车领域的应用，在车辆内饰、外装、结构件和功能件（如油箱、水箱、发动机盖等组件）中越来越多地使用塑料。此外，汽车的高科技化诸如防撞系统、导航系统、安全气囊等的应用，使塑料在汽车上的应用范围日益广阔，甚至出现了全塑车身。

在汽车用塑料中，聚丙烯（PP）逐渐成为用量最大的品种，在欧洲、美国和日本的汽车用塑料中都居首位。聚丙烯材料密度小，易成型，耐热性和耐化学腐蚀性强，在汽车上的应用越来越广泛。此外，出于对环保和便于回收循环使用的考虑，汽车工业更强调使用互相兼容的塑料，车用塑料的种类趋向统一化，而 PP 利于回收再利用，而且综合性价比高，逐渐成为汽车用塑料的主导产品。汽车用 PP 零部件主要有保险杠、仪表板、门内饰板、空调系统部件、蓄电池外壳等，这 5 种应用占全车 PP 用量的一半以上，其他应用还包括冷却风扇、转向盘、各种壳体等。

根据计算可知，每辆汽车可以用 100kg PP 材料替代 200~300kg 其他材料，相应地在 15 万 km 的平均寿命里程中可以减少燃料消 750L。

目前，美国、德国、日本等国家的汽车行业塑料的用量基本为 10%~15%，最多的达到 20%左右。一般塑料包括聚氯乙烯、尼龙制品、聚乙烯、聚丙烯，汽车上使用这些材料占总数的 65%以上，并且数量还在继续增加。在汽车上使用聚氨酯材质所制成的零件也正在变得越来越多，一般占 15%的汽车用量，平均约 15kg。聚酰胺（PA，即尼龙）材料主要应用于动力、底盘零部件及结构件，约占整车塑料的 20%；聚碳酸酯、聚甲醛、改性聚苯醚和热塑性聚酯等材料主要应用于电子电器零部件及结构件，约占整车塑料的 15%左右。改性聚苯醚（PP）和 ABS 工程塑料及其合金材料主要应用于内外饰零部件，随着车型档次提高，工程塑料应用增加，ABS 及其合金应用比例增加。2011 年，发达国家汽车上的塑料用量平均达到 300kg/辆以上，占整车整备质量的 20%；预计 2020 年，发达国家在某些汽车上的塑料用量平均将达到 500kg/辆以上。

13.4.6 轻量化材料应用的发展

虽然采用轻质材料可以减轻汽车整体重量，但只有在优化结构的基础上才能最大限度发挥轻质材料的优良性能，同时保证汽车结构和功能的合理性、安全性和舒适性。

钢在汽车中的用量会越来越少，但由于人们使用钢的时间最长，对钢的材料特性及加工工艺了解最多，同时钢具有很多十分优异的结构和工程性能，而且对钢铁的生产、使用、回收已经形成了一个很成熟的网络，对钢铁的回收率已经能达到95%以上，与此同时，对于铝、镁、钛等轻质材料还不具有一个比较完善的循环利用体系，因此在一定时期内，钢在汽车用材中仍然会占有主要的地位。

随着对各种材料的不断了解，以及加工工艺的不断改善，铝、镁、钛、塑料等轻质材料在汽车生产设计中使用的必将会越来越多，会进一步促进汽车的轻量化发展，减少能源消耗。

第 14 章 汽车结构动力学设计

随着振动理论及相关学科的发展，人们已经改变了仅仅依靠静强度理论进行结构设计的观念。现实中的汽车结构是在外部激励或自身动力作用下处于运动状态的，从而表现出了振动特性。因此，在汽车设计、评估中自然必须考虑其动态特性，因此对动态特性的要求越来越高。

14.1 底盘结构的动态特性分析

汽车底盘车架作为整个汽车的基体，一方面要支承车身等基础构件，另一方面还通过悬架装置坐落在车轮上，通过车轮来接受不同道路的各种激励。当汽车在崎岖不平的道路上行驶时，随着车速和路况行驶条件的变化，车架主要承受对称的垂直动载荷和非对称的动载荷。当一侧车轮遇到障碍时，还可能使整个车架扭曲。

对车架进行动态分析的主要原因有如下几个方面：

1）为了在汽车使用中避免共振，降低噪声，确保安全可靠，需要知道结构振动的固有频率及其相应的振型。

2）若所受动载荷的频率与某些结构的固有频率接近时，结构将产生强烈的振动，从而引起很大的动应力，造成早期疲劳破坏或产生不允许的变形。

3）车架的变形会加剧汽车各个部件的振动，加速这些汽车构件的损坏，增加环境噪声，加快驾驶人的疲劳，缩短其有效工作时间，影响行车的安全。

因此，对车架的动态特性进行设计，有利于降低车辆的振动，改善汽车的工作舒适性、乘坐舒适性和行驶安全性。

不管汽车底盘各个零部件结构多么复杂，其动态分析的基本步骤如下：

1）进行结构的振动模态特征预先估计和理论方法的选择，包括系统频响函数的分析。

2）进行结构的有限元模型建立，包括结构动态特性分析的初始参数确定。

3）用相应的计算分析软件对结构的振动模态特征、振动响应进行有限元仿真计算分析，考虑弯曲振动、扭转振动和弯扭耦合振动。必要时用子结构法和模态综合法进行分析。

4）再通过结构动态优化设计，得到一个具有良好动特性的产品设计方法，即根据结构的功能要求选择设计参数的初值，并根据此结构的振动模态特征、振动响应的仿真计算结果，进行结构振动特征、结构参数的优化。

优化的目的是对初始设计参数值进行微调，使结构动态特性满足工作要求。

5）结构的动态响应试验分析，包括试验室分析和现场工作状态分析。

14.1.1　振动模态分析的基本理论及方法

1. 模态分析的定义

模态分析是确定结构振动特性（固有频率和振型）的一种技术，它的经典定义是：将线性定常系统振动微分方程组中的物理坐标变换为模态坐标，使方程组解耦，成为一组以模态坐标及模态参数描述的独立方程，以便求出系统的模态参数。坐标变换的变换矩阵为模态矩阵，其每列为模态振型。模态是机械结构的固有振动特性，每一个模态具有特定的固有频率、阻尼比和模态振型。

模态参数可以由计算或试验分析取得，这个分析过程如果是由有限元计算的方法取得的，则称为计算模态分析；如果通过试验将采集的系统输入与输出信号经过参数识别获得模态参数，称为试验模态分析。

2. 多自由度系统的频响函数分析

汽车底盘是弹性体结构，是一个多自由度系统。多自由度系统有一个以上的有限个固有频率和固有振型，其数目与系统自由度数目相等。

多自由度离散系统的运动方程一般用一组联立的二阶常微分方程组来描述。按照其边界的约束情况，多自由度系统可分为有边界约束系统和自由系统。一般工程结构都是有约束边界的。

（1）有约束系统　多自由度系统运动微分方程可写为

$$\boldsymbol{M}\ddot{\boldsymbol{x}}(t)+\boldsymbol{C}\dot{\boldsymbol{x}}(t)+\boldsymbol{K}\boldsymbol{x}(t)=\boldsymbol{f}(t) \tag{14-1}$$

两边进行拉氏变换并整理得（设初始条件为零）

$$(\boldsymbol{M}s^2+\boldsymbol{C}s+\boldsymbol{K})\boldsymbol{X}(s)=\boldsymbol{F}(s) \tag{14-2}$$

$$\boldsymbol{H}(s)=\frac{\boldsymbol{X}(s)}{\boldsymbol{F}(s)}=\frac{1}{\boldsymbol{M}s^2+\boldsymbol{C}s+\boldsymbol{K}} \tag{14-3}$$

令 $s=\mathrm{j}\omega$，得多自由度约束系统的频响函数为

$$\boldsymbol{H}(\omega)=\frac{\boldsymbol{X}(\omega)}{\boldsymbol{F}(\omega)} \tag{14-4}$$

写成矩阵形式为：

$$\boldsymbol{H}(\omega)=\begin{pmatrix} H_{11} & H_{12} & \cdots & H_{1n} \\ H_{21} & H_{22} & \cdots & H_{2n} \\ \vdots & \vdots & & \vdots \\ H_{n1} & H_{12} & \cdots & H_{nn} \end{pmatrix} \tag{14-5}$$

其中，任一元素 $H_{lp}(\omega)$ 表示第 l 点的响应而在第 p 点激励之间的频响函数。当 $l=p$ 时，称为原点频响函数；当 $l\neq p$ 时，则称为跨点频响函数，且有互换性，即

$$H_{lp}(\omega)=H_{pl}(\omega) \tag{14-6}$$

对于两个自由度的系统，其原点频响函数为

$$H_{11}(\omega)=\frac{k_1+k_2-\omega^2 m_2}{(k_1+k_2-\omega^2 m_2)(k_1-\omega^2 m_1)-k_1^2} \tag{14-7}$$

图 14-1 所示为对数坐标下 $|H_{11}(\omega)|$ 与 ω 之间的变化关系。两个共振频率 ω_{R1}、ω_{R2} 为

$$\left.\begin{array}{l}\omega_{R1}^2\\ \omega_{R2}^2\end{array}\right\}=\frac{1}{2}\left(\frac{k_1}{m_1}+\frac{k_1}{m_2}+\frac{k_2}{m_2}\right)\pm\frac{1}{2}\sqrt{\left(\frac{k_1}{m_1}+\frac{k_1}{m_2}+\frac{k_2}{m_2}\right)-4\frac{k_1k_2}{m_1m_2}} \tag{14-8}$$

式中，ω_{R1} 是第一共振频率；ω_{R2} 是第二共振频率。

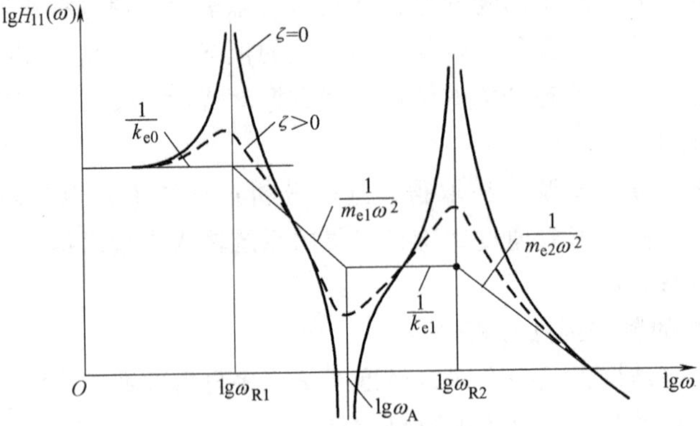

图 14-1　两自由度约束系统原点频响函数 $H_{11}(\omega)$ 的幅频图

令 $H_{11}(\omega)=0$，此时的频率称为反共振频率，记为 ω_A，则

$$\omega_A=(k_1+k_2)/m_2 \tag{14-9}$$

当系统处于反共振时，质量 m_1 的振幅为零，而 m_2 的振幅不为零。可见，反共振是系统的局部现象，而共振则为系统的总体现象。

由以上分析可见：

1）对 N 个自由度的约束系统，有 N 个共振频率，有 $N-1$ 个反共振频率。

2）对原点频响函数而言，各阶共振，反共振交替出现，即在每个共振后出现反共振。有关系式为

$$\omega_{R1}<\omega_{A1}<\omega_{R2}<\omega_{A2}<\cdots$$

对于跨点频响函数而言无此规律。

（2）自由系统分析　两自由度自由系统的原点频响函数为

$$H_{11}(\omega)=\frac{k-\omega^2m_2}{-k(\omega^2m_1+\omega^2m_2)+\omega^4m_1m_2}=\frac{-(k-\omega^2m_2)}{\omega^2(m_1+m_2)(k-\omega^2m_c)} \tag{14-10}$$

式中，

$$m_c=m_1m_2/(m_1+m_2) \tag{14-11}$$

图 14-2 所示为原点频响函数的幅频图。

多自由度的自由系统，先出现反共振，再出现共振，这与有约束系统不同。

对于 N 自由度系统，可由此例推广：

1）对 N 自由度自由系统，有 N 个共振频率，有 $N-1$ 个反共振频率。

2）对自由系统，首先出现反共振点，其次是共振点。

3）对原点频响函数而言，都不反共振，共振交替出现，且满足关系：

$$\omega_{A1}<\omega_{R1}<\omega_{A2}<\omega_{R2}<\cdots$$

对跨点频响函数没有此规律。

3. 多自由度系统模态分析理论基础

（1）基本概念　设多自由度系统有 N 个自由度，并假设系统是线性、定常数的，力学

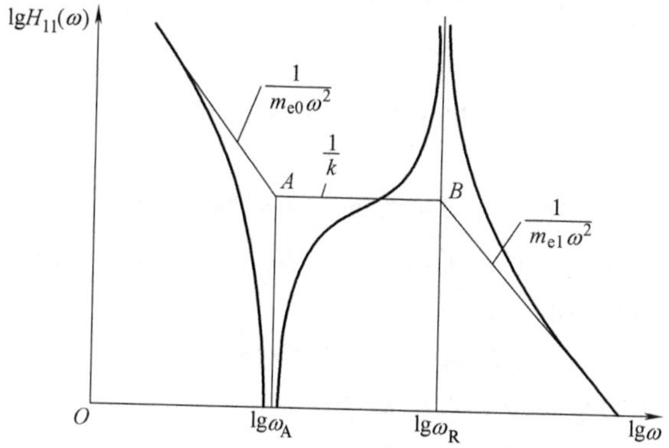

图 14-2 两自由度自由系统的 $H_{11}(\omega)$ 幅频图

模型如图 14-3 所示，其运动微分方程为

$$M\ddot{x}+C\dot{x}+Kx=f \tag{14-12}$$

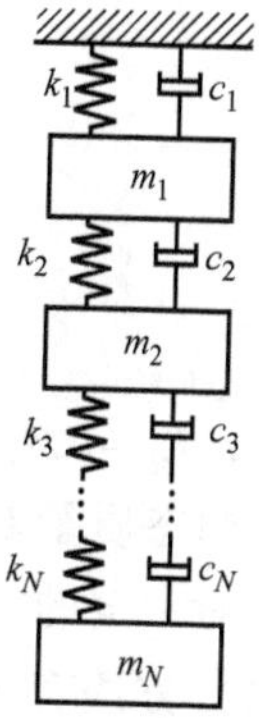

图 14-3 多自由度系统

式中，$\boldsymbol{M}$ 是系统的质量矩阵，是实系数正定对称阵；$\boldsymbol{K}$ 是系统的刚度矩阵，对约束系统是正定对称，对有刚体运动的自由系统则是半正定的；$\boldsymbol{C}$ 是系统的阻尼矩阵，当阻尼为比例阻尼时，$\boldsymbol{C}$ 为对称矩阵，以上三个矩阵均为 $N\times N$ 阶矩阵；$\boldsymbol{x}$ 是系统各点的位移向量（响应），$\boldsymbol{x}=(x_1, x_2, \cdots, x_N)^{\mathrm{T}}$；$\boldsymbol{f}$ 是系统各点的激励向量（力），$\boldsymbol{f}=(f_1, f_2, \cdots, f_N)^{\mathrm{T}}$。

式（14-12）是系统的物理坐标 $\boldsymbol{x}$、$\dot{\boldsymbol{x}}$、$\ddot{\boldsymbol{x}}$ 描述的运动方程组。在其每一个方程中均包含系统各点的物理坐标，因此是一组耦合方程。

模态分析可以用坐标变换的方法，对无阻尼系统进行坐标变换，使耦合的方程组解耦，变成互相独立的一组微分方程，从而求出各阶模态参数。

由上一节分析可知，对式（14-12）进行 Fourier 变换可得到系统在频域中的运动微分方程为

$$(\boldsymbol{K}-\omega^2\boldsymbol{M}+\mathrm{j}\omega\boldsymbol{C})\boldsymbol{X}(\omega)=\boldsymbol{F}(\omega) \tag{14-13}$$

可以看出，式中 $\boldsymbol{K}-\omega^2\boldsymbol{M}+\mathrm{j}\omega\boldsymbol{C}$ 是阻抗矩阵，而其倒数即为传递函数矩阵。

由振动理论知，对线性时不变系统，系统的任一点响应均可表示为各阶模态响应的线性组合。因此可对 l 点的响应写成线性组合形式为

$$X_l(\omega)=\varphi_{l1}q_1(\omega)+\varphi_{l2}q_2(\omega)+\cdots+\varphi_{lN}q_N(\omega)=\sum_{r=1}^{N}\varphi_{lr}q_r(\omega) \tag{14-14}$$

式中，φ_{lr} 是第 l 个测点第 r 阶模态的振型系数。$q_r(\omega)$ 代表了第 r 阶模态坐标，$q_r(\omega)$ 的物理意义为各阶模态对响应的贡献量，$q_r(\omega)$ 的数学意义为加权系数，它与激励频率有关，各阶模态对响应的贡献（或加权系数）不同，一般低阶模态比高阶模态有较大的加权系数或贡献。

由 N 个测点振型系数所组成的列向量为

$$\boldsymbol{\phi}_r=(\varphi_1,\varphi_2,\cdots,\varphi_N)^{\mathrm{T}} \tag{14-15}$$

它称为第 r 阶模态向量，反映了该阶模态的振动形状。由各阶模态向量组成的矩阵称为模态矩阵，记为

$$\boldsymbol{\Phi}=(\boldsymbol{\phi}_1,\boldsymbol{\phi}_2,\cdots,\boldsymbol{\phi}_r,\cdots,\boldsymbol{\phi}_N)^{\mathrm{T}} \tag{14-16}$$

它是 $N\times N$ 阶矩阵。

由式（14-14）和式（14-16）可得系统的响应列向量为

$$\boldsymbol{X}(\omega)=\boldsymbol{\Phi Q}=(\boldsymbol{\phi}_1,\boldsymbol{\phi}_2,\cdots,\boldsymbol{\phi}_N)(q_1,q_2,\cdots,q_N)^{\mathrm{T}} \tag{14-17}$$

将式（14-17）代入式（14-13）得

$$(\boldsymbol{K}-\omega^2\boldsymbol{M}+\mathrm{j}\omega\boldsymbol{C})\boldsymbol{\Phi Q}=\boldsymbol{F}(\omega) \tag{14-18}$$

对此式可分别考虑无阻尼情况和有阻尼情况。

（2）无阻尼自由振动　此时式（14-18）化为

$$(\boldsymbol{K}-\omega^2\boldsymbol{M})\boldsymbol{\Phi Q}=\boldsymbol{0} \tag{14-19}$$

对第 r 阶模态，有（$\boldsymbol{K}-\omega_r^2\boldsymbol{M}$）$\boldsymbol{\phi}_r=\boldsymbol{0}$

模态正交性表示为

$$\boldsymbol{\phi}_s^{\mathrm{T}}\boldsymbol{M}\boldsymbol{\phi}_r=0,\quad r\neq s \tag{14-20}$$

$$\boldsymbol{\phi}_s^{\mathrm{T}}\boldsymbol{K}\boldsymbol{\phi}_r=0,\quad r\neq s \tag{14-21}$$

和

$$\left.\begin{aligned}\boldsymbol{\phi}_r^{\mathrm{T}}\boldsymbol{K}\boldsymbol{\phi}_r=K_r\\ \boldsymbol{\phi}_r^{\mathrm{T}}\boldsymbol{M}\boldsymbol{\phi}_r=M_r\end{aligned}\right\} \tag{14-22}$$

式中，K_r 与 M_r 是第 r 阶模态刚度及模态质量。它们不是矩阵，而是某个数。不同的模态刚度与模态质量对应着不同的模态，它们是模态参数。

对一定的模态，模态刚度与模态质量不是唯一的，它们与模态向量 $\boldsymbol{\phi}_r$ 的归一化（或正则化）方法有关。

模态向量只表示振动形状而与振幅大小无关，因为它可用不同的比例因子来归一化。因此，对式（14-22），讨论其具体数值是没有多大意义的。

模态频率由下式得到：

$$\omega_r^2=K_r/M_r \tag{14-23}$$

1）概念。模态具有正交性，式（14-20）~式（14-22）是模态正交性条件。

主模态——一个无阻尼系统的各阶归一化后的模态称主模态（正则化后的模态称为正则模态）。

主空间——各阶主模态向量所张成的空间称为主空间。

主坐标——主模态对应的模态坐标称为主坐标。

2）对模态正交性解释。数学上，两个向量在空间上正交，则彼此成为 90°，互相之间投影为零，即互相独立。

从物理意义上对模态正交的理解为：r 阶模态的惯性力（$\omega^2\boldsymbol{\phi}_r\boldsymbol{M}$）对 s 阶模态位移（$\boldsymbol{\phi}_s$）所做的功为零。

3）解耦。对式（14-19）左乘 $\boldsymbol{\Phi}^{\mathrm{T}}$，并考虑正交性条件，可得

$$\boldsymbol{\Phi}^{\mathrm{T}}(\boldsymbol{K}-\omega^2\boldsymbol{M})\boldsymbol{\Phi Q}=\boldsymbol{0}$$

或写成

$$(\boldsymbol{K}-\omega^2\boldsymbol{M})\boldsymbol{Q}=\boldsymbol{0} \tag{14-24}$$

式中，$\boldsymbol{M}$、$\boldsymbol{K}$ 是对角阵；$\boldsymbol{Q}$ 是模态坐标。

可见，式（14-24）是非耦合的方程组，其求解就变成了由每一个方程计算模态。在计算中，由于归一化形成不同，模态坐标向量 $\boldsymbol{Q}$ 仅是个相对值。

4）正则化。如果对模态向量进一步归一化，即令

$$\widetilde{\boldsymbol{\Phi}}=\frac{1}{\sqrt{M_r}}\boldsymbol{\Phi} \tag{14-25}$$

则称为正则模态向量（也叫加权模态向量），这种归一化也叫正则化。

对应的质量矩阵 $\boldsymbol{M}$ 和刚度矩阵 $\boldsymbol{K}$ 对正则模态向量的正交性条件为

$$\widetilde{\boldsymbol{\Phi}}_r^{\mathrm{T}}M\widetilde{\boldsymbol{\Phi}}_s=\begin{cases}0, & r\neq s\\1, & r=s\end{cases} \tag{14-26}$$

$$\widetilde{\boldsymbol{\Phi}}_r^{\mathrm{T}}K\widetilde{\boldsymbol{\Phi}}_s=\begin{cases}0, & r\neq s\\\omega_r^2, & r=s\end{cases} \tag{14-27}$$

由上述公式可见，模态向量按式（14-25）正则化，则模态质量为1，模态刚度为 ω_r^2，正则化更便于计算。

（3）比例阻尼振动　比例阻尼满足下面条件：

$$\boldsymbol{C}=\alpha\boldsymbol{M}+\beta\boldsymbol{K} \tag{14-28}$$

式中，α、β 是比例系数。

由于质量矩阵 $\boldsymbol{M}$ 与刚度矩阵 $\boldsymbol{K}$ 均为对称矩阵，且为实数矩阵，故比例阻尼矩阵 $\boldsymbol{C}$ 也为对称实数矩阵，亦满足解耦条件。正交性条件为

$$\boldsymbol{\phi}_r^{\mathrm{T}}\boldsymbol{C}\boldsymbol{\phi}_r=\begin{cases}0, & r\neq s\\C_r, & r=s\end{cases} \tag{14-29}$$

式中，C_r 是模态阻尼，它亦是一个数，而非矩阵。它与一定模态及模态向量归一化方法有关，亦为模态参数。

由此对式（14-18）乘 $\boldsymbol{\Phi}^{\mathrm{T}}$ 得

$$\boldsymbol{\Phi}^{\mathrm{T}}(\boldsymbol{K}-\omega^2\boldsymbol{M}+\mathrm{j}\omega\boldsymbol{C})\boldsymbol{\Phi}\boldsymbol{Q}=\boldsymbol{\Phi}^{\mathrm{T}}\boldsymbol{F}(\omega)$$

考虑到正交性条件，有

$$(\boldsymbol{K}-\omega^2\boldsymbol{MC}+\mathrm{j}\omega\boldsymbol{C})\boldsymbol{Q}=\boldsymbol{F} \tag{14-30}$$

式中，$\boldsymbol{M}$、$\boldsymbol{K}$、$\boldsymbol{C}$ 均是对角阵。

对第 r 阶模态，则有

$$(K_r-\omega^2M_r+\mathrm{j}\omega C_r)q_r=F_r \tag{14-31}$$

式中，$F_r=\boldsymbol{\phi}_r^{\mathrm{T}}\boldsymbol{F}(\omega)$。

4. 多自由度系统实模态分析

按照模态参数（主要是模态频率和模态向量）是实数还是复数，所讨论的模态可分为实模态和复模态。

一般工程分析中用实模态更为实际，所以这里仅讨论实模态，并假设所有阻尼都是比例阻尼。

（1）频响函数的模态表示　由式（14-31）可得第 r 阶模态坐标为

$$q_r=\frac{F_r}{K_r-\omega^2M_r+\mathrm{j}\omega C_r} \tag{14-32}$$

式中，
$$F_r=\boldsymbol{\phi}_r^{\mathrm{T}}\boldsymbol{F}(\omega)=\sum_{i=1}^{N}\varphi_{ir}f_i(\omega),\quad i=1,2,\cdots,N \tag{14-33}$$

返回到系统的物理坐标，则系统中任意一点 l 的响应为

$$X_l(\omega)=\sum_{r=1}^{N}\varphi_{lr}q_r \tag{14-34}$$

对于单点激励情况，设激励力作用于 p 点，则激励力向量变为

$$\boldsymbol{F}(\omega)=(0,\cdots,0,f_p(\omega),0,\cdots,0)^{\mathrm{T}}$$

则第 r 阶模态坐标为
$$q_r=\frac{\phi_{pr}f_p(\omega)}{K_r-\omega^2M_r+\mathrm{j}\omega C_r} \tag{14-35}$$

从而由式（14-34）得到
$$x_l(\omega)=\sum_{r=1}^{N}\frac{\phi_{lr}\phi_{pr}f_p(\omega)}{K_r-\omega^2M_r+\mathrm{j}\omega C_r} \tag{14-36}$$

因此测量点 l 与激励点 p 之间的频响函数为

$$H_{lp}(\omega)=\frac{x_l(\omega)}{f_p(\omega)}=\sum_{r=1}^{N}\frac{\phi_{lr}\phi_{pr}}{K_r-\omega^2M_r+\mathrm{j}\omega C_r} \tag{14-37}$$

此式表示的是在 p 点作用激励力，而在 l 点的频率响应。

此式还表明，**频响函数与激励力的大小无关**。

（2）等效刚度　对式（14-37）稍做变换，可得

$$H_{lp}(\omega)=\sum_{r=1}^{N}\frac{1}{K_{\mathrm{er}}[(1-\overline{\omega}_r^2)+\mathrm{j}2\zeta_r\overline{\omega}_r]} \tag{14-38}$$

$$K_{\mathrm{er}}=K_r/(\phi_{lr}\phi_{pr}) \tag{14-39}$$

式中，K_{er} 为等效刚度，K_{er} 与测量点和激励点有关；K_r（模态刚度）只与模态有关，与测量点无关；$\overline{\omega}_r=\omega/\omega_r$ 是第 r 阶频率比；$\zeta_r=\dfrac{C_r}{2M_r\omega_r}$是第 r 阶模态阻尼比。

等效刚度与等效质量之间存在如下关系：

$$\omega_r^2=K_{\mathrm{er}}/M_{\mathrm{er}} \tag{14-40}$$

（3）模态截断的概念　前面的讨论中，系统某点的响应 x_l 及频响函数 $H_{lp}(\omega)$ 是全部模态的叠加，即所采用的是完整的模态集。

实际上不是各个模态对响应的贡献都相等。对低频响应来说，高阶模态的影响较小，通常感兴趣的是前几阶或十几阶模态，更高阶模态常常被抛弃，这种处理方法叫模态截断。

模态截断使计算工作量大大减少，实践证明这也是可取的，因此通常采用的是非完整模态集。远离所有频响范围的模态影响很少，可以忽略不计。

但无论如何，截去部分的模态都是有一定影响的，为挽回部分损失，常采用剩余柔度来代替截去部分的影响。此时频响函数可写为

$$H_{lp}(\omega)=\sum_{r=1}^{6}\frac{-1}{\omega^2M_{\mathrm{er}}}+\sum_{r=1}^{N_{\mathrm{e}}}\frac{1}{K_{\mathrm{er}}[(1-\overline{\omega}_r^2)+\mathrm{j}2\zeta_r\overline{\omega}_r]}+H_{\mathrm{c}} \tag{14-41}$$

式中，N_{e} 是截取的模态数，一般应大于被分析模态数的两倍；H_{c} 是剩余柔度，可以认为是一个常数，也可认为是频率的线性函数。

实际结构往往都是非比例阻尼。因此结构振动时，各点除振幅不同外，相位亦不尽相

同，这样向量中的各个模态系数就变成了复数，形成复模态，这里就不进行讨论。

14.1.2　车架结构的模态特性分析

1. 车架结构模态的提取方法简介

车架结构模态的提取方法主要有子空间迭代法、分块 Lanczos 法、幂迭代法、紧缩法、不对称法、阻尼法以及 QR 阻尼法。

1）子空间迭代法（subspace）——使用子空间技术，内部使用广义雅可比（Jacobi）迭代算法。由于采用完整的 $\boldsymbol{K}$ 和 $\boldsymbol{M}$ 矩阵，因此精度很高，但是计算速度比缩减法慢。常用于对计算精度要求高但无法选择主自由度的情形，特别适用于大型对称特征值求解问题。

2）分块 Lanczos 法（block Lanczos）——用一组向量来实现 Lanczos 递归计算。具有子空间法一样的精度，但速度更快。

3）幂迭代法（power damies）——用于解决特大规模问题，1000000 自由度以上。

4）紧缩法（redueed）——比子空间迭代法快，但准确性较差。

5）不对称法（unsynunetrie）——用于求解刚度和质量非对称的问题，如流体-结构耦合、声学等迭代问题。

6）阻尼法（dampped method）——用于解决阻尼不能忽略的问题，如转子动力学研究。此方法可能遗漏所提取频率的高频端模态。

7）QR 阻尼法（QR damped）——能够很好地求解大阻尼系统的模态解，阻尼可为任意阻尼，即无论是比例还是非比例阻尼。

2. 车架的自由模态分析

对货车的梯形车架（又称边梁式车架）进行分析，车架由两根相互平行的纵梁和若干根横梁组成。纵梁是车架的主要承载元件，也是车架中最大的加工件，其形状应力求简单，该车架纵梁的断面形状为开口朝内的槽形。选取具体车架时，为保证车架强度和刚度要求，采用主副梁结构，主纵梁和副纵梁通过铆钉和螺栓相互连接；横梁将左右纵梁连在一起，构成一完整的车架，保证车架主要的扭转刚度，限制其变形和降低某些部位的应力。

在对车架进行模态计算时，由于车架结构的模态参数只与自身的结构有关，与外部载荷及约束条件关系不大，故在计算时不考虑外部载荷和边界条件，计算模型只需在静态分析模型的基础上，将边界约束条件和外部载荷忽略即可。

Block Lanczos 方法运算速度快，输入参数少，特征值、特征向量求解精度高，因此用 block Lanczos 方法计算主车架自由模态。经过计算分析，得到了车架前 12 阶固有频率和振型。其中，车架前 6 阶振型频率小于 0.00211Hz，判断应该属于刚体模态，它们分别对应于 3 个移动和 3 个转动的运动。所以去掉前 6 阶模态，以计算得到的第 7 阶振型为实际的第 1 阶振型，提取 5 阶，见表 14-1。

表 14-1　车架（自由）前 5 阶固有频率　（单位：Hz）

阶数	1	2	3	4	5	6	7	8	9	10	11
频率	0	0	0	0.00119	0.00153	0.00211	8.721	13.772	23.602	27.844	34.937

第一阶整体模态振型为左右一阶扭转变形；第二阶整体模态振型为左右一阶弯曲变形；第三阶整体模态振型为上下弯曲变形；第四阶模态振型为左右二阶弯曲变形；第五阶为左右

二阶扭转变形。图 14-4～图 14-8 所示为前 5 阶模态振型图。

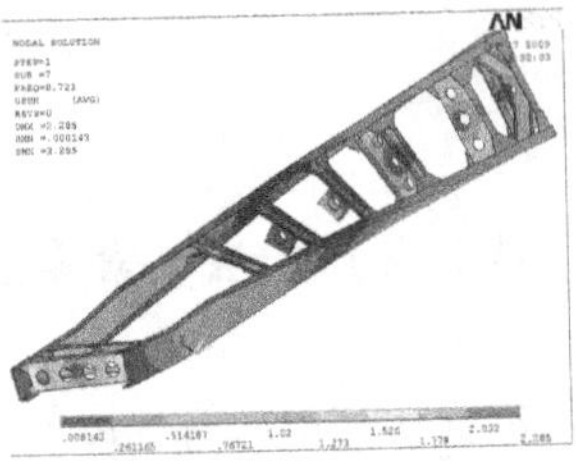

图 14-4　第一阶自由模态振型

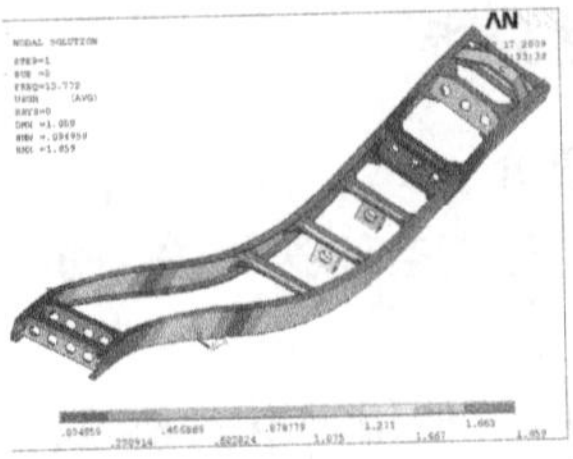

图 14-5　第二阶自由模态振型

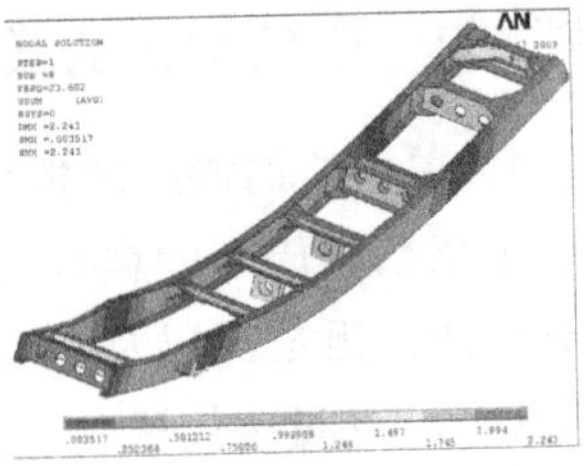

图 14-6　第三阶自由模态振型

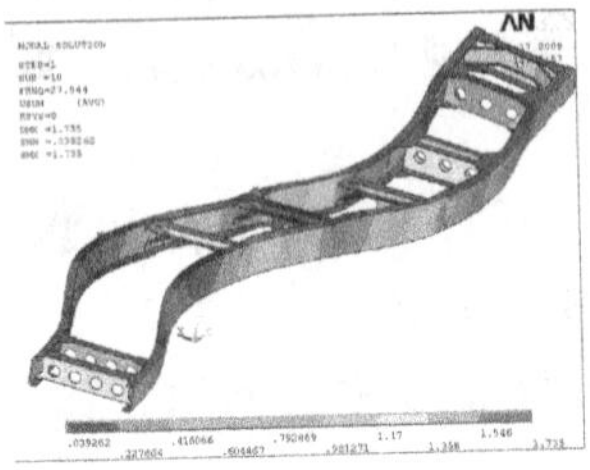

图 14-7　第四阶自由模态振型

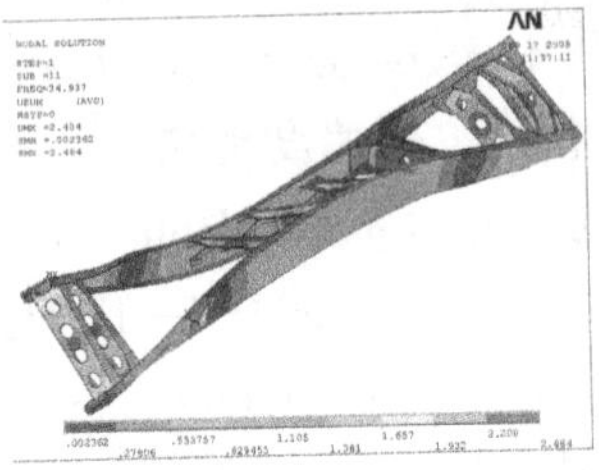

图 14-8　第五阶自由模态振型

3. 车架的约束模态分析

车架是通过三个悬架支撑在车桥上，因此要在与悬架连接处施加约束。本车架的悬架是一端铰支，一端滑槽，因此要在铰支端加三向位移约束，在滑槽端只释放车架纵向位移约束。但是为了避免车架的超静定，只在前面一个铰支端加三个方向位移约束，在另外两个铰支端施加纵向和左右方向的位移约束。图 14-9 所示为约束后的车架有限元模型。

把副车架、驾驶室、车厢总成、发动机总成、变速器总成、油箱、蓄电池、举升油缸及其安装支架、车身翻转机构及车架固连的传动轴等质量以质量点的形式加在车架对应的位置上。其中，副车架及车厢总成以分布质量点的形式加在主车架上。其他的总成是通过支撑、铆接、焊接等形式固定在主车架上的，与主车架的连接处为铆钉或焊点连接，因此只在相应的连接点处施加质量点。

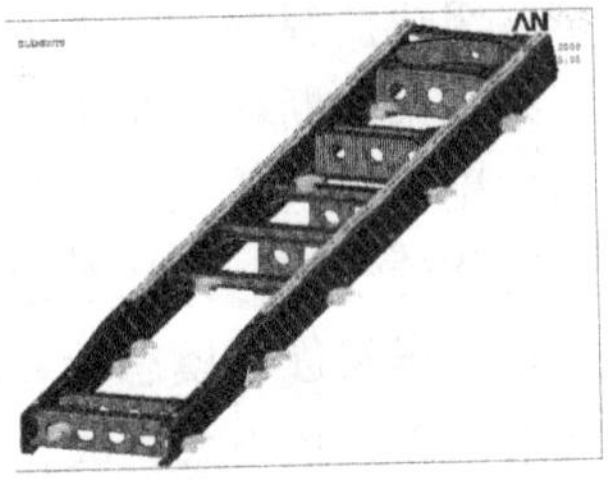

图 14-9　车架约束后的有限元模型

仍然采用 block Lanczos 法进行模态计算。经计算分析，得到了车架前 5 阶模态振型和频率见表 14-2。

表 14-2　车架（约束）前 5 阶固有频率　（单位：Hz）

阶数	1	2	3	4	5
频率	15.767	21.175	29.544	35.696	40.249

由于结构的振动可以表达为各阶固有振型的线性组合，其中低阶振型对车架结构的动力性能影响程度要比高阶大，因此研究低阶振型具有重要意义。图 14-10～图 14-14 所示为前 5 阶约束模态振型图。第一阶整体模态振型为一阶上下弯曲，车架中部变形量较大；第二阶整体模态振型为一阶扭转变形，车架后端变形量较大；第三阶整体模态振型为二阶上下弯曲，车架有两个弯曲点，中间和后端的变形量较大；第四阶模态振型为二阶扭转，中间和后端变

形量较大；第五阶为局部上下弯曲，中部变形量最大。

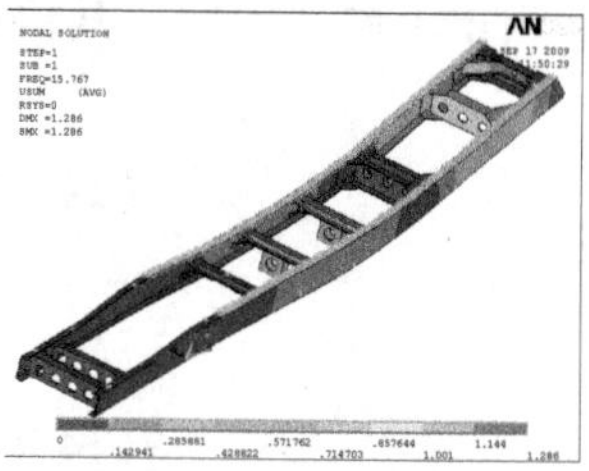

图 14-10　第一阶约束模态振型

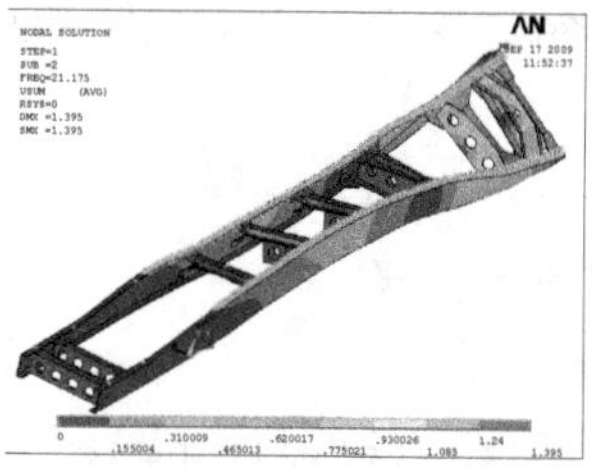

图 14-11　第二阶约束模态振型

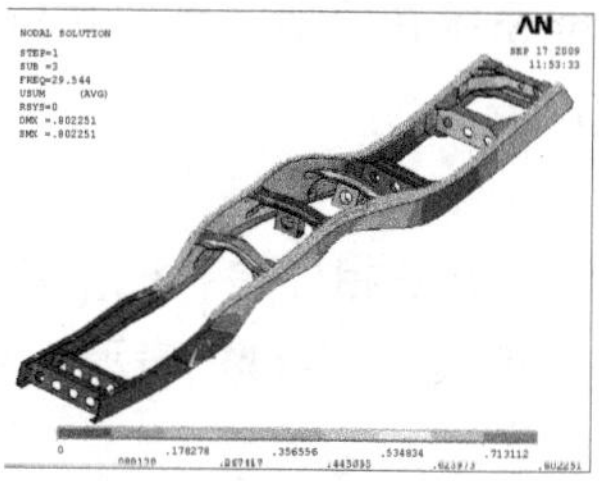

图 14-12　第三阶约束模态振型

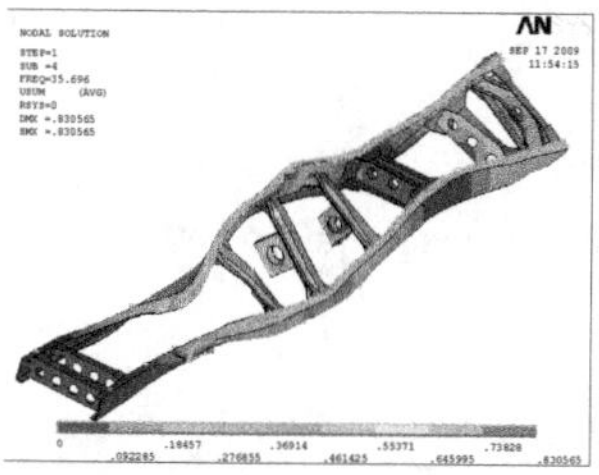

图 14-13　第四阶约束模态振型

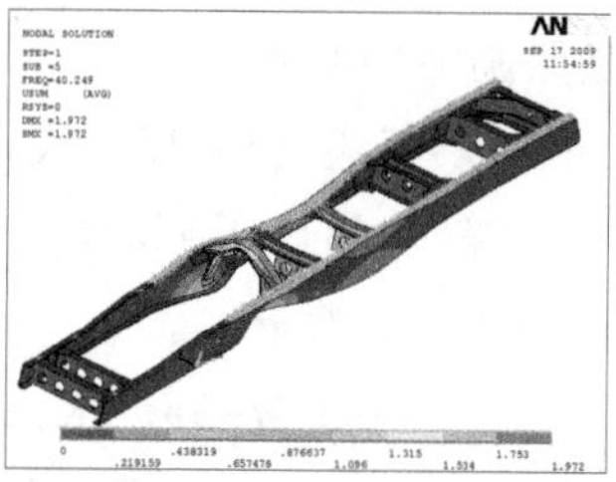

图 14-14　第五阶约束模态振型

14.2　底盘结构的响应分析

底盘结构在受到外界激励时会产生振动响应，这个振动响应分为瞬态响应和强迫响应。路面通过车轮的激励源和发动机工作的激励源在汽车运行过程中总是存在的，所以强迫响应是不可避免的。

当路面通过车轮激励底盘结构、发动机工作激励底盘结构时，可将底盘的响应分为两部分：强迫响应、瞬态响应。另一方面，结构是弹性体，一般也存在阻尼。在正常的响应分析中，瞬态响应不能明显地体现出来，甚至会很快消失。

为了充分分析瞬态响应的特性，通常对结构进行瞬态分析，以查看结构在时域的变化情况；而对结构进行强迫响应分析，以查看结构在频率域的变化情况。

用计算机软件进行分析时，瞬态分析是时间历程分析，可以施加一个简谐周期时间段上变化的载荷，计算出结构在这个时间段上的响应。用载荷函数表示简谐载荷加载就可以了。通过这种方法得到结构（或结构上某点）在载荷作用下位移（或应力）随时间变化的规律。

在使用计算机软件进行结构分析时，谐响应分析是进行频率段扫描，也就是说分析它在一个频率范围内的响应，可以得到在各个频率下的位移（或应力）响应。例如，如果想做单一频率下的响应可以把子步数设为 1。如在 0~50Hz 频率范围内有 10 个子步时，将给出在 5，10，15，…，45 和 50Hz 频率上的解；而同一频率范围只有一个子步时，则只给出 50Hz 频率上的解。

14.2.1　谐响应分析的基本理论与方法

1. 谐响应分析的基本理论

谐响应分析的动力方程如式（14-42）所示，即

$$M\ddot{x}+C\dot{x}+Kx=f \tag{14-42}$$

系统在简谐激励的作用下，系统上所有结点的运动频率相同，相位不同。因此，其位移可以表示为

$$x=x_{max}e^{j\varphi}e^{j\omega t} \tag{14-43}$$

式中，φ 是相位差；x_{max} 是节点的最大位移。

把式（14-43）表示为复数的形式为

$$x=x_{max}(\cos\varphi+j\sin\varphi)e^{j\omega t} \tag{14-44}$$

同样地，激励力也可以表示为

$$f=f_{max}e^{j\varphi}e^{j\omega t}=f_{max}(\cos\varphi+j\sin\varphi)e^{j\omega t} \tag{14-45}$$

式中，f_{max} 是激励力的振幅。

将式（14-43）和式（14-45）代入式（14-42），可得

$$(-\omega^2M+j\omega C+K)x_{max}(\cos\varphi+j\sin\varphi)e^{j\omega t}=f_{max}(\cos\varphi+j\sin\varphi)e^{j\omega t} \tag{14-46}$$

将上式两端同时消去 $e^{j\omega t}$ 得

$$(-\omega^2M+j\omega C+K)x_{max}(\cos\varphi+j\sin\varphi)=f_{max}(\cos\varphi+j\sin\varphi) \tag{14-47}$$

把 $x_1=x_{max}\cos\varphi$，$x_2=x_{max}\sin\varphi$，$f_1=f_{max}\cos\varphi$，$f_2=f_{max}\sin\varphi$ 代入上式得

$$(K+j\omega C-\omega^2M)(x_1+jx_2)=f_1+j f_2 \tag{14-48}$$

对于上式的求解，采用完全法时，可将上式简化为

$$K_cx_c=f_c \tag{14-49}$$

式中的下角标 c 表示复矩阵或者向量。采用与静态分析相同的解法直接对上式进行求解，即可获得结构各个节点的响应位移。

2. 常用的分析方法

瞬态动力学分析与谐响应分析都可采用三种方法：完全（full）法、缩减（reduced）法及模态叠加法。

（1）完全法　完全法采用完整的系统矩阵计算瞬态响应（没有矩阵缩减）。它是三种方法中功能最强的，允许包括各类非线性特性（塑性、大变形、大应变等）。

完全法的优点是：

1）容易使用，不必关心选择主自由度或振型。

2）允许各种类型的非线性特性。

3）采用完整矩阵，不涉及质量矩阵近似。

4）一次分析就能得到所有的位移和应力。

5）允许施加所有类型的载荷：节点力、外加的（非零）位移（不建议采用）和单元载荷（压力和温度），还允许通过 TABLE 数组参数指定边界条件。

6）允许在实体模型上施加的载荷。

完全法的主要缺点是，它比其他方法的开销大。

（2）缩减法　缩减法通过采用主自由度及缩减矩阵压缩问题规模。

缩减法的优点是，它比完全法快且开销小。

缩减法的缺点是：

1）初始解只计算主自由度的位移，第二步进行扩展计算，得到完整空间上的位移、应

力和力。

2）不能施加单元载荷（压力、温度等），但允许施加加速度。

3）所有载荷必须加在用户定义的主自由度上（限制在实体模型上施加载荷）。

4）整个瞬态分析过程中时间步长必须保持恒定，不允许用自动时间步长。

5）唯一允许的非线性是简单的点点接触（间隙条件）。

（3）模态叠加法　模态叠加法通过对模态分析得到的振型（特征值）乘上因子并求和来计算结构的响应。

模态叠加法的优点是：

1）对于许多问题，它比缩减法或完全法更快，开销更小。

2）只要模态分析不采用 power dynamics 方法，通过 LVSCALE 命令将模态分析中施加的单元载荷引入到瞬态分析中。

3）允许考虑模态阻尼（阻尼比作为振型的函数）。

模态叠加法的缺点是：

1）整个瞬态分析过程中时间步长必须保持恒定，不允许采用自动时间步长。

2）唯一允许的非线性是简单的点点接触（间隙条件）。

3）不能施加强制位移（非零）位移。

14.2.2　底盘结构瞬态响应分析

瞬态响应分析也称时间历程分析，用于确定结构在承受任意随时间变化载荷后的动态响应，主要考察结构在瞬间冲击载荷、加速度作用后的收敛速度，间接地表征出系统抗扰动的能力。瞬态响应的激励可以来自瞬间的冲击载荷，也可以来自整个系统的瞬间加速度。

1. 研究方法

根据前面已经提取的底盘上被分析对象的模态，采用模态叠加法来对分析对象进行瞬态响应分析。激振力所能激起的只是激振频率相对较低的一部分振型，绝大部分高阶振型的影响很小，可略去不计。因此，只要将前 m 阶振型的响应叠加，便可得到结构的响应。

2. 车架结构瞬态响应分析

（1）仿真条件　模拟车架满载工况下受到搓板路中的一个小坡激励时的瞬态动力学分析，位移激励设置在两前轮的悬架弹簧底部，模拟两前轮的过坡过程。路面尺寸依据国家有关试车场搓板路的标准给出，路面激励为半正弦波形。

车辆在搓板路上行驶时，车架前端同时被抬起或落下，在前端处受冲击载荷，车架受惯性力作用产生弯曲。

（2）计算方案　悬架仍采用弹簧单元 COMBIN14 模拟。路面激励模拟的半正弦波形坡高 20mm，坡长 400mm，车速定为 20km/h，车架承载 40t，重力加速度 g。后悬底部均为全约束，前端的底部节点约束除 UY 方向的其他五个自由度，放松 Y 自由度作为位移激励用，将一个半正弦小坡分为 6 个载荷步，写入 6 个载荷步文件，每个载荷步内定义 10 个子步，时步大小为 0.002s，图 14-15 所示为位移激励曲线图。激励非对称的目的是检验计算结果是否在后两个载荷步上出现突变，从而验证本模型的正确性。

（3）结果分析　分别取出纵梁上 5 个不同部位的节点，进行结果查看。图 14-16 所示为纵梁节点位移曲线图，图 14-17 所示为应力曲线图。由于车架结构对称、约束对称、载荷对称、位移激励对称，所以，节点选取左纵梁还是右纵梁，结果出入不大。

（4）纵梁节点位移　由图14-16看出，在激励点之后的5个响应点起初的位移出现了负值，表明车架纵梁发生弯曲变形，产生转角变化。纵梁中部区域的变形是单调递增变化，表明弯曲变形以车架上后悬前端约束位置为中心，图中出现的曲线交汇点表明，此时该车架整体具有相同的位移，前纵梁已处于回落阶段，后纵梁由于相位差仍在上升阶段。

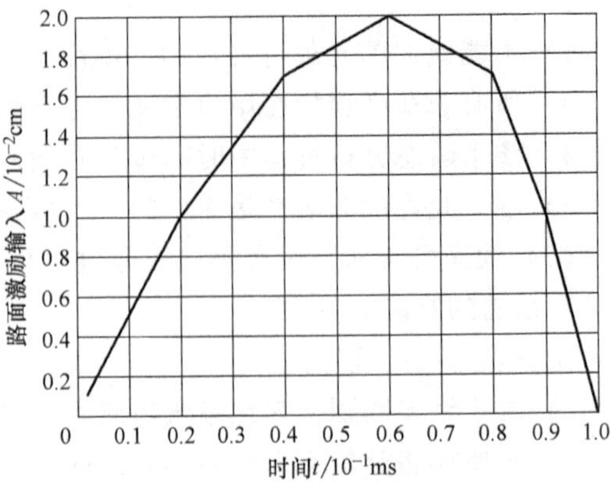

图14-15　位移激励曲线

（5）纵梁节点应力　由图14-17看出，最大应力出现的时刻在0.06ms，即位移激励最大时，应力最大出现在后纵梁上后悬架前端附近部位，最大值为33.3MPa，前纵梁上各个节点的应力走势不同，总是有一个相位差存在；在位移曲线的交汇点附近，出现了应力谷，因为此时纵梁前后有相同位移，相当于车架的各个部位没有相对位移，也就没有相对的变形产生，所以，此时的应力状态几乎趋于零值。

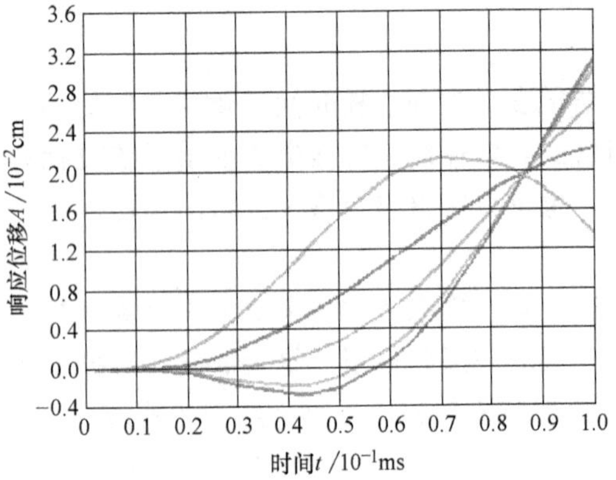

图14-16　纵梁节点位移曲线

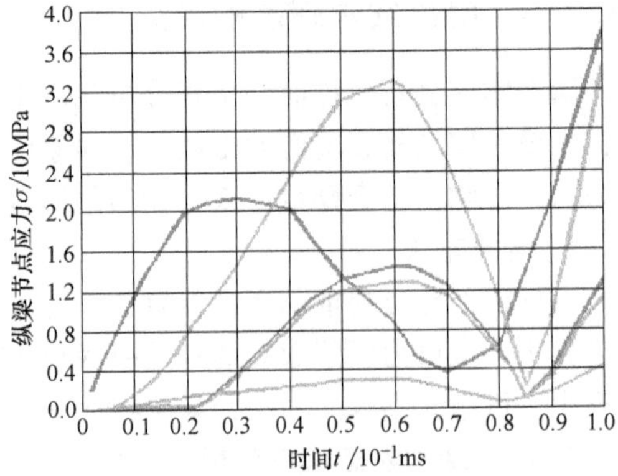

图14-17　纵梁节点应力曲线

由分析可看出，在激励的最后时刻，其应力会有很大的反弹，并且超过第一个峰值，达到最大值，表明搓板路工况下，并非激励最大时是最危险时刻，而是在车过完坡后的回落阶段，会出现最大的应力。

在纵梁的应力曲线上，应力谷的出现再次说明在0.08～0.09ms之间存在突变，在一定程度上表征了此模型的正确性。

3. 前轮角阶跃输入下的横摆角速度瞬态响应

横摆角速度反应时间t是指阶跃转向输入后，横摆角速度第一次达到稳态值所需时间，它是评价汽车瞬态响应的一个重要参数。

（1）仿真条件　影响横摆角速度的主要因素有：汽车质量m，汽车质心至前轴的距离a，汽车质心至后轴的距离b，质心侧偏角β，前轮侧偏刚度k_1，后轮侧偏刚度k_2等。仿真中忽略一些细节的非主要影响因素：稳定杆扭转刚度、侧倾转向、转向系角传动比、悬架衬套刚度等。

利用所建的整车刚柔耦合模型进行转向盘角阶跃输入的仿真，仿真过程中汽车行驶速度为100km/h（参考国家标准GB/T 6323—2014），图14-18所示为得出的原车型瞬态响应横摆角速度曲线。

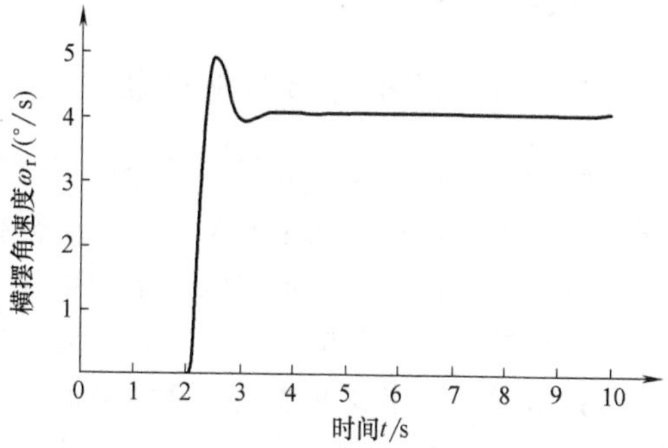

图14-18 某车的横摆角速度响应曲线

仿真过程中汽车行驶速度分别为100、65和30km/h，转向盘转角为16°。

（2）轮胎侧偏刚度的影响分析 将轮胎侧偏刚度从46000N/rad增加到58000N/rad，图14-19所示为轮胎侧偏刚度对应的横摆角速度反应时间曲线。从图中可以看出：

1）当车速在100km/h情况下，轮胎侧偏刚度从46000N/rad增加到52000N/rad时，横摆角速度反应时间由0.2s减小到0.19s；增大轮胎侧偏刚度到58000N/rad时，横摆角速度反应时间减小到0.17s。

2）当车速在65km/h情况下，轮胎侧偏刚度从46000N/rad增加到52000N/rad时，横摆角速度反应时间由0.25s减小到0.235s；增大轮胎侧偏刚度到58000N/rad时，横摆角速度反应时间减小到0.22s。

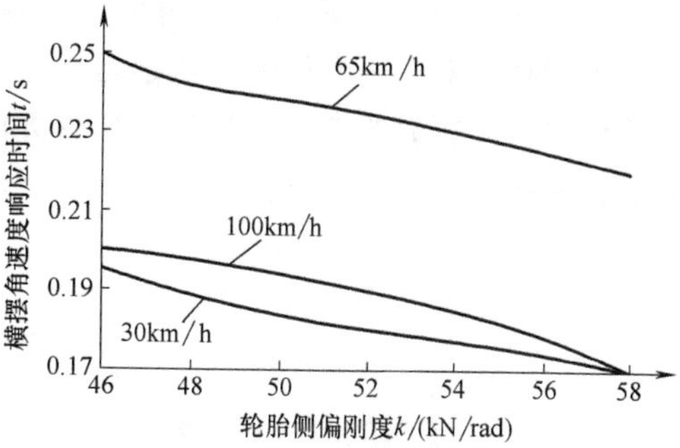

图14-19 轮胎侧偏刚度对应的横摆角速度反应时间曲线

3）当车速在30km/h情况下，轮胎侧偏刚度从46000N/rad增加到52000N/rad时，横摆角速度反应时间由0.195s减小到0.18s；增大轮胎侧偏刚度到58000N/rad时，横摆角速度反应时间减小到0.17s。

综上所述，增大轮胎侧偏刚度能显著改善汽车的瞬态响应特性。

（3）整车质心位置的影响 图14-20所示为将整车质心位置前移后得到的质心位置对应的横摆角速度响应曲线。由图可见，在不同车速下，质心前移后，横摆角速度的反应时间都相应减小。

1）当车速在100km/h情况下，质心前移50mm时，角阶跃反应时间由0.2s降至0.19s；质心前移100mm时，角阶跃反应时间降至0.18s。

2）当车速在65km/h情况下，质心前移50mm时，角阶跃反应时间由0.25s降至0.245s；质心前移100mm时，角阶跃反应时间降至0.24s。

3）当车速在30km/h情况下，质心前移50mm时，角阶跃反应时间由0.21s降至0.2s；质心前移100mm时，角阶跃反应时间降至0.197s。

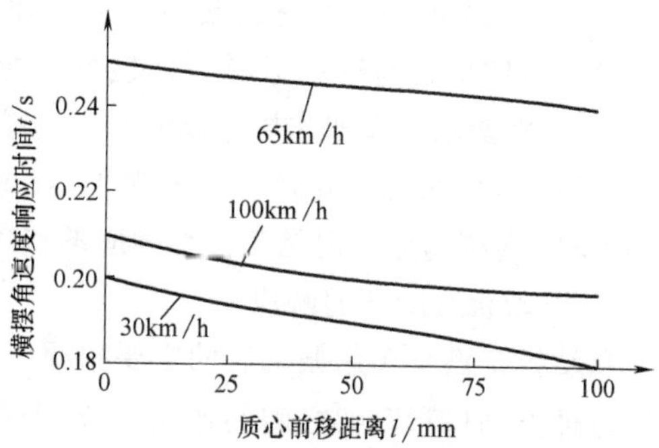

图14-20 质心位置对应的横摆角速度响应曲线

综上所述，前移质心坐标，可有效提升汽

车的瞬态响应特性。

14.2.3 车架结构的谐响应分析

谐响应分析用于设计的目的是分析响应频率（有时要包括振幅、相角），并在必要时借助于阻尼器等手段避免发生共振。谐响应分析是频率段扫描，也就是说分析它在一个频率范围内的响应，可以得到在各个频率下的位移（或应力）响应。

把一个载荷激励分解成若干个正弦谐波的叠加就可以进行底盘及其零部件的谐响应分析了。讨论过程中不考虑非线性特征载荷的影响。这样，输入就是已知大小和频率的谐波载荷（力、压力和强迫位移等）；而输出就是每一个自由度上的谐位移（通常和施加的载荷不同相），以及其他多种导出量（如应力和应变等）。

1. 车架受路面激励时的响应

设计路面不平度的统计值在一定范围内，在常用车速 $v=10\sim30\text{m/s}$（相当 $v_a=36\sim108\text{km/h}$）下，可保证时间频率范围 $f=0.33\sim28.3\text{Hz}$。因此，把路面的激励力拟定为正弦函数 $P(t)=F\sin(\omega t)$，设 $F=1.0$，频率 ω 在 0~30Hz 内变化。

考虑到路面对车辆激励时，激励力传递到车架之前，经过悬架系统，对车架振动时起到缓冲的作用，分析时要考虑悬架对车架受力的影响。图 14-21 和图 14-22 所示分别为应力和位移响应曲线。

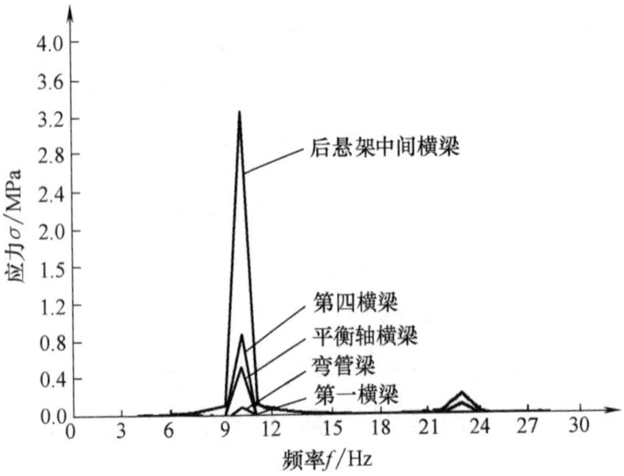

图 14-21 路面激励下的应力响应

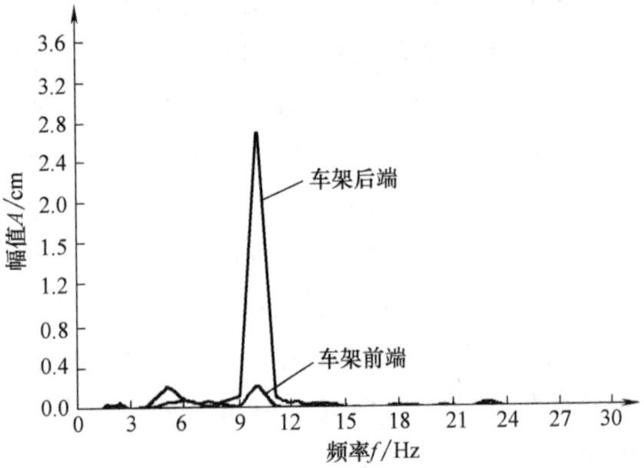

图 14-22 路面激励下的位移响应

由图 14-21 可知，在路面激励为 10Hz 时，下连接板与车架连接处、平衡轴与车架连接过渡处、第四横梁与纵梁下翼面连接处、弯管梁等多处发生较大的应力响应。路面激励为 23Hz 时，平衡轴与车架连接过渡处及下连接板与车架连接处的应力响应次之。

由图 14-22 可知，在路面激励为 10Hz 时，车架后端的位移响应较大，车架前端在 5Hz 和 10Hz 时均有响应，但是其位移响应的幅值远远小于车架后端。

2. 发动机激励下的响应

发动机是汽车车架振动时的主要振源，气体产生的冲压力、运动件产生的惯性力和惯性力矩通过发动机和车架之间的连接支撑传递到车架上。发动机一阶惯性力激励频率 f_1 与其转速 n 之间的计算公式为

$$f_1 = \frac{2nZ}{60\tau} \tag{14-50}$$

式中，Z 是发动机的缸数；τ 是发动机的冲程数；n 是发动机的转速。

分析车型的发动机为六缸四冲程，怠速转速为600r/min，则相应的激励频率为30Hz。汽车行驶时发动机的常用转速为2200r/min，则相应的一阶激励频率为110Hz。响应分析时给定激励频率为1~130Hz。图14-23、图14-24所示分别为发动机激励下的应力和位移响应曲线。

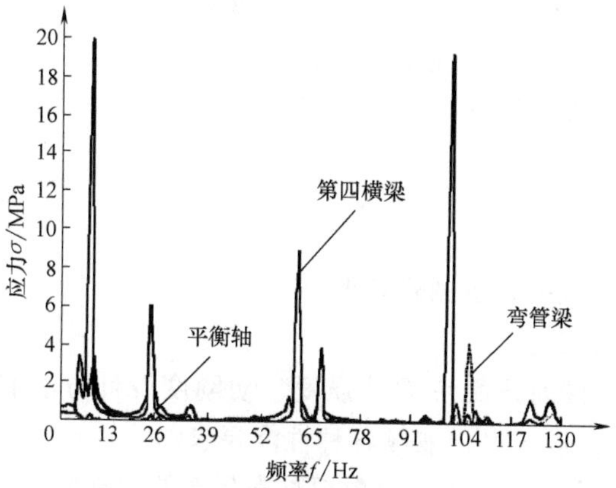

图14-23　发动机激励下的应力响应

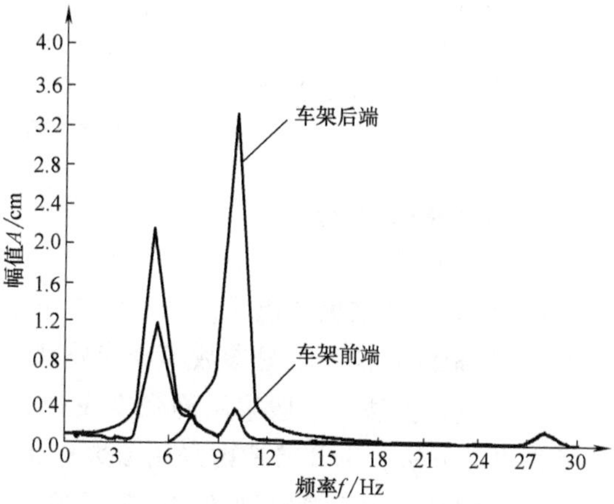

图14-24　发动机激励下的位移响应

由图14-23可知，发动机的激励频率为10Hz、23Hz、58Hz和102Hz时平衡轴与车架连接过渡处、第四横梁及弯管梁处的应力响应均较大。在发动机的怠速频率30Hz及常用车速时的激励频率110Hz时，车架上各点应力响应较小。

由图14-24可知，车架在5Hz和10Hz时均有位移响应。5Hz时车架前端位移响应的幅值比后端大；10Hz时车架后端位移响应幅值远远大于车架前端。这两阶响应频率均远离发动机的怠速频率30Hz及常用车速时的激励频率110Hz。

14.3　汽车悬架系统的减振特性

14.3.1　被动悬架系统减振

一般的汽车绝大多数装有由弹簧和减振器组成的机械式悬架。由于这种常规悬架系统内无能源供给装置，悬架的弹性和阻尼参数不会随外部状态而变化，因而称这种悬架为被动悬架。这种悬架虽然往往采用参数优化的设计方法，以求尽量兼顾各种性能要求，但在实际上由于最终设计的悬架参数是不可调节的，所以在使用中很难满足高的行驶要求。被动悬架就是传统悬架，是对应于主动悬架而言的。

1. 悬架的结构形式

按导向机构的形式来分，可分为独立悬架和非独立悬架两大类。图14-25所示为悬架结构两种形式示意图。

非独立悬架——左、右车轮用一根整体轴连接，再经过悬架与车架（或车身）连接。非独立悬架的纵置钢板弹簧为弹性元件兼作导向装置。

独立悬架——左、右车轮通过各自的悬架与车架（或车身）连接。独立悬架又分为双横臂式、单横臂式、双纵臂式、单纵臂式、单斜臂式、麦弗逊式和扭转梁随动臂式。

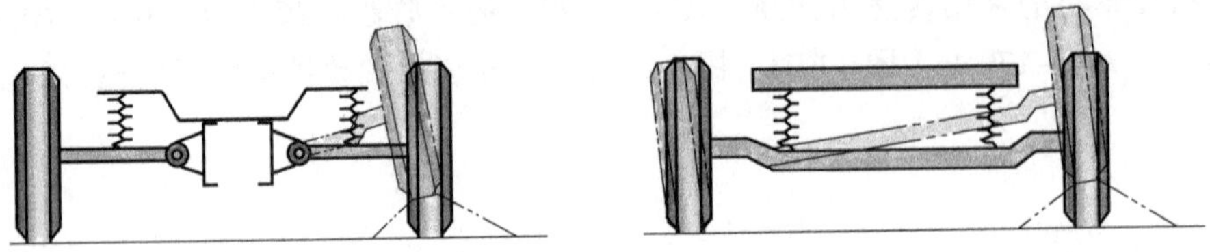

a) 独立悬架　　b) 非独立悬架

图 14-25　悬架结构的两种形式

2. 被动悬架的特点

（1）机械式悬架

1）由弹簧和减振器组成，一般的货车绝大多数装有机械式悬架系统。

2）悬架的弹性和阻尼参数不会随外部状态而变化。

（2）设计方法　一般采用静强度设计方法。目前开始考虑动强度、动刚度设计方法和可靠性设计方法，也开始考虑采用参数优化方法，以求尽量兼顾各种性能要求。

（3）缺点　由于最终设计的悬架参数不可调节，所以在使用中很难满足高的行驶要求。

3. 悬架系统的阻尼减振

悬架阻尼对悬架性能的影响具有重要作用。

悬架阻尼变量可用阻尼比来表示，定义为

$$\zeta = c_s/(2\sqrt{m_s k_s})$$

式中，m_s、k_s、c_s 分别是簧载质量、悬架刚度、悬架阻尼。

图 14-26 所示为悬架阻尼对簧载和非簧载质量传递率的影响。由图 14-26a 可知，簧载质量谐振的控制要求较高的阻尼，而在中频范围产生较差的隔振；由图 14-26b 可知，车轮弹跳谐振也需要较高的阻尼，但在中频范围有相同的有利条件。

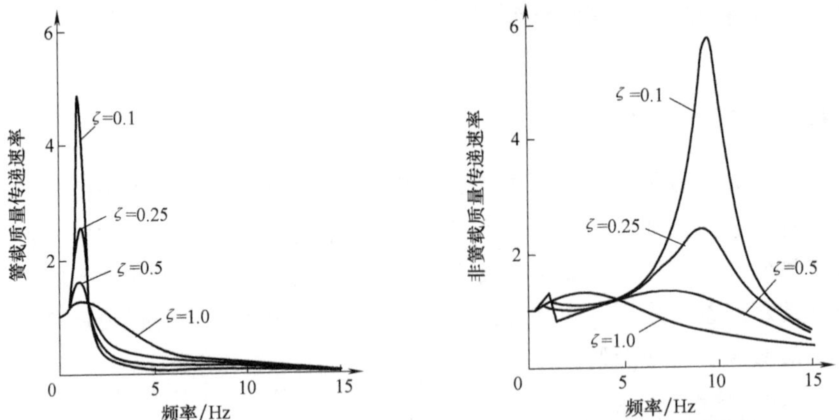

a) 簧载质量传递率　　b) 非簧载质量传递率

图 14-26　悬架阻尼对簧载和非簧载质量传递率的影响

14.3.2　主动与半主动悬架系统减振

1. 主动悬架系统

概念：主动悬架中不再有传统意义上的“弹簧刚度”和“阻尼特性”，悬架中的弹簧和减振器全部或者至少部分被执行元件所取代。

基本原理：靠自身的能源通过执行元件对振动进行“主动”干预。

分类：根据执行元件的响应带宽可分为宽带主动悬架和有限带宽主动悬架两种，两种悬架又分别称为全主动悬架和慢主动悬架。

（1）全主动悬架　全主动悬架的概念有如下几个方面：

1）全主动悬架系统所采用的执行元件具有较宽的响应频带，以便对车轮的高频共振也加以控制。

2）执行元件多采用电液或液气伺服系统。

3）控制带宽一般应至少覆盖0~15Hz，有的执行元件响应带宽甚至高达100Hz。

图14-27所示为单个车轮的全主动悬架工作原理的示意图。

（2）全主动悬架系统工作原理及过程说明　系统主要由执行元件、各种必要的传感器、信号处理器和控制单元等组成。

控制单元根据检测到的各种信号判断汽车的当前状态，并根据事先设定的控制策略决定执行元件该输出多大的力。

系统内部靠力闭环控制保证执行元件输出的力满足指令要求。

实际使用时，还必须包括更多的传感器以检测必要的系统状态量，比如转向时与汽车运动相关的横向加速度、转向盘角速度，还有汽车车速、发动机节气门开度、制动踏板位置以及汽车车身高度等系统状态量。图14-28所示为全主动悬架布置示意图。

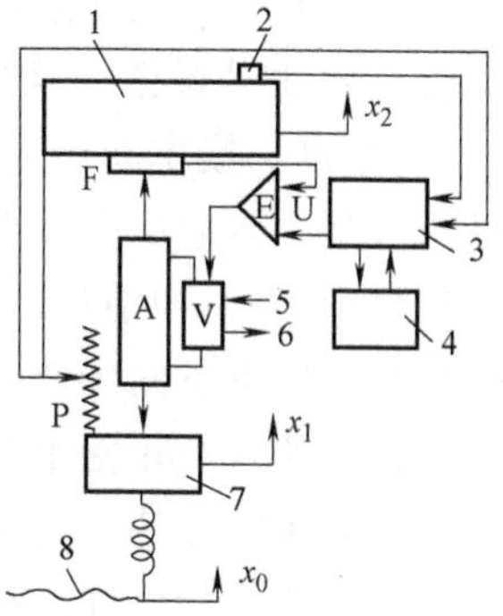

图14-27　全主动悬架工作原理的示意图（单个车轮）
A—执行元件　E—比较器
F—力传感器　P—电位器
V—控制阀
1—簧载质量　2—加速度传感器
3—信号处理器　4—控制单元
5—进油　6—出油
7—非簧载质量　8—路面输入

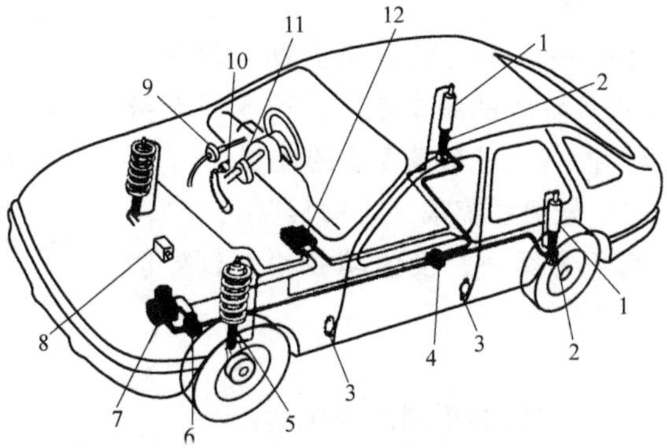

图14-28　全主动悬架布置示意图
1—悬架位移传感器　2—后悬架执行元件　3—车门开关传感器　4—隔离阀　5—前悬架执行元件
6—控制阀　7—液压泵　8—节气门位置传感器　9—车速传感器　10—控制踏板位置传感器
11—转向盘传感器　12—中央控制单元

（3）全主动悬架系统的性能指标评价标准　全主动悬架的性能指标可以用系统输出的多个变量的方均根值的加权和来表征。

这些变量可以包括车身加速度、车轮与地面间的动载、车轮相对于车身的位移以及执行元件的作用力等。

系统的控制变量也比传统的被动悬架要多，并且参数的选择范围也更宽。

（4）全主动悬架系统的特点　要求执行元件所产生的力能够很好地跟踪任何力控制信号。

为控制律的选择提供了一个广阔的设计空间，即如何确定控制律以使系统能够让车辆达到最佳的总体性能。

研究表明，全主动悬架能够在不同路面及行驶条件下显著地提高车辆性能。

（5）慢主动悬架　慢主动悬架特性如下：

1）特点：慢主动悬架将执行元件的频响带宽降低到只考虑车身的垂直、俯仰和侧倾振动以及汽车的转向反应，不考虑车轮刚度所对应的频率，也即带宽降至3~4Hz。

2）区别：它与前述的主动悬架在被测状态量和控制实施等方面都有类似，唯一的差异就是执行元件带宽的降低。

执行元件——在慢主动悬架中，可以选用两类执行元件。

第一类执行元件：当其不起作用（激励频率超过响应带宽）时可以像普通弹簧一样工作，比如气压执行元件，在这种情况下由于执行元件可以支撑车身的重量，所以系统中可以不加弹簧或并联一个弹簧。

另一类执行元件：不起作用时变为刚性体的执行元件，如滑阀控制的液力作动器，在这种情况下系统中必须串联弹性元件。

图14-29所示为轿车用慢主动悬架原理图。

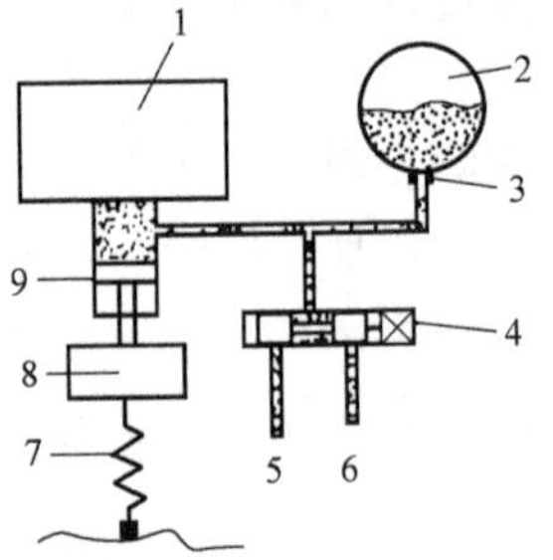

图14-29　轿车用慢主动悬架原理图

1—簧载质量　2—空气弹簧　3—阻力阀　4—比例流量控制阀　5—接油泵　6—接油罐　7—轮胎刚度　8—非簧载质量　9—执行元件

（6）慢主动悬架特点

1）慢主动悬架执行元件仅需在一窄带频率范围内工作，降低了系统的成本及复杂程度。

2）比全主动悬架便宜得多。

3）它的主动控制仍然覆盖了主要的车身振动，包含纵向、俯仰、侧倾及转向控制等要求的频率范围，改善了车身共振频率附近的行驶性能，提高了对车身姿态的控制。

4）性能可达到与全主动悬架系统很接近的程度。

5）就实用性及商业竞争力而言，慢主动悬架有较好的应用前景。

2. 半主动式悬架

（1）与主动悬架的比较　它们的不同之处包括：

1）半主动悬架与主动悬架的区别在于用可控阻尼减振器取代了执行元件，如图14-30所示。

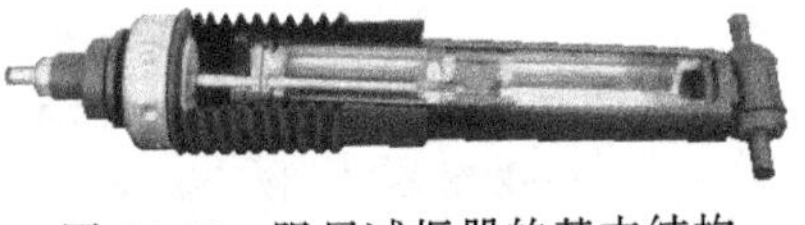
图14-30　阻尼减振器的基本结构

2）主动悬架的执行元件要做功，而减振器则是通过调节阻尼力控制耗散掉的能量的多少，几乎不消耗汽车发动机的能量。

3）在半主动悬架中，必须并联弹簧以支持悬架质量，一般情况下该弹簧刚度是不变的。

它们的相通之处包括：可控阻尼减振器所起的作用与主动悬架中执行元件的作用类似，都是通过系统内的力闭环控制实现控制单元提出的力要求。

（2）半主动悬架的分类　半主动悬架包括阻尼连续可调式和可切换阻尼式两类，前者的阻尼系数在一定的范围内可以连续变化，后者的阻尼系数只能在几个离散的阻尼值之间进行切换。

（3）两类半主动悬架各自的特点　可切换阻尼系统与阻尼连续可调自适应悬架的区别在于阻尼值停留在特定设置的时间长短不同。

阻尼连续可调自适应悬架可在每一车辆振动周期变化范围内频繁地改变（切换速度为十几毫秒就切换一次），而可切换阻尼式悬架的设置则在每一设置上停留的时间较长（一般在5s以上）。

（4）连续可调阻尼器的两种基本结构形式　一种是通过调节减振器节流阀的面积而改变阻尼特性的孔径调节式，其孔径的改变一般可由电磁阀或其他类似的机电式驱动阀来实现；另一种是电流变或磁流变可调阻尼器，其工作原理是通过改变电场或磁场强度来改变流变体的阻尼特性。

两种结构中，前者技术较为成熟，后者属于新兴技术，随着对这项技术的研究和突破，将会成为一种较有前途的半主动悬架。

14.3.3 阻尼减振技术

1. 橡胶阻尼减振器的优点

汽车的振动现象十分复杂，最明显的振动是悬架弹簧装置支承的簧载质量的固有振动。因此，橡胶阻尼减振器主要用于控制汽车振动和噪声及改善汽车操纵稳定性。

与其他减振制品相比，橡胶减振制品具有以下优点：

1）形状自由度较大。

2）可在 X、Y、Z 方向上旋转，具有六方向弹簧作用。

3）具有适度的阻尼性能，可在低频至高频的范围内使用。

4）同时具有减振、缓冲、隔声等多样性能。

5）冲击刚度大于动刚度，动刚度大于静刚度，有利于减小冲击变形和动态变形。

2. 橡胶阻尼减振器的性能

橡胶阻尼减振器的弹性恢复力中含有较强的3次非线性成分，阻尼力中的1次黏性项占主要成分，因此将橡胶阻尼减振器的非线性恢复力分解为3个部分：1次和3次弹性恢复力、1次黏性项和双折线恢复力，可表示为

$$F(y(t),\dot{y}(t))=k_1y(t)+k_3y^3(t)+c\dot{y}(t)+F_z(t) \tag{14-51}$$

式中：k_1 是线性刚度系数；k_3 是3次非线性刚度系数；c 是1次黏性阻尼系数；$F_z(t)$ 是双折线恢复力。

其本构方程（图14-31）为

$$dF_z(t)=\frac{k_s}{2}\{1+\mathrm{sgn}[F_{zs}-|F_z(t)|]\}dy(t) \tag{14-52}$$

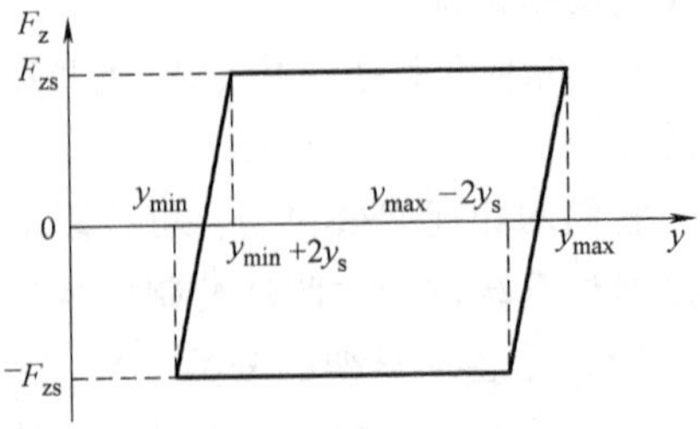

图 14-31 双折线恢复力模型

式中，F_{zs}、k_s 分别是迟滞环滑移时的记忆恢复力和滑移前的线性刚度系数，$k_s=F_{zs}/y_s$，其中，y_s 是滑移极限。

弹性恢复力为 $F_k=F-\hat{c}\dot{y}-\hat{F}_z=k_1y+k_3y^3$ (14-53)

对某橡胶阻尼减振器，在不同试验条件下对各参数项得到具体数值，画出不同振幅、不同频率下，c 与频率 f 和振幅 A 的关系曲线分别如图 14-32 和图 14-33 所示。

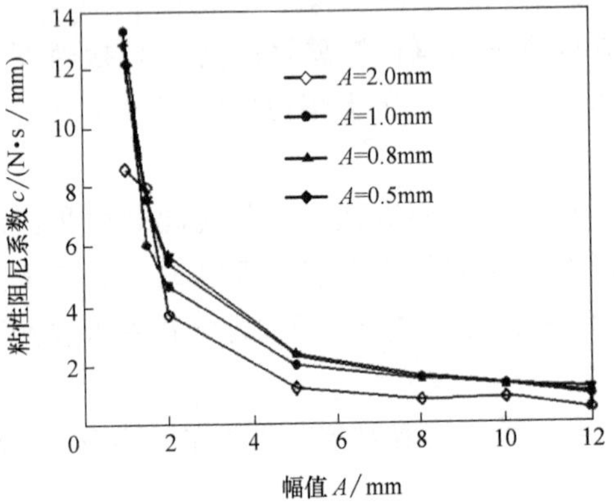

图 14-32 不同幅值下的阻尼系数

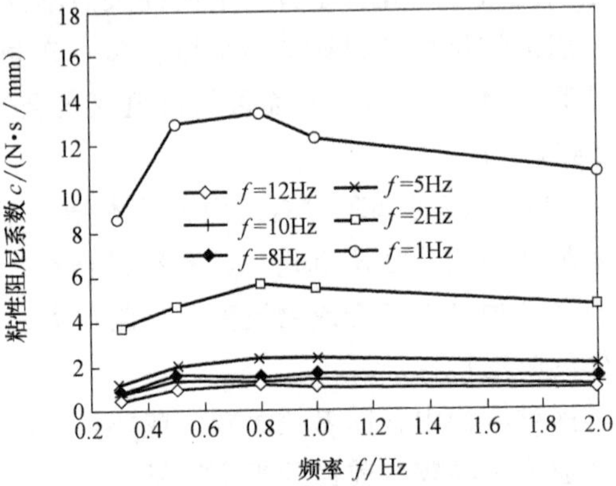

图 14-33 不同频率下的阻尼系数

3. 橡胶阻尼减振器的应用

橡胶阻尼减振器一般置于汽车发动机机架、压杆装置、悬架轴衬、中心轴承托架、颠簸限制器和扭振减振器等部位，以改善汽车的安全性和舒适性。

(1) 发动机座橡胶阻尼减振器　橡胶阻尼减振器安装于发动机前、后悬置，发动机螺钉接线索环等位置，如图 14-34 所示。

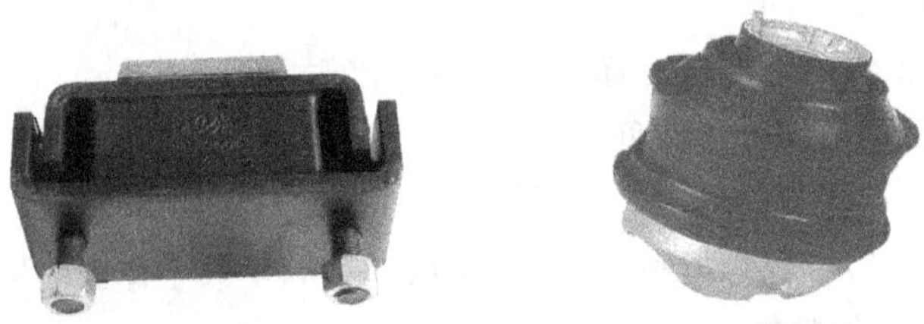

a) 前悬置　　b) 后悬置

图 14-34 发动机前、后悬置橡胶阻尼减振器

(2) 液体封入型橡胶阻尼减振器　分为单孔、双孔和电子控制三种类型。图 14-35 所示为液体封入型发动机座的结构（单孔型）。图 14-36 所示为通过电子控制流路的开闭，来调整性能的液体封入式发动机座。

(3) 橡胶空气弹簧　空气弹簧是汽车空气悬架系统的弹性元件及重要组成部分。空气弹簧是一种在柔性密闭容器中加入压力空气，利用空气的压缩弹性进行工作的非金属弹性元件，具有缓冲、减振和动作等功能。

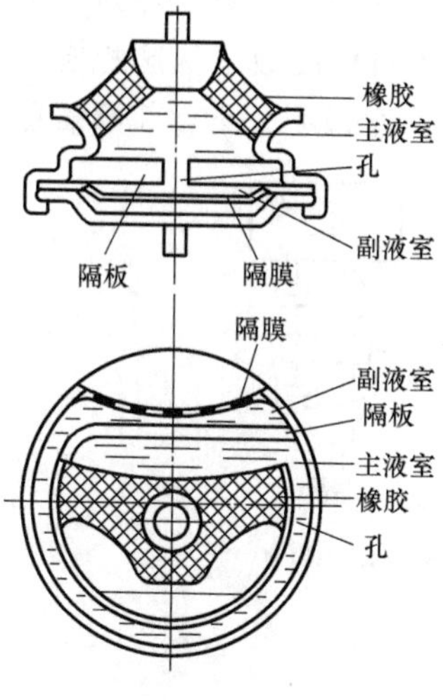

图 14-35　液体封入型发动机座的结构（单孔型）

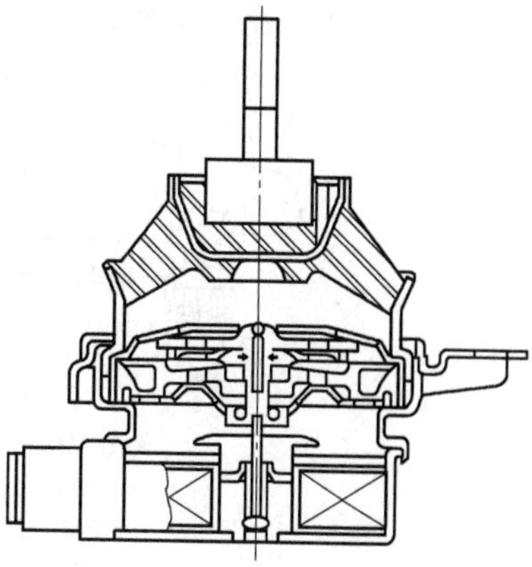

图 14-36　液体封入型发动机座的结构（电子控制式）

图 14-37 所示为空气弹簧组装结构示意图。

（4）动态减振器　对汽车来讲，由于在各种各样的频率区域存在有固有振动频率，所以这样的振动将会降低隔声、舒适性和驾驶稳定性等。作为对策，可采用橡胶制作的共振体系（动态减振器）来减小特定频率的振动。因此，在设计上要求因环境变化和时间变化而引起共振点的移动要小，主要使用的橡胶材料仍然是天然橡胶类。对苛刻的热环境部位使用的制品，已有采用 EPDM 类橡胶材料的实例。

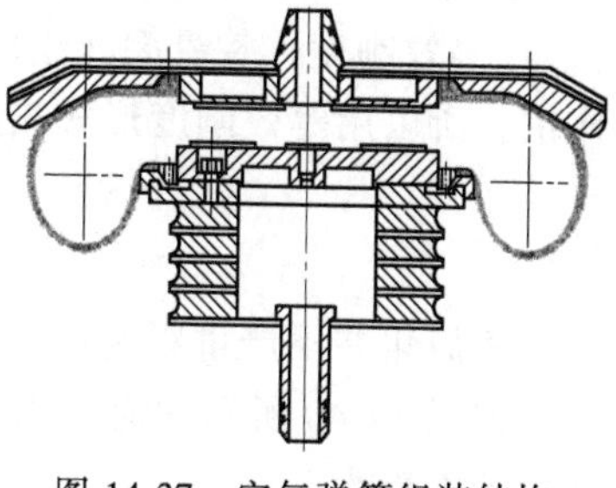

图 14-37　空气弹簧组装结构

14.4　汽车对路面振动激励的响应

通过模拟汽车对路面激励的响应，在设计阶段就可以评价行驶性能。这需要开发汽车模型和分析它的响应，在评价行驶性能时，根据 ISO 标准计权响应，以说明人对振动的响应。

14.4.1　路面振动激励模型

为分析行驶性，需要建立各种复杂的模型。对于乘用车，最全面的模型有 7 个自由度，如图 14-38 所示。自由度有 3 个车身自由度（俯仰、弹跳和侧倾）和 4 个非簧载质量的垂直自由度。模型可以研究汽车的俯仰、弹跳和侧倾性能。

利用本章前两节所讨论的方法，可以根据弹簧和阻尼元件推导悬架刚度和阻尼比。有多种轮胎模型，最简单的轮胎模型是用弹簧和黏性阻尼器表示轮胎的弹性和阻尼。由于轮胎阻尼要比悬架阻尼小几个数量级，它对行驶性能的影响很小，通常可忽略。

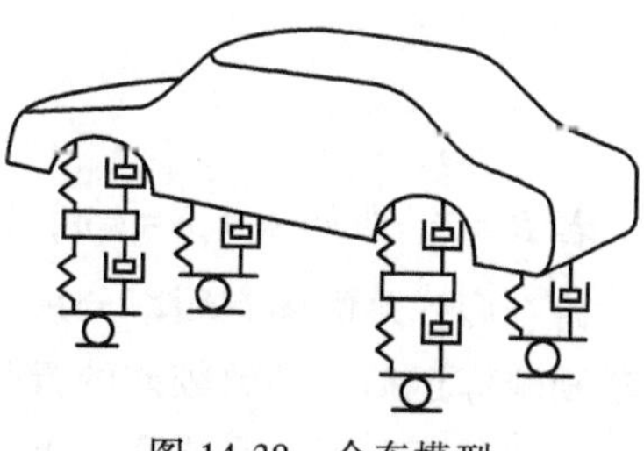

图 14-38　全车模型

从较简单的汽车模型能推导出非常有用的信息。

图 14-39 所示为两种最常用在乘用车上的模型，分别为 1/2 汽车模型（图 14-39a）和 1/4 汽车模型（图 14-39b），分别有 4 个和 2 个自由度。由于减少了自由度数，从这些模型中得不到某些信息。对于 1/2 汽车模型，不含侧倾信息；对于 1/4 汽车模型，不含前倾信息。

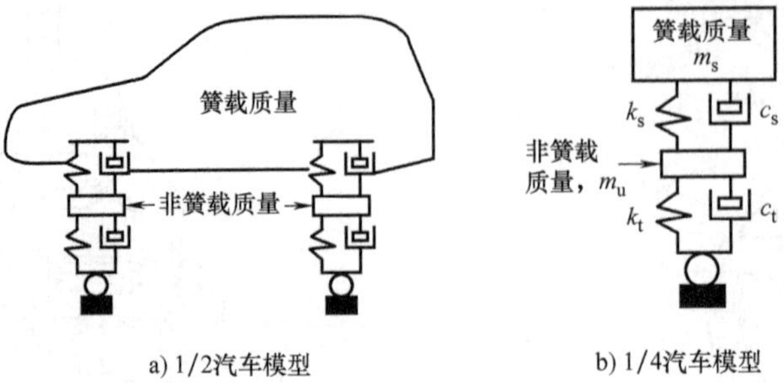

图 14-39　1/2 和 1/4 汽车模型

14.4.2　对于路面激励的响应

通过考虑 1/2 汽车模型简化形式的自由振动，可以对这些进行分析（忽略非簧载质量）。用等效刚度代替悬架和轮胎刚度，可以得到每个车轮的等效刚度。由于这些刚度起串联作用，所以用等效刚度形式表示为

$$k=\frac{k_s k_t}{k_s+k_t} \tag{14-54}$$

这些简化并不严重影响振动模型和它们的频率。

考虑图 14-40 所示的简化模型，注意广义坐标。得到运动方程为

$$m_s\ddot{z}+(k_r+k_f)z+(k_r b-k_f a)\theta=0 \tag{14-55}$$

$$m_s r_y^2\ddot{\theta}+(k_r b-k_f a)z+(k_f a^2+k_r b^2)\theta=0 \tag{14-56}$$

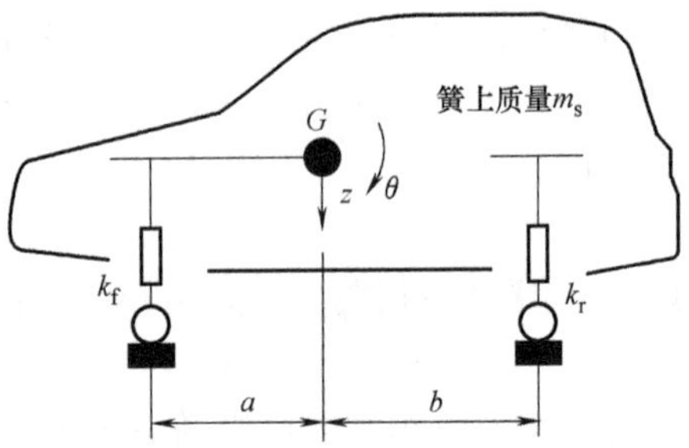

图 14-40　前倾弹跳分析

对于汽车的前、后端，刚度分别是 k_f 和 k_r，由式（14-54）确定，而 r_y 是簧载质量通过重心 G 围绕横向轴旋转的半径，取

$$A=\frac{k_r+k_f}{m_s},\quad B=\frac{k_r b-k_f a}{m_s},\quad C=\frac{1}{m_s r_y^2}(k_f a^2+k_r b^2) \tag{14-57}$$

式（14-55）、式（14-56）分别变为

$$\ddot{z}+Az+B\theta=0 \tag{14-58}$$

$$\ddot{\theta}+\frac{B}{r_y^2}z+C\theta=0 \tag{14-59}$$

若 $B=0$，即如果 $k_r b=k_f a$，则式（14-58）和式（14-59）变为俯仰弹跳。在这种情况下，俯、仰弹跳的固有频率分别为 $\omega_{n,\text{bounce}}=\sqrt{A}$ 和 $\omega_{n,\text{pitch}}=\sqrt{C}$。当车轮遇到路面突起时，只会激励俯仰运动，导致较差的行驶性。

在这种情况下，需要联立求解式（14-58）和式（14-59），得出两个固有频率为

$$\omega_{n1,n2}=\frac{1}{2}(A+C)\mp\sqrt{\frac{1}{4}(A-C)^2+\frac{B^2}{r_y^2}} \tag{14-60}$$

对于这种双频率，振动中心 O_1 和 O_2 离重心 G 的长度可以分别用下列公式确定：

$$l_1=\frac{B}{\omega_{n1}^2-A} \tag{14-61}$$

$$l_2=\frac{B}{\omega_{n2}^2-A} \tag{14-62}$$

第一个为正，第二个为负。符号为正的一个位于 G 的右侧，符号为负的一个位于 G 的左侧，如图 14-41 所示。在这种情况下，道路对前后轮的输出将会激励俯仰和弹跳。

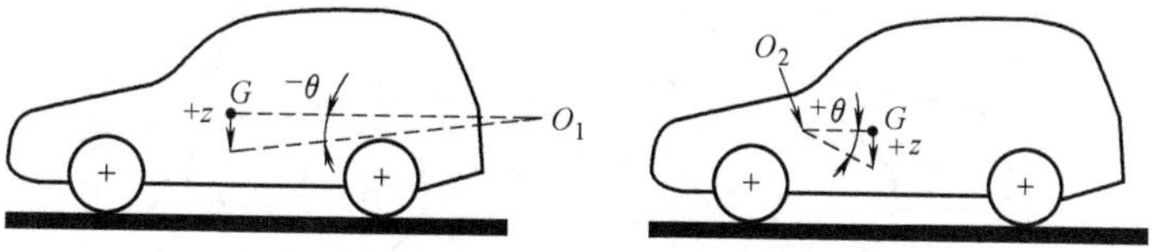

图 14-41　振动中心位置

如果惯性耦合比为 $r_y^2/(ab)=l$，那么 O_1 和 O_2 分别与前后悬架弹簧连接点一致。二维模型可用两个集中质量来表示，由无质量杆连接在一起，其中

$$m_f=\frac{m_s b}{a+b} \tag{14-63}$$

$$m_r=\frac{m_s a}{a+b} \tag{14-64}$$

那么前后悬架无耦合运动（对于良好的平顺性是合乎需要的），系统表现为两个独立的单自由度系统。相应的固有频率为

$$\omega_{nf}=\sqrt{\frac{k_f(a+b)}{m_s b}} \tag{14-65}$$

$$\omega_{nr}=\sqrt{\frac{k_r(a+b)}{m_s a}} \tag{14-66}$$

在选择前、后端固有频率时，通常前端固有频率要比后端固有频率稍微低，即若用 T_{nf} 和 T_{nr} 表示前端和后端的周期，有 $T_{nf}>T_{nr}$。这可以理解为路面的输入干扰，首先影响汽车前轮，随后影响后轮（延迟的时间取决于汽车的速度和轴距）。这有可能产生不希望的汽车车身俯仰运动。若使 $T_{nf}<T_{nr}$，会造成干扰到达后轮后，产生同相的前、后端运动（车体弹跳）。

14.5　汽车行驶稳定性设计

汽车在制动和加速期间，前、后轮发生载荷转移，簧载质量的状态趋于变化，出现前俯和后仰的情况，呈现出非平稳特征。在分析时，可用达朗伯原理将动力学问题转化为静力学问题进行分析。

14.5.1 行驶制动防前俯设计

如图 14-42 所示，惯性力 ma 与减速度方向相反。每一对车轮的力由法向分力和制动分力组成。根据力矩平衡，取后轮胎与地接触点列力矩平衡方程，可得

前轮对应的垂直力为 $$N_f=\frac{mgc}{L}+\frac{mah}{L}$$

后轮对应的垂直力为 $$N_r=\frac{mgb}{L}-\frac{mah}{L}$$

这表明，前轮载荷增加，后轮载荷减少，产生前俯的趋势。

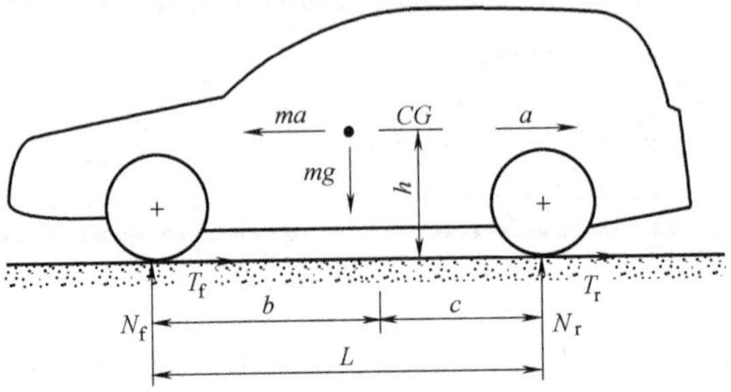

图 14-42　制动时的汽车受力图

1. 前悬架分析

如图 14-43 所示，斜连杆悬架弹簧 S_f 可表达为静态载荷 N_f 加上制动引起的干扰力 dS_f，即

$$S_f=N_f+dS_f \tag{14-67}$$

式中，$N_f=mgc/L$。

静态载荷情况（图 14-43 中加速度 $a=0$），零前俯，取绕 O_f 的力矩，有

$$N_fe-S_fe-T_ff=0 \tag{14-68}$$

式中，$T_f=\lambda ma$，λ 为前、后轮制动比。

$$\lambda=\frac{T_f}{T_f+T_r} \tag{14-69}$$

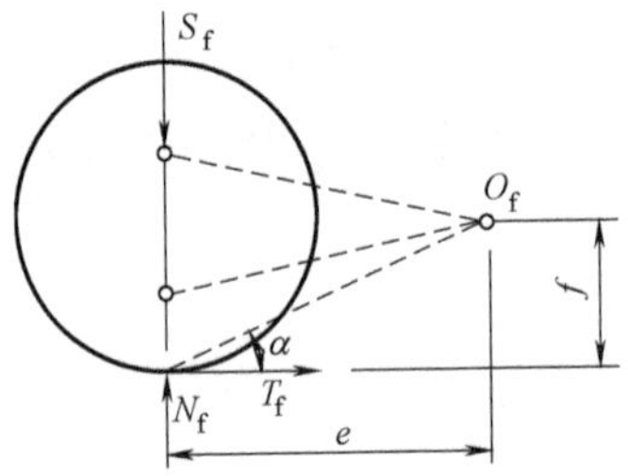

图 14-43　前轮受力和有效支点位置

把 N_f 和 S_f 代入上式，令 $dS_f=0$，参考图 14-43 和图 14-45，有

$$\frac{f}{e}=\frac{h}{\lambda L}=\tan\alpha \tag{14-70}$$

前悬架零变形的条件：O_f 位于式（14-70）所确定的线上任意处，与水平成 α'角。防前俯的百分比定义为 O_f 位于这条线下，即在与水平成 α 角的倾斜线上（图 14-43）：$\frac{\tan\alpha'}{\tan\alpha}\times 100\%$。

2. 后悬架分析

与前悬架类似，由图 14-44 和图 14-45 所示的几何形状，得到补充方程：

$$\frac{f}{e}=\frac{h}{L(1-\lambda)}=\tan\beta \tag{14-71}$$

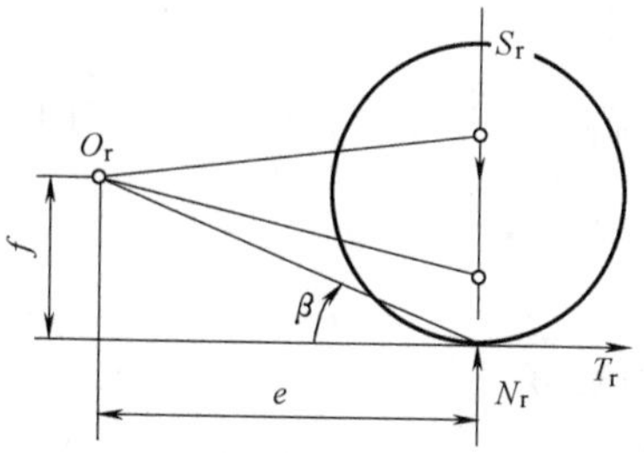

图 14-44　后轮受力和有效支点位置

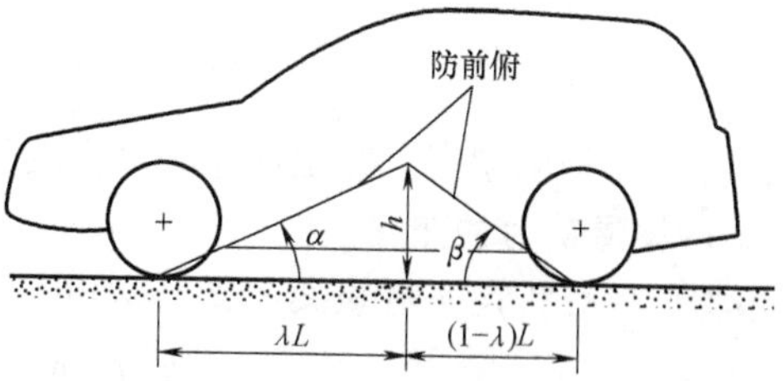

图 14-45　制动时 100%防前俯的悬架支点轨迹

制动时后轮无抬起趋势的条件：O_r 位于上式（14-71）所定义的线上。这样制动时，后轮簧载质量没有抬起的趋势。

汽车 100%防前俯的条件为前、后悬架的有效支点必须位于式（14-70）和式（14-71）所定义的轨迹上（图 14-45）。如果支撑点位于该轨迹下，将得到小于 100%的防前俯效果。

实际上由于下列原因，防前俯很少超过 50%：

1）主观上零俯仰制动不是最好的。

2）完全防前俯和完全防后仰需要互相协调。

3）完全防前俯会引起大的后倾角变化（因为所有的制动力矩作用在悬架连接杆上），导致制动时转向过度。

14.5.2　行驶驱动防后仰设计

行驶驱动防后仰设计的分析方法归结如下：

1）除了惯性力的方向相反外，与防前俯分析类似。

2）制动力由牵引力所代替（方向相反）。

3）防俯仰几何只适用于有驱动力的悬架。

对车轮进行受力分析（图 14-46）。驱动力矩反作用到传动系统，在半轴产生驱动力（假定牵引力按比例分解）。

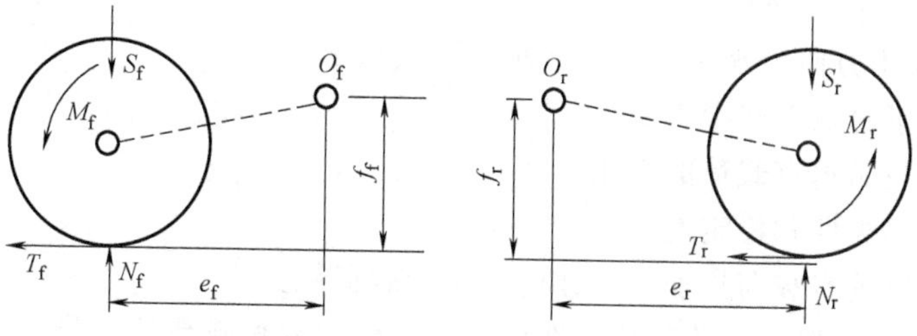

图 14-46　车轮受力和有效的支点位置

1. 前轴弹簧力的变化

对前悬架，取绕 O_f 的力矩（图 14-46a）有

$$T_f f_f+N_f e_f-S_f e_f-M_f=0 \tag{14-72}$$

式中，$T_f=\lambda ma$；$N_f=\frac{mgc}{L}-\frac{mah}{L}$；$M_f=T_f r=\lambda mar$，$r$ 为车轮半径。

前轴弹簧力的变化为

$$\mathrm{d}S_f=ma\left[\frac{\lambda(f_f-r)}{e_f}-\frac{h}{L}\right]=k_f\delta_f \quad (14\text{-}73)$$

式中，k_f 是前悬架刚度，δ_f 是前悬架垂向变形量。

2. 后轴弹簧力的变化

相类似的分析用于后悬架（图 14-46b）。取绕 O_f 的力矩有

$$T_r f_r-N_r e_r+S_r e_r-M_r=0 \quad (14\text{-}74)$$

式中，$T_r=(1-\lambda)ma$；$N_r=\frac{mgb}{L}+\frac{mah}{L}$；$M_r=T_r r=(1-\lambda)mar$。

后轴弹簧力的变化为

$$\mathrm{d}S_r=ma\left[\frac{(1-\lambda)(f_r-r)}{e_r}+\frac{h}{L}\right]=k_r\delta_r \quad (14\text{-}75)$$

式中，k_r 是后悬架刚度，δ_r 是后悬架垂向变形量。

3. 后仰角

$$\theta=\frac{\delta_r-\delta_f}{L} \quad (14\text{-}76)$$

后仰角 θ 顺时针为正。将式（14-73）和式（14-75）代入式（14-76）得

$$\theta=\frac{ma}{L}\left[-\frac{\lambda(f_f-r)}{e_f k_f}+\frac{h}{Lk_f}-\frac{(1-\lambda)(f_r-r)}{e_r k_r}+\frac{h}{Lk_r}\right] \quad (14\text{-}77)$$

注意：

1）当 $\theta=0$ 时，发生零后仰。

2）防后仰性能取决于悬架几何、悬架刚度（前轮和后轮）和牵引力分布。

3）对于刚性车桥，驱动力矩属于内力矩，$M=0$。可以通过设定 $r=0$ 修改式（14-77）。

14.5.3 转弯时侧向载荷转移

1. 转弯时离心惯性力分析

离心惯性力作用方向为水平方向。其影响形式如下：

1）各自的质量对地面产生力矩。

2）依次导致轮胎垂直载荷的变化。

3）影响汽车操纵性和稳定性。

4）在外侧车轮垂直载荷增加，而在内侧车轮载荷减少。

汽车转弯时会发生侧向载荷转移，即横向力转变为垂直载荷的过程。图 14-47 所示为稳态转弯的两轴汽车的受力图。

2. 分析所用的符号和假设

转移载荷只发生在一对车轮副之间。

G 为重力的簧载质量中心；a 为 G 处横向加速度；φ 为簧载质量侧倾角；$m_s a$ 为通过 G 作用在水平方向的簧载质量离心惯性力；$m_s g$ 为作用在 G 的垂直向下的簧载质量重力；$m_{uf}a$

和 $m_{ur}a$ 为直接作用在前、后桥的非簧载质量上的惯性力。

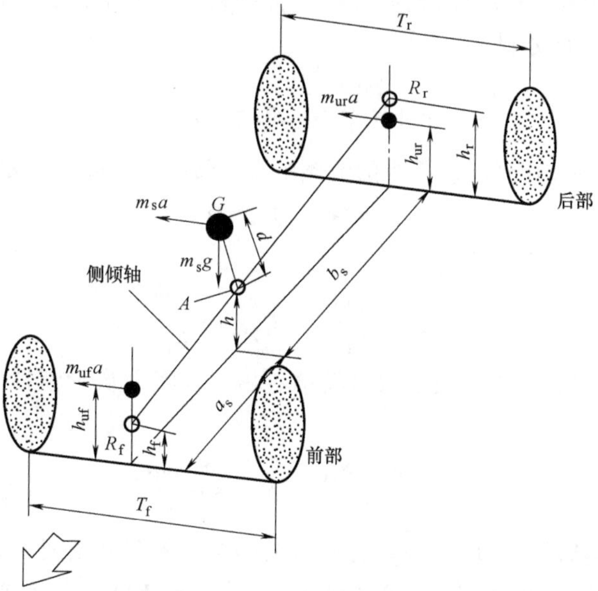

图 14-47　稳态转弯分析

m_s—簧载质量　m_{uf}—前非簧载质量　m_{ur}—后非簧载质量　R_f—前侧倾中心　R_r—后侧倾中心

3. 分析步骤

(1) 由侧倾力矩造成的载荷转移　用在 A 点的等同力加上绕侧倾轴的力矩 M_s（侧倾力矩）来代替 G 点的两个力，即

$$M_s = m_s ad\cos\varphi + m_s gd\sin\varphi \approx m_s ad + m_s gd\varphi \tag{14-78}$$

式中，φ 可看作小角度；M_s 是侧倾力矩 M_φ 的反作用力矩（作用在悬架弹簧和防侧倾杆处），且沿前、后悬架分布。

对于小侧倾角，M_φ 和 φ 的关系近似为线性，即

$$M_\varphi = k_s\varphi \tag{14-79}$$

式中，k_s 是总的侧倾刚度。

从式（14-78）和式（14-79）可以得到

$$\varphi = \frac{m_s ad}{k_s - m_s gd} \tag{14-80}$$

M_φ 可以分成两个分量，即在前桥的 $M_{\varphi f}$ 和后桥的 $M_{\varphi r}$，这样

$$M_\varphi = M_{\varphi f} + M_{\varphi r} = k_{sf}\varphi + k_{sr}\varphi \tag{14-81}$$

式中，k_{sf}、k_{sr} 分别是前桥和后桥侧倾刚度分量（$k_{sf}+k_{sr}=k_s$）。

由于侧倾力矩造成的前桥载荷转移为

$$F_{fsM} = \frac{k_{sf}\varphi}{B_f} = \frac{k_{sf}m_s ad}{B_f(k_{sf}+k_{sr}-m_s gd)} \tag{14-82}$$

相类似，由侧倾力矩造成的后桥载荷转移为

$$F_{rsM} = \frac{k_{sr}\varphi}{B_r} = \frac{k_{sr}m_s ad}{B_r(k_{sf}+k_{sr}-m_s gd)} \tag{14-83}$$

式中，B_f、B_r 分别是汽车前、后轮距宽度。

（2）由簧载质量惯性力造成的载荷转移　将簧载质量分布到前、后桥的旋转中心（图14-47），前、后桥的质量分别为

$$m_{sf}=\frac{m_s c_s}{L},\quad m_{sr}=\frac{m_s a_s}{L} \tag{14-84}$$

在 A 处离心力分别作用到前、后桥的侧倾中心，簧载质量惯性力为

$$F_{fs}=m_{sf}a,\quad F_{rs}=m_{sr}a \tag{14-85}$$

相应的载荷转移为

$$F_{fsF}=\frac{m_{sf}ah_f}{B_f},\quad F_{rsF}=\frac{m_{sr}ah_r}{B_r} \tag{14-86}$$

（3）由非簧载质量惯性力造成的载荷转移　由于非簧载质量惯性力造成的前、后桥载荷转移分别为

$$F_{fuF}=\frac{m_{uf}ah_{uf}}{B_f},\quad F_{ruF}=\frac{m_{ur}ah_{ur}}{B_r} \tag{14-87}$$

（4）确定总的载荷转移　由于侧倾力矩造成的载荷转移和由对簧载质量和非簧载质量惯性力造成的载荷转移相叠加，利用式（14-82）、式（14-83）、式（14-86）和式（14-87），即前、后轮总的载荷转移为

对于前轮
$$F_f=F_{fsM}+F_{fsF}+F_{fuF} \tag{14-88}$$

对于后轮
$$F_r=F_{rsM}+F_{rsF}+F_{ruF} \tag{14-89}$$

参考文献

[1] 王望予. 汽车设计 [M]. 4版. 北京：机械工业出版社，2004.
[2] 汽车工程手册编辑委员会. 汽车工程手册：设计篇 [M]. 北京：人民交通出版社，2001.
[3] 刘惟信. 汽车设计 [M]. 北京：清华大学出版社，2001.
[4] 赵少汴. 抗疲劳设计 [M]. 北京：机械工业出版社，1994.
[5] 徐灏. 疲劳强度设计 [M]. 北京：机械工业出版社，1981.
[6] 徐灏. 机械强度的可靠性设计 [M]. 北京：机械工业出版社，1984.
[7] 高镇同. 疲劳性能测试 [M]. 北京：国防工业出版社，1980.
[8] 李舜酩. 机械疲劳与可靠性设计 [M]. 北京：科学出版社，2006.
[9] 机械工程手册编委会. 机械工程手册：第十九篇机械结构强度 [M]. 北京：机械工业出版社，1980.
[10] DUGGAN T V, BYRNE J. Fatigue as a Design Criterion [M]. London：The Macmillan Press LTD，1977.
[11] 吴富民. 结构疲劳强度 [M]. 西安：西北工业大学出版社，1985.
[12] 何明鉴. 机械构件的微动疲劳 [M]. 北京：国防工业出版社，1994.
[13] 弗罗斯特. 金属疲劳 [M]. 汪一麟，等译. 北京：冶金工业出版社，1984.
[14] 郦明，等. 汽车结构抗疲劳设计 [M]. 合肥：中国科学技术大学出版社，1995.
[15] 明平顺，李晓霞. 汽车可靠性理论 [M]. 北京：机械工业出版社，2002.
[16] 杜平安，甘娥忠，于亚婷. 有限元法—原理、建模及应用 [M]. 北京：国防工业出版社，2004.
[17] HAPPIAN-SMITH J. 现代汽车设计概论 [M]. 张金柱，译. 北京：化学工业出版社，2007.
[18] 朱峥涛，丁成辉. 江铃汽车驱动桥桥壳有限元分析 [J]. 汽车工程，2007，29 (10)：896-899.
[19] 怀自立. 重型载货车底盘主要总成的有限元分析研究 [D]. 合肥：合肥工业大学，2009.
[20] 徐达，陆锦荣. 专用汽车工作装置的原理与计算 [M]. 北京：北京理工大学出版社，1997.
[21] 鞠晓锋，陈昌明，吴宪. 现代汽车轻量化技术 [J]. 上海汽车，2006 (9)：31-33.
[22] 羊秋林，等. 汽车用轻量化材料 [M]. 北京：机械工业出版社，1991.
[23] 田浩彬，林建平，刘瑞同，等. 汽车车身轻量化及其相关成形技术综述 [J]. 汽车工程，2005 (3)：381-384.
[24] 姚成. 专用汽车结构拓扑优化设计及强度分析 [D]. 合肥：合肥工业大学，2002.
[25] SONG B Y, REN B Y, YU B Y, et al. Optimization of automobile transmission parameters [J]. Harbin Gongye Daxue Xuebao，2001，33 (2)：179-182.
[26] 邱宣怀. 机械设计 [M]. 4版. 北京：高等教育出版社，1997.
[27] 刘闯，郑殿旺. 汽车变速器的可靠性设计 [J]. 山东交通科技，1998 (1)：19-21.
[28] 牛嗥，梁桂明. 大重合度圆柱斜齿轮的优化设计 [J]. 洛阳工学院学报，1994，15 (4)：68-71.
[29] 成大先. 机械设计手册：第三卷第14篇 [M]. 4版. 北京：化学工业出版社，2002.
[30] 刘鹤松，崔胜民. 基于MATLAB的汽车变速器优化设计方法 [J]. 哈尔滨工业大学学报，2004，36 (1)：112-114.
[31] 董炳武. 汽车变速器的优化设计 [J]. 福州大学学报，1997，25 (5)：59-63.
[32] 冯国胜，杨绍普. 车辆现代设计方法 [M]. 北京：科学出版社，2006.
[33] 赵慧. 重型汽车车架的结构有限元分析与轻量化设计研究 [D]. 南京：南京航空航天大学，2007.
[34] 余志生. 汽车理论. [M]. 5版. 北京：机械工业出版社，2009.
[35] 边立静. 重型载货汽车车架的有限元分析及优化设计 [D]. 南宁：广西大学，2006.

[36] 路纯红，白鸿柏，胡仁喜. 金属橡胶/橡胶复合叠层耗能器动力学模型［J］. 振动工程学报，2008，21（5）：493-497.
[37] 董益亮，郭钢，徐宗俊，等. 道路激励作用下的汽车后桥动力响应分析［J］. 汽车工程，2002，24（4）：39-342，366.
[38] 田晋跃. 车辆自动变速器构造原理与设计方法［M］. 2版. 北京：北京大学出版社，2019.
[39] 杨鄂川，王滕，张勇，等. 汽车转向盘角阶跃输入下的瞬态响应仿真分析与优化［J］. 西南大学学报（自然科学版），2016，38（6）：165-171.
[40] 胡海岩. 机械振动与冲击［M］. 北京：航空工业出版社，1998.
[41] 翟正锟，崔俊杰，李红梅，等. 鹅颈式半挂车车架有限元模态及谐响应分析［J］. 甘肃农业大学学报，2014（2）：160-164.
[42] 路瑞刚. 重型载货汽车车架有限元分析与研究［D］. 合肥：合肥工业大学，2009.
[43] 王晖云. 低速载货汽车车架静动态特性研究［D］. 南京：南京农业大学，2007.
[44] 陈家瑞. 汽车构造［M］. 3版. 北京：机械工业出版社，2009.
[45] 李芳. 悬架结构参数优化及基于卡尔曼滤波的主动悬架控制研究［D］. 长春：吉林大学，2017.
[46] 张剑菲. 金属橡胶阻尼器滞回性能及其耗能减振结构数值模拟分析［D］. 哈尔滨：哈尔滨工业大学，2012.
[47] 张缓缓. 汽车设计［M］. 北京：清华大学出版社，2016.
[48] 王旭斌，和豪涛. 悬架传力及车辆动力学的形成分析［J］. 机电技术，2016（2）：107-110.
[49] 李舜酩，张凯成，丁瑞，等. 钢铝结合商用车车架轻量化技术综述［J］. 重庆理工大学学报（自然科学），2019，33（10）：1-8.
[50] 李舜酩，沈峘，毛建国，等. 智能车辆发展及其关键技术研究现状［J］. 传感器与微系统，2009，28（1）：1-3，9.
[51] 李舜酩，张凯成，闻静. 某钢板弹簧结构优化设计［J］. 机械设计与制造，2019（1）：111-117.
[52] 李舜酩，钱魏巍. 渐变钢板弹簧动力学特性分析［J］. 汽车安全与节能学报，2018，9（2）：194-199.
[53] 张袁元，李舜酩，刘晓伟，等. 基于模态与遗传优化的某卡车振动特性分析［J］. 南京航空航天大学学报，2011，43（6）：841-845.
[54] 张凯成. 钢铝结合的某商用车车架轻量化设计研究［D］. 南京：南京航空航天大学，2019.
[55] 桑楠，白玉，李玉芳. 基于遗传算法的汽车主动悬架控制器优化设计［J］. 机械科学与技术，2013，32（9）：1400-1404.
[56] 李玉芳，周丽丽. 纯电动汽车电-液复合制动系统控制算法的多边界条件优化设计［J］. 中国机械工程，2012，23（21）：2634-2640.